组织管理心理学（第二版）

Managerial and Organizational Psychology

王垒 编著

北京大学出版社

图书在版编目(CIP)数据

组织管理心理学 / 王垒编著. —2 版. —北京：北京大学出版社，2020.5
北京大学心理学教材系列
ISBN 978-7-301-31033-5

Ⅰ. ①组… Ⅱ. ①王… Ⅲ. ①组织心理学—管理心理学—高等学校—教材 Ⅳ. ①C93-051

中国版本图书馆 CIP 数据核字(2020)第 008157 号

书　　　名	组织管理心理学(第二版)
	ZUZHI GUANLI XINLIXUE(DI-ER BAN)
著作责任者	王　垒　编著
责 任 编 辑	赵晴雪　陈小红
标 准 书 号	ISBN 978-7-301-31033-5
出 版 发 行	北京大学出版社
地　　　址	北京市海淀区成府路 205 号　100871
网　　　址	http://www.pup.cn　　新浪微博：@北京大学出版社
电 子 信 箱	zpup@pup.cn
电　　　话	邮购部 010-62752015　发行部 010-62750672　编辑部 010-62752021
印 刷 者	北京市科星印刷有限责任公司
经 销 者	新华书店
	850 毫米×1168 毫米　16 开本　21.25 印张　429 千字
	1993 年 12 月第 1 版
	2020 年 5 月第 2 版　2024 年 5 月第 4 次印刷
定　　　价	52.00 元

未经许可，不得以任何方式复制或抄袭本书之部分或全部内容。
版权所有，侵权必究
举报电话: 010-62752024　电子信箱: fd@pup.pku.edu.cn
图书如有印装质量问题，请与出版部联系，电话: 010-62756370

序　　言

　　离本书 1993 年第一版出版，已时隔 26 年。这 26 年，社会、经济、科技、管理等诸多领域，都发生了巨大变化，因此有必要重新修订原书。然而，隔的时间越长，修订起来就越困难，因为这期间发生的丰富变化使得修订工作十分繁重。但也正因为如此，修订的责任和迫切性也就越大。

　　首先，过去这 20 多年，管理心理学的理论知识有了极大的丰富，而且针对以前我们所熟悉的管理学规律，我们越来越多地了解了它们的机制和边界条件，这为更为精细化的管理提供了科学基础。例如，我们知道，对于销售人员而言，不是性格越外向越好，而是要看销售任务内涵(卖的什么东西，是否需要消费者深度卷入的决策)和任务结构(是开拓新市场还是维系老客户)。又如，我们现在知道，不是给员工更多报酬，员工就会觉得越公平，收入增加与公平感提升之间的关系是非线性的。再如，我们还知道，管理者的许多影响力是通过增加员工对领导、团队和组织的认同而发挥作用的。当前，有关个体差异、团队、领导、组织变革的研究和理论也在日益丰富。这些新的知识发展对教材更新提出了新的要求。

　　其次，环境的影响不可忽视。过去这 20 多年，职场、社会也发生了很多变化。例如，一些新兴行业诞生，互联网大面积普及，知识经济日趋成熟，独角兽企业涌现……它们使得竞争更激烈，使得对于无形的、难以管控的脑力劳动更加依赖，使得创新思维活动更加重要。这些现象都对管理的理论、方法提出了新的要求。

　　其三，技术对人和管理的影响越来越突出。科技进步促成智能移动终端日益流行，高铁越来越普及，5G 时代已经来临……这些都对人们的工作模式产生重大影响，例如工作日益渗透到生活，新型的通勤方式改变了人力资源的供应模式，管理的时间、空间形态都被改写。

　　其四，社会本身的变化对人的工作行为和心态的管理也产生深刻影响。例如人口老龄化问题对退休的管理提出新的要求，"90 后"甚至"千禧年代"带着新的思维方式和行为习惯进入职场产生了新的管理问题，创业创新和精益制造的大背景对人力资源提出了新的挑战，甚至消费升级也对工作社会产生不可忽视的影响，这些都需要在管理心理学的发展中予以考虑。

　　为了反映过去 20 多年的诸多变化，本版尝试了多方面的修订。特别地，和第一版一样，新版的《组织管理心理学》致力于反映现实管理中的客观现象、需求，以及相关的理论知识和应对方法。它是一本理论加实践、二者兼容并重的实用型教科书。它不仅可以作为大学的管理心理学以及工商管理学科的课程教材,也可用于各类组织、企业的培训教材,或者也可作为人们自修职场管理中的心理学知识的读物。总之,其读者可以是十分多样化的。

为了适应教学和多元化读者的需求,本版修订由原来的 14 章扩充为 20 章,结构做了重大调整,以体现内容的丰富性和前后逻辑关联。

在形式上,本版在保持原有风格的基础上,将原有的"专栏"拓展为四类:"大师风采""实践专栏""学术专栏""案例剖析",既体现了前辈学者们的智慧贡献,也解读了现实实践中的知识应用,同时使读者有更丰富多样的阅读体验。

教育部在 2020 年 6 月印发的《高等学校课程思政建设指导纲要》中明确指出:课程思政建设工作要加强中华优秀传统文化教育,"引导学生深刻理解中华优秀传统文化中讲仁爱、重民本、守诚信、崇正义、尚和合、求大同的思想精华和时代价值";根据不同学科专业的特色和优势,要"科学合理拓展专业课程的广度、深度和温度,从课程所涉专业、行业、国家、国际、文化、历史等角度,增加课程的知识性、人文性,提升引领性、时代性和开放性";对于管理学类课程,要"引导学生深入社会实践、关注现实问题"。

基于以上几点,总结本版的主要特色如下:

其一,每一章都以《论语》中的至少一句话作为开篇,充分彰显中华优秀传统文化中的管理思想。我们有上下五千年文明,在长期的社会发展中积累了丰富的管理知识,必须要加以挖掘、传播、应用,坚定文化自信。

其二,充实我国现代管理理论和思考。例如,本书引入了十多篇国际知名学术杂志 *Nature*、*Science* 所刊最新成果,与管理心理学相结合,指导管理实践。又如,本书在有关领导力的章节引入了作者自己的思考和批判。特别地,在附录里引入我们自己建构的领导理论,整合了不同流派,提出了独到见地,打通古今中外,体现中国智慧。

其三,大幅增加反映我国现代企业管理的实践。例如,关于激励的"积小胜为大胜"、关于手机定位与员工隐私、关于在新冠病毒引发的肺炎疫情中企业的管理应对等案例,都体现了现实管理中的中国思考与方案。

为了方便读者及时总结每章的内容,在每章后面安排了"本章知识要点",此外每章最后都提供了 2 到 3 个思考题,以供读者回顾、运用本章知识,并尽可能活学活用。相信这无论是对选修课程的本科生、打算考读研究生的备考生,还是各类职场中在职学习的员工、经理人,都是一种实用的帮助。

本版的修订是个规模不小的工程。先后历时 5 年,每年在我给大学生开设的课程上,都有助教协助整理我的讲稿,不断补充、修订到新的版本,这些助教是我的研究生,他们是张静、张琦、吴汉、唐楠棋、赵容侨等。没有他们的辛苦劳动,就没有本书的顺利修订,在此深表致谢!

还要特别感谢北京大学出版社。为了本版的修订，北京大学出版社专门做了立项，由编辑赵晴雪具体负责，提供了人力、财力的支持。

由于社会发展、管理研究增长迅猛，以及篇幅和作者能力有限，书中难免有所疏漏，欢迎广大读者不吝指正。

王　垒

2019 年 11 月 11 日

2021 年 9 月重印时有改动

于北京大学

目 录

第一篇 导 论

1 关于人和组织的行为动力学 3
- §1 组织管理心理学概述 3
- §2 组织中人的基本特性 13
- §3 行为管理的基本主张 15
- §4 组织管理心理学的研究方法 16

2 组织行为管理模型 25
- §1 组织行为管理系统 26
- §2 组织行为管理模型 30

3 技术、环境、文化的影响 53
- §1 信息技术革命 53
- §2 全球化 56
- §3 文化 58
- §4 多样性与伦理 62

4 社会系统和组织文化 66
- §1 社会系统的概念 67
- §2 社会文化 71

第二篇 组织中的个体行为

5 知觉与归因 81
- §1 知觉的概念 83
- §2 知觉的性质和重要性 85
- §3 社会知觉 89

6 个体差异、能力与学习 98
- §1 个人生活背景 98
- §2 能力 101
- §3 学习 104

7 人格 109
- §1 人格的早期雏形：气质 109
- §2 人格 111

8 态度 120
- §1 态度的基本概念 120
- §2 工作满意度 127

9 组织中的激励 134
- §1 激励的基本概念 134
- §2 需要的内容理论 136
- §3 行为(学习)理论 146
- §4 过程理论 147

10 激励理论的管理应用 154

第三篇 群体层次

11 群体和团队 167
- §1 群体的定义、类别 167
- §2 群体动力学 170
- §3 组织中的团队 171
- §4 团队合作 172
- §5 团队建设 174
- §6 团队人力资源 178
- §7 团队结构与任务 178
- §8 团队凝聚力 183

12 沟通 187
- §1 沟通的概念 187

§2　沟通过程 ·· 188
　　§3　沟通的障碍及克服 ·· 189
　　§4　沟通方式 ·· 193

13　决策 ·· 198
　　§1　决策的概念 ··· 199
　　§2　行为决策 ·· 200
　　§3　决策风格 ·· 204
　　§4　群体参与决策 ·· 206
　　§5　群体决策与个人决策的比较 ··· 210

14　领导 ·· 214
　　§1　领导的概念 ··· 214
　　§2　特质论 ··· 217
　　§3　行为理论 ·· 219
　　§4　权变理论 ·· 224
　　§5　理论概括 ·· 232

15　冲突、压力与职业健康 ·· 235
　　§1　冲突 ··· 235
　　§2　压力 ··· 243
　　§3　工作耗竭与职业健康 ·· 247

16　组织结构及组织与员工的互动 ·· 251
　　§1　组织结构的概念 ··· 251
　　§2　组织结构的分类 ··· 254
　　§3　组织结构的决定因素 ·· 258
　　§4　结构因素与绩效、工作满意度的关系 ·· 261
　　§5　组织与员工行为的互动 ··· 262

17　工作设计 ··· 269
　　§1　工作设计的概念和方法 ··· 270
　　§2　工作特征方法 ·· 275
　　§3　目标设置理论 ·· 277

18 组织变革与发展 ·· 282
§1 有关概念 ··· 282
§2 成功地实施变革 ··· 285
§3 组织发展的观念与目标 ··· 291
§4 组织发展的咨询 ··· 291
§5 组织发展的技术 ··· 292
§6 组织发展的成效评估 ··· 294

19 组织政治与参与管理 ··· 296
§1 权力 ·· 297
§2 授权 ·· 301
§3 参与 ·· 303

20 回顾与展望 ··· 310
§1 管理心理学回顾 ··· 310
§2 管理心理学的特点与应用 ··· 312
§3 管理心理学、组织行为学的未来展望 ··· 313

附录：领导力的 4C 学说 ··· 317

第一篇 导 论

1

关于人和组织的行为动力学

己欲立而立人；己欲达而达人。

——《论语·雍也篇第六》

得道多助，失道寡助。

——《孟子·公孙丑下》

【内容概要】

介绍组织管理心理学的定义、目标、特点、发展状况、理论架构与研究方法。
阐述组织管理心理学的基本主张。

§1 组织管理心理学概述

任何一个组织都需要管理人，管理人就要用到管理心理学的理论和方法。组织管理心理学是一门交叉学科，它通过分析、研究人的心理特征和行为规律，解释、预测乃至控制人在组织中的行为，从而科学管理人的行为，达到提升组织绩效、实现组织目标，同时也取得员工利益最大化的双赢结果。

一、定义

组织管理心理学是一门研究人——包括个体和群体——在组织中的行为的学科。组织管理心理学致力于寻找能够提高组织效率和员工满意度的组织的工作方式，并提供一整套研究工具，针对组织的各个层次开展研究。

管理心理学有四个研究层次：个体心理、群体心理、领导心理和组织心理，涉及多个学科或知识领域，包括但不限于普通心理学、社会心理学、领导心理学等。例如，普通心理学探讨个体水平的心理，包括人口统计学因素的影响，以及个体的知觉、气质、个性、能力、动机和态度等；社会心理学研究群体心理，如群体类型、群体沟通、群体冲突和群体决策等；领导心理学探讨领导的功能，涉及特质理论、行为理论和权变理论等方面的研究；组织心理学则针对组织结构、组织变革(发展)和组织文化等开展研究。本书探讨组织管理心理学中上述四个方面的研究，且注重将相应理论和研究成果运用于组织管理的基本实践。

和组织管理心理学相关的另一学科是"组织行为学"。从时间脉络上看，组织管理心理学是组织行为学的前身。从内容结构上说，组织管理心理学是组织行为学的最主要的支柱性成分。可以说，组织行为学大部分的内容来自管理心理学。组织行为学在管理心理学之外还涉及社会学、文化人类学、管理学的有关内容，形成了一个更广泛的交叉学科。

二、研究目标

组织管理心理学有五个研究目标：①描述员工在不同情境下的行为；②解释员工为什么会有这些行为；③预测员工未来的行为；④控制(至少是部分控制)员工的行为，并进一步激发员工的某些行为；⑤改善员工行为，实现组织和员工的双赢。

简单来说，组织管理心理学就是研究组织输入与输出间的因果关系。例如，什么样的员工会做出哪些举动，或针对哪些人采取哪些措施(即输入)，可以得到什么样的组织层面和员工层面的结果，如绩效、满意度或离职率(即输出)。值得注意的是，这类因果关系可能极为复杂。除了我们平时所了解的简单的二元线性关系，还可能存在多元非线性关系。例如，管理监督水平并不是在任何情况下都越高越好，员工动机也并不总是越高结果就越好。

三、组织动力

组织行为的性质受到一系列组织动力的影响。在针对组织行为进行分析时，我们可以从组织动力因素出发，寻找导致当前问题的解决办法。有人主张可以大致将组织动力归为四大动因，分别为人、结构、技术和组织运作的环境。

1. 人

人是构成组织内部社会系统的基本元素，包括个体和群体。值得注意的是，现代管理心理学强调组织与人的关系是双向的，人为组织提供工作劳动力，组织也为人提供服务和机会。

人是组织行为的根本内因。人自身对工作的认知和需要等各方面特点，驱使人的行为。正确认识和把握这些内在特点，才能发挥每个员工的主动性，激发有效的工作行为。

美国斯坦福商学院组织管理心理学教授菲佛(Jeffrey Pfeffer)在《基于人的竞争优势》(*Competitive Advantage Through People*)一书中提出，传统的基于技术、环境、规模或市场准入的竞争优势已不复存在。当今，使企业获得差异性竞争优势的关键因素是人。例如，曾经的 VCD 播放机销售大战，不同企业可以通过增加存放光盘的数量、增加运转的倍速等方式来超过其他商家。但基于技术的竞争优势往往难以持久，因为技术的突破总是很容易被效仿甚至超越，届时所建立的竞争优势就难以维持。因此，在技术革新日进千里的今天，商家已经逐渐学会同时从其他方面来寻求让企业立于不败之地的法宝。

相对而言，基于人力资源的竞争优势往往非常牢固，且很难被效仿。与简单地把销售人员挖走而导致销售量下降不同，真正的人力资源优势是无法被超越的，它不会因为被对手挖走几个重要人才就垮掉。例如，通用电气公司(General Electric Company，GE)具有非常有效的人力资源政策，并在不断培养高级管理人才。这不仅保证了他们总是有优秀的 CEO 候选人，也为社会和其他企业输送了大批优秀的人才，并且保持了自身蒸蒸日上的发展势头。

 大师风采

杰弗瑞·菲佛(Jeffrey Pfeffer)　美国斯坦福大学商学院组织行为学教授，当今最有影响力的管理学家之一。菲佛在卡内基梅隆大学获得学士和硕士学位，博士学位完成于斯坦福大学；最早在伊利诺伊大学的商学院任教，然后到加州大学伯克利分校任教。

菲佛的研究兴趣十分广泛，包括组织中的权力和政治、基于循证的管理学、知觉和行为的差距、领导、组织内部劳动力市场、科学社会学等。他在学术界最知名的贡献是发展了资源依赖理论。此外，他还在人力资源管理领域做了许多理论和实证研究。

人力资源政策的改善对于组织成功的效果十分巨大。通过卓越的人力资源管理来建构和实现竞争优势，比通过其他方面实现的竞争优势更为牢固，且竞争对手更难仿效。现代企业管理的一个大趋势是：随着企业的成长，员工也同步成长。由此可以预见企业是否能长远发展。例如，国内某集团衡量一个员工是否有价值的标准是，看他能否在职业发展中迅速成长，被人"挖角"时"薪水翻番、配房配车"。这样的员工评价方式使大量人才都向往该企业的职业成长环境，也更愿意留在该企业。特别是，这种基于人才的竞争力很难被超越，从而演化成为一种企业牢固的生存资本,使企业具有强大造血能力,不会因挖角而轻易垮掉。

相反,不良的人力资源管理则会带来难以挽回的损失。2000年,道格·埃维斯特在可口可乐公司工作28个月后离开,带走了1.2亿美元的解雇费;同年,多克·贾格尔在宝洁公司工作17个月后离开,拿走了950万美元的解雇费。这两起巨额解雇费事件足以证明人力资源管理的重要性。

2. 结构

结构决定了组织中人们之间的关系以及每个人的角色。为了实现组织目标,组织内部往往有不同的工作角色,正式的结构可以把不同岗位上的个体的工作有效地协同起来。但同时,结构和结构中的关系,也为组织带来了合作、协调、决策等方面的困难。

不良的结构对人的影响非常深远。结构影响个体心态和行为的一个典型情形是,金字塔式的科层制组织结构会产生"官大一级压死人"的效应,使处于底层的人体验到被重重大山压在最下面的沉重感、焦虑感,觉得难以达到自身的职业期待,从而产生倦怠感,工作积极性随之降低。同时,由于科层制结构往往容易出现沟通不畅、效率低下的问题,也会使员工的工作生活质量变差。另一个结构影响心态和行为的典型情形是"一仆二主",一个人要向两名或多名上级领导报告。这不仅会严重影响工作效率,也会使员工产生工作倦怠(job burnout)。现代组织往往通过结构变革解决上述问题。

结构变革的方法之一是组织扁平化。比起传统的科层制结构,扁平化的组织结构减少了中层管理者,被当今许多知识密集型产业(如互联网公司)所采用。在扁平化组织中,通常只有员工、项目经理、部门经理三级,它能够使普通员工——同样是具备高智商和创造力的人——释放出工作热情,激发其创造潜力。值得注意的是,在这类组织中,即使最"普通"的员工也可能是极其优秀的人(诸如一些大型组织的研发人员)。因而,采用扁平化结构不仅能够帮助组织适应激烈的竞争环境,有助于维持较低的运营成本,也能吸引人才。

随着经济发展,并购、合资等经济活动变得更为普遍,这也使得组织结构趋于复杂。在这些组织中,很容易存在因机构重组导致一仆二主等现象,这些都会不同程度地影响员工的心态乃至绩效,值得管理层高度重视。

除了通过扁平化改革组织结构外,其他手段还有组织瘦身、组织结构网络化等。它们都通过调整和优化组织结构给组织成员的心理和行为带来积极的影响。

3. 技术

技术改善了人类的工作环境,提升了工作能力,提供了更多的可能性。技术的使用全方位且深刻地影响着人类,如越来越多的机器人和自动控制系统被应用于生产线;人类经济经历从制造经济向服务经济的历史性转变;计算机软、硬件的能力在不断地延伸;信息高速公路迅速地蔓延；全社会对合理价格下的产品、服务质量的要求在不断地提高。

凡事有收益就要付出成本——技术使人的能力得到延伸，同时也处处限制着人类，成为一把双刃剑。一方面，技术的更新可能带来使用上的问题，员工需要不断学习新的技术，否则就很容易被淘汰，因此产生额外的工作负荷和压力，而一些特定的岗位也会因此消失，造成员工的失业；另一方面，技术革新通常会带来效率的提升，大大地缩短了完成某一项具体工作所需要的时间，这样就提升了生产能力，但同时也减少了对员工的依赖，同样可能造成减员。因此，在引进新的技术时，管理者有必要考虑该项技术与本公司实际情况的匹配情况，在正式投入使用前，预先对员工展开技术培训，并辅以相应的管理措施。

总之，技术变革极其复杂，也对组织管理心理学提出了新的挑战。怎样维持技术系统与社会系统的微妙平衡，成为组织管理心理学面临的新课题。

4. 环境

政治、经济、文化等社会环境会影响组织中的人及其行为，且社会环境本身的变迁也要求组织管理必须有相应的适应措施。这种环境的变化在组织中集中体现为工作性质的变化，如工作中技术成分和人性成分混合在一起；工作不再被那么严格地定义和设计，而是有很大的模糊性和变化性，这就要求员工主动地去探索和适应；临时工成为劳动力中重要的一部分，员工流动率大大地增加；客户对组织内的工作产生影响，并辅助建立评价工作的标准；团队成为工作的基本单位；组织结构图不再能够完整地体现出反映工作场所特性的影响力和关系网络等。

环境在一定程度上决定着人的行为。塑造良好的环境，就是在一定程度上帮助员工形成和维持好的行为。

实践专栏　　环境如何影响人的行为

环境影响人的一个非常著名的理论是"破窗理论"(broken window theory，BWT)。破窗理论认为不良的环境会诱发人做出不好的行为。当大部分的窗户玻璃都是破碎的时候，一群经过此处的小孩子最容易做什么呢？——把剩余没有碎的玻璃砸掉。这是典型的情境影响人的行为。人的基因中有许多行为的样板，在遇到相应环境的时候，这些行为的样板会被提取出来；但如果没有相应的环境时，社会规范会阻止人做出这种行为。例如，奥运会期间要求会场必须时刻保持高度整洁，人们就不会轻易去破坏环境。

有关紊乱无序行为的扩散，学者们也做了许多研究。2008 年发表在《科学》(*Science*)杂志上的文章介绍了这样一个有趣的实验：研究者观察人们在不同的环境下把小广告单随便扔到地上或挂到别人的自行车上的情况。结果发现，在混乱的环境下(在竖有禁止乱涂乱画的告示牌的街道墙面上有很多涂鸦)，69%的人随手扔掉了夹在车把上的纸条或将纸条夹到别人车上，而在有序环境里(墙面很干净)只有33%的人这样做。这个例子启发管理者要重视工作环境对员工的影响。例如，在氛围比较积极的单位环境中，人们更容易相互比较的是工作绩效、上进与否，而不良的组织环境更可能诱发人们的不良行为。

综上所述，在任何时候解释员工行为都需要注意人、结构、技术和环境这四大动因，不能轻易做简单归因，妄下结论。尤其要当心，当员工出问题的时候，切勿随意责备员工，应当考虑和反思组织中的其他因素是否存在问题。

四、组织管理心理学的主要特点

1. 跨学科性

组织管理心理学的跨学科性表现在组织管理心理学集中了多门学科领域中有关行为的知识，包括心理学、社会学、文化人类学和政治学等。

2. 坚实的概念框架

组织管理心理学既有广度又有深度，围绕着对理论的研究探索和对管理实务的认识两者展开。

3. 实务性

越来越多的管理者开始接受组织管理心理学的研究成果和理论，并将其运用在管理实践之中。

五、组织管理心理学与领导和管理

从原始意义上说，人类社会一出现，就有了管理问题。原始社会时期，人与人之间形成了一定的等级或从属关系，人与物之间产生了一定的分配关系，部落之间也构成了一定的群体关系。这时出现了最早的原始管理，是使部落(组织)有序、有效生存的必要条件。

1. 古代的管理思想

苏格拉底曾提出了管理的三个一般性原则：管理者应使下级愿意服从他的领导；管理者

应争取同盟者和支持者；管理者应有能力保持自己的人力和物力。这三个原则都与人有关。古代战争都需要保留人力，强调领导要为下属而战，以"滴水之恩"得到"涌泉相报"。这种社会互惠不仅是出于本能，也是原始社会管理实践中的一种重要思想。这些管理原则在现代社会依然广泛适用。

16 世纪意大利的著名学者马基雅维利(Niccolò Machiavelli)指出了领导与管理的四项原则：公众认可、凝聚力、统率力和励志图存。这些原则也均与人相关。如果领导者不遵从这些原则，将会失去下属的追随，成为孤家寡人。

中国的历史著作，如《史记》《资治通鉴》等都蕴含着丰富的管理学思想。早期思想家对管理的论述不胜枚举，如"民心所向""王子犯法庶民同罪""攻心术""兵不血刃""不战而胜"等。这些思想都体现了如何通过影响人心达到组织目的的管理方法。

2. 古代管理的杰作

古代管理思想的重要体现之一是大型建筑工程的实施。埃及金字塔、中国长城、英国巨石阵等雄伟宏大的建筑，不仅需要投入巨大的人力、物力、财力，也需要设计、材料采集和运输、施工等多个环节的协调，这些都必须建立在良好的管理运作基础之上。

3. 近代的管理与思想

近代社会出现了新的生产关系，大机器生产的开始使得真正意义上的工厂诞生了，新型城市开始形成。新现象的产生带来了一系列新的管理问题，这就要求管理思想与理念的与时俱进。这一时期的学者们开始思考在这样一种新的生产关系下如何做好管理工作，并提出了许多经典的管理理论和论述。

亚当·斯密(Adams Smith)提出了社会分工理论，从此社会上出现了专门的管理阶层。斯密对管理学的发展贡献非常大，他解决了标准化生产这一关键问题，为大机器大规模生产提供了行为管理的方法。在以往的手工业作坊中，学徒学习很久也很难到达师父的境界，科技的发展也使得现代生产工序越发复杂，员工难以独自完成。亚当·斯密通过把这些工作分解成多个简单的部分，设计分工和标准化生产程序，从而释放了生产力，极大地促进了企业发展。

类似地，克劳斯威茨(Carl Von Clausewitz)论述了制订计划的科学性并提出了量化的概念。巴贝奇(C. Babbage)阐述了有关厂址选择、市场预测和动作时间研究的合理化建议，并汇集成书。此外，这一时期诞生的很多管理理论侧重点也有所不同。比如古典理论强调制度管理以提高工作效率；行为科学理论主张通过提高员工满意度来激励士气，提高工作效率；管理科学理论利用数学模型与程序来表示计划、组织、控制和决策；系统管理学派主张以系统论进行管理，包括运用信息论和控制论等方法进行管理。

4. 组织与管理的概念

组织(organization)是指两个或两个以上的个体以一定方式有意识地联系在一起，为达到共同的目标而按照一定规则从事活动的群体或社会单位。管理(management)是让别人同自己一起工作，并通过别人来达到组织目标的过程，其实质就是使别人为组织目标而工作。在英文中，领导者(leader)具有带领的意思，领导者要身先士卒，以身作则，让下属心甘情愿地追随自己。因此领导者必须发挥其感召力影响下属的"心"，否则就会成为"光杆司令"；而管理者(manager)则有监督、控制的意思。以前我们通常认为管理者更多的是在背后监督员工，侧重管理员工的"手"。半个世纪以来，大家逐渐意识到管理者与领导者的职能必须合二为一。而现代的管理者更需要同时管理好员工的手(hand)、脑(head)、心(heart)，我们在这里合称为3H的管理。

六、组织管理心理学

现代组织包括两个系统：技术系统和社会心理系统。两者一起构成了组织中的"双系统"。双系统管理中非常重要的管理认知是把组织抽象为人和物两个部分，把相互关系简化为人和物、物和物、人和人之间的三种关系。其中技术系统涉及广义的技术管理、财务管理、生产管理等，管理对象主要是物与物之间的关系。社会心理系统则需要应用心理管理，涉及人事管理、组织管理，管理的对象主要是人与人之间的关系。两个系统之间有一个交集，涉及的对象是人与物之间的关系，通常是工程心理学、劳动心理学、功效学，或者今天所谓的人机交互、用户体验研究的对象(图1-1)。

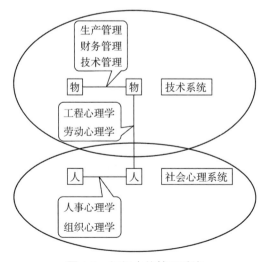

图1-1 组织中的管理系统

实践专栏　　以人为本的管理思想

早期的管理思想是想方设法让人适应物,而现在的管理则强调让物适应人。例如,某外企公司于20世纪90年代在中国成立研究中心,从国外买了200把椅子,每把价值5000元,相比当时国内常见办公椅可谓天价。花大价钱置办椅子,是因为这种椅子坐起来非常舒服,员工能更好地工作。这说明了组织愿意花心思和金钱来为员工创造舒适的工作环境,相关管理人员已经认识到,每个员工的创造力充分发挥之后能够为公司带来的收益,远远超出公司为员工设置一个良好的工作环境所要付出的代价。现在国内企业也越来越重视类似的问题,开始越来越多地为员工着想,人机交互设计也开始得到越来越多的关注,越来越多地考虑如何让机器或环境更友好。

考察组织管理心理学与其他学科领域的关系可以从宏观-微观、理论-应用两个维度入手。

与组织理论相比,虽然二者同样重视理论,但组织理论更加关注宏观的现象,而组织管理心理学(及组织行为学)更加关注微观的现象;与人力资源管理相比,虽然二者都研究微观的组织现象,但人力资源管理更关注应用层面,而组织管理心理学是上层理论,能够指导人力资源管理;与组织发展的研究相比,组织发展研究更加关注宏观的、应用层面的现象,而组织管理心理学则是一门更加注重研究微观的、理论的学科。

七、理论架构

行为(心理)科学家需要回答和解释人的行为是如何产生、由什么决定以及受哪些因素的影响等问题。有三个心理学的理论对解释组织中的行为密切相关:认知理论、行为主义理论和社会认知理论。

1. 认知理论

认知理论认为人的认知先于其行为。认知包括知觉、思维、问题解决和信息加工等过程。认知理论运用诸如期望、需求、诱因和认知等概念来说明影响人们行为的因素,认为认知地图等概念能帮助个体认识事物和环境。由此,认知理论赋予人更多的主观能动性,强调人类行为积极、自由的一面。著名心理学家托尔曼(E. C. Tolman)的动物学习实验发现,学习建立了一种心理期望,这种心理期望进一步对行为产生指导作用。也就是说,认知理论认为,有机体对目标有所思考、有所觉知,其行为是建立在认知基础之上的。

2. 行为主义理论

行为主义的驱动者伊万·巴甫洛夫(Ivan Pavlov)和约翰·华生(John B. Watson)强调考察可被观察到的行为,而不是难以捉摸的、无形的意识层面的东西。他们主张使用经典条件反射实验来构建人类行为的刺激-反应(S-R)模式。行为主义学派认为,既然一个刺激可以引起一个反应,那么考察刺激 S 的性质和影响因素,就可以了解和控制行为反应 R。

类似地,现代行为主义奠基人斯金纳(B. F. Skinner)通过操作条件反射实验发现,一个反应的结果能比引起反应的刺激更好地解释行为,行为是其对应的环境结果的函数。因此,斯金纳强调了反应-刺激(R-S)关系的重要性。

 大师风采

伯尔赫斯·弗雷德里克·斯金纳(B. F. Skinner) 美国著名心理学家,于哈佛大学获心理学博士学位,曾在多所大学工作,最后回到哈佛大学任教,是新行为主义的主要创建者和代表人物。斯金纳提出了"操作性条件反射"的概念,揭示了著名的行为获得的"效果律",即(动物和人的)行为操作产生的效果(例如受到奖励或惩罚),反过来作用于行为本身,提升或降低了行为出现的概率,进而塑造了行为。这是典型的强调环境作用的理论主张。他制作的一个简单而有效的研究动物行为的装置直到今天仍经常被使用。他的研究成果也被用于很多领域,包括军事(训练鸽子为军舰导航)、管理(训练和管理员工)、教育,甚至马戏团的动物训练,其影响远远超出心理学领域,也因此成为家喻户晓的人物。

斯金纳坚持用科学的方法研究可观察的刺激-反应关系,对发展科学心理学起到了巨大的推动作用。2000 年,美国心理学会评出 20 世纪影响心理学的 100 位著名学者,斯金纳排行榜首。

3. 社会认知理论

一些学者批评认知理论是心灵主义的,而行为主义观点是决定论的。班杜拉提出的社会学习理论认为,行为由认知与环境因素持续的交互作用所决定,并进一步发展出更为完善的社会认知理论(social cognitive theory, SCT),为组织管理心理学提供了理论基础。

大师风采

阿尔波特·班杜拉(Albert Bandura) 著名心理学家,以其社会学习论著称。班杜拉 1925 年出生于加拿大,毕业于不列颠哥伦比亚大学,1951 年获得艾奥瓦大学硕士学位,次年又获得该校博士学位。1953 年,班杜拉加入斯坦福大学心理学系。1974 年,美国心理学会选举班杜拉担任主席。他曾提出自我效能、观察学习/榜样作用和社会认知等在心理学领域影响广泛的概念。1985 年,班杜拉出版了《思想和行动的社会基础:社会认知论》一书,提出社会学习理论。

社会学习理论认为,不仅加诸个体本身的刺激物可以让个体获得或失去某种行为,观察其他个体的社会化学习过程也可以获得同样的效果。例如,幼儿园的小朋友看到老师夸赞有礼貌的小朋友并且给了这位小朋友糖果吃,等到他自己见到幼儿园老师时,也会表现得十分礼貌。此外,儿童的其他特质(如性别角色等)也是从社会环境学习而来的。自社会学习理论发表后,人们开始更多地注意示范的作用,榜样在教育、组织管理等方面的意义越来越受到重视。

§2 组织中人的基本特性

从组织的角度来考虑,人的一些基本特性是管理中必须加以考虑的,它们影响了人的行为。这些特性包括:个体差异、动机、知觉、人的整体性、参与积极性和价值观等。如果不了解人的特性,组织行为就难以得到很好的管理。因此,有必要了解组织中员工的不同特性。

一个很重要的员工特性是个体差异。个体差异是人的独特性的反映,体现在每个人都是独一无二的,并且个体对世界的认识也有差别。世界上没有一模一样的人。组织要管理好不同的员工,必须妥善地解决规章制度的一般性或普遍性与不同员工的特殊性或具体性之间的矛盾。这对组织管理是一个巨大的挑战。优秀的管理者很重要的一项技能是,要把握如何在维护一般性规章制度的前提下,用不同的方式管理不同的员工,从而产生最佳的管理效果。

另一个员工特性是,每个人在组织中对事物、现象的认知不同。这可以从人们对两可图形的认知差异上反映出来。这一特性提醒我们,人们对世界的认识往往会受到自身经验的影响,因此在现实生活中很容易产生知觉偏差。由于不同的个体观察世界的角度是不一样的,从而导致客户和员工对同一件事的看法可能不同,员工和管理者针对相同的问题的认识也可能存在很大分歧。但在现实的管理过程中,管理者经常犯一种错误,即认为自己的认识是唯一正确的。这种认知的偏差往往会在实际组织管理中造成很多问题。

> **实践专栏** 乔布斯的案例
>
> 史蒂夫·乔布斯创建了苹果公司,却因为其性格古怪、脾气乖张、行为习惯极其"自我"而被公司董事会"开除",被迫离开自己创建的公司。其后公司又因为需要他不拘一格的创意天赋和产品构思将他请回苹果公司。这近乎是一个管理"闹剧"或"儿戏"。
>
> 在这个案例中,组织管理者忽略了整体性这一人的特性。每个人都是一个完整的个体,企业不可能只雇用员工的一部分(例如优势或长处),而不包容其另一部分(例如缺点或不足),将人割裂开来。必须将人视为一个完整的个体。在实际生活中,管理者很容易犯的错误是,在招聘时只看到员工的优点,入职后开展工作时又紧抓员工的缺点不放,最后"不欢而散"。因此在进行组织管理,尤其是招聘新员工时,管理者不能只考虑申请者对职位的胜任力,还需要全面地考察申请者,其优点是否能加以利用,其缺点是否可以接受或掌控。如果只将员工视为一个劳动力,而非一个完整的人,可能会给组织带来不必要的损失。

动机也是人的一个重要特性。一则古老的寓言说"吃饱的狮子不咬人",因为狮子很少会无缘无故地咬人,一旦出现咬人的行为往往是因为饥饿、领地被侵犯或配偶被抢等原因。同理,人类的行为也都是有动机的。在组织中,员工需要给自己的行为找到恰当的理由,只有当他们看到工作行为与自我需要的满足相联系时,才会产生行为的动机。因此,管理者可以通过奖励和惩罚来塑造组织希望看到的员工行为。需要注意的是,不同的人对同一件事的动机很可能是不同的。比如流传甚广的三个泥瓦匠的故事——砌砖是为了砌砖本身(看不到工作的意义)、养家糊口(把工作当作谋生的手段),还是建设城市(看到的几代人不懈努力去实现的美好生活愿景)——就很好地解释了这个道理。这就要求我们开展精细化管理,努力发掘使人更好地工作的动机。

类似的个体特性还有很多,比如参与积极性——人需要社会归属,因此组织要提供归属感;个体价值观——人对善恶美丑的看法不同,因此组织要考虑到员工不同取向的自我评价和期望等。

§3 行为管理的基本主张

针对人的特性，组织管理心理学对现代企业的管理有四个基本主张或观点，也称为四大取向，即人力资源观点、权变观点、结果取向观点和系统取向观点，借此可以更好地管理组织中的行为。

一、人力资源观点

人力资源观点也称人性化观点，实际上就是人本取向、不断开发人力资源的观点。这一观点认为人是所有组织和社会的核心资源，重视并开发这一资源组织才能更好地发展，因而致力于人的成长和发展，力图使组织中的人更有能力，更有创造性，也更有满足感。这一观点要求把人摆在突出的位置上加以考虑，从而让优秀、高效的人为组织工作，实现组织目标。从20世纪中叶卖方市场向买方市场的转变开始，人的因素就变得至关重要，因为能更好地满足消费者需求才能使组织胜出，而这首先要从组织内部的人力资源(员工)做起。

二、权变观点

权变观点认为人存在个体差异，不可能将同一套理论、制度施加到所有人身上而产生同样的效果。这个观点指导我们，世界上并无最好的方法，只有相对有效的方法；处理不同的问题往往要考虑方法的应用背景。这种主张体现了辩证的思想，有助于组织更加充分、更加恰当地应用所有与组织有关的先进理论。

三、结果取向的观点

所有的组织都追求某种结果(产出)。大多数组织的目标都是只考虑组织一方的利益，即提高劳动生产率，但实际上人力和社会的投入和产出也同样重要。如果一种组织的管理措施可以引发员工巨大的满足感、获得感，那么这种措施就具有一定的人力产出。如果某项员工发展计划使员工成为更好的社会公民，那么这项计划就具有一定的社会产出。组织在管理员工时应尽量实现生产率和人力、社会产出的双赢，因为只关注组织劳动生产率的做法即使短时可取，长期发展也往往会导致双输，甚至造成灾难性后果。双赢是当今组织追求的终极目标。

四、系统取向的观点

系统取向的观点受到系统论思想的影响，它将组织视为一个完整的系统，要求以全局的视角考虑行为的管理。具体来说，组织内部有多个关键变量，它们相互作用、相互影响、相互依赖，构成了一个复杂的系统动力网络。因此，管理者在采取某项行动之前，必须超越与该事件直接相关的狭窄圈子，将组织看成一个大的系统来考察行动的影响，而不能因为某个因素非常微小就不予重视。因为微小的事物或局部因素也可能导致整体的失败。系统取向的观点在看待人与组织的关系时，从完整的人、完整的群体、完整的组织和整个社会的角度出发，以"没有边界的观点"看待人，以便尽可能全面地考察所有与人的行为相关的因素。

> **实践专栏** 能不能参加婚礼？
>
> 某企业的一位部门主管拒绝批准一位员工的请假申请，而没有注意到这名员工是去另一个城市参加她表姐的婚礼。这位员工说，她和表姐是一起长大的，感情非同一般，她要去做伴娘，绝不能缺席婚礼。于是，她在未经许可的情况下离职两天。当她回来时，主管记了她一天旷工，扣了她一天的工资。其他员工听说了这件事，认为这个处罚是不公平的，大家在企业内网上纷纷谴责该主管，并威胁说若不撤销对该员工的惩罚，大家就在网上"罢工"，一直声讨下去，让网络瘫痪。这位主管没有意识到她所在部门的一个看似微不足道的行为会超过这个部门而影响整个企业。
>
> 从这个事例可以看出，管理者的决策导致组织和员工双输的结果，这是由于管理者没有遵循四大基本管理主张。这位部门主管没有人本取向的观点，忽略了员工的情感需求；没有权变取向的观点，比如可以通过调休、灵活安排工作进度等来弥补员工请假的损失；没有结果取向的观点，导致全体罢工、绩效损失严重的不良后果；也没有系统取向的观点，没有想到由于一个员工请假事件，导致整个公司的瘫痪。
>
> 管理者必须意识到组织是一个整体的系统，相互之间有密切的联系，并运用组织行为管理的四种观点取向来看待组织行为，进而有效地预测和控制行为。

§4 组织管理心理学的研究方法

任何一门学科都有它自己的研究方法。一门学科要想导出合理的、正确的理论，其方法必须是恰当的，对材料的分析与概括必须是科学的、准确的。组织管理心理学也不例外。作为一门交叉学科，组织管理心理学从其他相关学科中吸收了许多必要的、有效的概念和方法，为这门学科科学而系统的发展打下了基础。

一、基本术语

一些专业化的术语反映了组织管理心理学研究中的重要概念。掌握这些概念对于了解研究方法及其科学性是十分必要的。

1. 变量

变量(variable)可以是任何一种可改变强度或幅度并可观察、测量的一般性特征。比如，能力、性格、工作压力、工作满足感、组织认同、价值观、生产力、团体规章等，都是组织管理心理学中常见的变量。变量又有不同的种类。

(1) 自变量(independent variable)是指能独立变化并引起其他变量的改变的变量。我们常用的自变量有能力、性格、经验、动机、领导风格、报酬分配方式、组织设计等。比如，"不同的领导风格导致员工不同的工作行为"，这里领导风格就是自变量，被假定为是引起工作行为变化的原因。

(2) 因变量(dependent variable)是指受自变量的影响而发生改变的变量。我们经常考察的因变量有工作绩效、工作满足感、出勤率、组织凝聚力等。比如，上一节实践专栏中员工的"网络罢工行为"就是因变量。

(3) 调节变量(moderating variable)是指参与对因变量的影响从而改变自变量的作用程度或方向的变量。也就是说，自变量对因变量的作用要视乎调节变量的情况而定。因此，调节变量也可看作是边界条件。举例来说，如果增加"直接监督的程度"(自变量)，"员工生产效率"(因变量)应有所改变，但究竟能否发生改变，要视"工作任务的性质和复杂程度"(调节变量)而定。

(4) 中介变量(mediating variable)是指在自变量与因变量之间起连接作用的变量。没有这个中间变量，自变量对因变量的作用就无法发生。例如，一个公平的薪酬制度(自变量)是因为引发了员工的公平感和满意感(中介变量)，从而导致员工更踏实地努力工作，产生良好的绩效(因变量)。可以说，中介变量解释了自变量之所以能作用于因变量的内在机制。

2. 假设

假设(hypothesis)是对两个或两个以上的变量之间的关系的尝试性说明。所谓"尝试性"是指它的正确性仍有待证实。因此，一个好的假设并不在于它是否正确，而在于它是否具有可证实性。不可证实的假设往往没有实际价值。

3. 因果关系

因果关系(causality)是指变量之间的导引关系的方向性。当且仅当 x 的变化引起了 y 的变化时，x 就是 y 的原因，它们之间就是因果关系。"动机强度不同导致不同的生产率"，这就是一种因果关系。但"快乐的员工也是高生产率的员工"并不反映出因果关系，因为不清楚谁是原因、谁是结果。

4. 相关性与相关系数

相关性(correlation)说明两个变量之间在量变上是否有稳定关系，表示为相关系数，记作字母 r。相关系数取值在 1.00(完全正相关，即两变量的量变方向完全相同)到 -1.00(完全负相关，量变方向相反)之间。相关系数为 0 时，表示两变量之间没有关系。相关只说明量变关系，但不说明关系的方向，即不能说明因果性质。比如，长期观察发现，美国女性裙子的长度和股市价格有很高的正相关，这其中并没有因果关系。再如，田里稻子和草的生长高度有极高的正相关，但这种量变的一致性并不意味它们之间有因果关系，这是因为它们都和另一些因素如土壤性质、气候等有关，因此，两者的生长都可能是这些因素导致的结果。

5. 效度

效度(validity)是指研究所测量的内容有效反映了原本想要测量的内容的程度。比如，要对员工的能力进行考察，就要真正测量能力，而不是工作表现。反之，若要考察员工实际工作表现，就不能转而去测量能力，否则就是无效的。如果一项报告说，研究发现民主型领导有利于团体凝聚力提高，就要检查它是否确实考察了"民主型领导"以及测量的是否确实是"团体凝聚力"。换句话说，所报告的应当的确是所要研究的内容。

6. 信度

信度(reliability)是指测量的一致性或稳定性。如果使用同一个测量工具测量一个人的智力商数 IQ，昨天为 70，今天却变成了 130，则说明这个测量工具信度有问题，是不可信的。因为除非发生特殊的意外，一个正常人不可能昨天是愚人，今天却成了智者。因此，在进行研究之前，要确定测量工具是准确可靠的。

7. 普遍性

一项研究的结果能否被推论于该研究对象以外的个体或团体，必须慎重对待,严格论证。比如，对男性调查的结论能否适用于女性？对青年员工的研究结果能否推论于老年职工？对工厂生产员工的甄选方法能否用于商业的销售员工？这反映了研究结论的普遍性问题。

实践专栏 　　如何据资料得出正确结论

　　有人看了一个统计：中文里 100 个常用字出现频率很高，在常用语言中大约占 50%。于是他得出结论：如果识得这 100 个常用字，便可读报了。可事实是，即使认得五百多个常用字的儿童也很难读懂报纸。问题在于，文字理解与常用字字频并不完全是一回事。论据不对，结论也就无效。

　　又如，一个人看了一篇研究报告后，认为找出了谋取公司高级职位的方法：参加大学田径队。他的结论是怎样得出的呢？他看的报告内容是这样的：经过对美国 500 家大企业的 1700 名资深管理人员的调查发现，其中半数的人在大学期间参加了校田径队。要知道大学生参加田径队是极少数，而这些高级管理人员中竟有如此多的人出自田径队，绝非偶然。于是他得到了上述结论。

　　然而，请仔细想想：这些高级主管是在几十年前上的大学，即便他的结论可靠，又能否用于现代大学生？那些主管主要是男性，其结论能否适用于女性？那些主管大都出自小型私立学校，在那种学校里，几乎所有人都要参加校田径比赛。这种情况下的结论适用于现代大型高校吗？再有，这种关系可能另有其因。比如，可能那些志在高层权力、职位的人，都富有雄心、抱负，很容易被像田径比赛这种高竞争性的活动吸引。总之，这个人的结论犯了过分泛化（推论）的错误，没有找到真正的因果关系。由此可见，从一种调查现象得出什么结论，这个结论适宜于什么范围，都必须有严格的科学依据，否则就难免导致谬误。

二、研究设计

每个学科都有其从事研究、求证的方法。心理学乃至其他科学中的研究方法也适用于组织管理心理学。

1. 观察法

观察法(observation)是指通过感官或仪器按行为发生的顺序进行系统观察、记录并分析的研究方法。观察法又有自然观察与实验室观察之分。自然观察是指在行为发生的环境中进行观察，对行为不施加任何干预。实验室观察是指在实验室内，在人为控制的某些条件下进行的观察。

观察法的优点在于方便易行，可涉及相当广泛的内容，且观察材料接近生活现实。缺陷是只能反映表面现象，难以揭示现象背后的本质或因果规律。因此，观察法最好与其他方法结合使用。

2. 调查法

调查法(survey)是指通过事先拟定的一系列问题，针对某些心理品质及其他相关因素，收集信息、加以分析的方法。比如，要想了解职工的业余生活内容、对工作的满意程度、对领导风格的评价，就可以采用调查法。调查法的优点是能同时进行团体调查，快速收集大量资料，而且简易的问题也方便人们回答，能迅速了解人们对某类(些)事物或问题的看法的类型、广度和强度。但调查法不太适用于某些特定行为及态度，因为对有关问题的回答未必完全真实，故所得材料的价值要打折扣。

3. 测量法

测量法(test)是指采用标准化的心理测验量表或精密的测量仪器对相关心理品质或行为进行测定、分析的方法。能力测验、性格测验、人才测评等都是组织管理心理学中常用的测量法。其关键特征是有常模，就像度量衡的刻度、量程、精度，能够对个体某一心理品质相对同类群体所处的水平给出科学的度量和评估。

4. 个案研究

个案研究(case study)是对个体、群体或组织以各种方法收集各方面可能的资料以供分析的方法。比如，通过研究一个工厂的厂志来了解其管理方法及成效就是一种个案研究。个案研究针对性强，对于解决组织中的具体问题很有帮助。但由于个案过于具体，普遍性较差，其结论不宜随意推广。

5. 实验法

实验法(experiment)是指在人为控制的条件下精确操纵自变量而考察因变量如何因其而变化、研究变量间相互关系的方法。实验法有实验室实验和现场实验之分。

实验室实验(laboratory experiment)在人为制造的实验室环境中进行。其特点是精确，但也因此失去了一定的真实性和普遍性，因为现实中很少有像实验室那样的环境。

现场实验(field experiment)是在真实的组织环境中进行。比如要了解照明度对生产的影响，可安排两个同样条件的车间在不同的照明光线下生产，比较生产率。现场实验可以说是最有效的方法，所得结论也最具普遍性意义，只是花费和代价较高。

实践专栏　评价中心

"评价中心"是用于评价、考核和选拔管理人员的方法。实际上它是一种测评机构。该方法的核心手段是情景模拟测验，即把被试置于模拟的工作情境中，让他们进行某些规定的工作或活动，观察他们的行为表观并作出评价，以此作为鉴定、选拔、培训管理人员的依据。

这种方法最初源于第一次世界大战时的德国，当时采用"小组评价"等方法作为评选军官的依据。第二次世界大战时，美国军方又补充了"小组讨论""情境模拟练习"等方法，为以后这一方法进入工业界奠定了基础。

美国电话电报公司(AT&T)最早在工业界建立评价中心。该公司用模拟情境测验、小组讨论及其他心理测验评价了数百名各级管理人员，对他们的能力和晋升前途进行预测，并对结果严格保密。多年后发现，这些管理人员的实际人事变动同当年的预测有很高的一致性。以后的多项研究也都证明：评价中心的测评方法有很高的信度、效度，有很大的预测价值。不仅如此，该方法还能带来经济效益。施乐(Xerox)公司测试评选500名销售经理共花费34万美元，而实际增加的经济效益为490万美元。

评价中心最重要的方法是模拟情境测验，其中又包括公文包测验、角色扮演、小组相互作用测验等。

"公文包测验"又称处理公文筐测验。测验时发给被试(即被测查者)一包公文(事先由各类专家共同鉴定并进行标准化)，包括该级管理人员应处理的、来自组织内外、上下级的各种日常文件，要求被试在规定的时间里处理完所有文件。评价人员对被试的工作进行集体评价，主要依据是被试是否能按主次、轻重、缓急有条不紊地着手工作，并对各种公文作出恰当的处理，由此鉴定被试的管理才能。

"角色扮演"又称办事游戏，采取上下级对话的形式。请被试扮演某级管理者，安排他同"模拟下级"谈话，针对下级的各种问题做工作。对谈话的全部内容进行记录、分析，对被试表达力、说服力、解决问题的能力和效果作出鉴定。

"小组相互作用测验"也叫小组集体讨论。通常把被试分成六人一组，不指定召集人，由主试说明要求、给出要讨论的问题(一般是实际业务上的某个问题)，自由进行讨论。评价者观察讨论中谁最擅长根据现有材料集中正确意见，最擅长说服他人，把讨论引向一致或作出大家公认的结论，从而对每个被试的领导能力、独立见解、民主意识、说服力等作出评价。

过去许多著名的外国公司建立或启用评价中心，如AT&T、IBM、福特汽车、壳牌等公司，一些较小的公司也有几家合办评价中心的。如今中国企业也逐渐兴建自己的评价中心。实践证明，用评价中心评价、考核、选拔人才，其科学性强，可靠性高，经济效益明显，便于挖掘人才，能避免盲目用人和任人唯亲。正因为如此，它在许多国家的企业界受到普遍欢迎。

案例剖析

曼思是德国的一位工程技术人员,因为失业和国内经济不景气,不远万里到了美国。他幸运地得到一家小工厂老板的看重,聘用他担任生产机器马达的技术人员。

1923 年,美国福特公司有一台马达坏了,公司所有的工程技术人员都未能修好。正在焦急万分的时候,有人推荐了曼思,福特公司就派人请他来。他来之后,什么也没做,只是要了一张席子铺在电机旁,聚精会神地听了三天,然后又要了梯子,爬上爬下忙了多时,最后他在电机的一个部位用粉笔画了一道线,写上"这儿的线圈多绕了16圈"几个字。福特公司的技术人员按照曼思的建议,拆开电机把多余的16圈线取走,再开机,电机正常运转了。

福特公司总裁得知后,对这位德国技术员十分欣赏,先是给了他一万美元的酬金,然后又亲自邀请曼思加盟福特公司。但曼思却向福特先生说,他不能离开那家小工厂,因为那家小工厂的老板在他最困难的时候帮助了他。

福特先生先是觉得遗憾万分,继而又感慨不已。福特公司在美国是实力雄厚的大公司,人们都以进福特公司为荣,而他却为了报恩舍弃如此好的机会。

不久,福特先生做出一个决定,收购曼思所在的那家小工厂。董事会的成员都觉得不可思议:这样一家小工厂怎么会进入福特先生的视野?福特先生说:"人品难得,因为那里有曼思。"

思考与讨论

1. 以上案例反映了本章讲到的哪些原理?
2. 福特先生的管理决策对你有何启发?

【本章知识要点】

组织管理心理学:一门研究人——包括个体和群体——在组织中的行为并加以应用的学科。组织管理心理学致力于寻找能够提高组织效率和员工满意度的工作方式,并提供了一整套研究工具,针对组织的各个层次(单一员工、员工之间、群体/团队和组织)开展研究。

组织管理心理学的目标:描述、解释、预测、控制员工的行为,改善员工行为,实现组织和员工的双赢。

组织的四大动力学因素:人、结构、技术和组织运作的环境。

组织:组织是指两个或两个以上的个体以一定方式有意识地联系在一起,为达到共同的目标而按照一定规则从事活动的群体或社会单位。

管理：让别人同自己一起工作，并通过他人达到组织目标的过程，其实质就是使他人为组织目标工作。

双系统：技术系统和社会心理系统。把相互的关系简化为人和物、物和物、人和人之间的三种关系；技术系统接受技术管理，社会心理系统则需要应用心理管理。

认知理论：运用期望、需求、诱因和认知等概念来说明影响人们行为的因素，认为认知地图等概念能帮助个体认识事物和环境。

行为主义理论：主张使用经典条件作用实验来构建人类行为的刺激-反应解释，通过考察刺激的性质和影响作用，来了解和控制行为反应。

社会认知理论：认为行为由认知与环境决定因素之间持续的交互作用所决定。

人的特性和组织的特性：个体差异、动机、渴望参与、价值观等。

四大基本取向：人力资源观点、权变观点、结果取向观点、系统取向观点。

自变量：能独立变化并引起其他变量的改变的变量。

因变量：受自变量的影响而发生改变的变量。

调节变量：参与对因变量的影响从而改变自变量的作用程度或方向的变量。

中介变量：连接、解释自变量与因变量之间的关系机制的变量。

假设：对两个或两个以上的变量之间的关系的尝试性说明。

因果关系：变量之间的导引关系的方向性。

相关性：说明两个变量之间在量变上是否有稳定关系。

效度：所测量内容有效反映了研究者想要测量内容的程度。

信度：测量的一致性或稳定性。

普遍性：一项研究的结果能被推论于该研究对象以外的个体或团体的程度。

观察法：通过感官或仪器按行为发生的顺序进行系统观察、记录并分析的研究方法。

调查法：通过事先拟定的一系列问题，针对某些心理品质及其他相关因素，收集信息、加以分析的方法。

测量法：采用标准化的心理测验量表或精密的测量仪器对相关心理品质或行为进行测定、分析的方法。

个案研究：对个体、群体或组织以各种方法收集各方面可能的资料以供分析的方法。

实验法：在人为控制的环境条件下精确操纵自变量而考察因变量如何因其而变化、研究变量间相互关系的方法，有实验室实验和现场实验之分。

【思考题】

1. 你如何看待管理心理学的研究方法？你认为基础科学的方法适用于管理心理学吗？为什么？

2. 你如何看待组织管理心理学的四大主张？你认为它们之间有何种关系？你认为它们适用于今天的每一个组织吗？

2

组织行为管理模型

道不同，不相为谋。

——《论语·卫灵公篇第十五》

符合心理学的劳资合同是建立在共同的价值观和使双方都受益的基础之上的。

——Kenneth P. De Meuse & Walter W. Tornow

【内容概要】

组织行为管理系统是由哪些要素构成的？

有哪些组织行为管理模型？它们是如何发展起来的？

什么是管理哲学？

运用组织行为管理模型有哪些边界条件？

过去，员工被称为"劳力(labor)"，代表没有知识的纯体力劳动者；雇主雇用员工只是花钱买来了一些劳动力，即员工的技能。而如今，员工被称为"伙伴(partner)"，以反映组织中平等的关系。也就是说，现在企业中的员工不再是被监控的对象，而是企业的"主人"。一味地监控和管制员工未必有益于组织目标的实现。在有些情况下，监控反而损害生产力。例如研发部门的员工，越是被人监督着工作，可能越是无法发挥创造力。显然，脑力劳动者和体力劳动者的管理方式应该是不同的。现代组织行为的这种复杂性，要求组织建构一套独特的行为管理系统。

§1 组织行为管理系统

每个组织都会建立自己的组织行为管理系统,利用这一系统进行沟通交流,保证这个系统的正常运作,并通过这个系统实现组织的目标。

组织行为管理系统的构成要素决定了组织应该如何管理员工(图2-1)。这些构成要素包括顶层设计,它决定了一个组织的制度建构。另一个构成要素是组织规范。组织中不同的团队有不同的规范,例如研发团队的规范是不拘一格、互相帮助;财务团队要求精细,一丝不苟;而生产团队则要求员工兢兢业业,不怕苦、不怕累。顶层设计、制度设计、规范以及组织所处的环境整合在一起定义了组织文化,即以何种方式实施领导和管理、进行组织内的沟通、如何与他人交往和互动等。组织文化反映在组织日常事务中的方方面面,是一个组织特有的文化现象。这些又进而决定了组织的工作生活质量,例如上下级关系密切、轻松舒适的组织环境与等级森严、气氛严肃紧张的组织环境,给员工带来的工作生活满意度是不同的。这种工作生活质量又进一步决定了其他因变量,例如员工的工作动机、绩效、满意度、个人成长等。

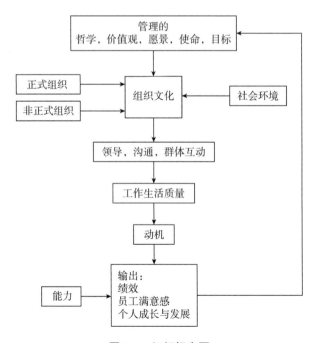

图2-1 组织行为图

组织行为管理系统的顶层设计要素，按照从抽象到具体的顺序，包括组织行为哲学(管理哲学)、价值观、愿景、使命和目标。

1. 组织行为哲学

组织行为哲学是一个整合的概念，包括管理层对人的假设——人对事物的看法、采取行动的目标和行为方式等。通常来说，组织行为哲学包含两方面的内容：客观判断(事实是什么)和价值判断(是不是好的)。组织行为哲学有时是清楚明确、有明文规定的，但有时则仅仅是管理者脑海中的模糊概念。顶层设计中的管理哲学指的是对组织中人的本性等最基本问题的认识，是类似于世界观的人性假设。比如假设人的天性是自觉自律、热爱工作、负责任、尽职尽责的，或者是好吃懒做、逃避责任、贪图享乐的。

2. 价值观

价值观(values)体现了我们对某种结果或行为的愿望，它是我们怀有的某种信仰，是关于事物好坏、优劣、真假、善恶的看法。价值观有两个方面的特性，其一，价值观决定行为或事物在人心目中是否具有可接受性以及重要程度如何。其二，价值观具有个体性，同一事物或行为对于不同的人来说可接受性不同，重要程度也不同。比如，有人认为不应有"死刑"这种处罚，因为任何人都无权夺取他人的生命；但有人认为，夺走他人性命的歹徒，应该以命抵命，因此"死刑"的存在是合乎情理的。有人看重组织的名誉，认为个体和组织是一体的，一荣俱荣，一损俱损；而有人则不在乎组织的名誉，认为组织的名誉同个人利益无关。

每个人心目中都对各种事物有可接受性和重要性的两方面的判断。这些判断按一定关系组织起来，就构成了这个人的价值体系(value system)。每个人都有自己独特的价值体系，这个价值体系决定着每个人对自由、权益、民主、自尊、公正、道义、服从、诚实、正直、快乐等价值标准的看法。虽然价值观总体上来说是根深蒂固的，从长远来看是稳定的，但它也是可以主观控制的，我们可以选择、修正、抛弃或者改变自己的价值判断。一个组织和人一样，也有自己的价值体系。

实践专栏　　价值观与生活年代

葛理斯(C. W. Grayes)认为，可以用七个层次来描述人的价值观与生活形态。层次一到层次七分别为：①反应性的。属于这一层次的人意识不到自己或他人是万物之灵的人类，只是依基本的生理需要做出反应。这类人通常是刚出生的婴儿，在组织中则很少有这种人。②宗族的。这类人依赖性很强，极易受传统与权威人物的影响。③自我中心。这类人是彻底的个人主义者，只对权力有兴趣，既自私，又富攻击性。④从众的。这类人不太能够忍受模棱两可，不能接受与自己持不同意见的人，非常希望别人能接受自己的价值观。⑤操纵的。这类人喜欢通过操纵别人或事物来实现自己的目标。他们努力寻求社会地位与名望。⑥社会中心的。这类人认为人与人之间的友爱与和睦，比超越别人更重要。这是一些被操纵者、从众者排斥的人。⑦存在的。这类人最不能忍受模糊情境，无法接受不同的价值观。他们对于僵化的制度、束缚人手脚的政策、地位的象征及职权的滥用，都会直言批评。

长期研究表明，价值观同人们生活、成长的年代有密切的关系。以20世纪中后期的美国为例，在经济大萧条和第二次世界大战期间长大的人，大约在四五十年代开始工作，他们信奉基督教新教的工作伦理，对雇主忠心耿耿。他们的价值观介于层次二到四之间。而在六七十年代开始工作的人，受到嬉皮作风和存在主义的影响，较重视生活的品质，不太看重金钱、财产的数量。他们希望拥有自主权，忠于自己而不是雇主。他们的价值观属于层次六、层次七。至于80年代开始工作的人，比较倾向传统的价值观，但更重视成就与物质生活，认为只要能够达到目的，可以不择手段。他们认为，雇主只是他们追求事业前程的跳板。这些人的价值观处于层次五。

3. 愿景

愿景是由"vision"一词翻译过来的，原意指的是远处虚无缥缈的景象，令人有所认识又无法触及，能够给人感性的召唤。愿景其实就是理想中的景象，对行为有很强的牵引力，即使终其一生都不能实现，也不会被人们放弃。组织中的愿景指的是组织和组织成员的未来蓝图。愿景应该具备三个特性：愿景是具有一定的挑战性的，这意味着愿景是无法轻易实现的；愿景还需要有充分的吸引力，它应该是人们所希望的、愿意去追求的；愿景还应具备可能性的特征，即能为组织成员和组织指明道路。

这种同时具备挑战性、吸引力和可能性的愿景在短期之内往往是难以实现的，但它能够作为指引公司员工为之奋斗的明灯。在电话还未普及的时代，人们之间要想进行远距离的沟通还很困难。著名的AT&T公司当时的愿景是"让全世界的人都能方便地沟通"。公司通过提出这样一个愿景，来驱使员工不断地努力，向目标前进，为推动电话的普及做出了很大的贡献。类似地，福特公司早期的愿景是"让普通人都能坐上自己的汽车"。通过不懈努力，这个愿景多年后最终在美国基本实现了。

4. 使命

使命(mission)指明了组织所处的行业、目标市场、关键客户类型以及组织存在的意义。有些组织还将自己的竞争优势也列入组织使命中。与愿景相比，使命更容易描述，也更注重眼前，但它仍然是一个很宽泛的概念，需要被转换成更容易操作的组织目标。简单来说，使命是指在特定行业中从事的某些特定活动。比如，有的公司的使命是"为消费者提供放心的洗涤用品"，有的公司则是"提供环保的家电产品"。

5. 目标

目标是比较具体的计划，它阐述了组织在未来一段时间内(如5年)希望达到的状态。目标设定了在一个特定时间内完成什么样的工作以及达到什么样的状态。例如，有的公司把目标设定为10年内进入世界500强。确定组织目标是一个复杂的过程。由于员工也有自己的需要和目标，组织在制订目标时需要兼顾员工的个人目标，注重员工的个人目标与组织目标之间的契合。

现实中，管理者很容易将愿景和目标两者混淆。愿景是远大的理想，短期实现不了，但也不会放弃；而目标则是在一段时间内便可以实现的。因此，在组织管理实践中，需要管理者特别注意两者的区别和联系。

组织行为哲学、组织价值观、愿景、使命和目标实际上构成了一个逐级细化的系统，并一起促进了组织文化的形成。组织文化则反映了正式组织中的政策、结构、工作程序以及社会文化环境等因素。管理者的工作是采用一定的领导风格，充分发挥沟通技能以及处理人与人之间、组织与组织之间的关系，以此来提高员工的工作生活质量。如果管理者可以圆满地完成上述工作，员工就会有足够的动力来帮助组织实现目标。

> **实践专栏**　　某公司的组织行为管理系统
>
> 我们以追求高质量、低成本和最优秀的技术为己任。
> - 公司成员之间应该互信、互谅、互相尊重。
> - 每个人都具有独特的自身价值，都能为企业做贡献。
> - 每个人都应不断地追求自身的卓越。
> - 团队的能量大于个人能力之和，每个团队成员都应该信赖团队，视团队绩效为己任。
> - 革新是关键。
> - 开放式的沟通是成功的诀窍。
> - 所有员工都应参与企业决策。
>
> 该公司的组织行为模型分别体现了价值观、人际互动的约定、管理哲学、团队互动的规则、沟通模式。它们从不同的方面构建了组织行为管理系统的架构。值得注意的是，上述各项内容相互之间是很好地契合的、无矛盾的，构成一个完好的、自恰的系统。在这样的系统中，企业成为一个无形的员工行为管理体系，它影响员工的工作动机，进而会影响到企业的绩效等产出。

§2 组织行为管理模型

范式(paradigm)来自希腊文"Paradeigma",意为"模式、形式或样板"。这一概念由科学哲学史学家托马斯·库恩(Thomas Kuhn)最早引入,用以表示一种宽泛的模式、一种架构系统、一种思维方式或一种认识现实的图式。不管是在今天还是在未来的组织管理中,新的规则会不断涌现,且不同规则的限定也彼此不同,这就要求管理者在规定范围内表现出新的、不同的行为,才能使管理有效,使组织取得成功。这就是管理范式的不断革新。

托马斯·库恩出版了《科学革命的结构》一书,这本书在科学哲学史上有着巨大的影响力。它指出了科学如何划分、如何进步等,并总结出了科学通过否定之否定来不断发展的思想。组织管理心理学理论的发展便遵循了这样一个规律。按照时间脉络,组织管理心理学理论的发展经历了经济人、社会人、自我实现人和复杂人这四个范式阶段(图2-2)。

人性假设	经济人	社会人	自我实现人	复杂人
管理哲学	X理论	人群关系理论	Y理论	超Y理论
管理模式	任务管理	参与管理	民主/自我管理	权变管理
	泰勒:科学人事匹配动作时间研究劳资和谐	梅奥与霍桑实验:小型班组管理的类型收入情境的新奇性对实验的兴趣得到的关注	麦格雷戈:工作如游戏控制/威胁不好人是自律的自我实现是激励的重要手段人能追求责任	薛恩:人都是复杂的变化的

图2-2 四个范式阶段

一、经济人与X理论

1. 泰勒的工作和主张

20世纪初,以泰勒(F. W. Taylor)为代表的"科学管理"理论主张分析工作,并对劳动进行科学的描述和监督管理,一度在西方颇为流行。"科学管理"要探讨和试图解决的主要问题是,如何提高企业的劳动生产率。而提高劳动生产率的关键是,要在管理者和员工之间建立起一种和谐的人际关系。泰勒认为,工人最希望从资本家处获得较高的工资,而资本家希望支付给工人最低的工资。双方都想谋求更高的经济利益，就必然造成劳资矛盾。换言之，工业冲突的原因是对不充裕的资源使用不当。由于一块"经济利益的大饼"的份额是有限的，因此，若其中一个分享者的份额有所增加，势必会使另一个或一些分享者的份额减少。要增加工资，必然会降低资本家能够获得的利润。然而，泰勒指出，只有在这块"大饼"的大小固定的情况下，才会产生上述的利益冲突。如果能更加有效地使用资源，使得经济的物质和服务的供应整体上有所增加，即增加"大饼本身的大小"，分享者各自所得的份额都可以在不必争夺的情况下有所增加，从而维系双方关系的和谐稳定。基于这一假设，泰勒主张，为了达到劳资双方各自的目的，管理者应该寻求最好的工作方式，以及找到选拔、训练员工的科学方法，以便提高劳动生产率，增加企业利润，使劳资双方都能达到自己的目的，避免因经济利益的冲突而使双方产生不可调和的矛盾。

泰勒认为，要建立和谐的人际关系，"关键在于要为完成某一项工作任务找到一个'最好的方法'。测定完成一天工作任务的最适宜的速度，训练工人按这种速度和指定的方法去完成工作，同时对那些完成任务出色的人实行奖励工资制度"。泰勒在1911年出版《科学管理原理》一书，较全面地阐述了自己的理论。他认为，一切管理问题的解决都能够且应该采用科学的方法；一切工作方法都应由管理者经过考察决定。他提出了科学管理的四项原则：①用严格的科学方法对人的劳动行为的每一要素做出规定，以代替陈旧的、经验的方法。②科学地挑选工人，并加以训练、教育，发展其技能，"以适当的人做适当的工作"，而不要像过去那样，由工人自己挑选工作，自己设法训练和提高自己。③培养工人和管理者之间的合作精神，以保证工人按科学方法完成任务。要找到"一种最佳的工作方法"，以便提高劳动生产率，增加企业总收入，使双方共同获益。这是实现和谐的劳资关系的关键。④在工人和管理者之间进行适当的明确的分工，使"计划与执行分离"，管理者承担起所有那些他们比工人更能胜任的管理工作，而不是像过去那样，将大部分责任都推给工人。

实践专栏　　泰勒的实验研究

泰勒的"科学管理"的基本内容，其实质是劳动管理或任务管理。

早在1900年左右，泰勒还在美国费城米德维尔钢铁公司任工长时，就开始进行有关工作管理的观察及实验研究。当时，他发现在人力管理中存在的不合理、不科学的现象，便开始分析车床工作，目的在于为技工提供一个能确定"公平的一天"的劳动量的客观指标。他在该公司工作的12年是从事实验的12年。这种实验给他的工厂管理制度和他后来的研究奠定了基础。

后来，泰勒到伯利恒钢铁公司任职，开始了选择"头等工人"按照他所规定的方法进行劳动的著名实验。当时他观察到：工人用铁锨把生铁搬上货车时，包括两个过程，一是运用臂和腰部搬动物体，二是思维决策，即决定自己应该怎样搬铁块才能又快又省劲。于是，泰勒用秒表测试工人劳动作业的时间，采用分析各个动作时间的技术，比较几种不同的工作方式，从而设计出一套最有效的标准动作。工人采用这标准工作方法后，工作效率比原来几乎提高了三倍，而且减轻了工作疲劳度。在这些实验的基础上，泰勒提出了"差别计件工资制"。

泰勒把自己的研究成果总结为理论，先后出版了《计件工资制》(1895)、《工场管理》(1903)和《科学管理原理》(1911)等专著。

由上述可知，泰勒实际上提供了企业管理中提高劳动生产率和管理效率的方法。他的科学管理理论的着重点是试图调和管理者和工人在分享经济利益上的尖锐矛盾，把双方的注意力从分享经济利益转移到增加可供分享的价值上。当时，西方工业国家的各类企业正在寻求最有效的科学管理方法，因此，泰勒的理论一出现，短短几年便在企业界得到了迅速而广泛的采用，泰勒也因此被誉为"科学管理之父"。

当然，科学管理之所以能在 20 世纪初发展成为一场相当广泛的运动，并非只是泰勒一个人的功劳，而是不少与泰勒有相同观点和兴趣的人共同努力的结果。这些人中有吉尔布雷斯夫妇(F. Gilbreth & L. Gilbreth)和甘特(H. L. Gantt)。他们都曾为科学管理的发展做出突出的贡献。

2. 吉尔布雷斯夫妇的工作

吉尔布雷斯夫妇最早注意到工作中人的因素，并在一定程度上试图把效率和人的关系结合起来。他们主张："最大的工作效率来源于人；工具、材料和方法的改革应该使人的能力获得充分发挥。""对员工的直接鼓励提供了机会，使他们的抱负、自豪感、爱好、好胜心、成就能得到承认，至于加薪、晋级、减少工作时间，只是间接的鼓励。"他们还可以称得上是组织"劳动竞赛"的先行者。他们认为，劳动竞赛可以使生产率提高 20%。竞赛本身可以唤起并刺激人们对竞争的兴趣，物质鼓励只是第二位的原因。他们的这些主张显然已经涉及人的心理需要，已经注意到从满足心理需要的角度来鼓励职工并努力调动人的因素。因此，这些思想应当视为科学管理学派的组织管理心理学思想(理论)的一个组成部分。

吉尔布雷斯在家里和在工作中都是一位"效率专家"。吉尔布雷斯对于劳动基本动作和方向的分析，使他得以将砌外墙砖的动作从 18 个减少到 4 个。技术工人采用了吉尔布雷斯的方法后，在同样的时间内他们的工作量增加 200%。而在砌内墙砖时，动作从 18 个减少到 2 个，每个人每小时的砌砖数从 120 块增加到 350 块。

吉尔布雷斯夫妇为了进行动作研究，曾发明并应用了许多工具和技术。他们是第一批利用动作影片来分析和改进动作顺序的人。在关于工人工作时手的动作过程的研究中，他们把手的动作分解为 17 种基本动作，如"抓""搬运""握"等，称为"动作的基本元素"。正是由于这些研究，吉尔布雷斯被称为"动作研究之父"。

3. X 理论

应当指出，泰勒及其追随者们所倡导的科学管理仅仅是古典的科学管理，与现代的管理科学在内容上有着根本的差别。古典的科学管理运动之所以产生于 20 世纪初，一方面与当时西方工业国家企业界生产发展的客观需要直接相关，另一方面同 19 世纪末到 20 世纪初所流行的传统管理思想有关。传统的管理思想认为，①人们是不喜欢工作的，逃避工作的；②人们都喜欢被人领导，而不喜欢负责任，自私自利，且安全需要高于一切；③人们工作的动机只是为了金钱，为了获得经济报酬，或是被惩处的威逼所驱使；④对绝大多数人，必须强迫、控制、指挥或以惩罚相威胁。这种思想实际上是一种关于人性的假设，把人看成只知道追求经济利益的"经济人"。泰勒的科学管理理论试图解决的也是这个问题。

麦格雷戈的《论企业的人事》一书分析了传统管理中流行的、作为"科学管理"学派依据的人性假设，冠之以"经济人"的名称，指出这种人性观是错误的。"经济人"(rational-economic man)直译为"理性-经济人"，又称"实利人"。"经济人"的假设，实际上是从享乐主义的观点出发，把人的一切行为都看成是为了最大限度地满足一己私利，都想争取最大的经济利益，工作则是为了获得经济报酬。麦格雷戈反对这种人性假设，提出了与之相反的"自我实现的人"的人性观，并把这两种相对立的人性观概括为 X 理论和 Y 理论。

X 理论这种人性假设的核心内容是：

(1) 一般人的本性是不喜欢工作的，只要有可能，人就会逃避工作。

(2) 由于人天生不喜欢工作，对于绝大多数人必须加以强迫、控制、指挥或以惩罚相威胁，以使他们为实现组织目标付出适当的努力。

(3) 一般人宁愿受人指挥，希望逃避责任，较少有野心，对安全的需要高于一切。

4. 相应的管理方式

以 X 理论的人性假设为指导思想，必然产生严密控制和监督式的管理方式，采取所谓"任务管理"的措施。其主要特点如下：

(1) 管理工作的重点在于提高生产率、完成生产任务，而不是考虑人的感情。管理就是为完成任务而进行计划、组织、指导和监督。

(2) 管理只是少数人的事，与一般员工无关。员工的任务就是听从指挥，努力生产。

(3) 在奖惩制度上，主要依靠金钱来刺激员工的生产积极性，同时对消极怠工者给予严厉的制裁。

泰勒的理论就是"经济人"观点的典型体现,"任务管理"的主张就是他在"科学管理"理论指导下提出来的。泰勒在其著名的《科学管理原理》一书中概括地说明了"科学管理"的原则。泰勒的理论为解决企业组织管理中两个主要环节的问题提供了方法,一是怎样提高管理人员的工作效率,二是如何提高工人的劳动生产率。

泰勒的助手和后继者也提出了一些理论,作为对泰勒科学管理理论的解释及补充。其中,吉尔布雷斯夫妇在动作研究和劳动简化等问题上,取得了重大的突破。吉尔布雷斯是泰勒最诚挚的拥护者之一。尽管使用的术语不同,但他与泰勒的工作兴趣实质上是相同的。比如,泰勒把自己的工作叫作"工时研究",而吉尔布雷斯则称之为"动作研究"。实际上,他们测量的是同一件事,目的都是为了精简一些动作,以减轻疲劳和提高劳动生产率。

泰勒的另一位朋友哈林顿·埃默森(Harrington Emerson)从1903年起就同泰勒有书信联系。他的许多思想与泰勒相似,为科学管理做出了独特的贡献。他将工作重点放在公司的组织和目标这一管理问题上,提出了"效率工程师"这一术语和职业,并且成为美国最早的咨询人员之一。埃默森最出名的活动可能是1910年以专家身份出庭作证:如果美国的铁路在经营中采用科学管理原则,则每天可以节省100美元。埃默森是第一个把自己的咨询业务叫作"效率工程"的人。1911年,工程杂志公司出版了他的著作《效率是经营和工资的基础》。1913年,他扩展了自己的思想,出版了《效率的12项原则》一书,这本书是他最著名、最流行的著作。该书的主要论点是:"创造现代的财富以及今天仍在创造这种财富的,不是劳动力,不是资本,也不是土地;创造财富的是思想。现在所需要的是更丰富的思想——更多地去开拓自然资源,以及减少单位产量所需要的劳动力、资本和土地。"在埃默森的12项效率原则中,前5项是关于人际关系的,其余7项是关于管理中的方法和制度的。他的效率思想简单明了,比如节约——消除"不负责任的、恶劣的浪费"。正是由于他在宣传效率中所起的独特作用,他被人们称为"效率的大祭司"。

总体来说,以泰勒为代表的科学管理理论,大致可以归纳为如下八点:

(1) 科学管理是从对生产事务的系统观察——对工厂作业的研究和分析——发展出来的。它关心的是一些特殊技术,如动作研究、工时研究、生产计划和控制、工厂布置、工资刺激、人事管理,以及与人类因素相关的工程设计——这些全都以效率和生产为中心。

(2) 为了提高效率,必须为工作挑选"头等工人",并为工作制订恰当的定额、合理的日工作量。

(3) 必须对工人进行训练,使之掌握最好的工作方法。

(4) 为了鼓励工人努力工作,完成工作定额,采用"差别计件工资制"。

(5) 财富是人创造的。财富的总额不是固定不变的。只要劳资双方"来一场全面的心理革命","把注意力从被视为最重要的分配剩余的问题上移开,共同转向增加剩余上,一直到剩余大大增加,以致没有必要就如何分配剩余的问题进行争吵为止",因为"通过他们双方共同努力所创造的剩余额将多得令人目瞪口呆,以致工人工资有大大增加,制造商的利润也会大大增加"。这就要求劳资双方不要互相敌视,而是进行合作。

(6) 为了提高效率,把管理与实际操作分开。

(7) 在工厂里实行职能工长制,实行职能管理。

(8) 提出了管理中的"例外原则",即高级管理人员把一般的日常例行事务授权下级管理人员,自己只保留对例外事项(重要事项)的决策和督促权,如有关企业的重大决策和重要的人事任免等。

5. 甘特的工作

泰勒的另一位助手亨利·甘特(Henry L. Gantt),在追随泰勒探索科学管理的道路上先后做出了一系列贡献:提出了工作进度原理;设计了用以掌握生产进度的甘特图(采用直角坐标系,在 X 轴上表示计划的工作任务及其完成情况,在 Y 轴上表示所花费的时间。甘特图至今仍在许多组织中使用);改进了泰勒的"计件工资制",设计了任务-奖金制度。在管理方法上,甘特主张管理者的任务应包括训练工人,从而把管理与教育结合起来。在管理思想上,甘特是非金钱因素论的创始人之一。他指出,工作保障本身就是一种强有力的激励。甘特还对管理者的领导方式做了论述。他认为,提高效率的最重要源泉是管理人员而不是劳动者的工作方法。他宣称,专门的知识与技术应当是判断领导才能的唯一标准;作为领导权力的承担者,管理人员有责任采用科学方法,而不是以他个人的意见制定决策。甘特的一系列工作大大拓宽了管理的范畴,使得管理责任与管理方法都成了分析与改革的内容。

实践专栏 甘特的观点——奖金制

作为泰勒的追随者、助手,甘特并不是严格地遵循泰勒的观点。他改造了泰勒的计件工资制度,大胆地提出了自己的观点——奖金制。他认为,泰勒的差别计件工资制不足以实现促使操作工人进行管理者所期望的合作的目的。他提出:如果工人某一天完成了分配给他的全部工作,则可以在发放日工资之外再得到一定数量的奖金;如果一个工人未能完成指定的任务,他并不受惩罚,照样领取日工资,只是没有奖金而已。与此相比,泰勒的差别计件工资制则是纯物质刺激计划,它规定一个人所得的收入完全凭他一天的产量,这样工人得不到日工资的保证。如果一个工人的产量超过了规定产量,他所生产的每一件产品计件工价都将增加。

此外,在管理上,甘特的奖金制还规定:一个工人达到标准,工长就可得到一笔奖金,倘若他手下的工人全都达到标准,工长还会得到额外的奖金。甘特认为,给工长这种额外奖金是为了"使能力差的工人达到标准,并使工长把精力用在最需要他帮助的那些人身上"。这是第一次有记载试图把教会工人们最正确的方法同工长的经济利益结合起来的做法。

6. 评价

泰勒等人的管理理论的重要科学价值是提高了生产效率。传统管理思想中的这种把人视为"经济人"的观点,在哲学上主要起源于享乐主义,后经 19 世纪出现的合理主义的影响而最后形成。它的核心是认为人的行为在于追求自身的最大利益,工作的动机是获取最大的经济报酬。这种管理思想符合当时机器化大生产的要求,是历史背景下的产物。

科学管理理论的优点在于,提出一切管理都不能单凭个人的经验、个人意见来决定,而应通过科学实验、科学分析。因此,科学管理的一些方法,诸如标准动作、标准工具、计件工资、劳动定额原理、计划控制原理等,一直沿用至今。但是,这种理论也存在一些致命的弱点。首先,它忽视了人在生产过程中行为活动的心理动机,把工人当成机器的一部分;其次,忽视了管理组织的作用,低估了统一指挥在整个管理系统中的作用。因此泰勒的理论后来受到了行为科学学派的严厉批评。

泰勒自己也不得不承认其理论加速了资方对员工的盘剥。泰勒制在工厂的实行引起了工人们的强烈反对。早在 1911 年,工人就有组织地开始对泰勒制发动了全面抗争。1911 年 8 月,美国沃特敦兵工厂发生了实行泰勒制后的第一次罢工。泰勒在回忆录中写道:"尽管那时我还年轻,但我觉得自己比现在还要老些。这是不足为奇的,因为我创造的这个制度给我招来了咒骂。生活实在可怕。我看到每个工人的眼光里都充满着仇恨,并总是感到这个世界上每个人都是我的敌人。" 1915 年,泰勒在刚刚过完 59 岁生日后的第二天,因肺炎病逝,他的坟墓位于一座能俯视费城钢铁厂的烟囱的小山丘上,墓碑上写着"科学管理之父弗雷德里克·温斯洛·泰勒"。

概括来说,我们可以从以下几个方面评价 X 理论及相应管理的功过。

首先,从社会经济历史背景来看,"经济人"的假设盛行于 20 世纪初到 20 世纪 30 年代的美国乃至欧洲企业管理界,它采纳了古典经济理论的假设,认为人的推动力来自要改善自己经济状况的愿望;换言之,人是受经济利益所驱使的。就当时的时代背景而言,这种假设是有一定的历史原因的。当时美国工厂的工人绝大多数是新移民,他们对自己周围的环境一无所知,文化水平也很有限,只能为追求足以维持生活的工资而辛勤劳动。但是,X 理论却把这种状况过于极端化和泛化,认为这是人的本性,把一般人看成是天生懒惰的,是追求经济利益的自私的人,显然有失偏颇。

其次,泰勒使用科学的方法来分析人在劳动中的机械动作,省去多余动作,制订精确、高效率的工作方法，进行完善的计算和监督，且明确分工、明确责任和实行奖惩等，这一系列措施大大地改进了过去的混乱管理，明显提高了工作效率。但是，他把人们分成少数的管理者与多数的被管理者，并把这种人为的分类说成是基于天生的人性，这是在为不平等的分工和阶层化辩护。

再次，泰勒一再宣扬社会财富的总额是非固定的，只要劳资双方携起手来共同为创造更多的财富而奋斗，双方所得到的利益——即从"经济利益的大饼"中所分得的份额就将同时增加，因此要求工人不要反对其科学管理。但是，他却有意无意地掩盖或者回避了这种剥削的事实：劳动生产率提高的结果只是使资本家攫取工人劳动的贪欲更加强烈、更加残酷，工人的相对贫困程度在加剧，因为随着生产效率大幅度提高，资方获得的利益占比更大，而员工所得十分有限，两极分化进一步增大。因此，泰勒殷切期待的工人与资本家携手合作的"心理革命"最终也没能出现。

由于上述这些原因，在一些发达的西方工业化国家里，X 理论已经过时，不再像最初那样盛行。但这并不意味着 X 理论没有借鉴意义。一方面，泰勒的制度提供了反面教材——滥发奖金，过分使用物质刺激，结果导致工人的麻木，使他们看不到工作本身的意义，转而一味地追求金钱；奖金作为激励生产率的杠杆的作用不断衰退，只得靠增加奖金提高强化作用，这增加了企业的负担，同时也使企业陷入难于管理的困境。但从另一方面来说，任务管理明确了工作规则和步骤，使工作科学化，提高了生产率，这对企业来说则是有益而无害的。

总之，理性地分析 X 理论的利弊，可以给企业、管理界提供一些启发，为提高管理水平提供参考。

二、社会人与人群关系理论

1. 霍桑实验

在 20 世纪初相当长的一段时间里，西方的许多从事管理工作的人和专业管理学者认为：在物质工作环境、工人的健康与劳动生产率之间，存在着一种明确的因果关系。如果有正常的通风条件、温度、照明及其他物质工作条件，工人就处在最理想的状态中从事经过科学测定的作业，这时再采用刺激性工资制度进行激励，就能产生很好地提高生产率的效果。像疲劳和工作过于单调这类影响工作效率的因素，在很大程度上是由于不恰当的作业设计、不良的物资流程、在紧张条件下工作或阻碍工人努力的其他环境因素造成的。学者们研究发现，疲劳是由于血液中的乳酸引起的，可以通过减少无效动作及科学地规定休息时间来减少乳酸。有些研究者甚至提出，每日服用磷酸钠药丸是治疗一切工业疲劳病症的好办法。总之，有趣的是，当时人们普遍看到了工作场所的照明条件的重要性，发现它会影响工作的质量、数量和安全。1924年，美国国家科学院的全国科学研究委员会决定在西方电气公司的霍桑工厂进行研究，以确定照明条件和工人个人工作效率之间的精确关系。

霍桑工厂是美国电话电报公司的设备制造和供应厂，坐落于芝加哥西郊的工业区，当时有25 000名工人。按照传统的方式，这一研究一开始就指定了两组女工，分别来自两个照明度相同的车间，且都从事相同的工作——高度重复性的装配电话继电器作业。其中一个组为对照组，实验期间照明度、工作环境基本不变；另一组为实验组，由6名工人组成，对这一组的照明度做各种变化，由此测定照明对工作效率的影响。经过仔细设计，对房间中的温度、湿度和照度都做了精细考虑和控制。研究者对两个小组进行观察并做出精确的生产记录。

随着研究工作的推进，产生的结果越来越令当时的研究人员觉得不可思议：不管照明度如何(有一次甚至降低到近似于昏暗的月光的程度)，对照组和实验组的产量都在不断地上升。研究者感到迷惑不解，没有哪个参加研究的人员能够解释这种产量提升的变化。按照传统的经济人假设，人们理所当然地认为，人是由外在环境因素所驱使的，因此当工作环境条件优劣不同时，生产率应当有所区别才对。实验从1924年持续到1927年，在整个实验期间，每个工人每周的平均产量从2400个增加到3000个。由于无人能够得出明确的结论来解释其中的原因，几乎所有人都认为这个实验没有意义，准备放弃它。

哈佛大学从事工业研究的副教授乔治·梅奥(George Mayo)是位心理学家，他于1927年末到1928年初在纽约市的哈佛俱乐部为一批人事经理作报告。听众中有西方电气公司的检验监督乔治·潘诺克。潘诺克告诉梅奥有关霍桑工厂实验的情况，并邀请梅奥作为顾问参加这一研究。梅奥对霍桑实验的初步结果很感兴趣，很快就带着哈佛研究小组来到工厂，与西方电气公司的职员包括潘诺克等人协作进行研究，梅奥成为该协作组的核心人物。梅奥敏锐地指出，解释霍桑秘密的关键因素是"小组工人中精神状态的一种巨大改变"。正是由于梅奥的敏锐发现，揭示了这个看起来似乎已经失败的照明度实验中一些不寻常的现象。梅奥带领研究小组继续进行实验，并对实验设计做了各种变化，终于取得了重大成果，揭开了存在于其中的"社会人"的秘密。

实践专栏　　神奇的霍桑实验

梅奥指导的霍桑实验系列中有几个著名的研究，分别揭示了工作环境及人际作用下人的重要心理品质。

(1) 照明度实验。研究者在工厂里选出一些绕线圈的工人，分为两个小组：一组在不同的照明度下工作，称为实验组；另一组仍然在不变的照明条件下工作，称为控制组。实验发现：虽然只增加实验组的照明度，但两个小组都增加了产量；而且当随即减弱照明度时，两组的产量仍然继续上升！研究者得出的结论是：工作场所的照明条件对两个小组的生产率很少或甚至没有什么影响。梅奥认为：实验室中的工人组成一个社会单位，对于受到研究者越来越多的关心而高兴，并培养出一种积极参与实验计划的感觉。正是这种心理上的变化促成了产量的提高。

(2) 福利实验。该实验是第二阶段的研究，历时一年半。梅奥选出 5 名有经验的女工组成工作小组：让她们在一个单独的房间里从事继电器装配工作。实验开始前，梅奥通过各种渠道同女工们沟通感情，鼓励她们通力合作。在实验的早期阶段，研究者为工人逐步增加了一些福利措施，如缩短工作日、延长休息时间、免费供应茶点、实行计件工资制等，并对工作条件(如车间温度、茶点等)做了变换，结果产量得到了提高。按照传统的管理理论，可以顺理成章地把产量的提高归因为福利措施的改善。但是，在继续进行的实验中，研究者取消了各种福利措施，换言之，产量各动因被排除。按传统认识，这种变化必定使产量下降。但是结果与设想相反，产量仍然上升。显然，传统的管理理论无法解释其中隐藏着的更为复杂的动因。研究者得出的结论是：导致产量增加的因素并非福利条件和工资制度，而是士气、监督和人际关系，尤其重要的是工人的社会需要。在实验期间，由于女工们感到自己是被特别选出的一群人，产生一种被重视的自豪感，由此形成积极参与的责任感，从而促使她们不断努力提高产量，而福利措施、工作条件等便退居较次要的地位。

(3) 访谈实验。经过上述两个阶段的实验，研究者得出结论：工作的物质条件与生产率之间并没有重要的联系。因此他们提出，工作环境中的人的因素显然比技术和物质条件对生产率具有更为重大的影响。于是，研究者在工厂中开始了访谈计划，请工人对管理当局的规划和政策、工头的态度和工作条件等问题做出回答。但这种规定好内容的访谈计划一开始就发现：工人总想就规定提纲以外的事情进行交谈。工人认为重要的事情并不是公司或调查者认为意义重大的那些事。于是，访谈者及时把访谈计划改成以不规定内容的方式进行，让工人任意发表意见，访谈者的任务就是让工人讲话，每次访谈的平均时间也从 30 分钟延长到了一小时至一个半小时。访谈者多听少说，"在他们同工人的个人接触中防止任何道德说教、劝告或情绪"，详细记录工人的不满和意见。访谈计划持续了两年多，收到了意想不到的效果：工厂的产量大幅度地提高了。分析认为，这是工人们长期以来对工厂的各项管理制度和方法存在许多不满，无处发泄。访谈计划的实行恰恰为他们提供了发泄的机会；发泄过后感到心情舒畅，提高了士气，从而提高了产量。

(4) 群体实验。该实验是为证明访谈实验得出的结果而进行的。实验选出 14 名男工在隔离的观察室中进行中央交换机接线器的装配工作，具体的工作有三种：在接线柱上绕线，焊接头，检验前两项工作的质量。实行集体计件工资制，以小组的总产量为依据对每个工人付酬，并强调必须进行互相协作。研究者起初设想这种付酬方式可以使工作效率高的职工迫使效率低的职工提高工效，因为他们都想取得最高的经济利益。但观察发现，产量只维持在中等水平。工人们对于什么是"公平的日工作量"有明确的理解，而这个工作量低于管理当局所规定的产量。更令人惊异的是："工厂部门中的社会群体能对各个成员的生产行为进行强有力的控制。"调查发现，产量之所以维持在中等水平是因为工人估计到，如果产量超过了非正式标准，工资将会降低，或者计件工资的计件基准(即管理当局规定的产量标准)将会提高。所以工人面对两种危险：一是产量过高，导致降低工资或提高产量标准；二是产量过低，引起监工的不满。工人的共同感觉是：不要超过非正式的标准而成为"生产冒尖者"，也不要低于这个标准而成为"生产落后者"，使同伴受到损失。这些工人为了维护班组的群体利益，自发地形成了一些内部规范，使每人的产量在那个非正式"标准"的上下波动。为了使这内部规范得以实行，群体成员采用了一些内部纪律，如嘲笑、讽刺、"给上一拳"。规范还包括不许向管理当局告密。这个群体中的工人把相互间的感情看得很重要，为此他们宁可拒绝物质利益的引诱，维系感情实际上成了群体内部的一种激励因素。工人们甚至采取各种秘密的措施来维护自己在群体中的资格。如果一个工人产量过高，会隐瞒多余的产量，只报告符合群体规范的数量，并放慢速度，从隐藏的产量中补充不足。总的来说，该调查的发现可概括为：群体有意地限定产量而不顾管理当局有关产量的规定，群体使工人产量报告平均化，群体有一套办法使脱轨的成员就范。

正是根据这些发现，梅奥提出了"非正式群体"的概念，认为在正式的组织内存在着自发形成的非正式群体，这种群体有自己的特殊规范，对其成员的行为起着调节和控制作用。

2. 社会人假设

霍桑实验从1924年开始直到1932年才结束，持续了整整九年。1933年，梅奥在《工业文明的社会问题》一书中总结了霍桑实验的结果，得出如下重要结论：

(1) 传统管理中认为一般人都是追求经济利益、金钱万能的"经济人"的观点是不正确的。人是"社会人"。在提高生产率的刺激因素中，金钱或经济激励只是第二位的，社会心理因素才是头等重要的。"一个人是否全心全意为一个群体服务，在很大程度上取决于他对自己的工作、同事和上级的感觉如何"；金钱只能满足工人的一小部分需要，但不能满足他们进行社会交往、获得社会承认、归属于某一社会群体的强烈需要。因此，在生产或工作中处理好人际关系，比物质奖励和管理制度有更大的现实意义。

(2) 生产效率主要取决于职工的"士气"。职工心理需要的满足是提高产量的基础。"满意的工人才是有生产率的工人",作业方式和工作条件则是次要的。

(3) 在正式组织中存在着"非正式群体"。这种特殊的组织有其特殊的规范,并对其成员的行为有较大的影响。管理当局不能只重视正式组织而忽视"非正式群体"。

(4) 领导者必须注重群体中的人际关系。这种新型领导者要能理解逻辑的和非逻辑的行为,善于倾听意见和进行信息交流,理解工人的感情,培养一种在正式组织的经济需要和非正式群体的社会需要之间维持平衡的能力,使工人愿意为达到组织目标而协作和贡献力量。

总之,霍桑实验表明,人不是"经济人",而是"社会人"。工人并非孤立存在的个体,而是处于一定社会关系中的群体成员。梅奥认为,工业革命带来的机械化,使劳动丧失了原有的内涵,工人变成了机器的附庸,工人需要在工作中存在的社会关系里寻求意义。因此,工人的工作动机主要出于社会需要(如被同事喜爱和接受),通过与同事的关系得到社会承认和归属感。工人对来自同事的社会影响力,要比对来自管理者的经济诱因和控制更为重视。管理者若能满足工人的社会需要,则能最大限度地提高其工作效率。梅奥卓越的分析揭示了群体生产中的心理秘密,找到了提高效率的组织管理新方法,他的"社会人"理论在20世纪30~50年代的西方管理界很受欢迎。

概括来说,梅奥的"社会人"假设可归纳如下:

(1) 人所受到的最主要的激励来源于社会需要的满足,以及得到和别人的关系及地位上的成就。

(2) 由于工业革命以及工作合理化的结果,许多工作本身的意义已经不再存在,应寻找工作的社会关系意义。

(3) 来自群体中的社会力量对人的影响,比对管理中的激励和控制的影响更大。

(4) 人只有在上级满足了他的社会需要和其他要求时,才会对管理做出响应。

3. 人群关系理论

在"社会人"假设的基础上,梅奥提出了"人群关系理论"(或称"人际关系理论")的管理理论,其要点是:

(1) 管理者不应只注意工作和完成生产任务,而应把注意的重点放在关心职工、满足职工的社会需要上。

(2) 管理者不应只注意计划、组织和控制等,而应更重视职工间的人际关系,培养职工的归属感和整体感。

(3) 在奖惩方面,提倡实行集体的奖励制度,而不主张实行个人奖励制度。

(4) 管理者的职能也应有所改变,他们不仅要负起组织生产的责任,还应在职工与上级之间充当联络人,注意倾听职工的意见,了解职工的思想感情,及时向上级反映。

霍桑实验启发了大批管理学家,使他们认识到:工人生产积极性的发挥和工效的提高,不仅是受物质因素的影响，更重要的是受社会和心理因素的影响。于是，管理理论开始从过去的"以人去适应物"，转向"以人为中心"，在管理中一反过去层层控制式的管理，转而注重调动工人参与决策的积极性。

在这样的背景下，出现了一种被称为参与管理的新型管理方式，这是在人群关系理论指导下发展出的一种具体管理模型。所谓参与管理，是指在不同程度上让职工和下级参加企业决策的研究和讨论，实行共同管理。职工们在这种参与模式下，感到自己被重视，体验到自我价值，找到归属感，从而促进了群体凝聚力，进一步提高了工厂生产效率。

在美国，参与管理的典型是所谓的斯坎伦计划(Scanlon Plan)。斯埃伦原是帕帕因梯钢铁公司的工会工作人员。20世纪30年代美国经济危机时期，该公司濒于破产。此时，斯坎伦提出了他的改革方案，使公司扭亏为盈。该计划的主要内容是：成立劳资联合委员会，共同商讨降低成本、提高产量和质量等重大问题；发动全企业职工提出合理化建议；实行集体分红制，超产部分按一定比例作为职工的集体奖励。实行斯埃伦计划不仅增加了企业的竞争能力，使职工增加了收入，更重要的是使职工感到自己是组织的一部分，是为了共同的目标而工作，形成了归属感，从而减少了工人对企业主的对立情绪。

斯坎伦计划被不少企业采用，使得企业生产率都有了显著提高。例如，派克笔工厂1955年以前实行个人奖励制度，工人都不愿采用新技术，导致该厂50%的零件被迫由外厂生产。实行斯坎伦计划后，到20世纪60年代末，80%的零件又转回本厂生产。由于不断采用新技术、降低成本，工厂利润大幅增加。大量事实说明，参与管理是一种比传统的任务管理更为有效的管理方式。

实践专栏　　参与管理模型的实验研究

参与管理较之传统任务管理的优越性，已经得到心理学实验的证明。这项实验是由马罗(Alfred J. Marrow)在哈伍德公司(The Harwood Co.)主持进行的。该公司要实行一项改革，因改革需要部分工人改变工作方法和工作性质，预计会遭到工人的反对。实验的目的就是要测定让工人参加改革方案的讨论是否有助于减少工人对改革的抵制。实验把工人分为参与组与非参与组。对非参与组只说明新工作的安排和新的计件制度。对参与组则详细说明为什么要实行改革，并组织工人讨论如何改变工作方法、降低成本。改革后比较两组的情况发现：非参与组产量下降35%，且一个月后情况不见好转，9%的工人离职另找工作，其余的人都抱怨工资降低了，六个星期后情况还是很糟。管理者决定解散这个小组，组内人员另行安排工作。参与组的情况则大不相同。改革的第二天产量就恢复到改革前的水平，三个星期后产量比以前提高14%，没有人离职，也没有人发牢骚。

实验仍继续进行。两个半月之后，把已解散的非参与组工人重新招回来，按参与组的方式组织他们讨论改革方案。这样一来，该组产量迅速恢复，一个星期内便超过了改革前的水平。同样，没有人要求离职，也没有人发牢骚。

这一实验证明了参与管理的方法有非常显著的效果。这是因为工人参与决策，不仅使他们明确了工作任务，更主要的是使他们与管理人员处于较平等的地位，从而改善了双方的关系。同时，员工也成为改革的设计者，对自己参与制订的改革方案更认同，工作干劲也就更高。

4. 对"人群关系理论"的评价

从"经济人"假设到"社会人"假设是一大进步。理斯曼(David Riesman)把泰勒时期叫作"考虑工作"的时代，而称梅奥时期为"考虑人"的时代。从历史来看，这种管理上的人性观的改变，是企业间竞争加剧和企业中劳资关系紧张等变化的要求，这迫使管理者不得不改变他们的看法。

"社会人"的假设认为，人际关系对于激发动机、调动职工的积极性来说，比物质奖励更为重要。这对现代企业组织中制定和实行管理、决策、奖励等制度具有重要的参考价值，它既能帮助克服平均主义，又能增进职工队伍内部的团结，提高集体凝聚力。

当然，除了上述优点之外，也应该对人群关系理论和与之相应的参与管理模式进行批判性的评价。"社会人"的假设并不能从根本上改善企业内部的人际关系，因为参与管理模式只是在心理学发现的指导下对管理形式的调整，并没有从本质上改变造成企业内人际关系格局的根本原因。

实践专栏　　日本企业注重人际关系对生产率的影响

依据"社会人"观点实行的参与管理，在一些发达国家企业中的确在某种程度上得到了缓和劳资矛盾的效果。在这方面，日本企业利用参与管理的收效尤其显著。例如，丰田汽车公司组织工人俱乐部，鼓励工人提合理化建议，即使最终公司不采纳这些建议，也会给予象征性的鼓励。又如，日本一些企业把工人的生日存储在计算机内，每逢工人生日就代表公司送一份礼物，以此增强企业与员工之间的情感联系。一些企业还设立了所谓"健康管理室"作为调解职工间纠纷的场所。日本企业的管理人员还用很多时间参与工人的社交活动，如一起郊游野餐，以便与工人建立融洽的关系。尤其是日本企业实行"终身雇用制"使工人有一种安全感，把自己的一生与企业的命运联系在一起。尽管这一制度从资方角度来说是出于为企业创造更高利润的目的，但它确实收到了一定的效果。据统计，在 1978 年，以每 1000 名雇员为基数，日本只损失 36 个工作日，而美国则高达 455 个工作日；日本每年因工人罢工损失 140 万个工作日，而美国则高达 3900 万个工作日。

三、自我实现与 Y 理论

1. 自我实现的人

"自我实现的人"(self-actualizing man)这一概念最初由美国人本主义心理学奠基人之一的马斯洛(Abraham H. Maslow)提出。马斯洛在他的需要层次论中提出，人类需要的最高层次是自我实现的需要。

所谓自我实现，是指人需要发挥自己的潜力、表现自己的才能、造福社会的愿望；只有当人的潜力充分地发挥出来、才能充分地表现出来时，人们才会感到最大的满足。用马斯洛的话来说，"每个人都必须成为自己所希望的那种人……能力要求被运用，只有发挥出来，它才会停止喧闹"。总之，自我实现的需要就是"人希望越变越完美的欲望，人要实现他所能实现的一切的欲望"。

马斯洛的自我实现需要理论，与他持有的人性观密切相关。他认为，最理想的人就是"自我实现的人"。他通过对社会知名人士和一些大学生的调查，认为"自我实现的人"应具有 15 种特征，主要包括：具有敏锐的洞察力，思想高度集中，有创造性，不受环境偶然因素的影响，只跟少数志趣相投的人来往，喜欢独居，等等。马斯洛也认识到，对多数人来说，自我实现只是作为一个奋斗的目标，因为受到社会环境的种种束缚，我们并没有自我实现的条件，只有少数人才能达到真正的自我实现。

美国耶鲁大学的组织管理心理学家阿吉里斯(Chris Argyris)在《个性与组织》等著作中提出了一种"不成熟-成熟"理论。这个理论认为，人所需要的东西和其所追求的目标，往往取决于他的思想境界。用行为科学的话来说，取决于他的成熟程度。一个健康的人是从不成熟向成熟发展的。这种成熟是一个自然发展的过程。但真正能达到完全成熟的人，只是极少数，因为环境、管理制度等许多因素限制了人的发展。阿吉里斯概括指出：一个人从婴儿到成人，从不成熟到成熟的转变过程，主要经历七个方面的变化：

(1) 从被动到主动(能动性)。
(2) 从依赖到独立(自主)。
(3) 从只有少量动作到能做多种动作(从办事方法很少到办事方法很多)。
(4) 从兴趣浅薄到兴趣深刻。

(5) 从目光短浅到目光长远。

(6) 从从属地位到平等地位或优越地位。

(7) 从缺乏自我意识到有自我意识,能自我控制。

  这种理论对管理实践具有启发意义。传统管理向来不考虑人的成熟度,而总是把人当作不成熟的个体加以对待,这就影响了人们的积极性。不同成熟度的人,价值观不同,需求也不同。管理者应该根据人的成熟程度,采用不同的管理方法,创造条件,使人在工作中锻炼、成长、成熟,充分发挥其积极性,否则人们就会变得忧虑、沮丧,并且将会以违背组织目标的方式行事。

  实际上,阿吉里斯的"不成熟-成熟"理论与马斯洛的"自我实现"理论有异曲同工之处。成熟的过程就是自我实现的过程。人之所以不能达到完全的成熟,不能充分地自我实现,往往是由于受到社会环境条件的种种限制。

  麦格雷戈总结并归纳了马斯洛、阿吉里斯及其他人的类似观点,在《企业的人事》一书中作为"X 理论"的对立面提出了"Y 理论",其要点如下:

(1) 对于员工而言,运用体力和脑力从事工作,正如游戏和休息一样自然;一般人并不是天生不喜欢工作的。

(2) 外来的控制和惩罚的威胁并不是促使人们为实现组织目标而努力的唯一方法。人对自己所参与的目标能实行自我指挥和自我控制。

(3) 对目标的参与同获得成就的报酬直接相关。这些报酬中最重要的是自我意识和自我实现的需要得到满足,它们可以是为实现组织目标付出努力的直接产物。

(4) 一般人在适当条件下不但能接受,而且会追求责任;逃避责任、缺乏雄心和强调安全,一般是经验的习得结果,而不是人的天性。

(5) 在现代工业生活的条件下,一般人的智慧和潜能只是部分地得到了发挥。

  麦格雷戈认为 Y 理论的主旨在于强调"个人目标和组织目标的结合",并认为它能"创造出理想的条件,使组织成员在为企业的成功而贡献自己力量的同时,也能最好地实现其个人目标"。根据 Y 理论,管理者的主要任务是发挥职工的潜力,使他们能在为实现组织目标贡献力量的同时,也能达到自己的目标。它是传统意义上的"目标管理",但激励来自人们对组织目标的参与。接受 Y 理论关于人性假设的管理人员,不会对工作环境进行控制或严密监督。相反,他们会给职工更多的工作自由,鼓励他们发挥创造性,并且很少采用外部控制,而是鼓励自我控制,通过工作本身的挑战性带来的满足来激励职工,以此帮助职工成熟。在这种理论指导下,由管理当局应用权力从外部控制的做法,代之以使人们参与组织目标,并由此使人们认识到这是实现他们自己的目标的最好途径。

  应当指出,Y 理论的人性假设,实际上是一种理想化了的人性设想。在现实社会历史条件下，这种理想化的人性与实际生活还有相当大的距离。

2. 麦格雷戈的Y理论

Y理论所主张的人性观重视人内在精神需要，衍生出与任务管理完全不同的管理方式：民主管理。这种管理方式的主要特点是：

(1) 管理重点的转变。"经济人"的假设只重视物质刺激因素，重视工作任务，轻视人的作用和人际关系。"社会人"的假设看到了"经济人"假设的明显缺陷，反其道而行之，重视群体作用和人际关系，把物质因素放在次要地位。"自我实现的人"的假设又把注意的焦点从人的身上转移到工作环境上。但它与"经济人"假设也有着重大区别：重点不是放在计划、组织、指导、监督和控制上，而是要创造一种适宜的工作环境、工作条件，使人们能在这种条件下较充分地挖掘自己的潜力，发挥自己的才能，从而达到自我实现。

(2) 管理人员职能的变化。从"自我实现的人"的假设出发，管理者的主要角色既不是生产指挥者，也不是单纯的人际关系调节者，而是一个采访者。他们的主要任务是设法为发挥职工的才智创造适宜的条件，减少和消除职工自我实现过程中所遇到的障碍。

(3) 奖励方式的改变。"经济人"假设依靠物质刺激调动职工的积极性，"社会人"假设依靠人际关系(包括劳资关系)来调动职工的积极性。这些都是从外部来满足人的需要，而且主要是满足人的生理、安全和归属(或交往)需要。麦格雷戈认为，对人的奖励可分为两大类，一类是外在奖励，如工资、晋升、良好的人际关系；另一类是内在奖励，包括使人们在工作中获得知识、增长才干、充分发挥自己的潜力等。只有这种内在的奖励才能满足人的自尊和自我实现的需要，从而极大地调动职工的积极性。因此，麦格雷戈认为："管理的任务在于创造一个适当的环境——一个可以允许和鼓励每个职工都能从工作中得到'内在奖励'的环境。"

(4) 管理制度的改变。根据"自我实现的人"的假设，管理制度的重点不是监督人、控制人，也不是如何去改善人际关系，而是如何保证职工能充分地运用和发挥自己的才能，达到自己所希望的成就。

3. 民主管理(自我管理)的重要转变

管理的重点转变为改善条件，搭建自我实现的平台。管理者的管理职能是采访者，而奖励方式应该是内在奖励，通过让下属获得知识、增长才干、发挥潜能来获得成功。

4. 评论

"自我实现的人"的假设的产生，有其特殊的社会历史背景。当时正值20世纪50年代后期，马斯洛提出"需要层次论"时，行为科学正在兴起，西方工业发展到高度机械化水平。这时，一方面，随着工业化国家实施了义务教育，员工——即使是蓝领工人——是受过基础教育的有文化的人，他们的个人追求水平(需求层次)不断提升。另一方面，随着生产的发展，工人的工作日益专业化，特别是传送带工艺的普遍应用，把工人束缚在狭隘的工作范围内，工人只是机械地重复单调的简单动作，看不到自己的工作与整个组织任务的联系，因而缺乏兴趣，士气很低，影响了产量和质量的提高。正是在这种情况下，Y 理论出现了，并以此为基础提出了相应的管理措施，如工作扩大化、工作丰富化等。

麦格雷戈提倡的 Y 理论重视人们内在的精神需要，这比只重视外在诱因的 X 理论是一个进步。但是，自我实现的人性观也有偏颇的一面。其一，人虽非天生懒惰，也不是天生勤奋的。人之初，性本非善，亦本非恶；没有天生的坏人，也没有天生的好人。"人性乐于工作"的假设同样不能恰当地说明人性。其二，人的发展也不是自然成熟的过程，而是受社会环境影响、制约的。人需要和环境有效地、积极地互动，才能高质量地成长、成熟。

当然，Y 理论对管理也有重要启发。把企业目标同个人目标相结合，为员工发挥潜能创造条件、搭建舞台，让员工充分施展才华，使他们在为组织工作的同时获得自我实现，这应当成为组织追求的一个理想目标。

 大师风采

道格拉斯·麦格雷戈(Douglas MougGregor) 美国著名的管理心理学家、行为科学家，人本管理理论的奠基人之一。在哈佛大学获得心理学的博士学位，随后在麻省理工学院商学院任教。

麦格雷戈推崇马斯洛的人本主义学说，认为应纠正管理者关于人的基本假设：人是先天喜欢工作的，就像喜欢游戏一样，而非懒惰而追求贪欲。人是自觉自律的，自我驱动的，"不待扬鞭自奋蹄"的，是追求自我实现的，因此应倡导自我管理、民主管理。他把自己的这种人性假设和管理主张称为"Y 理论"，而把基于泰勒的思想的管理模式称为"X 理论"。X 理论对人性和管理的主张是消极的，而 Y 理论则是积极的。前者对应于独裁、监管式的管理风格，而后者则对应于民主式的管理风格。他认为当今任何一位管理者都应当熟知并娴熟运用 Y 理论。

四、复杂人和超 Y 理论

1. 复杂人

从 20 世纪初泰勒的"经济人"假设，到 30 年代梅奥的"社会人"假设，再到 50 年代末麦格雷戈关于"自我实现的人"的假设,在不同历史时期,学者们分别从不同的侧面对人性本质进行了一些猜测和假设。薛恩(E. H. Schein)考察了这几种对人性的假设后指出:人类的最大需求不可能都是一样的,而是因人、因时、因地而异。不可能有纯粹的经济人,也不可能有纯粹的社会人或纯粹的成就人(自我实现的人)存在,有的是在各种情况下采取不同反应的"复杂人"。于是,他在20世纪60年代中期提出了一种新的人性假设——"复杂人"(complex man)假设。此后,莫尔斯(John J. Malse)和洛希(Jay W. Lorsch)在1970年发表《超Y理论》,1974年出版《组织及其成员:权变方式》,也阐述了这种新的人性的假设。他们认为,长期的研究证明,无论是"经济人""社会人",还是"自我实现的人"的假设,虽有其合理的一面,但都不能适用于一切人。一方面,人是存在个体差异的,不同的人各个方面不一样;另一方面,同一个人在不同的年龄、时间、地点、环境下,也会有不同的表现。人的需要和潜力,随着年龄的增长、知识的增加、地位的改变,以及人与人之间关系的变化各不相同。因此,人是"复杂人",而不单纯是某一种人。

概括地说,"复杂人"假设的要点是:

(1) 人的需要是多种多样的。人们是怀着许多不同的需要加入工作组织的,而且人的需要是随着人的发展和生活条件的变化而变化的。每个人的需要各不相同,需要的层次也因人而异。

(2) 人在同一时期会有各种需要和动机。它们会发生相互作用并结合为统一的整体,形成错综复杂的动机模式(motive pattern)。

(3) 由于工作和生活条件的不断变化,人会不断产生新的需要和动机。这就是说,在人生活的某一特定时期,动机模式的形成是内部需要和外界环境相互作用的结果。

(4) 一个人在不同单位或同一单位的不同部门工作,会产生不同的需要。例如,一个人在工作单位可能落落寡合,但在业余活动或非正式群体中却可能非常活跃,因为那里更能够获得社交需要的满足。

(5) 由于人的需要不同,能力各异,对于不同的管理方式也会有不同的反应。因此,没有一套适合于任何时代、任何组织和任何个人的普遍行之有效的管理方法,只有相对适用的方法。

2. 超Y理论

根据"复杂人"的假设,超Y理论主张,所要完成的工作的性质和做此种工作的人的需要之间要相匹配。不同的人有各种不同的需要,当工作和组织设计适合这些需要类型时,他们就能最好地进行工作。比如,那些要求有更健全的组织结构和正式规范的人,可能并不要求参与决策,他们在主张X理论的管理人员之下也许能更有效地工作并更易受激励。那些要求有更多自我控制、更多责任、更易于充分发挥创造性的人,更适合Y理论所支持的管理方式。总之，没有任何一套假设能在所有的时间、所有的场合下适用于所有的人。因而，要根据具体的人的不同情况，灵活地采取不同的管理措施，要因人而异，因事而异，不能千篇一律。换言之，要根据具体情况去采取适当的管理措施。这就叫"应变"或"权变"。这种既不同于 X 理论，也不同于 Y 理论的新的管理理论，被称为"应变理论"，也叫"权变理论"或"超 Y 理论"。

权变理论强调：X 理论、人际关系理论和 Y 理论关于人性的假设，都只在某一方面是合理的，要结合起来考察才是全面的。在管理上，应当充分考虑到个体与组织、正式组织与非正式团体、物质条件与社会因素和心理因素、企业目标与个人目标等各项因素及其相互关系，这样才能较妥善地处理管理上的各种问题。权变理论并非要求管理人员采取某种特殊的、不同于上述三种措施的新措施，而是要求根据具体情况采取相应的措施，不因循守旧，不搞条条框框，不受某种预定设想的束缚。权变管理一定程度上体现了辩证的思想。

权变理论已贯穿到东西方的管理实践之中，并从这一理论观点出发，进行了大量具体的研究。例如，企业组织的性质不同，职工工作的固定性也不同。因此，有的企业需要采取较固定的组织形式，有的企业就需要有较灵活的组织结构。又如，企业领导人的工作作风也随企业的情况的不同而有所不同。在企业任务不明确、工作混乱的情况下，需要采用较严格的管理措施才能使生产秩序走上正轨；反之，如果企业的任务和分工都非常明确，则可以更多地采取授权形式，让下级可以充分发挥自己的能动性。此外，权变理论要求管理人员善于观察职工之间的个体差异，根据具体情况采取灵活多样的管理方法。

3. 评价

"复杂人"的假设和权变理论含有辩证思想，主张根据具体情况、针对不同的人采取灵活机动的管理措施。这无疑对具体的管理工作有很大的启发和指导意义。如果能使管理真正做到针对某一个具体的个体运用恰当的管理方法，那么就使得组织中的每一个人都有可能最大限度地发挥自己的潜能，使工作达到最佳绩效。

但是，"复杂人"的假设只强调了人们之间存在差异的一面，却在某种程度上忽视了共性的一面，忽视了普遍性，所以也有失偏颇。设想在规模庞大的企业中，对每一个人都采用不同的管理方式，管理者将疲于应付，而且这种忽略一般性规则的管理已丧失了管理的基本意义。

综上所述，从"经济人"的假设提出 X 理论，从"社会人"的假设提出"人群关系理论"，从"自我实现的人"的假设提出 Y 理论，从"复杂人"的假设提出权变理论，这一系列人性假设和管理理论的演变反映了西方组织管理心理学发展的范式变化、演进的整个过程。正如我们可以看到的，有关人性的研究对管理工作有重要的意义，因为人是生产力中最重要的因素。但是，西方管理界关于人性的种种假设，大多所偏重的是人的先天本性，而忽略人的社会性。似乎人对工作的态度,对人际关系的需求和对成就的渴望都是天性,忽视了不同的社会政治经济制度和社会关系对人性的制约。因此,这些由片面人性观构成的组织管理心理学的基础,在科学上难免存在各种问题。

五、组织哲学与行为管理模型总结

库恩(Thomas Kuhn)的《科学革命的结构》在科学哲学史上非常有影响,他发现,科学是通过理论范式的否定之否定来不断发展的。组织管理心理学也是如此。

在过去的 200 年里,组织的管理哲学发生了巨大的变化,管理范式也经历了不断的否定、再否定的过程,反映了时代的发展。有人将行为管理范式的变化总结为四种模型,分别是独裁模型、看护模型、支持模型和社团模型(表2-1)。这四种模型的基础假设、管理定位、员工分析和实际效果等都不同。需要注意的是,不同的管理哲学都有其特定的历史和现实价值,但并不是说,在现代组织中,以前的模型就不再适用了。这四种模型只是理论的抽象概括,在实际运用中并不是非此即彼的,而是可以按适当比例和方式混合的,管理者可以根据自己所在组织的实际情况,灵活地组合和运用。

表 2-1 四种主要的管理范式模型

	独裁模型	看护模型	支持模型	社团模型
模型的基础	权力	经济资源	领导	伙伴关系
管理定位	权威	金钱	支持	团队工作
员工定位	服从	安全感/收益	工作绩效	有责任感的行为
员工精神状态	依赖老板	依赖组织	参与	自律
被满足的需要	生存需要	安全需要	地位/被认可	自我实现
效果	最低	消极合作	驱力被唤醒	一定的工作热情

出处:Keith Davis, *Human relations at work: The dynamics of organizational behavior*, 3rd ed., New York: McGraw-Hill Book Company, 1967, p.480.

任何一种理论在任何时代,都可以找到适合的工作环境,并且每一种模型都可能做出适当的修正和延伸。组织行为管理模型在管理中的应用始终在不断地发展。因此,就各种理论、模型而言,没有永远的"最好",只有相对的"适用"。

类似地,在不同的文化背景下,由于管理者的知识和技能水平不同,员工对于工作的期望不同,组织的政策和风格也不同,必然会使组织对不同组织行为管理模型进行选择。具体来说,选择模型通常依据组织管理的实践,包括社会文化情境、经济发达程度、工作程序和技巧复杂性、工作内容是基于体力还是脑力、工作行为是基于个体还是团队等,这些都是选择模型时需要考虑的因素。比如,有的工作高度程序化,不需要什么技巧和复杂的知识,那么强调权威和安全感的管理模型(独裁模型和监护模型)仍可适合；而有的工作是非程序化和复杂化的，需要较高的智力水平，那么强调团队合作和内在动机的管理模型(支持模型和合作模型)更为适用。

正如加德纳在对印象管理的分析中所陈述的那样，"不要尝试选择不适合你的形象。人们将通过外表对你进行评价"；"我们投射的，是我们认为属于我们、希望是我们的一种外观——最适合我们的人格、弱势、生命阶段和直接需要的角色。艾略特说'花时间准备一张脸，去面对你所遇到的诸多面孔'"。这种思想也同样适用于组织管理。

案例剖析

丽莎是某电器厂装配工，离异，带着一个孩子。她上班经常迟到，主管海伦曾为此批评过她，但是收效甚微，海伦决定在丽莎身上试试支持性的管理方法。

这天，丽莎又迟到了，海伦并没有马上批评她，而是认为首先应了解迟到的原因。于是，她找到丽莎真心诚意地问："我能帮你做点什么吗？"丽莎说迟到是因为每天早上要给孩子做好上学的准备。在得知原因后，海伦帮助丽莎约了本部门另外几个妈妈来谈话，寻求解决办法。当海伦知道丽莎的住处很远，便和人事部交涉，安排她搭同事的车。

丽莎感受到了海伦对她的关心和重视，从此对上班就充满了热情，也开始对工作感兴趣，更加愿意与他人合作了。

思考与讨论

在下面这两种情况下，什么样的组织行为管理模型是比较合适的？(假设员工和主管均来自本地劳动力市场)

(1) 社区小型便利店里的收银员。
(2) 大型平价仓储超市的收银员。

有人认为，小型便利店的收银员更适合使用支持模型，而大型超市的收银员则适合采纳看护模型。你是否认同这一观点？

【本章知识要点】

组织行为管理系统的构成要素：组织行为哲学、价值观、愿景、使命和目标。

组织行为哲学：一个整合的概念，包括管理层对人的假设——人对事物的看法、采取行动的目标和行为的方式等。

价值观：体现了我们对某种结果或行为的愿望。它是我们怀有的某种信仰，是关于事物好坏、优劣、真假、善恶的看法。

愿景：远处虚无缥缈的景象，有所认识又无法触及，能够给人感性的召唤，即使一辈子不能实现，也不会被人们放弃。组织的愿景指的是组织和组织成员的未来蓝图。

使命：组织所处的行业、目标市场、关键客户类型以及组织存在的意义。

目标：比较具体的计划，它阐述组织在未来一段时间内希望达到的状况。

组织行为管理理论的发展阶段：经济人、社会人、自我实现人和复杂人。

X 理论的"经济人"假设：①人的本性是不喜欢工作的，只要有可能就会逃避工作。②于绝大多数人必须加以强迫、控制、指挥或以惩罚相威胁，才能使他们为实现组织目标而付出适当的努力。③一般人宁愿受人指挥，希望逃避责任，较少有野心，对安全的需要高于一切。

人群关系理论的"社会人"假设：①人所受到的最主要的激励来源于社会需要的满足以及得到和别人的关系及地位上的成就。②许多工作本身的意义并不存在，应寻找工作的社会关系意义。③来自群体中的社会力量对人的影响，比对管理中的激励和控制的影响更大。④人只有在上级满足了他的社会需要和其他要求时，才会对管理做出响应。

Y 理论的"自我实现人"假设：①一般人并不是天生不喜欢工作的。②外来的控制和惩罚的威胁并不是促使人们为实现组织目标而努力的唯一方法，人对自己所参与的目标能实行自我指挥和自我控制。③参与感能获得自我意识和自我实现需要的满足，这是为实现组织目标付以努力的直接产物。④一般人在适当条件下会追求责任，逃避责任、缺乏雄心、强调安全不是人的天性。⑤在现代工业生活的条件下，一般人的智慧和潜能只是部分地得到了发挥。

权变理论的"复杂人"假设：①人的需要是多种多样的，每个人的需要各不相同，需要的层次也因人而异。②人在同一时期内会有各种需要和动机，它们会发生相互作用并结合为错综复杂的动机模式。③人会不断产生新的需要和动机，动机模式的形成是内部需要和外界环境相互作用的结果。④一个人在不同单位或同一单位的不同部门工作，会产生不同的需要。⑤由于人的需要不同、能力各异，对于不同的管理方式会有不同的反应，没有一套适合于任何时代、任何组织和任何人的普遍行之有效的管理方法。

主要的组织哲学与行为管理模型：独裁模型、看护模型、支持模型、社团模型。

【思考题】

1. 什么是组织行为管理模型？你能找到一个企业并梳理它的组织行为管理模型吗？
2. 如何看待和选择不同的组织行为模型？相关的边界条件有哪些？

3

技术、环境、文化的影响

非礼勿视，非礼勿听，非礼勿言，非礼勿动。

——《论语·颜渊篇第十二》

世界是平的。

——托马斯·弗里德曼

【内容概要】

影响组织中人的行为的外部因素有哪些？
技术和全球化给企业和组织带来了哪些影响？
如何理解和把握文化差异？
如何有效地进行多元化管理？

如前所述，组织中人的行为受各方面因素的影响。有学者将这些因素归为四大类(即四大动因)：人，结构，技术，环境。从广义上来讲，结构、技术和环境可以合并为"环境因素"或"外部因素"。在这些外部因素中，技术、环境、文化(一种特殊的社会环境)往往十分复杂，或变化多端，或相互纠缠，对组织行为的影响也意味深远。本章将重点就这些外部因素的具体内涵、特征和对组织行为的影响方式加以论述。

§1 信息技术革命

信息技术自人类社会形成以来便一直存在，人类的社会活动离不开人与人之间的信息交流。从语言的产生到文字的发明，再到印刷术的普及和电报、电话等通信工具的应用，人类社会不断地向前发展必然伴随着信息技术的不断革新。信息技术的更新与变革在极大程度上方便了人们之间的信息交流，也大大提高了人类加工和处理信息的能力。

信息技术是技术革命不断发展至今的最新形态。约瑟夫·熊彼特(Joseph Schumpeter)对工业时代以来的技术进步总结提出了"50年模型"，即大约每50年左右出现一次技术革命浪潮。第一次浪潮(1780—1840)是蒸汽机的发明，推动了工业革命；第二次浪潮(1840—1890)是铁路的出现；第三次浪潮(1890—1930)是电力的利用；第四次浪潮(1930—1980)是廉价石油和汽车的普及；第五次浪潮是信息技术的诞生。每一次技术革命的浪潮都极大地推动了社会生产、生活的变化和发展，而且技术突破的影响似乎较以往更为迅速。

像许多其他技术一样，信息技术不仅可以应用于任意给定经济或世界的每一个部分，它还可以影响组织的每一项功能。例如，信息技术不仅可以改进一辆汽车的生产绩效，更可影响汽车的设计、工程、制造和服务各个环节。

随着信息技术的发展，出现了越来越多被广泛应用到各个领域中的新技术形式，比如电子商务、内联网、知识管理等。

一、电子商务

电子商务是近年来迅速发展的一种以电子设备和网络技术为支撑的商业贸易形式。它缩小了交易双方的空间距离，节约了交易双方的时间，极大地提高了交易的效率。从消费者的角度来说，消费者足不出户就能同时"货比三家"，挑选令自己满意的商品；而从企业的角度来说，电子商务的兴起改变了企业的生产方式。企业可以根据客户不同的需求进行个性化的订制，并且能够在获得订单后再进行生产，减少了因囤货带来的损失或成本。此外，电子商务在很大程度上也改变了人们的工作方式，比如销售人员可以直接在网络上与客户进行交流，同一名销售人员可以同时与多个客户进行沟通，这不仅提高了工作效率，也节省了人力成本。

电子商务对组织运营、管理产生的另一个重要的影响是，组织可以让员工在家上班，员工通过"电子通勤"的方式完成工作任务。也就是说，员工不用每天到单位来上班，只需要在家工作，并通过互联网进行工作沟通和传输工作成果。这节省了双方的时间，节省了办公场所，减少了员工旅途消耗，也使员工有更多时间照顾家庭，起到了很好的平衡工作-家庭需求的作用。这种方式体现了电子商务时代的雇佣灵活性，特别适用于知识技术型岗位员工，带来组织-个人双赢的效果。

二、内联网

内联网是面向企业和组织内部成员建立的一套网络信息沟通与管理系统，在企业和组织中被广泛地使用。内联网有诸多功能，员工不仅可以通过内联网更加快捷地获取与工作有关的信息，也能够更方便地与内部其他人员进行沟通和信息交换，提高工作效率。此外，内联网也使得组织的管理更加高效，比如内联网可以让管理者与员工实现即时通信，管理者也可以通过内联网向员工分配工作任务，反馈管理相关的信息。因此，内联网方便了上级与下级之间的沟通。

内联网对组织行为的一个重要影响是，它进一步在实际形态上促进了组织的"扁平化"，减少了中层沟通的环节，大大提高了沟通速度和准确度，所有人，无论职位高低，可以同时获得企业的重要信息，有利于提升组织中底层员工的满意感。

内联网对组织行为的另一个影响是，没有"隐私"。因为所有信息是通过组织的内部网络传递的，组织内部的网络管理系统是可以看到和保存所有在线传输的信息的，这就意味着，员工在内联网系统里写下和发送的任何信息，都可以被系统监控，也可能迅速被所有人知道。这会引发员工对隐私的担忧。

内联网的另一个潜在危险是，可能导致谣言更迅速地蔓延。任何一个人说的一句话，只要按下一个键，就可以立即传遍整个组织，而其正确性、真实性却很难控制。有时，信息可能发送给了不该发送的对象，这些都对组织内部的信息沟通行为的管理提出了新的挑战。

三、知识管理

尽管存在争议和不确定性，知识管理(knowledge management)大致可以定义为：明确地对工具、程序、系统、结构和文化进行开发，用以增进知识的创造、分享和使用，这些知识对于决策起着重要的作用。更详细的分类包括"有形知识"和"无形知识"的管理。为组织结构和系统所吸收并保有的有形知识资产，包括研发成果、专利权、版权、特许权、执照，以及关于雇员、客户、供应商、生产商和竞争者的信息等；无形知识或资产是指员工和其他利益相关者，比如客户、供应商、业主、顾问等，所拥有的经验、技能和思想等。

随着知识经济时代的到来，现代组织越来越依靠知识运作、生产和发展，因此有效的知识管理变得越来越重要，它能保证知识被很好地吸收、储存、利用和积累，进而实现知识更新、创造、增值。不良的知识管理可能造成知识浪费、流失，甚至造成巨大的利益损失。因此，现代组织越来越重视知识管理。

有学者将知识管理划分为两种形式：以获取和存储信息的方式进行知识管理和基于

分享和融通信息的知识管理。前者是将知识视为有形资产，知识管理主要依靠技术，特别是信息技术，来获取和存储信息，使管理者可以利用它们进行决策，或用来为客户提供产品和服务——拥有知识；后者指管理员工和其他利益相关者拥有的无形知识资产，比如他们的经验、技术和思想等，使他们在基于分享和融通信息的知识管理中扮演主要角色——使用知识。

相对而言，无形知识资产管理难度很大，因为它存储于人的大脑，看不见、摸不到。比如员工是否在绞尽脑汁努力创新，是否在竭尽全力解决难题，员工是否已经有了最佳解决方案却秘而不宣。这些管理者是看不到的。这种管理似乎只能靠员工的"自觉"。由于知识经济越来越发达，组织越来越多地依赖无形知识资产，这就要求组织选择恰当的人从事知识工作，他们不仅携带宝贵的无形资产，而且必须能够"自觉自愿"地使用这些无形知识资产为组织创造财富。

四、人力、智力资本

人力资本是指拥有知识、经验、技能和思想等的人力资源，价值取决于其对组织竞争优势或核心职能及独特性的贡献，这里的独特性指的是无法在开放的劳动力市场轻易获得或被取代的那部分东西。这种人力资本也可以用财务的方式表达出来：公司会计账面簿值(即有形资产)与市值(即股票价值)的差，就可视为人力、智力资本。

智力资本和员工个人如影随形。最初，公司从某种程度上只是在"租用"员工的智力资本，只有当人们将他们的想法加载到产品、服务和工作流程中去的时候，公司才真正拥有这些资本。但实际情况是，大多数组织在一开始便感觉自己拥有这些"财产"，因此，当员工离开时，组织会感觉损失了智力资本，甚至会为此提起诉讼。

人力、智力资本的存在及其重要意义对组织有着重要的启示：由于市场对独特的智力才能的需要处于突出位置，所以公司之间人才的争夺必然会很激烈，有关公司(知识)掠夺或窃取的案件也会越来越多，这就要求组织从根本上对员工在工作中的角色和价值进行重新评估，对组织中的员工给予更多的关注。

§2 全 球 化

通信技术的飞速发展助力了全球化进程。当今，全球各个国家的联系不断增强，国与国之间在政治、经济贸易、文化交流、科技开发等诸多方面相互依存。全球化带来的影响包括经济一体化、文化交融化、思想多元化和行为差异化。

经济一体化表现为各国经济相互开放，相互联系。"中国制造"遍布全世界就是经济一体化的一个典型的例子；不出国就能买到世界各地生产的东西也是经济全球化带给我们的福利。如何跨越国界高效地从事贸易活动，对各类组织提出了新的要求。

文化交融化表现为东西方文化在全球化进程中的交流与融合。肯德基进入中国市场后，在食品口味与搭配上进行了调整，推出了符合中国消费者口味的套餐。例如，用果汁代替原本套餐中的碳酸饮料；推出有油条、热豆浆等符合中国人饮食习惯的早餐。这些都是文化交融的结果。毫无疑问，在跨文化背景下，能否为不同文化的市场提供适宜的产品和服务，是各类组织面临的新的挑战。

全球化的浪潮也带来了不同思想之间的碰撞，这也是全球化的必然结果，全球化为不同思想的碰撞提供了平台，形成了宽松、自由的"百花齐放、百家争鸣"的思想多元化的氛围。这种多元化在给组织带来潜在的资源的同时，也带来了管理的难度。例如，合理而有效地管理有着不同文化习俗的员工，并非易事，往往加大了管理成本。

此外，不同文化的行为方式也存在差异。比如，西方人习惯先谈生意，生意谈妥之后才喝酒庆祝；而在东亚一些国家，人们总是先吃饭，先联络感情，酒足饭饱之后才开始谈生意。日本人在传达一些重要信息时，经常表现出"一切尽在不言中"，而美国人在沟通时更喜欢"开门见山，单刀直入"的直率。在这种多元行为方式下，团队成员之间的沟通和交流可能会面临很多变化和冲击，比如语言表达方式的变化、日常生活行为习惯的改变等。

全球化是一把双刃剑。虽然，它为企业带来了更多的机遇和可能性，但同时它也给企业带来了诸多挑战。全球化对企业和组织的管理提出了更高的要求，企业和组织迫切地需要建立起现代化的管理制度以跟上全球化的脚步。跨国公司便是全球化的一个重要体现，其中人力资源管理的成败又是跨国公司实现其全球战略的关键一环。因此，跨国公司需要面对巨大挑战，包括管理的本土化、促进来自不同文化的员工的相互了解与沟通以及吸纳本土优秀人才等。宾士域(Brunswick)公司声称："财力资源不是问题……我们缺乏的是人力资源。我们恰恰缺乏具备全球领导才能的人。"

解决全球化人才缺乏的一个有效经验是，当一些跨国公司在中国拓展业务时，他们在欧美招聘学有所成的中国留学生，这些学生生长在中国，既懂得中国文化，又接受了西方的科学技术教育，且了解西方文化，把他们派到中国工作，促成了不同文化的"天然融合"，极大地简化了跨文化管理。这也不失为培养全球化人才的一种方式。

§3 文化

文化可以被定义为一种获得的知识，是一群共同相处的人共同约定和认同的价值理念和行为模式，人们利用文化来解释所经历的体验和产生的社会行为。换句话说，文化是习得的，而且可以帮助人们尝试在社会中和他人进行有效的交往和沟通。文化是行为的依据，也是行为的动力和约束力。

一、文化差异

东西方的文化存在巨大差异，例如，东方人强调综合、整体，西方人强调局部、细节；东方人注重过程，而西方人更看重结果。文化差异既是困扰，也是资源。了解跨文化差异，进而了解思维的、情感的、个性的和行为的差异，是跨文化管理的关键之一。

世界文化是多元化的，每一种文化的存在都有其合理性。我们可以从自我观、自然观、物质观、人群观和时空观几个方面对文化差异进行理解和把握。

1. 自我观

自我观指的是个体习得并保持的关于自身存在的信念、态度及看法的总和，它体现了个体的价值观和思维方式。不同文化催生的自我观也不相同。比如在看待人性方面，中国古代经典《三字经》中第一句便是"人之初，性本善"，强调人性在最初的时候都是善良的；基督教的原罪说则认为人天生就是有罪的，罪是本源的，人生来就要赎罪，这一思想对西方文化产生了极大的影响。

在典型的东方文化下，自我的主要表现形式为依存型自我，强调相互依靠、集体抱团，人们在定义成功时，更加注重社会的认可；而在西方文化下，自我的主要表现形式为独立型自我，强调个体的独特性，在定义成功时，人们更多关注自身的超越与感受。

2. 自然观

自然观指的是人们对自然的态度与认识，以及人与自然(环境)的关系。在不同文化下，人们所处的自然环境不尽相同，形成了对自然的不同理解和认识。典型的东方文化，比如中国，历来崇尚自然，强调不违天命，主张人与自然的和谐相处，古代思想家提出的"天人合一"的观念即是具体体现。与东方文化不同，在典型的西方文化下，人们认为人与自然是对立的两面，注重探索自然，想通过努力去征服自然。

我们还可以从东西方绘画艺术的差别窥见不同文化的自然观。中国传统的山水画强调各个部分的协调，只有当画中的山、水、鸟、花、人完美地融为一体才可成为佳作；而大部分西方的画作则更看重形式，正如米开朗基罗所说，"在艺术的世界里，细节就是上帝"。

3. 物质观

在这里，我们所讨论的物质观指的是对物质世界的认识。金钱观是最常见的物质观之一，即人们如何看待金钱这种物质。一些文化认为，金钱是万能的，可以带给人自尊和成就；另外一些文化则认为"钱乃身外之物""生不带来、死不带去""视金钱如粪土"。例如，好莱坞文化大多都宣扬典型美国价值观体系下的重视个人财富的观点，而在另一些文化特别是东方文化里，家庭和睦、亲情则是极为重要的价值追求，"财聚人散"是对金钱的副作用的深刻反映。

不同文化的物质观相碰撞，必然带来思想意识的冲击，这也给管理带来了难度。比如，有的人更追求精神境界的提升，在意挑战的机会和个人成长，而另一些人则强调物质回报，看重金钱奖励，遵循"理性-经济人"的原则。不难想象，当"禁欲主义"者和"拜金主义"者走到一起会发生什么冲突。

4. 人群观

人群观关注群体是合作的还是竞争的。"物竞天择""优胜劣汰""弱肉强食"等表达的就是一种竞争的观念，认为竞争可以带来好处；而"众人拾柴火焰高""三个臭皮匠顶个诸葛亮""聚沙成塔"等传达的则是，通过合作能够带来比个体单独工作更好的结果。

竞争与合作是不同文化下的价值观的典型代表。竞争文化的观念主张"零或和"(zero-sum)规则，认为人类交往就是"你死我活""非赢即输"的结局。而合作的文化则主张"共赢"，认为存在某种路径，通过合作可以达成共同生存的双赢结局。

5. 时空观

人们更加关注的是过去、现在还是未来，即人们是更怀旧的，还是更前瞻的，体现了不同的时间观。比如，欧洲人比较怀旧，他们倾向于关注过去；而美国人则注重"新"，倾向于关注现在和未来。过分怀旧可能会使个体没有动力，而过分追求"新"则会缺少历史文化底蕴。

除了关注某一个时间点以外，时序性也可以反映出不同文化下时空观的不同。比如欧美人对时间的解读是串行的，即认为时间是有先有后的，具体表现在工作中是按部就班，根据计划行事，生活中则有先来后到的区分，因此排队是重要的处事规则。而许多东方国家对时间的解读则是并行的，认为计划赶不上变化，计划可以随时被改变。

时间观在现代组织管理中的一个具体体现是上班考勤制度(打卡)和流水线上的生产规

范，强调分秒不差，不能误时，这和传统农耕生产活动有很大的差别，要求精细地恪守时间。

空间观的一个具体表现是人们更重视公共空间还是私人空间。人和人的生活空间之间难免重叠。以物理空间为例，一家人会共享一个家庭空间，一个组织的人会共享一个办公空间。但也有一些隐私空间，例如家里的卧室、卫生间、书房等。是否允许客人进入这些空间，在一定程度上反映了个体是否愿意共享空间的观念。例如，有的企业设立封闭的个人办公室，而有的企业则使用开放的公共办公区。

空间观的另一个表现是事务的处理方式。例如，有的组织认为，公共空间里的任何公务都是公共资产，个人无权占有，哪怕是一张白纸、一个图钉。反之，员工在下班以后也不会考虑工作上的事务。在这种组织中，公共利益和个人利益是绝对"空间分离的"，不可相互介入。但有的组织则允许员工随意使用公共办公用品，甚至使用办公电话公费处理私事。而员工也会在家里继续为单位工作，甚至茶饭不思、夜不能寐。在这种组织中，私我和公我是高度重叠的。

具有不同空间观的人在一起共事，就可能产生价值观的冲突。例如，对于公我和私我空间分离的组织而言，员工拿走单位一张纸私用，就可能被看作是偷窃行为；这类组织的员工也不会认为下班后为单位工作是天经地义的。对于公我和私我空间高度重叠的组织而言，人们若在工作中是好同事，往往在工作之外的私人生活中也可能是好朋友。大量研究结果表明，西方文化中公我和私我空间是高度分离的，而东方文化中公我和私我空间常常是高度重叠的。通常来说，重视私人空间的文化非常强调个人隐私，而重视公共空间的文化则不那么看重个人隐私。这种文化差异同样会导致跨文化管理的困境。

二、文化维度

由于不同的文化在诸多方面存在差异，因此，需要一些更简便的方法来帮助描述和理解不同文化的差异。霍夫斯泰德的文化维度理论，以及汤皮诺提出的文化维度是两个经典的用来衡量不同文化价值观差异的框架。

1. 霍夫斯泰德的文化维度

1967年到1973年，霍夫斯泰德(G. Hofstede)在著名的跨国公司IBM进行了一项大规模的关于文化价值观的研究，调查了来自70个国家或地区的员工，先后有十几万人次参与。该研究致力于理解不同文化的差异。1980年，霍夫斯泰德在其所著的《文化的影响》(*The Consequence of Culture*)中概括了四个文化价值观维度：个体主义/集体主义、权力距离、不确定性规避和男性气质/女性气质。

个体主义是指关注自己和亲密家人的倾向，集体主义则以紧密的社会框架为特征，强调优先考虑群体的利益。

权力距离是指组织中权力较小的成员接受这种权力分布不平等的程度。在某文化里人们越是接受不平等分布的权力，则该文化越是一种大权力距离的价值观。

不确定性规避指人们感受到的不明确情况带来的威胁程度。比如，德国就是一个不确定性规避较高的国家，由此在组织中，他们制定了严格的规章制度尽量减少不确定性；而美国则是一个不确定性规避较低的国家，人们容易接受工作和生活中的不稳定性，也更喜欢冒险。

男性气质是指社会主导价值观中对于自信以及获取金钱和其他物质资料的强调程度。男性气质突出的国家中，社会竞争意识强烈，认为工作是生活的重要内容。女性气质是指社会主导价值观中对人际关系的强调，对他人的考虑，对亲情的维系以及对于工作生活的品质的关注程度。在女性气质突出的国家中，人们崇尚细细地品尝人生，对生活的看法则是"工作是为了生活"。

2. 汤皮诺的文化价值观维度

汤皮诺(Fons Trompenaars)的文化价值观体系包括五个维度，分别是普遍主义和个别主义、个人主义和集体主义、中性与感性、精确与弥散、成就与归属。

普遍主义相信想法和实践可以在任何地方不加变化地运用，故强调规则的普遍性；个别主义则相信情景决定想法和行动，凡事虽有一定之规，但也允许例外，例如"法外施恩"。

个人主义文化下，个体倾向于将自己看作独立的部分；而集体主义文化下，个体倾向于将自己看作团体的一部分。

中性与感性维度的着眼点在于人们的情绪表达。中性文化强调情绪能够被很好地控制，不轻易外露；而在感性文化中，情绪通常自然地表露在外，不刻意地去隐藏。例如，地中海沿岸的一些国家往往就是感性的文化，人们比较热情奔放、情绪外露。

在精确文化中，个人空间和公共空间相对隔离，互不相容，通常人们不允许他人随意进入私人空间，对私人空间守卫严密；但在弥散文化中，公共空间和个人空间高度融合或没有清晰的界限，人们可以在不同空间中自由转换。

成就的文化强调个人社会价值取决于个人努力和成就；归属的文化强调个人社会价值取决于关系和阶层。

3. 其他文化维度

1997年，杜波依斯(Pierre DuBois)等人的《组织文化测量及优化》(*Organizational Culture Measurement and Optimization*)中提出的模型包括七个方面：①社会-经济环境(包括社会文化环境和市场竞争等)；②管理哲学(包括使命、价值观和原则等)；③对工作情景的组织(包括组织结构、决策过程等)；④对工作情景的知觉(包括对工作的知觉和对管理的知觉)；⑤组织行为(包括工作满意度、工作压力、工作动机和归属感等);⑥企业经营业绩(质和量两方面);⑦个人和组织变量(包括年龄、职位、个人价值观等)。

4. 中国文化与管理

现代中国从传统农业社会转型为工业社会,文化形态也从农业意识向工业意识转化。中国人固有的小农文化意识的若干特征会妨碍文化意识形态的转型,例如满足于现状、害怕风险、知足常乐、朝不虑夕、听天由命,其突出的表现是缺乏投资意识和想象力。例如,中国人虽爱存钱,却不是因为理财,而是由于害怕未来的风险而存来保命用的。就此而言,中国人的钱并不遵循西方经济学的经典规律:流向其所谓价值最大化的方向,而是遵循小农意识的行为经济原则。其结果是,20世纪90年代各银行开始发放信用卡时,申购人很少,使用人更少,因为人们不喜欢透支,不愿冒"寅吃卯粮"的风险。在当时,信用卡无论对个人还是银行,都没有发挥其应有的金融功能。反观,美国人则不然。例如博士毕业的美国学生入职安家后,往往会在多家银行开办信用卡,通过赊账(借贷)方式购买所有生活物品,包括大额长期借贷买房先住进去,随后再挣钱慢慢地还款。这就是所谓的"透支未来""预支幸福"。而传统中国人则是攒够了钱再去买房,而不是背上沉重的借贷包袱当"房奴"。因为在传统农耕社会,借贷是有巨大风险的。

如果在组织管理中仍然抱着这种自给自足、故步自封的文化意识,害怕风险,不敢创新,组织的发展必然会受到限制,甚至阻碍社会发展。中国传统社会中有"历来改革者都没有好下场"的说法和事例,就折射出这种文化价值观的影响。因此,始终保持开放的态度,以过去的经验为基础,关注现在并着眼于未来,敢于创新,改变根深蒂固的落后的小农文化意识,才能够更好地进行管理实践,推动组织和社会的发展。

§4 多样性与伦理

一、多元化的特性与问题

导致组织多元化的原因有很多,例如劳动力人口学性质的改变、立法与诉讼、经营的国际化快速增长、竞争压力、对多样性的认识和需求的观点等。多元化也有一些具体的特征,人与人的差异是客观存在的,这就造成了组织员工的多元化。例如,组织中有不同年龄的员工,有些甚至年龄跨度特别大,年龄最长的员工与年龄最小的员工之间相差了几十岁的情况也并不罕见。这就容易造成组织冲突,增加管理难度。一方面,年龄代表着精力的衰退,但另一方面,年龄的增长也代表着经验的增加;不同年龄的人有不同的动机、不同的价值取向,所以他们对变化的接纳程度也不一样。除此之外,不同性别的人的思维方式、动机和人际关系特点也有差别。教育水平则部分地代表了个人的学识与自身的修养,也在一定程度上影响了个体的动机、价值取向。但是正是由于多元化,组织也面临着前所未有的挑战,这就要求管理者正确地识别组织多元化存在的问题并对其进行处理。通常,歧视现象、不同文化背景的员工或者出生于不同年代的员工之间存在交流障碍等,都是组织多元化中常见的问题。

二、多元化管理

有效管理多元化的基础和出发点在于建立一个真正的多元化组织。真正的多元化组织有以下特点:①在其任务、运作、产品或服务中,反映出多种文化和社会团体的贡献与兴趣;②信守承诺,根除组织中以各种形式存在的社会排斥或歧视;③让不同的文化和社会团体的成员充分参与,特别是参与一些对组织起塑造作用的决策问题之中;④承担更多的外部社会责任,包括支持其他机构的努力来根除各种形式的社会压迫。

多元化的管理在管理个体时所采用的方式包括学习和共情。学习是基于获取真实或虚拟的经验,而共情则基于理解感情和情绪的能力。学习是尽最大可能地努力学习和体验,以期培养出恰当的行为,核心在于沟通;学习如何最好地理解他人并与之相处。共情是把自己放在别人的位置上,从别人的观点来看问题的能力。全球化以及越来越复杂的工作环境使得组织多元化越来越普遍,而多元化的管理是组织多元化的必然要求,组织可以充分利用多元化,并进行多元化的管理,以提高自身竞争力。

 案例剖析

X 公司是一家知名服装零售商,深得当地人的喜爱,销售额连年增长。20 世纪末,为了搭上全球化的快车,该公司开始向海外扩张,准备向跨国公司转型。

为了更好地管理和发展海外分公司,X 公司总部专门派遣数名从著名商学院毕业且有着丰富管理经验的管理者前往分公司所在地对公司进行管理。奇怪的是,海外分公司在一开始的两年中,接连亏损,公司高层管理人员整日愁眉不展,召开了多次公司大会,寻求导致亏损的原因及解决方案,但是仍然毫无头绪。总部相关人员问责分公司的管理人员,得到的答案是,分公司严格地按照总公司的规章制度在进行管理,这使得公司高层更是一头雾水,到底是哪些环节出了错呢?万般无奈下,总部组成了专门的调研小组到分公司所在地对公司在管理经营过程中的多个环节进行了全面的调查。调查发现,分公司高层管理者有百分之七十的人员都是从总公司派遣过去的,其所雇佣的员工百分之八十是当地人;调查还发现,由于管理理念的不同，总部派遣的管理人员与本土招聘提拔的管理人员之间产生过多次矛盾，公司的离职率在两年的时间中也一直居高不下。

思考与讨论

1. 你认为 X 公司的管理在哪些方面出了问题，造成这些问题的原因是什么？
2. 你认为 X 公司如何才能走出亏损的困境？请提出自己的建议。

【本章知识要点】

影响组织中人的行为的外部因素：技术和组织所处的环境都是影响组织中人的行为的重要外部因素，具体包括信息技术革命、全球化、文化、多样性与伦理等多方面内容。

信息技术：信息技术是技术革命的最新形态，影响着组织的每一项功能。目前被广泛应用的新技术形式包括电子商务、内联网、知识管理等。

电子商务：电子商务的出现对企业和消费者双方都产生了重大影响。一方面它方便了消费者，另一方面它也帮助企业节约了成本、减少了损失。电子商务在组织运营和管理方面的应用体现了电子商务时代雇佣的灵活性。

内联网：内联网是面向企业和组织内部成员建立的一套网络信息沟通与管理系统。其优势在于进一步在实际形态上促进了组织的"扁平化"，提高了沟通速度和准确。但同时，内联网的使用也带来了"隐私"以及谣言传播等问题，对组织中的信息沟通也提出了新的挑战。

知识管理：明确地对工具、程序、系统、结构和文化进行开发，用以增进知识的创造、分享和使用，这些知识对于决策起着重要的作用。知识管理包括"有形知识"和"无形知识"的管理。

人力资本：指拥有知识、经验、技能和思想等的人力资源，其价值决定于其对组织竞争优势或核心职能及独特性的贡献。

全球化带来的影响：全球化带来了经济一体化、文化交融化、思想多元化和行为差异化，也对企业和组织的管理提出了更高的要求。跨国公司的出现是全球化的一个重要体现，但是跨国公司的管理面临着诸多的挑战，全球化人才缺乏可以通过不同文化的"天然融合"来解决。

文化：指一种获得的知识，是一群共同相处的人共同约定和认同的价值观念和行为模式，被人们用来解释所经历的体验和产生的社会行为。文化是行为的依据，也是行为的动力和约束力。

文化差异：世界文化是多元化的，每一种文化的存在都有其合理性。理解和把握文化的差异可以从自我观、自然观、物质观、人群观和时空观几个方面入手。

文化维度：霍夫斯泰德提出的四个文化价值观维度包括个体主义/集体主义、权力距离、不确定性规避和男性气质/女性气质。汤皮诺的文化价值观体系则包括五个方面的内容，分别是普遍主义和个别主义、个人主义和集体主义、中性与感性、精确与弥散、成就与归属。

多元化管理：建立一个真正的多元化组织是多元化管理的基础和出发点，而多元化管理也是组织多元化的必然要求。学习和共情是在进行多元化管理时常用的两种方式。

【思考题】

1. 你认为新技术的发展将如何影响组织中员工的心态和行为？请寻找实例支持你的观点并加以论述。
2. 你认为多元文化交融对管理的最大挑战是什么？请用理论和实例阐述你的观点。

4

社会系统和组织文化

礼之用，和为贵。先王之道，斯为美。

——《论语·学而篇第一》

君子成人之美，不成人之恶。

——《论语·颜渊篇第十二》

【内容概要】

介绍组织的社会系统。
了解现代组织设计的特点。
阐述什么是社会文化，它包含哪些内容。
研究组织文化的定义、特点。

学术专栏　　组织文化的作用

谷歌(Google)是一家成立于1998年、总部位于美国的高科技跨国公司。它除了是全球公认的最大的搜索引擎公司，提供包括谷歌搜索、谷歌浏览器等在内的一系列基于互联网的产品和服务外，在目前大热的高科技领域，比如人工智能等方面，谷歌也是领头羊。

谷歌能够用仅仅二十年的时间获得如此巨大的成功，并多次被评为"全球科技行业最佳雇主"，与这家科技巨头有特色的企业文化是分不开的。在谷歌，员工不仅可以在内部自由流动去做自己感兴趣的项目，还拥有20%的时间去做自己想做的事。极为扁平化的管理方式使得员工能够随时表达自己的想法。有人说，在谷歌上班就像是在度假。这是因为谷歌认为聪明之人必有能力安排好自己的时间，于是充分给予了员工工作时间的掌控权。除此之外，谷歌还为员工提供各种各样免费的餐食，甚至允许员工在上班的时候将自家的狗也一起带来。大楼里随处可见供员工休闲娱乐的设施设备，例如健身房、台球桌、滑梯、按摩间、可供休息的"太空舱"等。这些无一不体现轻松的工作氛围。谷歌的文化尊重员工的个性，给予员工最大限度的自由，人的创造潜能可以在这里得到极大的发挥，这对于强调创新的高科技公司来说是至关重要的。也正因为如此，它吸引了来自世界各地的顶尖人才，助力公司不断地研发出新的技术和产品，能够在全球最具价值的企业中占据一席之地。

§1 社会系统的概念

社会系统是指在交往过程中形成的人际关系的网络。人际关系包括上下级互动关系、同事关系、朋友关系等。无论多么小的组织，都是一种社会系统。一个社会系统要想正常运转，发挥功效，就需要达成社会动态均衡，达不到均衡就会出现矛盾，系统会发生巨大内耗甚至失灵。例如，福特公司当年曾一度面临国际市场的严峻挑战。福特公司所生产的车，不同的车型有不同的用途。例如 Super Duty 是蓝领工人开的车，Continental 是中小企业主开的车，Explorer Sport 是那些家境优渥且有很多空闲时间的人出去越野、郊游时开的车，而 Focus 则是家庭主妇去买菜或接送孩子时开的车。由此可见，消费市场是严格细分的，这么多款车型，如果混淆起来设计、生产、销售，系统运转不良，人浮于事，内耗很大，结果是无法和市场上的竞争对手较量。为了解决这个问题，福特公司意识到必须改造组织结构，推行矩阵化管理，梳理内部关系，使设计、生产、销售等环节高度协调，达成系统动态均衡。

一、社会均衡

在一个社会系统中，如果相互关联的各个部分(人、团队、部门等)都处于动态的工作平衡状态，这个系统是处于社会均衡的。均衡是一个动态的、而非静止的概念。例如，一个团队的减员或增员，会改变原有的均衡，部门之间的调整甚至合并会打破原有的均衡，甚至一个员工的工作调动也会影响到系统的均衡。对于一个社会系统而言，变化和运动是永恒的。

1. 组织理论

巴纳德(Chester Barnard)把正式组织定义为：一个由两人或更多人组成的有意识地协同工作的系统。在这个定义中，人是关键。人的行为，即协作，是组织发挥其功能的前提。

如何建构一个组织,会影响员工的心态和行为。在这里,我们介绍几个相关的概念。

(1) 开放式系统。开放式系统将外部环境视为重要输入的来源,组织的边界对外部环境,包括社会的、法律的、技术的、经济的以及政治的环境等,是可透过性的。简单开放式系统包括输入、转换过程及输出三个环节。

任何生活的、个人的、社会的、经济的或技术的现象,都可以被开放式系统的术语来解读。例如,一个经济机构接受人、原材料、资金、法律、信息以及价值的输入,然后系统通过组织的亚系统及运作过程把这些输入物转化为输出物,比如产品、服务、税、股息、知识,甚至污染。

实际上,当今世界几乎处于一个开放式的状态,没有哪个组织或个人能完全封闭自我而不受任何外界因素的影响。而且,开放式系统的概念也与动态系统均衡的概念密切相关。如果组织随时接受外部的信息的动态输入,就需要不断地加工、调整,保持动态均衡,进而产生有效的输出。例如,如果市场发生波动,或者政策出现调整,组织就需要根据这些信息迅速做出响应。如果一个组织的周边同类组织都上调了工资,这个组织就会面临上调工资的压力,除非有强大的内部凝聚力,否则就可能导致人才外流。

(2) 组织的信息加工系统。一个组织的运作,会面临内部产生的和来自外部的大量的信息。这些信息反映了组织的运作状态和面临的形势。组织必须有一个系统来实时地、高效地处理这些信息。例如,人员是冗余还是不足,工作效率是高还是低,原材料供应是否到位,设备是否运转良好,人机交互是否顺畅,为什么会出现各种事故或失败,哪些处置会导致技术落后或顾客丢失,一个新发明是否能带来高额的市场收益……所有问题都需要有一个信息加工系统进行监控和处理,以保证组织的有效运转。有学者认为,组织本身就像一个信息加工系统。

(3) 组织的权变和生态理论。权变理论认为组织是能动的,环境与特定的组织结构是相关的,强调组织如何调节以适应内部环境(如工作技术和过程)和外部环境(如信息技术,包括互联网和全球化)。

人口生态理论聚焦于组织中的团体或人群,而不是单独的个体。组织的有效性简单地定义为生存。该理论假定环境具有完全的决定性,且承载能力是有限的。因此,在激烈的竞争环境中,有些组织会赢而有些组织会输。比如,二战后的杂货商店的数量与超级市场是一样的,但环境淘汰了小型的杂货商店,超市生存了下来。从这个意义上说,环境的作用是很大的,至少在短期,内部管理被认为对一个组织的生存只有有限的影响。

2. 组织学习

学习型组织的概念最早始于阿吉里斯(Chris Argyris)等人的开创性工作。单回路学习(single-loop learning)指改进组织的能力去完成既定目标。在单回路学习中,组织的学习不需要组织的基本假设的重大改变。双回路学习(double-loop learning)则是重新评价组织目标的性质以及围绕着目标的价值和信念的性质,包括改变组织的文化。重要的是,双回路学习还包括组织去学习如何学习(learn how to learn)。

彼得·森吉(Peter Senge)等人从系统论角度描绘了学习型组织。他们认为组织的学习可以分为两类。适应性学习(adaptive learning)相对简单,是学习型组织的第一步,即适应环境的变化,但在基本设想、文化价值和组织结果方面缺乏创新;创造性学习(generative learning)包括创造和革新,不仅仅是适应环境变化,而且还要走在变化之前甚至预期变化的发生。创造的过程引导组织经验的彻底重构,并引导组织在这个过程中学习。

大师风采

彼得·森吉(Peter Senge) 美国麻省理工学院(MIT)斯隆管理学院资深教授,国际组织学习协会(SoL)创始人、主席。

彼得·森吉 1947 年出生于芝加哥,1970 年于斯坦福大学完成航空及太空工程学士学位后,进入麻省理工学院读研究生,旋即被福里斯特(Jay Forrester)教授的系统动力学整体动态搭配的管理新观念所吸引。1978 年获得博士学位后,他与戴明(Edwards Deming)、阿吉里斯(Chris Argyris)、沙因(Edgar Schein)及舍恩(Donald Schon)等大师级的前辈,以及一些有崇高理想的企业家,致力于将系统动力学与组织学习、创造原理、认知科学、群体深度对话与模拟演练游戏融合,发展出一种学习型组织的蓝图。彼得·森吉在麻省理工学院斯隆管理学院创立了"组织学习中心",对一些国际知名企业,如微软、福特、杜邦等,进行创建学习型组织的辅导、咨询和策划工作。他提出了著名的组织学习的五项修炼:自我超越、(打破)心智模式、共同愿景、团队合作、系统思考。

概括来说,学习型组织强调组织愿景,并且这个愿景要能被所有组织成员所共享。所有信息在整个系统内是开放的,整个组织系统是整合式的、相互关联的;强调团队学习,强调每一个人的贡献;每个人都能调整自己的认知心态,能超越自我的工作,为整个系统做出贡献;对于员工,领导是充分授权的,员工得到了充分的激发去参与管理。

3. 现代组织设计

传统组织大多是层级结构。不同层级的管理者与员工从上往下排列,形成一个类似金字塔状的结构。然而,信息技术的发展、市场变化的需要等原因,使得在某种程度上传统组织结构设计不再有效,它难以适应发展的潮流。因此,现代组织设计应运而生。

当前，组织设计呈现三个特点：扁平化、网络设计和虚拟组织。

(1) 扁平化。麦肯锡公司的顾问奥斯特罗夫(Frank Ostroff)和史密斯(Douglas Smith)提出了扁平化组织设计的指导原则：组织围绕过程而不是传统职能运转，等级制被打破，用团队管理每件事，顾客驱动绩效，奖励团队协作，与供应商和顾客的接触最大化，全体员工都需要知情并接受训练。

扁平化组织中的一些原则包括：使团队而不是个人成为组织设计和运作的基础；通过取消不能增加价值的工作，授权给团队成员，使其能对与他们直接相关的活动做出决定，由此来减少等级；强调多种能力，训练员工在跨职能领域里掌握问题和工作；评估过程结束的业绩目标，如顾客满意度、员工的满意度以及财政收入；建立一种开放的、协作的公司文化，一种关心持续的绩效改进的文化，一种注重员工授权、责任感以及福利的文化。

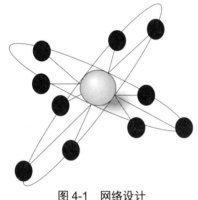

图4-1 网络设计

(2) 网络设计。迈尔斯(Raymond Miles)和斯诺(Charles Snow)提出了动力网络(dynamic network)的概念："不分层级，具有高度的灵活性，由市场机制而非行政程序控制……公司根据它们的核心职能在商业价值链上排序，通过战略联合和外包的方式获取补充资源。"

塔伯斯科特(Don Tapscott)和卡斯顿(Art Caston)指出，网络组织是"建立在合作、多学科的团队和商务基础之上，在整个企业中形成网络。它是一个模块组件式的组织建筑，商业团队作为委托人和服务者的功能在其中运转"(图4-1)。

相比于过去不灵活的等级金字塔，网络组织要求一个灵活的可以使能力、自我管理团队和其他资源围绕一个共同的知识基础的球状结构。这样的团队可以根据公司的利益对外部和内部做出快速的反应，它提供了一种独特的竞争优势。

值得注意的是，在网络结构的组织中，并没有传统意义上的"上下"之分，这在很大程度上解放了人的心态。员工往往以小型化的团队为工作单元，人员之间的层级压缩到最少；每个人都可能和其他人通过网络联结形成某种关联，信息沟通十分顺畅。对于知识密集型的技术企业而言，这种组织结构使生产力得到了提升。

(3) 虚拟组织。虚拟组织是开拓快速变化机会的公司聚集在一起所组成的临时网络。虚拟组织要求一个强大的信息技术平台，使自己的能力看起来比实际能力更大。例如，耐克(Nike)和锐步(Reebok)很少自己生产，而是交给在亚洲的一些公司。太阳微系统(Sun Microsystems)把自己看作一家知识型的公司，它只负责研发、设计计算机，再通过和全世界的合作伙伴的契约来完成其他职能，比如产品订购、制造、销售、买卖以及客户服务等。

(4) 经济契约和心理契约。在与员工签订雇佣合同时，组织与员工之间形成的不仅有经济契约，还包括心理契约。经济契约描述的是一种交换关系，员工付出时间、才智和能力，得到工薪和适当的工作环境。心理契约是指非书面的默契，规定了管理者对员工的期望以及员工对管理者的期望，它是对经济契约的一种补充。对于员工来说，员工希望上级和组织对其呵护、培养和重视，能够提供机会和成长空间；而从企业方面来看，企业对员工也有期望，例如企业希望员工能够敬业、专注、忠诚等，甚至愿意在关键时候为组织利益做出牺牲。上述这些内容都没有也很难正式地写入文字合同中，但是员工和企业内心都有对彼此的期望。一旦这些期望达成，就构成了牢固的心理契约，员工对企业的回报将会更多，且企业对员工的约束力将更强；但如果这些期望无法达成，则会影响员工的去留。

§2 社 会 文 化

社会文化实际上就是某个社会中人们公认的、传统的、社会性的行为。

一、文化的多样性

任何组织内的员工都会自发组成各种不同的小群体，形成不同的亚文化。生产部门与研究中心会形成各自的亚文化，其间的差异非常大。

1. 社会文化价值观

(1) 工作伦理。工作伦理是指人们将工作视为自己人生中最重要的目标之一，以工作为乐趣，对组织和组织目标充满了责任感。很多文化都强调工作，认为工作是人生中最有意义，也是最能实现自我价值的活动。有研究指出，北美国家的核心文化要素之一是工作价值观，即工作是人生活的基本内容和意义，大家都很看重工作，不工作的人往往被周围的人"另眼相待"。人们往往通过努力工作来证明自己在社会中的价值。例如，在美国电影《爱情故事》中，男主人公宁可放弃家族企业，通过独立门户，自己找工作，来证明自己的价值。了解这种工作伦理可以帮助我们更容易地理解其他行为。

(2) 社会责任。社会责任指的是组织应该认识到它们的行为将对全社会产生重大的影响，并应该尽一切努力来考察这些影响，采取行动来调节这些影响。

《财富》(Fortune)杂志每年会评选出100家"最受人敬仰的公司"，评价标准之一是"对社区和环境保护的责任"，一些企业如默克制药、乐柏美、宝洁、沃尔玛(Wal-Mart)、百事(Pepsi Co)、可口可乐、3M等多年在这一方面受到好评。

社会责任对组织的影响非常明显。比如，越来越多的组织在决策过程中采用社会-经济模式，不仅从传统的经济和技术角度来评价某个项目，还同时考虑项目带来的社会收益和成本。组织从更为全面的角度来考察自己在社会系统中的角色，并开始认识到自身的生存和发展要依赖整个社会。从这个意义上说，企业在争取成为社会的好公民。

2. 角色

角色(role)是指人在社会单位中，由于担任某种工作或责任，而从事一组预定的行为。同时，角色也可以说是某个人在与他人交往时应该采取的，并且能被他人预期到的行为模式。具体而言，每一个职位都定义了该职位的员工所扮演的角色。角色反映了人在社会系统中的地位，以及他的权利和义务、特权和责任。在人际交往中，每个人都需要预期他人的行为，这时，角色起到了决定性的作用。

每个人都在社会中扮演一定的角色，在团体中也不例外。这好比莎士比亚所说的："整个世界都是舞台，所有的男男女女就是这舞台上的演员。"每个员工都在团体中占据一定的位置，充当一定的角色，承担一定的任务，负有一定的责任。

角色具有多元化和动态转换性的特征。一个人终其一生并不只扮演一个角色，而是会有多种角色，并且，常常同时扮演多重角色，或是在各种角色之间不断转换。比如，一位部门经理在工作中既是老板的下属，又是员工的上级；而他在家庭生活中既是儿子，又是父亲，同时也是丈夫。多元化的生活使人们接触不同的团体，必须学会适应不同团体的角色要求。

(1) 角色认同。角色认同(role identity)是指人的态度和行为同角色相一致。一般来说，一旦人们发现情境、角色有所变化时，会自动地转换自己的行为和态度，与角色相一致。人们常常会注意到这样的事：当一个人做普通员工时，可能会抱怨管理者"不知百姓疾苦"，可当有一天他被提升为管理者，却转而抱怨普通员工"不当家不知当家难"；倘若有一天他因公司裁员而被免职，他又会抱怨公司对人"任意宰割"。显然，他的态度总随角色的转化而发生转变，可谓"做什么人，说什么话"。

(2) 角色知觉。角色知觉(role perception)是指人对特定场合应如何行为处世的认识。人们首先有了相关的角色知觉，才能真正扮演好相应的角色。比如，不知道教师应有什么样的行为规范，就不可能做好教师；不懂得经理人的角色要求，也就不可能做一个合格的经理。人们的角色知觉主要是从朋友、同事、师长、大众传播媒介等途径获得的。有实验证明，新角色并不是很难习得的，即使人本身的特性中并不具有角色要求的成分。在组织中，让所有组织成员都明确自己的角色以及该角色应该承担的责任和与角色有关的任务要求，使成员充分进入角色位置，是十分重要的。

(3) 角色期望。角色期望(role expectation)是指别人认为你在特定场合中应一贯具有什么样的行为表现。比如，我们认为政府公务员应为人正直、廉洁奉公；公司经理应有雄才大略、勇于进取；车间领班应精明能干，既懂技术又为人宽厚。

在工作场合，角色期望反映为心理契约。管理者期望员工有良好的工作态度，服从指挥，对组织忠诚；员工则期望管理者公平对待员工、提供合理的工作条件和报酬。如果管理者失信，会引起员工不满、怠工甚至罢工；若是员工有负组织或管理者的期望，则会受到处罚，甚至被"炒鱿鱼"。

(4) 角色冲突。角色冲突(role conflict)是指一个人同时扮演多个角色，但各个角色所要求的行为或职责互不相容，个体无法协调各个角色时产生的矛盾局面。前面说到，人可能同时具有许多角色，但是这些角色有些是相容的，有些则是相冲突的。一个人很难同时实现所有的期望。角色冲突包括公司内外、部门内外、公司与家庭等角色冲突。比如，一个人在家里是一个慈父，但在工作中为了提高绩效、保证产品质量却不得不严格待人，甚至制订严厉的处罚措施；为了更高的工作目标，他必须把大部分的时间和精力投入到工作中，但这又使他很难做一个称职的丈夫。面对角色冲突，人会体验到紧张、焦虑和挫折等负面情绪，在行为上则可能表现为退缩、妥协、放弃、不知所措，或是在态度和认识上对此进行歪曲。

(5) 角色模糊。角色模糊(role ambiguity)是指对某个角色的规定不明确，或者根本就没有角色规定时引发的问题，扮演这个角色的人对自己应该做什么并不明确。当角色冲突和角色模糊并存时，员工的工作满意程度会下降，工作绩效也不可能理想。另外，如果任务本身就具有很大的模糊性，员工也就更容易体验到角色模糊性。比如，中国经济从计划经济转向市场经济的过程中，许多企业员工就体验到了角色模糊。

值得注意的是，当今世界变化万千，人们的工作职责也可能是动态变化的，这就很可能导致角色模糊。人们因此在工作岗位上体验到相当大的不确定性。要适应当今的工作世界，人们需要有一定的模糊耐受力。

3. 地位

地位指一个人在某个群体中所从属的社会等级，它反映出一个人的名声、荣誉以及群体中的其他人对其认可的程度。

人类文明出现以来，有人群的地方就有地位差别，所有的个体都是通过一定的地位关系联系成群体的。因此，群体又是一个地位系统，或者叫等级系统，它反映出人与人之间的等级关系。

(1) 地位象征。地位象征是指附属于人或工作场所的一些外在的、可见的事物，它们可以反映出一个人的社会等级。比如豪华的办公室、高级的办公设备、定制的服装、特殊的权力等。

(2) 决定地位的重要因素。决定地位的因素有很多，比如教育水平、工作职位、能力、工作技能等。但是，这些因素之间可能存在冲突。例如，高能力的人不一定有高绩效，而高学历的人也不一定是管理者。因此，组织必须清晰且明确地告知员工，在该组织中什么因素能够决定其在组织中的地位。通常来说，每个组织最好只选少数几个具有决定性的因素，这样能够使要求更加简单明了。当然，也可以采用权重法综合多个因素，但这种复杂的方法往往不一定能够令人理解和信服。

4. 组织文化

组织文化指组织成员公认的信仰、价值观和行为准则等一整套概念。它可能是由组织的核心管理层有意识地创造的，也可能是随着组织的发展自然出现的。组织文化往往看不见、摸不着(除了一些口号、标志等物化表征)，没有实体的形式存在，却是员工工作环境的核心，围绕着组织成员并且影响着组织的方方面面。

埃德加·沙因(Edgar Schein)这样定义组织文化："一种基本假设——由一个特定的团体在学习如何处理外部适应性和内部整体性问题时发明、发现或发展出来，这种假设已经被证明很有效和有价值，并且作为与这些问题相关的正确的认识、思考和感受方式被教给组织的新成员。"

乔恩·马丁(Joanne Martin)强调组织文化的不同方面："当个体与组织发生接触时，他们其实也和这些事务发生了接触：组织中的正式规范、人们所谈论的正在发生的故事、组织的程序、组织行为的正式代码、意识、薪酬系统、行话以及只有组织中的人才能理解的笑话等。这些因素是组织文化的一些表现。当文化中的成员解释组织文化的这些表现时，他们的知觉、记忆、信念、经历以及价值观都是不同的，因此解释也将不同——这些解释的模式或组成，以及宣布它的方式，都构成了文化。"

 大师风采

埃德加·沙因(Edgar Schein) 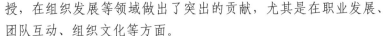哈佛大学心理学博士，麻省理工学院斯隆管理学院著名教授，在组织发展等领域做出了突出的贡献，尤其是在职业发展、团队互动、组织文化等方面。

沙因创造了组织文化一词，他的组织文化模型起源于20世纪80年代。2004年，他提出组织文化应包括以下三个层次：最上层的是行为，中层是支持性的价值观，底层是共享的基本假定。这三层呈一个倒金字塔的形状。三层依次代表了组织文化可以被他人观察到的程度。其中，行为包括任何可以被看到、可以用言语识别的组织要素；支持性的价值观指的是组织明确规定的价值观和行为准则；共享的基本假定是最根深蒂固、理所当然的行为。这些往往是无意识做出的，但却组成了组织文化最重要的部分。

(1) 组织文化的特点。组织文化是有差异的，不同的组织有不同的文化。组织文化也是稳定的，它不会被轻易改变。组织文化也是模糊的、象征性的，它并不会被像书面合同一样一条条全部列出来，但是它却对组织具有象征意义。组织文化没有最好的，它是整合而成的，是最高管理层意志的反映，并被组织中的成员接受。

所有的组织都有其独特的组织文化。组织文化可以分为主导文化和亚文化。主导文化指的是组织成员普遍认同的核心价值体系，而亚文化则只是组织中某部分群体(例如某个部门的员工)所认同和拥有的文化(例如研发文化和销售文化)。一个组织中可能会存在多种不同的亚文化，亚文化与组织的主导文化作用大小有所不同。

目前，普遍认同的组织文化的内容特性包括以下几点：①观察到的行为规则(observed behavioral regularities)。当组织成员和其他人互动时，他们使用共同的语言、行话以及与尊重和举止相关的仪式。②规范(norms)。现有行为标准，包括对工作量的指导方针，比如在许多组织中规范以"不要做得太多，也不要做得太少"的形式传下来。③支配性的价值观(dominant values)。组织提倡一些主要的价值观并希望其成员认同它们。典型的例子是高质量、少旷工和高效能。④哲学(philosophy)。有专门的政策阐明组织在关于如何对待员工和顾客方面的信念。⑤章程(rules)。有关与在组织中生活相关的严格的指导方针，新来者必须学习这些"内幕"，以便有充分的资格被接受为这个团体的成员。⑥组织的氛围(organizational climate)。它是一种整体性的感觉，由组织的外在表象、成员互动的方式、成员与客户或组织之外的其他人交往的方式所传达。

学术专栏　　优秀组织文化的特征

柯林斯(Collins)和波勒斯(Porras)曾研究了多个行业中 18 家"长青"企业，撰写了《基业长青》(*Built to Last*)一书。对照可比性企业，这些有远见的企业都一致性地拥有某种令人崇拜的文化，在这种环境中，员工都热忱地相信自己是在一个很"特别"的地方工作。尤其是这些富有愿景的公司的文化都具有以下特征：
- 以挑战性的目标、有目的的改革和不断的自我完善刺激进步；
- 鼓励尝试，包容失误；
- 承认事物的矛盾性，摒弃"非此即彼"的思维方式；
- 将核心价值观转化为目标、策略和具体操作，从而创造协力合作；
- 通过内部提拔来培养自己的新的管理层。

(2) 组织文化与员工期望的测量。一些企业因为其特殊的企业文化而要求对新入职人员进行测评、筛选，从而使员工能在价值观上与企业文化相匹配。例如，有的企业强调"团结、奋进、奉献、创新"，希望强调员工之间相互尊重和关心，营造一个和睦、充满亲情的企业。有的企业强调"责任、信任、尊重、良知、开拓"，希望缔造一个尊重客户、不断创新、造福社会的企业。这些企业会采用系统的心理测评的方法对人员进行精细考察、筛选，目的是确保入职的员工认同组织的文化，其心态和行为能与企业文化相吻合，并起到支撑作用。这类测评始于外国企业，但现今在国内企业也越来越受到重视而流行。

(3) 传播、维持和变革组织文化。组织文化的传播是指组织通过各种媒介向大众传递文化的过程。组织文化只有通过传播，使组织成员或者组织外的人了解其内涵和价值，才有它存在的意义。

除了传播，组织文化也需要维持。组织可以通过社会化的方式来维持组织文化，包括精心筛选员工，挑选价值观与组织价值观一致的员工；为员工安排相关工作，重塑其价值观；帮助员工掌握工作，使组织的价值观得以渗透和影响员工；对员工进行测评并奖励其表现，使其认定并服从重要的价值观；强化优秀员工的事迹，宣扬对组织来说重要的价值观；对表现优异的员工进行表扬和提升，强化组织的价值观。

那么，组织文化是否能被改变、重塑呢？答案是肯定的。虽然组织文化具有一定的稳定性，但这并不代表它是不能被改变的。不过，组织文化一旦形成，改变的难度也是很大的。有人考察认为，形成一个伟大的企业文化大约需要 25～50 年。总之，打造一个企业文化不容易，改造一个企业文化也不容易。有学者将改造企业文化的方法加以梳理，并按效果进行了分类，详见表 4-1。企业文化是企业极其重要的管理建设，应慎重地采用科学方法加以设计和导入，不可儿戏。

表 4-1　改变组织文化的方法

可能的效果	改变文化的方法
非常好	表明最高管理层的支持 培训员工
较好	系统阐述价值观 奖励行为
一般	运用传说和故事 公开表彰英雄
很小	运用标语口号 任命负责企业文化的经理

学术专栏　　口头承诺重要吗？

S 公司是当地一家小有名望的装修设计公司，给员工开出的薪酬待遇也不错，因此每年都有很多相关专业的毕业生前来应聘。

张立是个主修设计专业的大学生，于去年五月正式入职 S 公司。去年找工作的时候，他看到了 S 公司发布在社交媒体上的招聘信息。上面提到，公司非常注重员工的专业能力，会根据员工的工作水平给予相应的工资，并且员工在进入公司后还能够公费进修。张立觉得 S 公司的待遇不错，不仅工资高，而且还重视员工个人发展，因此前去应聘。当问到有关招聘信息上提及的进修方面的事宜时，S 公司的招聘人员口头反复地对张立承诺，在其成为公司正式员工的六个月后，公司会给他报班上课以进一步提高其设计能力。

但是直到张立入职九个月后，招聘人员所承诺的进修培训仍然"杳无音讯"，屡次找有关人员询问，得到的答复都是："最近公司财务审核，再等一等。"张立感觉受到了欺骗，整日没有干劲，对该完成的工作任务也不上心，接连几个月的绩效考核都没有达标，因而多次被经理约谈。张立觉得是时候离开 S 公司了。

【本章知识要点】

社会系统：指在交往过程中形成的人际关系的网络。一个社会系统要想正常转转，发挥其功效，就需要达成社会动态均衡。当相互关联的各个部分(人、团队、部门等)都处于动态的工作平衡状态的时候，这个系统是处于社会均衡的。

组织学习：组织学习分为单回路学习和双回路学习。单回路学习指改进组织的能力去完成既定目标。双回路学习则是重新评价组织目标的性质以及围绕着目标的价值和信念的性质，包括改变组织的文化。

现代组织设计：传统组织结构设计难以适应发展的潮流，现代组织设计应运而生，并呈现出三个特点：扁平化、网络设计和虚拟组织。

心理契约：指非书面的默契，规定了管理者对员工的期望以及员工对管理者的期望，它是经济契约的一种补充。

工作伦理：指人们将工作视为自己人生中最重要的目标之一，以工作为乐趣，对组织和组织目标充满了责任感。

角色：指人在社会单位中，由于担任某种工作或责任，而从事一组预定的行为。也可以说是某个人在与他人交往时应该采取的，并且能被他人预期到的行为模式。

角色认同：指人的态度和行为同角色相一致。

角色知觉：指人对特定场合应如何行为处世的认识。

角色期望：指别人认为你在特定场合中应一贯具有什么样的行为表现。

角色冲突：指一个人同时扮演多个角色，但各个角色互不相容、个体无法协调各个角色时产生的矛盾局面。

角色模糊：指对某个角色的规定不明确，或者根本就没有角色规定时引发的问题，扮演这个角色的人对自己应该做什么是不明确的。

组织文化：分为主导文化和亚文化。主导文化指的是被组织成员普遍认同的核心价值体系，而亚文化只是组织中某部分群体所认同和拥有的文化。

【思考题】

1. 描述一个你经历过或了解的角色冲突或角色模糊的情景。它们是怎样产生的？这两个概念有什么联系？区别是什么？

2. 访问一位管理者，了解他认为工作情境中哪五种地位象征最重要，考察一下这些地位象征的重要性是在逐渐增加还是逐渐减弱。

第二篇
组织中的个体行为

5

知觉与归因

不患人之不己知，患不知人也。

——《论语·学而篇第一》

存在就是被感知。

——乔治·贝克莱

【内容概要】

介绍知觉的基本概念、性质及其重要性。
了解社会知觉的概念、常见形式。
学习主要的行为归因相关理论。

个体行为是组织管理的直接对象之一。要对个体行为实施管理，就要了解有哪些因素影响、支配着个体行为。具体来说，个体行为是建立在个人知觉、能力、学习、性格等方面的基础之上的。

首先来讨论人的知觉及其对商业管理的影响。20世纪有个著名的广告大战，美国两家可乐公司为了证明自己的产品比竞争对手的好，都曾各自为自己的产品做了消费者调研，其结论都是"消费者更喜欢自己的可乐"，并在广告中大事宣扬。显然，这样的情况是不可能存在的。普通消费者很难尝出不同品牌可乐的具体差别在哪里。出现这样的结果是由"实验者期望偏差"(罗森塔尔效应)或"主试偏好"导致的，是一种典型的认知偏差。

实践专栏　美国汽车厂商为何痛失市场？

如果说，可乐厂商的认知偏差似乎"无伤大雅"，美国汽车业的这种认知偏差则带来了近乎灾难性的后果。美国是个"生活在汽车轮子上的国家"，平均每个家庭有两辆车。美国也是汽车制造大国。而令美国汽车厂商汗颜的是，美国汽车市场的几乎半壁江山输给了日本车和德国车。美国汽车公司自己去做市场调研，得到的结论是，美国人更重视汽车的款式，于是始终把精力放在款式翻新上。事实上，美国人的车一年常常要开 8 万多千米，而美国车的寿命大约是 20 万千米，因此每三年就要换新车。但德国车宣称能开 100 万千米。德国大众汽车集团就曾公开征募第三方证人：谁能将它的车开到 100 万千米，就免费给其换一辆新车。事实也的确如此。这样的话，一辆德国车即使每年开 8 万千米，也可以开至少 12 年。这样，相比款式，性能就成了最重要的购车诉求。而美国汽车厂商以往却忽视汽车的性能。发生这样的情况正是因为存在知觉偏差：汽车厂商的调研人员有心理预期，他们的结论只是用来证实自己已有的假设，而没有发现真正的现象。

"学术专栏：哪个是人类大脑的神经影像图？"揭示了人们对神经系统特性的判断的认知偏差，而对人的判断也是如此。例如，对同一个人用不同的词语描述，如苛刻、固执、性格乖戾和桀骜不驯等，听众会不自觉地讨厌这个人；但换一种说法，追求完美、坚持不懈等，人们就会喜欢这个人。这也是认知偏差。其实，人都有两面性，都有优点和缺点；甚至同一个特点从不同角度看也会分别被当作优点或缺点(例如过度完美主义的人往往对事、对人、对自己都很苛刻)。就管理而言，要避免这种认知偏差，看人不能片面；不能只看优点不看缺点，反之亦然。对同一个人，如果要用其优点，就要包容其缺点，不能割裂对待。

学术专栏　哪个是人类大脑的神经影像图？

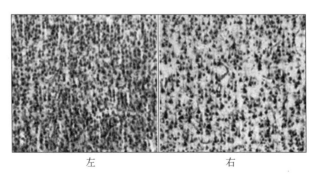

左　　　　　　　　　右

图 5-1　哪个是人类大脑的神经影像？

《科学》杂志在 2010 年发表的一篇文章，展示了人和黑猩猩大脑的神经影像图(见图 5-1)。多数人认为左图是人类大脑的神经影像，而右图是黑猩猩大脑的神经影像。但是，正确的答案是右图是人类的，即神经细胞密度小的是人的大脑。人们犯错误的原因是大脑中有若干假设和推理：人比黑猩猩聪明，聪明应该表现为神经系统复杂，而神经系统复杂则表现为神经细胞密度大。但这个假设是错的。人类大脑神经系统的复杂性不仅在于细胞多、密度大，更在于形成丰富的横向联结，这反而需要腾出一定的空隙，使神经细胞形成复杂的网络。很多人在这个判断中都犯了"想当然"的认知偏差错误。

生活中很多时候，不同的人看待同一事物是有分歧的。在管理中也是这样，想让大多数人异口同声地赞同一件事情是很难的。管理者应学会尊重每个人的看法，注意整合不同人的看法，避免"盲人摸象"造成的认知偏差。这就要求我们全面了解人的感知特点和规律，了解其中的误区和陷阱，避免认知偏差。

学术专栏　这是一个什么样的人？

英国著名的《自然》杂志曾发表一篇文章，刊登了一个西装革履、具有典型绅士风度的中年男士的照片。如果请大家看这张照片并判断其心理特点，人们更多地觉得这个人聪明、机灵、容易与人相处、乐观、友善、开放……而事实上，这是一个连环(变态)杀手。心理学家能够用专业的实验方法辨识出这类人的内心特征。几位心理学家在监狱中做了研究，看变态杀手是否与别人不一样，与别的犯人不一样，与其他类型的杀人犯也不一样。研究者采用的方法是内隐联想测验(implicit association test，IAT)。简要地说，实验方法是，在计算机屏幕上呈现一个词，例如暴力，你觉得暴力是件美丽还是丑陋的事情呢？受测者被要求对屏幕上看到的词做按键反应。当词汇"暴力"与"丑陋"共享一个反应键时，正常人的反应时更快。而当"暴力"与"美丽"共享一个反应键时，正常人的反应时更慢。但变态杀手在做这样的任务时，两类反应时是没有差别的。这反映了他们把暴力当成了乐趣。通过这种方法可以很隐蔽地辨识出人们的偏好。这个例子也印证了中国"人不可貌相"的古训，提醒人们避免人际交往中的认知偏差。

§1　知觉的概念

知觉是在经验的背景基础上对感觉信息的解释。也就是说，正是通过知觉，我们才对感觉信息赋予了一定的意义。颇有意味的是，我们的知觉，或者说我们对环境信息的解释，既以信息内容本身特点为基础——这决定了知觉的共性、客观性；同时也受知觉者本身特点的影响——这决定了知觉的个体性、主观性。每个人都有自己的经验、偏好、兴趣，这使人眼中的事物打上了主观特点的烙印。这也就是为什么不同的人对同样的事物会有不同的认识。比如，经济背景不同的人对硬币大小的知觉是不一样的(见学术专栏：知觉的个体差异)；又如，同班学生对同一教师的评价可能完全不同，有的说教得好，有的说教得差。"情人眼里出西施"也是一个典型的例子，不同的人对同一个人容貌的审美不同。概括起来，知觉就是人从自己的立场，用个人的经验对信息做注释。

显然，知觉不等于外部现实，不是对客体的绝对的镜像反映。首先，世界中有许多东西我们知觉不到；其次，我们知觉中的某些内容有时并非外在世界本身所具有的；再者，我们的内在需要、期望、价值观以及外部环境等，都会影响我们的知觉。由于知觉对感觉信息加工的这些特性，它也影响到人的行为。因此，我们就要探讨这些影响，为组织管理提供依据。

学术专栏　　知觉的个体差异

人的知觉是有个体差异的。这就好像说，"同一个鸡蛋，在不同的人的眼里看来是不一样圆的"。下面这个例子可以更明确地说明这种个体差异。

三个裁判对球赛中的好球、坏球各抒己见。甲说："球有好坏之分。好球我就判好球，坏球我就判坏球。"乙说："球有好坏之分。我认为是好球就判好球，我认为是坏球就判坏球。"丙说："球有好坏之分。在我还没裁决之前，既谈不上好球，也谈不上坏球。"很明显，有人较多地以客观事实为依据，有人则更多地以自己内在的标准为依据。

有一项实验说明了个人经济背景对硬币大小知觉判断的影响。以富家子弟和贫困少年为两组被试。让他们通过装置调节屏幕上光环的大小，使这些光环看上去大小和一枚五分钱硬币一样。结果，富家子弟调出的光环比实际的硬币小，而贫困少年调出的光环比实际的硬币大。显然，他们的大小知觉受到了经济价值观的影响。

大量事实证明，人的知觉世界不绝对等同于客观现实本身。虽然知觉反映了客体的本质属性，但在具体反应形式和结果上，却体现了个人风格。

当然，人的知觉也有共性的一面。比如，一个立方体——一个较纯粹的空间构造，在人们的知觉中并没有多大的差异。对这种几何形态的知觉，除必要的数学知识外，并不需要很多经验。但对于其他需要大量经验或个人背景必将参与其中的知觉对象，如上面介绍的各个例子，则由于人的经验的不同，人的知觉表现出很大的个体差异。也就是说，知觉的共性和个性是相对的，取决于知觉对象的特点或知觉任务的要求。这种知觉的共性和个性的说明，对于了解和控制相应的行为是很有帮助的。

§2 知觉的性质和重要性

知觉是对情境的解释，而不是绝对准确的记录。知觉是一种主观"过滤器"，是习得的。每个人的知觉都可能是不同的。人类的知觉判断既有客观性的一面，也有大量的主观性的一面。比如，部门经理买了他认为最好的软件，然而软件工程师却不这么认为；员工根据听说了什么而不是老板实际说了什么来回答问题；同一个团队成员可能被某一个同事认为工作非常努力，而被另一个同事认为非常懒惰；同样的产品在设计人员看来可能是高质量的，但客户却认为是低质量的。上述这些现象就是因为不同人的知觉不同所导致的。

上文提到，知觉的结果受到许多因素的影响，导致知觉反应的共性和个性。这些影响因素可大致归为三类：知觉者个人的特性、知觉对象的特征、知觉环境的特点。

一、知觉者

许多个体因素都会影响或反映到人的知觉中来。这些因素包括过去经历、兴趣、态度、动机、期望、习惯等。

当面对同一幅大自然的景象时，不同的人会有什么感受呢？画家会捕捉光与影的变换，音乐家在聆听各种声音的律动，诗人从各种生命的交织中获得灵感。显然，不同的经验、不同的职业习惯引导着人从事不同的注意和知觉活动，进而产生不同的知觉结果。

一个外向、好交际的人和一个内向、不乐于人际接触的人，在介入一个团体活动时会有截然不同的感受：前者如鱼得水，很高兴有一个表现自我的环境，后者则很不情愿，对这种环境感到很别扭。这是因为不同人的性格发生了作用。

面对一幅英俊男子的肖像，女权主义者和依赖性较强的传统女性看法可能很不一致：前者可能认为这肖像上的人物太大男子主义，对其全无好感，后者则可能把肖像上的人物看作偶像。这是不同的态度、价值观在左右人的知觉。

刚进过餐的人和已忍受长时间饥饿的人面对食物时候的表现不同：当让他们看同一幅模棱两可的图片时，饥饿的人比刚进过餐的人更容易把图片上的内容看成是某种食物。这是因为他们的需要程度不同，动机水平不同。

兴趣和活动内容也会影响人的知觉。对个体来说有兴趣的内容，个体会比较注意观察，能把握更多的细节，而不感兴趣的内容往往会被忽略。如果某些内容与你现在的活动任务的要求正相符合，它们就容易成为你知觉的对象。比如，儿童在随父母逛商场时总是比成人更留意玩具的货架,对各种玩具的造型、颜色、玩法印象深刻。此外,个人的期望或预期、身体状况也会影响知觉。

这些知觉者的个人特点也会反映到组织行为中。不同职业或工种的人因经验不同会对不同的对象更敏感。比如,在组织中,可以发现人们总是较多地注意新来的同事;如果你今天因迟到受了罚,你会特别留意是否有别人也迟到并遭受了同样待遇;某人一时挨了批评,很容易把所有的领导都看成是不讲情理的;某人一时不幸,会觉得整个世界都是悲惨的;一个能力有限的领班,最害怕自己的下属的出色表现,甚至觉得所有人都在觊觎自己的职位;如果管理者认为年轻人涉世未深,做事轻浮不稳健,这种成见就可能会影响管理者对每一位年轻人的看法。

二、知觉对象

人类的知觉不像人们想象的那么准确,而是存在许多谬误。知觉对象的特征是影响知觉的重要因素。首先,当人们知觉事物时,会根据对象的特征进行组织、整合。这种组织有一定的规则:①接近律(proximity):空间或时间上较接近的对象易被知觉为一组。②相似律(similarity):具有相似性的对象易被知觉为一组。③连续性(continuity):具有连续性、封闭性或共同运动特征的对象易被知觉为一组。这些规则的重要意义在于使我们的知觉更为简便有效,通过对事物的组织更迅速地把握它们。因此这三条规律又被统称为知觉组织的简明性(simplicity)规则。

由于知觉的简明性组织倾向,我们往往会对仅仅在时空或运动特征上相似但实质毫不相关的对象之间做因果的判断,产生错觉。比如,厂庆这天天气很好,有人便会觉得这是天助人事,吉利,其实只是巧合。一个车间的两个工人同时要求辞职,人们很容易觉得他们是串通一气的,其实可能仅仅是巧合。一位员工下班时和经理一同离去,有人会觉得他们之间的关系非同一般,其实也只是凑巧。企业来了新经理,不久销售绩效显著提高,人们很容易认为是新经理领导有方,但也许只是因为这时正好推出了新产品,仍是纯属巧合。

知觉对象的颜色、形状、大小、运动、新奇性、声音等,决定着其对个体的吸引程度。那些较为突出而吸引我们的知觉的对象,往往会被我们赋予特别关注和重要性,以至忽视其他对象。"会哭的孩子有奶吃",说的就是这种现象。

1. 闭合性

知觉组织的最基本形式是图形-背景,即知觉到的客体在背景中作为可分离的部分被凸显出来。知觉组织具有封闭性。基本的格式塔原则认为:人有时会知觉到一个一个完全不存在的整体。人们的知觉加工会使感觉输入没有填满的裂缝封闭起来,产生主观轮廓(如图5-2)。

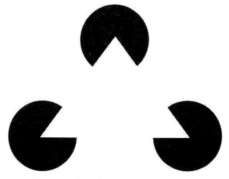

图 5-2　真的存在白色三角形吗？

对人类来说，这样的认知是有意义的。人们对客体对象进行加工时有很多策略，这对我们把握世界是有帮助的。例如，夜晚在丛林中，当远远地看到两个幽绿且对称的亮点时，我们会利用经验填补信息，使其看起来是完整的，因此我们知觉到这是只狼，从而避免了危险。但有时候，如果我们仅仅根据部分信息来知觉整体，也很容易犯错误。例如，项目组长因为看到部分人员支持同一个观点，便知觉到组员们在某个既定项目上达成了一致意见，但实际上一些沉默的组员是反对的。很明显，这时做出的"一致赞同"的判断是有失偏颇的。

2. 连续性

知觉组合具有连续性，即人倾向于知觉连续的线段或模式，把它们当成一个整体。对一些组织成员而言，知觉的连续性可能会造成不灵活或无创造性的思维，使人们仅仅知觉到明显的连续模式。比如，人们习惯于过去的生产或生活方式、保持一种连续性，对新设计或想法加以拒绝。通常说的"行为惰性"就是一个例子。员工们往往会抵制"新官上任三把火"，因为新政不符合他们过去的习惯，破坏了"连续性"。

3. 接近性

知觉组合具有接近性，即互相接近的一组刺激会被知觉为一个整体模式。组织中的一些员工可能由于物理位置上的接近性被知觉为处于同一个小组中。为某一特定项目工作的人会被知觉为一个整体。一旦他们产出很低，并被上司所抱怨，那么管理层将会把该项目中的人知觉为一个棘手的群体，而实际上，其中一些人是忠诚并专注于工作的。

4. 恒常性

知觉具有恒常性。恒常性指的是人不会因知觉客体的位置变化而改变自己的知觉。恒常性是知觉组织的复杂形式之一，它使人们对变换产生一种稳定感。个体在变化巨大、高度复杂的世界中保持恒定感。不管感觉接收到的信息是什么，客体的大小、形状、颜色、亮度和位置是相当稳定的。例如，当门关上时，我们正面看上去知觉到它是一个长方形。而当门半开着时,我们仍会知觉它是一个长方形,并不会因为它相对于我们的位置发生变化,就认为它变成了一个平行四边形。例如,一个好的制度,无论是谁、从什么立场上看,都会认为是好的。通常来说,某个方面的日常经验越丰富,这个方面的恒常性就越好。这种现象也会反映到组织行为中来。

当然,人们保持恒常性的能力也是有限的,会因情境的极端变化而衰减。例如,人通常对水平方向的长度判断恒常性较强,对垂直方向的长度判断恒常性会较差。比如,同一座山从高处向低处看会觉得海拔高,从低处向高处看时会觉得海拔低。在管理现实中,常见的恒常性损失的例子有很多。例如,对于一个中层经理的权力大小的感知,如果处在下级的位置会觉得很大,但如果转换到高级管理层的位置则可能觉得不大。又如,对于同一个新的政策,如果它出自你所喜欢的经理人之口,你可能觉得它很好,但如果出自一个你讨厌的经理之口,你很可能觉得它不怎么样。

5. 情境背景

最高级、最复杂的知觉组织形式是情境背景,它赋予环境中的简单刺激、客体、事件、情境和其他人一定的意义和价值。例如,在图5-3中,你认为图形左边凸出、上下对称的部分是什么?如果将整个图形知觉为是一只兔子,左边凸出对称的部分会被认为是兔子的两只耳朵。而如果将整个图形知觉为是一只鸭子,左边凸出对称的部分则会被认为是鸭子的嘴巴。换言之,你的经验不同,对这一两可图形的感知也不同。这种现象叫"知觉定势",即人们现在的认知会带有过去经验的烙印,按照过去经验的趋势来知觉现在的事物。在组织中,组织文化和结构往往为员工和经理提供知觉的先验前提背景。例如,来自不同部门的人由于技术和亚文化背景不同,对同一事物的看法往往不同。即使同一部门的员工,由于过往的经历不同,对同一事物的感知也会不同。这往往是组织冲突的来源。

图 5-3 这是兔子还是鸭子?

6. 错觉

错觉是人在认识事物时形成的不正确的感知。它是一种"正常"的感知现象,是在人意识不到的情况下自然发生的。错觉的存在容易使人出现判断偏差。例如天安门城楼和人民大会堂看上去谁显得更高?一般人都会觉得是天安门城楼高(34.7米),但实际上是人民大会堂高(46.5 米)，而且高出很多(几乎高出 4 层住宅楼)。这是因为两个建筑相距较远，天安门城楼飞檐斗拱，尖角上耸，显得高；而人民大会堂南北 336 米长，东西 206 米宽，却是个平顶，相比之下 46.5 米反而不显得高。这是个错觉。不过在这个例子中错觉是被合理利用的，它使人们仍能觉得整个广场的建筑布局和谐美观。

西蒙在认知决策研究中发现，人们一旦找到一个答案，就会停止思考，忽视其他可能的答案，并拼命找证据支持自己的选择，从而出现严重的"自我确认偏差"。在知觉判断时，人们更善于利用支持已有答案的线索，而不善于利用支持反面答案的线索。在组织中，也需要注意时常会发生的错觉现象。比如，当组织中有人提供反对信息时，人们不仅会不喜欢这个提出异议的人，还会反对他提供的信息，认为他的信息没有价值，尽管实际上，这个信息的价值和其他信息是一样的。

从上述内容我们可以看到，知觉中常常存在各种偏差，它们往往是组织中人际冲突的一个重要来源。要警惕这些认知偏差，避免认知误区，从而提高管理的科学水平。

三、知觉的情境

除了知觉者和知觉对象外，知觉时的情境也会影响知觉活动。比如，食品店里各种食品琳琅满目，以致没有任何一种食品能引起你强烈地注意。但若把其中某一种食品单独拿出来放在一边时，则会引起你对该食品的关注。纺织工人以细心、眼明手巧著称，即使如此，如果厂长在工人工作期间来车间视察，并在一旁监督工作，往往也会使工人眼花缭乱。概括地说，当客体、事物、活动出现或发生在并非其寻常出现或发生的时间、地点、环境，都会影响人的知觉，进而影响行为。

§3 社 会 知 觉

对于研究组织管理来说，社会知觉是更为重要的内容。所谓社会知觉(social perception)，是指在社会情境中以人为对象的知觉，有时又称作人际知觉。

对人的知觉不同于对无生命物体的知觉。对无生命物体的知觉直接诉诸对象的具体特征。对人的知觉不仅涉及人的各种外在特征，尤其以人的行为为主要内容。而要认识人的行为，根本的一点就是要了解行为的原因。因此，说明行为与人的内在心态的关系、说明行为的内在原因，便是研究社会知觉的核心。

前文讲到，知觉者和被知觉者的特点会影响知觉。有学者将影响社会知觉的知觉者特点归纳为以下几点：①通过了解自己，一个人更容易准确地认识其他人。②一个人本身的个性特点影响了一个人可能在其他人身上看到的特点，例如，一个自信的人更容易把他人的行为知觉为善意的、非挑战性的。③自我接受的人更可能看到其他人的积极的方面。④人际知觉的准确性不是一项单独的技能，而是知觉者多方面特点综合的结果。

影响社会知觉的被知觉者的个人特点通常包括下列方面：①地位：高地位的人的观点往往更容易被知觉为是对的。②角色：一个领域的专家的看法更容易被知觉为正确，而这可能仅仅是因为其专家角色。③视觉特性：看上去"高大帅"的人往往被知觉为更有"权威"，而"白富美"则可能被知觉为更"善良"，而这些知觉其实仅仅依附于对方的外在特征而非内在品质。

现实中，人们往往愿意花数千元去听某个领域的大专家的演讲，却通常不愿意花几十元钱听一个无名士的演讲，尽管后者的演讲同样可能充满独到的知识和见解。

在组织中也是如此。研究表明，组织规模越大，层级越多，权力距离越大，管理者越可能忽视普通员工的意见，即所谓"人微言轻"。在这种情况下，上下级的沟通质量是较差的，尤其是下情上达非常不畅，不仅不能有效促进意见采纳、工作创新，影响绩效，也降低了员工的满意度。对此，学者们建议采用"走动式管理"(management by walking around)，即主张管理者要主动走到基层，倾听普通员工的心声。这既有利于拉近管理者和员工的距离，提升下属的工作满意度，又有利于采集、采纳合理的建议，促进组织绩效，从而实现双赢。

一、归因理论

归因理论(attribution theory)考察人们如何对他人行为的原因做出解释，它说明人们如何基于不同的解释而对行为做出不同的判断。该理论认为，人在解释行为时，要看行为是由自由意志控制所致——内在归因或个人归因，还是由外部力量所驱使——外在归因或情境归因。比如，如果把生产率的下降看作是员工消极对抗管理者的新措施所致，这是对行为做了个人归因(或称内在归因)；如果认为这是由于气候恶劣、生产条件得不到保障所致，便是对行为做了情境归因(或称外在归因)。

研究表明，人们在对行为归因时，常依据三个因素作出判断：独特性、共同性、一贯性。

1. 独特性

独特性(distinctive)也叫特殊性，是指行为是否属反常。如果一个人的行为一反常态，不同于平常的风格，可能是外在因素的作用，对此我们可能会做情景归因。但如果一种行为与一个人惯常的风格相吻合，我们就会做个人归因。比如，一个人一向认真严谨、一丝不苟、做事谨慎小心，而某一天出门的时候却忘了锁门，人们会觉得可能是这个人受到了其他情景因素影响，因为这和他各方面严谨的行为特点不符。但如果他原本就是个马马虎虎、粗心大意、做事不动脑子的人，结论往往会相反，即人们会觉得他没有锁门就是因为他自己的粗心的性格所致，因为他的各个方面的行为都一向如此。

2. 共同性

共同性(consensus)也称普遍性，是指在相同情况下是否大多数人都会做出同样的行为。如果很多人都有同样的行为表现，则往往会做环境归因。如果唯独某人行为与众不同，则恐怕就属个人原因。比如，某次数学测验，除了某人外，全班同学都得到了一个较好的分数，那么我们就不会认为这个人没考好是因为这次数学测验的题太难了，而是会认为是他自己平时没有努力。同理，如果某一天一个员工迟到了，但同时很多员工也都迟到了，那么很可能会认为这次迟到是因为突发的交通事故造成拥堵这一情景因素所致，而不会做内在归因。

3. 一致性

一致性(consistency)或一贯性是指一个人的某种行为是否频繁出现。如果一个人上班一向很守时，有一天却迟到了，恐怕确有其他原因。但若这个人习惯迟到，那么这一次的迟到就会被归咎于他个人的问题。

我们可通过下面这个例子来说明以上三个因素如何整合起来作为归因和人际评价的重要依据。假设有一份工作，曾任职的人绩效差异很大，有的干得还行，有的干得很差——共同性很低，部分原因是负责管理这个工作的领导一向非常挑剔、严厉。有一位员工能力一般，以往工作业绩平平，没有什么突出的成就——独特性低。现在他担任了这份职位，并且工作表现很稳定——一致性很高。虽然这位员工觉得压力很大，但目前为止上级领导并没有什么不满意的。那么，该如何评价他的工作？一个能力普通的人担任一份并不是任何人都能干得很出色的工作，而且工作表现很稳定，应该说这是合理的结果，可以认为对于他而言已经很不容易了，这个绩效表现是可以接受的。

归因理论的重要价值在于，它阐明了解释行为的依据和复杂性，说明对同一行为可以有不同的解释。比如，一个向来工作出色的职员出现了失误，领班不以为然，认为这只是偶然现象，是某些外因所致——情境归因，不至于影响对这名职员的总体评价。但若一名平素表现较差的员工犯了同样的过失，则往往会被认为是其本性所致——个人归因，进而很容易影响领班对这名员工的总体评价。

归因理论揭示了归因误差(attribution error)现象，它说明，人们对行为的解释受到对行为者习惯风格的认识的影响；对行为者的成见、偏见，与行为者之间的关系，都会影响人们对他的行为的判断。比如，朋友有意地、重重地打了你一拳，你会觉得这是朋友之间在开玩笑，甚至是亲密的表现，并不以为然。可陌生人无意地碰了你一下，你却可能会认为他对你怀有恶意，并对其以牙还牙。这表明，人际关系会影响人际行为知觉。

另外，还有一些归因误差表现为对自己的行为和对别人的行为的判断不同，具体而言是对成功和失败的归因倾向的不同。例如，人们常常对他人的行为做个体(内在)归因，而无视情景的影响。这被称为"基本归因偏差"。更进一步，个体对自己的成功往往做个体归因，而对失败做情境归因；反之，对别人的成功倾向于做情境归因，而对其失败做个体归因。这种现象被称为"自利性偏差"(self-serving bias)。这些现象对于组织中评价工作绩效和工作表现，有重要的启示。管理者在评价下属的工作绩效和表现时，应当注意避免因受到归因误差的影响而造成有失偏颇的判断，这既有利于维持组织公正，也能避免管理冲突，提升员工满意度。

二、社会知觉的常见形式

在具体的社会知觉中有一些常见的形式，它们已成为人际判断的基本习惯和手段。不可否认，这些形式有其优点，它们能帮助人们迅速地对行为做出解释和判断。但这些捷径并不是任何时候都有效，有时反而可能会歪曲知觉，导致偏差。因此，走捷径虽然能够节省时间和认知资源，但这使得个体需要冒一定的风险，并可能会因此付出代价。

1. 选择性知觉

选择性知觉(selective perception)是指人们在某一具体时刻只是以对象的部分特征作为知觉的内容。这是因为人的知觉能力是有限的，为了对这有限的资源进行分配，我们往往把知觉诉诸对我们最为有益或服务于当前任务的对象。通常的情况是，我们依个人的兴趣、爱好、需要、习惯等去主动地选择乃至搜寻对象特征作为知觉内容，而其他的内容则退为背景，不能被我们的意识清晰地加工。举例来说，我们看报纸时总是挑自己喜欢的内容看，而那些符合个人趣味的内容似乎也最容易被我们注意。同样，我们对朋友往往更多地注意他们的优点、长处，而对与自己关系不好的人，往往更留意他们的短处、过失。这也就是为什么有的人待人处世总让人觉得不公平的原因之一。

> **学术专栏**　　知觉的选择性
>
> 迪尔伯恩(Dearborn)和西蒙(Simon)曾做过一项经典的知觉选择性实验研究。实验中，23位企业主管阅读一篇某钢铁公司的卷宗。这些主管中的6位来自销售部门，5位来自生产部门，4位来自会计部门，8位来自总务部门。读完卷宗之后，请他们写下他们认为这家企业最需要解决的问题。结果，有5位销售主管认为问题在于销售，而其他

主管中只有 4 位强调销售问题的重要性。这一结果及其他统计数据表明，主管们只注意与自己部门有关的问题，而且对组织活动的知觉与决策也只会选择与自己部门相关的内容予以注意。这种现象反映了人的职业与工作的特点、兴趣、需要、利害关系等对知觉的影响。

2. 刻板印象

刻板印象(stereotyping)是指根据一个人属于哪一类社会团体或阶层，以这一社会团体或阶层的人的典型行为方式来判断这个人的行为。"stereotype"这个英文单词的本意是铅版或者铅印排版。1922 年，沃尔特·李普曼(Walter Lippman)将这个单词应用于知觉。中国老话里有"文人相轻""唯小人与女人难养""劳心者治人，劳力者治于人"，如果这些说法成了人固有的观念，那么他就会戴上一副有色眼镜去看待文人、女人、劳心者、劳力者，用那些固化的行为模式套用处于这些类别中的每一个人。刻板印象往往导致知觉偏差。例如，20 世纪 90 年代有位香港商户物色到一个内地代工工厂，但后来听说这家工厂是个乡镇企业，觉得其素养、品质不会很好，就打退堂鼓了。这就是刻板印象起了作用。当然，刻板印象也不是不可改变的。例如，2008 年奥运会在中国举办，开幕式给外国人留下了震撼的、良好的印象，所展示的新中国的风采改变了外国人对中国"落后"的刻板印象。

刻板印象反映了共性。一方面，它有利于迅速地从总体上把握人的概貌。但另一方面，刻板印象也有僵化、不灵活、抹杀人的个性等缺点。因此，对某类群体的刻板印象并不能保证适用于同类中的每一个人。

在组织中下属对上级、上级对下属都有各种刻板观念。下属往往会觉得管理者不通情达理，只注重绩效，不为员工着想。上级管理者则往往觉得下属只顾个人利益，不与组织同心同德，讲报酬时争先，讲工作时却退缩。如果把这些刻板印象带到相关的行为决策中，就会产生复杂的、往往也是不良的后果。

实践专栏　"妇女能顶半边天"

"男耕女织"这种传统分工作为角色意识已根深蒂固，也成了一种刻板印象。男的似乎自然要下地，女的似乎就只是负责织工和炊事。更有甚者，被"头发长，见识短"的观念左右了自己的性别认识，据此认为女性不如男性。这种对性别能力差异的看法影响了对行为的知觉和有关的决策。

现代观念推崇"妇女能顶半边天"，在所有领域、所有职业都平等地对待男性和女性。但是，如果机械地看待"各顶半边天"，在各个领域都不多不少地在性别间平分其职，又形成了一种新的刻板印象。因此，必须灵活、具体、辩证地看待"半边天"的含义。在有些职业、岗位，女性可能更为适宜，而另一些工作则男性更为适宜。

3. 第一印象

第一印象(the first impression)是指在最初的接触中给别人留下的印象。第一印象和以后的印象不同，它有特别强的固着作用，一旦形成，很难消退，并影响着以后他人对个体的看法。比如，如果一个人第一次见经理时衣着不整，经理就会认为他是个不拘礼节、过于随便、目无上司的人，由此对他产生不良的第一印象。这种不良印象会在一定程度上左右经理对这个人的进一步判断。因此，给别人留下好的第一印象十分重要，尤其不要留下坏印象。

4. 晕轮效应

晕轮效应(halo effect)指对人的整体认知建立在某个单一(好)特征的基础上，个别突出的特征掩盖了其他特征，即"一好百好"。当我们了解一个人时，可能被他的某种突出的特点所吸引，以至忽视了其他特点或品质，就好像明亮的月光使周围的星斗失色一样。这种现象就叫作晕轮效应(也称作"月晕效应")。比如，人们常常会特别关注一个人的相貌、仪表、文凭、交际能力，并被这些特质所吸引，以致屏蔽了其他特质，看不到其他特质，从而做出片面的判断。

有研究发现，当某种特质在行为上的含义模糊不清，模棱两可，具有道德寓意，或知觉者对其不熟悉时，最容易出现晕轮效应。

晕轮效应的实质在于个别特质掩盖了其他特质，左右了对整体的判断，也就是以偏概全。这对于指导组织管理有特殊意义。比如，人事部门在选拔员工时，很容易让相貌、仪表支配整个判断。漂亮的女郎、英俊的小伙会赢得很高的印象分，而其他特质往往易被忽视。在评估绩效时，晕轮效应也很容易起歪曲作用。

与晕轮效应相反，一个人会因为个别负面特征或事件而整体上被知觉为较差的水平，这被称作"犄角效应(horns effect)"，即"一差百差"。

5. 投射作用

投射作用(projection)是指把别人假想成和自己一样，认为自己有的特质别人也有。比如，自己喜欢有挑战性的工作，无形中把别人也当作和自己一样喜欢挑战性工作，给别人加任务，或是鼓动他人去冒险。可见，这也是一种知觉他人的简单化做法。和晕轮效应不同的是，晕轮效应是因被知觉对象的个别特质左右了判断，而投射作用是知觉者的主观特征支配了判断。但两者结果一样，都会歪曲知觉。

三、知觉在组织管理中的运用

组织是由人组成的群体,在这里人们相互交往,也必然相互评价。评价是以知觉为重要依据的。因此知觉对组织有重要影响。其影响的具体形式可见于以下情境。

1. 人事任用会谈

决定是否聘任某个人,很重要的一个环节是进行聘用会谈。会谈就需要聘用方和被聘用者面对面地接触,也就是通常所说的面试。这时知觉就会起作用。从前面有关人际知觉的特性的讨论中可知,对被试者的知觉可能是扭曲的。对同一应试者,强调的特质内容不同,做出的判断会不同。比如,在聘任同一职位人员时,有的人事主管在考评男性应征者时较注重学历,考评女性应征者时较留意相貌、风度,这就导致考评尺度不一,忽视关键内容,影响人才甄选。另一方面,不同的主试人员在运用规则、考评应试者时,由于知觉判断不同,会得出不同的结论。

有研究表明,面试中的第一印象很重要,在最初几分钟里给人的良好印象尤为重要。如果不良印象出现在最初几分钟,结果会很糟糕,但如果出现在较后的时间里,结果就不会那么糟。此外,似乎面试中更为关键的不是如何留下好印象,而是不要留下不良的印象。换言之,印象的建立及相应的知觉判断有其时间效应。如果说了解这一点可以成为应试者的技巧,那么另一方面,主试者就应当注意由此产生的歪曲,以便做出正确判断。

在人事会谈时,知觉歪曲也会来自另一个方面。应试者往往会对应征的职位、工作有不切实际的期望甚至幻想。研究表明,一旦应试者在日后的工作中发现实际与期望有较大的差距,便会产生失望、沮丧,甚至不满、愤怒,辞职的可能性也会增大。因此,在最初的应征会谈时就应向应试者提供有关工作的准确信息,以便应试者有合乎实际的认识,不致产生错觉。企业界的调查表明,采取这一措施的企业,员工辞职率要低 28.8%。

2. 绩效评估

正如前面提到的,对员工的知觉会对员工的绩效评估产生重要影响。尽管在许多方面有许多手段可以使对绩效的评估相当客观,比如用产量、营业额作为指标,但仍有许多工作、职位的绩效只能靠主观评定,或很难确定客观的标准,比如文秘、管理员以及某些公关工作等。而主观评定的主要依据实质上就是人际知觉。在这种情况下,主管人员有很大的裁定权。由于绩效评估决定着一名员工的晋级、调薪,决定着他的前途,因此主管人员在进行评估时,应尽可能采用客观标准,在必须进行主观判断时,应警惕前述各种知觉中的弊端,防止可能的知觉歪曲。

3. 工作表现评估

对员工的评价，并不只局限于绩效方面，还应看到工作表现、工作的努力程度。这其中的道理就像老师不仅注重学生的成绩，也要看学生的努力程度一样。对有些组织来说，有时工作中的努力精神要比绩效更为重要。不难理解，员工的努力是组织巨大的潜在财富。比如，一名员工技能熟练，生产效率很高，但工作态度消极，牢骚满腹，纪律涣散，他对组织便有极大的不良影响，可谓害群之马，其破坏作用可能远非他创造的价值所能抵消。

然而，对工作努力程度的评估同样可能是相当主观的，其中会存在知觉误差或歪曲。尤其重要的是，"工作表现差"的评价，比"工作绩效差"的评价，更影响一名员工的前途。前者为品质、态度问题，后者为能力问题。因此，在做这类评价时应十分慎重。

【本章知识要点】

知觉：知觉是在经验的背景基础上对感觉信息的解释。

知觉组织的简明性规则：①接近律：空间或时间上较接近的对象易被知觉为一组。②相似律：具有相似性的对象易被知觉为一组。③连续性：具有连续性、封闭性或共同运动特征的对象易被知觉为一组。

错觉：人在认识事物时形成的不正确的感知。它是一种"正常"的感知现象，是在人意识不到的情况下自然发生的。错觉的存在容易使人出现判断偏差。

社会知觉：指在社会情境中以人为对象的知觉，有时又称作人际知觉。

影响归因判断的因素：①独特性：也叫特殊性，是指行为是否属反常；②共同性：也称普遍性，是指在相同情况下是否大多数人都会做出同样的行为；③一致性(一贯性)：指一个人的某种行为是否频繁出现。

归因误差：人们对行为的解释受到对行为者习惯风格的认识的影响；对行为者的成见、偏见，与行为者之间的关系，会影响人们对他的行为的判断。

自利性偏差：个体对自己的成功往往做个人归因，而对失败做情境归因；对别人的成功倾向于做情境归因，而对失败做个人归因。

选择性知觉：人们在某一具体时刻只是以对象的部分特征作为知觉的内容。

刻板印象：根据一个人属于哪一类社会团体或阶层，以这一社会团体或阶层的人的典型行为方式来判断这个人的行为。

第一印象：在最初的接触中给别人留下的印象。第一印象有特别强的固着作用，一旦形成，很难消退，并影响着以后对相应个体的看法。

晕轮效应：对人的整体认知建立在某个单一(好)特征的基础上，个别突出的特征掩盖了其他特征。

投射作用：把别人假想成和自己一样，认为自己有的特质别人也有。

【**思考题**】

1. 现实中你观察到哪些知觉偏差？你认为它们对组织管理有哪些影响？为什么？
2. 什么是归因偏差？不同文化背景下的人归因偏差会有所不同吗？为什么？

6

个体差异、能力与学习

> 性相近也，习相远也。
>
> ——《论语·阳货篇第十七》
>
> 知识就是力量。
>
> ——弗兰西斯·培根

【内容概要】

阐述个人生活背景对组织中人的行为的影响。

介绍能力的定义、内容、相关概念。

介绍学习相关的理论。

介绍行为塑造及其方式。

§1 个人生活背景

一个人并不是"一无所有"，而是带着自己的特定生活背景进入组织从事工作的。特定的生活背景包括一个人的性别、年龄、婚姻状况、教育背景、家庭构成与教养、工作年限与资历等。这些方面对说明组织中人的行为具有特殊的参照价值。

一、性别

长期以来，女性在科学、技术、工程、数学(统称为 STEM)方面是否比男性弱，一直存在争议，有关研究结论不一。究竟男性和女性在工作上能否并驾齐驱，"各担一边天"？这是长期以来人们争论不休的问题。对这个问题至少应该从两个不同的方面来看待：性别与工作绩效，性别与出勤及辞职行为。

1. 性别与工作绩效

有研究表明：性别对工作绩效并没有显著性影响。具体来说，在工作中，男性和女性在许多心理品质、能力、行为特征上，诸如解决问题的能力、分析技巧、竞争意识、激励效果、领导能力、交际技巧、学习能力等方面，都没有明显的差别。因此，没有理由在工作绩效方面对性别做优劣区分或评价。

另外也有一些研究表明：男性权力欲较强，对成功的期望较高，而女性则比较容易屈从权力。但这种权力方面的性别差异对于工作绩效来说并不是重要的影响因素。如今，女性就业已经是普遍现象，男女性别工作角色的差别越来越模糊，但并没有任何迹象表明工作绩效因男女同工时代的到来而下降。这一点可以有力地说明性别与工作绩效无关。同样，研究证据还表明，性别与工作满足感也没有显著相关。

2. 性别与出勤和辞职行为

关于性别与出勤，情形与前面大不相同。许多研究一致表明：女性出勤率明显低于男性。然而，对此合乎逻辑的解释并不在于工作角色本身，而在于整个社会生活角色的差别。众所周知，即使在女性已经普遍存在于职场的今天，绝大部分的女性仍然担负着传统的照料家庭的责任，各种家务仍然按传统方式分派给她们，加之教育和照顾子女，使她们在工作之外还承担着多重义务，只得从工作中分身。当然，这种现象只限于既往历史，以后会出现什么状况，要看社会的发展。

不过，在性别与辞职的关系这一问题上，并没有明朗的结论。有些研究认为女性辞职率高，而有些研究则认为辞职行为没有性别差异。这样看来，这个问题涉及的实际情形错综复杂，导致理论分歧，故有待进一步探讨。

二、年龄

年龄与个体在组织中的行为也有密切关系。其中最值得管理者关注的有以下几个方面。

1. 年龄与更换工作

不同年龄的人在组织中会表现出不同的行为特征。比如，普遍的现象是，年龄越大越不轻易辞换工作。这其中的原因是多方面的：一来年龄越大越不容易找到新的工作；二来在一个机构工作年资越深，升迁、晋级的机会相对越大；三来年事增长，欲求生活安定，闯荡、创业的精力和心志都有所减退。

2. 年龄与工作绩效

关于年龄与工作绩效的关系，一度有人认为：年龄越大，绩效越差，因为随着年龄增长，人的技能特别是力量、速度、敏捷性、协调性都有所减退；而且，长期工作会滋生厌倦情绪，丧失兴趣和动机，导致绩效下降。然而近来有些研究否定了上述观点。分析表明：工作绩效随着年龄增长而上升。其原因在于，虽然体力随年龄有所下降，但实际上许多工作并不需要很快的速度或很强的体力，而是更需要经验和熟练的技能，于是年资高正好弥补了体力的不足。这些结果表明，工作类型、所依赖的知识技能会调节年龄与工作绩效的关系。换言之，如果工作绩效依赖于一些容易随年龄衰退的知识、技能，则会导致绩效随年龄下降，而如果工作绩效更多依赖于与时剧增的知识、技能，绩效则可能会随年龄上升。

3. 年龄与工作满足感

年龄与对工作的满足感有很复杂的关系。以往的大量研究表明，在 60 岁以前，年龄与工作满足感呈正相关。然而，这种关系似乎只适用于传统模式的企业。近年来，科技的急速发展改变了许多企业、组织的人事结构和技术结构。在这些现代知识型企业里，新型技术的要求使某些人的传统工作技能失去用武之地，拥有这些传统工作技能的老员工如果没能及时学习新的技能，其工作满足感自然有所下降。

三、婚姻状况

关于婚姻状况与工作绩效的关系，迄今还没有足够的研究得出明确的结论。然而许多研究一致地反映出婚姻状况与其他方面存在有趣的关系：已婚员工的出勤率高，辞职率低，工作满足感高。相关性研究做出的推测性解释是：婚姻增强了一个人的责任感，使得一个人赋予稳定的工作更高的价值和重要性。

当然，针对上述关系也存在另外的推测性解释：相比于其他人而言，容易满足且循规蹈矩的人，本身就更可能结婚。目前看来，由于研究只是就婚姻状况与这些方面的相关程度进行推测，因此我们还不能判定谁是因、谁是果，甚至不能断定是否有因果关系。

四、家庭构成

不同的家庭结构，比如有几个孩子、赡养几位老人等，对员工的工作也会产生不同的影响。一个很明显的事实是：孩子越多的员工，出勤率越低，尤其是女性职工。

然而，另一方面，研究也一致表明：抚养的人数越多，员工的工作满足感越高。这可能是由于人们从自己的工作结果中看到了自身的价值。抚养的人数越多，自身的责任就越重大，工作的意义越突出，而一旦通过工作实现了责任，也就越容易使人获得满足。

五、工作年限

工作年限也是员工工作行为的重要背景。在这一背景对工作绩效的影响方面，曾有相当大的意见分歧。但近来大部分研究都表明：如果其他条件固定不变，那么工作年限长短对工作绩效并没有什么影响。这对于论资排辈、按年头定薪水的做法，无疑是重要的否定。然而，如果考虑到复杂的情境因素，特别是具体职业岗位，混淆变量和调节因素可能很多。例如，如果在某些工作岗位上有"姜是老的辣"的现象，即经验的积累对于提升绩效有重要帮助，那么"资历工资"就是相当合理的了。

然而，在工作年限与出勤率的关系上，结论是明朗的：工作年限越长，旷工率越低。工作年限几乎是说明出勤率与工时损失量的最重要的因素。类似地，工作年限与辞职行为也呈负相关：工作年头越长，越不太可能辞职。这样看来，工作年限同样也是解释辞职行为的最重要因素。鉴于这种关系，我们可以从一个人工作的年限来推断他以后工作变动的可能性。

概括来说，性别、年龄、婚姻状况、家庭结构以及工龄，与组织中员工的各种工作行为与态度，包括出勤率、调职、工作绩效、对工作的满意程度等，都有某种方式的联系。幸运的是，上述这些背景资料能够很容易从员工的人事档案中得到。作为管理者，了解员工的这些因素是预测员工行为、实施有效管理的重要前提，而考察这些因素也是选拔、任用职工的有效依据。

§2 能 力

能力是从事各种活动、适应生存所必需且影响活动效果的心理特征的总和。每个人都有自己的独特能力。提到能力，你也许并不自信。的确，可能你会发现你的音乐才能不如贝多芬，而体力又不如拳王阿里。你认定这世道不公平，觉得这世界对某些人有某种偏爱。但是，请换个角度想想：论音乐才能，你未必不如拳王阿里，而论体力你又未必不如贝多芬。这又如何论公平呢？其实，每个人都有自己独特的能力结构，都有各自的长处和短处。也许遗传因素和过往经验已经决定了你的能力极限所在，但这也许并不是最重要的。最重要的是，你如何最大限度地发挥自身的长处而避开短处。对于一个管理者而言，重要的是应了解每个人的能力差别与特长，使每个人的能力在工作中得到最大限度发挥，于人、于组织均有利。

一、智力

智力(intellectual abilities)是一般的心理能力，是从事心智活动的要素，决定了适应生存、解决问题的效果和质量。韦克斯勒(Wechsler)研究证明：智力反映为多重方面，包括基本常识的掌握，理解能力，算术能力，概括能力，语文能力，记忆力，以及其他有关活动操作和空间认知的能力。

了解人的智力结构(即各方面能力的配置状况)，对于实施组织管理是很有意义的。首先，不同的工作对智能的要求有所不同。在工作性质与员工的能力之间找到最佳配置，便能达到最高的工作绩效和发挥人事潜能。把拥有较高能力的员工安置在对能力需要较低的职位，即大材小用，"小池塘里放大鱼"，不仅会挫伤员工的积极性，也会使其丧失动机、兴趣，结果既浪费人才，又降低工作绩效，导致组织和个人"双输"的结果。在高能力要求的职位上安置低能者，既不能保证工作的完成，又容易使员工遭受挫折，体验到无能、自卑，同样是双输的结果。其次，能力是提职、晋级的依据之一。把称职的人提拔到合适的岗位，是充分利用组织人事资源，提高生产率的明智之举。

因此，要妥善将合适的人放到合适的岗位上，实现人-岗之间的最佳配置，就需要明确一个人的能力所在，以及不同的工作岗位需要什么样的能力。具体来说，组织领导者需要有较高的语言能力；会计需要很好的数据分析、加工能力；市场调研员则需要出色的归纳、推理能力，以做出市场预测。一般来说，越是处于组织中较高层次的职位，越需要职员具备较高的智力和语言技能。而对于有些例行性、常规性很强的工作，并不需要很高的智力、判断力，这种情况下，工作绩效与智商的高低没有太大关系。

有研究表明：对于所有层次的工作来说，语文、算数、空间与认知能力是达到熟练程度的基础，因此这些方面的能力测验是预测工作绩效的有效指标。如今，许多大企业、公司都自设或委托专门的机构，从事人才的甄别、筛选、提拔、训练方面的工作，以便作出恰当的人事决策。

二、躯体能力

和高职位、高智力的关系相反，越是不重要的技术或越是机械性的工作，越需要躯体能力(physical abilities)。所谓躯体能力，包括精力、体力、肢体灵活性、躯体平衡性等。诸如机械操作员、特种车辆驾驶员、建筑工人等，在体能上都有不同的要求。

有的研究鉴别出九种基本的躯体能力：持续或重复发动肌肉力量的动态体能，躯干力量，对抗外力的静态体能，爆发力，伸展躯体与肌肉的能力，重复而迅速扭曲躯体的能力，躯体各部位协调的能力，平衡能力，长时间启用最大体力的能力(即精力和耐力)。事实上，每个人都具有这些能力，只是存在程度上的差异。因此，管理者应当根据工作的特性仔细地挑选具有相应体能的员工，以便做出最佳人事安排。

三、有关概念的区别

和能力有关但又不同的两个概念是知识和技能。具体来说，知识是长期学习积淀下来的概括化的经验系统，体现为概念之间的网络关系。学习新知识就是用已有的概念说明新的概念、形成概念网络的过程。例如，"恒星是个大火球"是一个知识，其中用"大""火""球"三个已知概念来界定"恒星"这个新概念，从而形成新的概念网络。技能是长期练习而形成的稳定的概括化的行为模式，体现为获得熟练的动作技巧，例如驾驶汽车、游泳、投篮、打字等。而能力则是概括化的心理特征。能力是学习知识和技能的心理基础和保障；知识和技能是运用能力进行学习的结果。能力发展到一定程度时就会定型，很难再有提升，但知识和技能却可以通过运用已有能力而不断积累。这对于组织管理有重要的启示：尽管人的能力有限，且有高低之分，但人却可以通过不断学习获得和积累新的知识和技能。在科学技术、生产水平不断发展的现代社会，不断提高组织、企业的整体文化技术素质，是保证组织生存发展的重要方式之一。因此，许多大型且有战略远见的企业，都重视自身职员素质的培养，把人的素质的提高看成是企业发展的根本前提。

学术专栏　　通用电气公司的成功经验：员工培训

美国通用电气公司(GE)的业务遍及世界100多个国家，拥有几十万名员工。在2018年《财富》美国500强企业排行榜中，GE位列第41位。

公司与员工是不可分割的整体，二者的发展往往是同步的。GE之所以能够在竞争激烈、险象环生的市场环境中成绩斐然，与公司尊重员工、重视员工个人成长的文化理念密不可分。在员工培训方面，GE 一直享有盛誉。甚至可以说，员工的培训是 GE 的核心竞争力之一。公司有多达几百个培训项目，并且每年在员工培训上会投入数十亿美元。GE 于 1956 年建立的克劳顿维尔管理学院，更是被誉为"美国企业界的哈佛"。建院目的就在于，提升公司的全球竞争力，培训员工，帮助员工成长为有竞争力的人才。

除了帮助新加入的员工迅速适应公司文化与工作环境外，一直以来，GE 都十分强调"区别化"对待人才。曾任 GE 总裁的韦尔奇说："GE 会尽一切努力让每位员工都拥有'终生就业的能力'。"公司给予员工各方面的支持，鼓励员工去发掘自身的能力和优势，并将它们最大化。在这里，员工接受的培训是"个性化"的。换言之，培训是有针对性的、与员工个人的发展计划相吻合的，员工可以在适当的时机，接受适当的培训。独特的培训理念与一整套完备的培训体系也许正是 GE 能够留住优秀人才，并持续地吸收"新鲜血液"以保持竞争力的关键所在。例如，业界曾有这样的美谈："你能加入 GE 公司本身，就是最大的回报。"媒体也曾有这样的报道：大学毕业生在 GE 工作多年，期间竞争对手用薪水翻番来挖却不成功。究竟什么原因？GE 员工给出的理由很明确：在这里能成长！

§3 学 习

一、概念与理论

心理学研究中学习(learning)是指通过练习而发生的行为上的改变或改变的潜能。实际上，行为改变是学习的结果。当行为发生了改变，即代表着学习已完成。我们最终能看到的是行为改变，而无法看到学习本身。

关于学习发生作用的方式过程，有不同的理论，主要为经典条件学习、操作条件学习、社会学习。

经典条件学习(classical conditioning)由巴甫洛夫首创。他在研究狗的消化腺分泌时意外发现：当条件刺激(与反应无关的事件，如铃声)和非条件刺激(必定可引起反应的刺激，如食物)以一定方式反复联结时，就会发生学习，即条件刺激逐渐取得非条件刺激的特性，并最终可代替非条件刺激，单独引起条件反应。通过这样的学习，许多条件刺激都可以取代非条件刺激，形成丰富的联结，获得新的行为。这就是经典学习的价值。不过，这种学习是被动的，只有刺激条件存在时，有机体才以某种方式做出反应。这种带有刻板性的学习方式无法解释许多复杂的社会行为。

斯金纳提出了操作条件学习(operant conditioning)理论。他认为：行为是行为结果的函数。乍听起来，这不合常理。但仔细想想，并不难理解：一种行为若能带来愉快的结果，这种结果就会反过来强化该行为，增加该行为出现的频率，直至巩固下来。人们可以通过行为的结果来了解行为本身，包括它的价值、意义、合理性，从而排除不需要的行为，保留和改进所需要的行为。这里的所谓行为即是操作行为(operant behavior)，它是自愿性的或习得的。这就使操作学习更灵活、更主动，其动力来源于行为本身，行为结果为学习提供了强化作用。这种学习对塑造行为很有价值。比如，如果良好行为之后能立即得到奖励，这一奖励就作为行为的结果对行为起到强化作用，从而得到很好的效果。实际上，组织中的奖励制度就是以操作条件作用为依据的。人们如果了解到工作行为能导致高奖金报酬的结果，便会努力投入到工作中以期获得这一结果。

运用操作条件作用进行行为塑造，通常适用于可客观定量地观察、测量的行为，例如打字员的正确率。然而，对于难以客观量化观察、测量的工作行为，例如创造性脑力活动，操作条件作用的学习方法往往不适用。

不同于操作学习，美国斯坦福大学心理学家班杜拉提出的社会学习(social learning)理论则认为：人们不仅能在直接行为经验中学习，还可以通过观察而进行间接的或替代性的学习。也就是说，学习可以通过认知发生，而不一定是亲身行为。显然，社会学习的关键在于榜样的影响力。这解释了为什么很多组织会评选"先进"或"劳模"，其原因就是为员工提供观察学习的榜样。

在社会学习的过程中，学习者要经历四个阶段：①注意观察榜样的有意义或有价值的行为；②记住并保持这种行为；③效仿榜样行为；④获得与榜样行为同样的奖励或正性激励，从而使行为得到强化、巩固。

二、行为塑造

采用有规律的、循序渐进的方式引导出所需要的行为并使之固化的过程，就叫作行为塑造(shaping)。

从现实中组织的角度来说，当员工的行为与管理者的要求和目标相差很大时，行为塑造是实现管理目标的重要手段。因为如果这时不加干预，很难让员工做出组织及其管理者想要的行为。如果只有满足标准才给予奖励，则这样的奖励其实很难奏效，因为对于员工来说，由于其行为的不理想，导致想要获得奖励这件事本身太渺茫。这时就需要对员工进行行为塑造，即主动地、循序地引导出所需要的行为。举例来说，假设管理者要求每个员工今年的产量比去年至少翻一番，只有达到了目标才能获得奖励。事实上，这样的奖励方式在很大程度上对员工的生产行为是没有激励作用的，因为实现年产量翻一番的目标对于员工来说太遥远了。但是，如果当员工每向目标迈进一点时，都给一定的奖励，如产量每提高一成便给予一点奖励，使得员工能够在点滴的努力中发现有价值的结果，便获得激励，从而做出更大的努力。通过这样的方式，也就逐渐成功地引发了员工合乎最终产量目标的行为。

实践专栏　　如何降低校对员的错误率

某单位校对员的校对错误率一直是让经理头疼的事。现在校对员的错误率为千分之一(平均每一千个字出现一个错误)，远远高于行业标准。如果要想降低到万分之一，怎么办？这可以通过运用操作条件作用的方法来实现。具体做法是，校对员错误率每降低一个万分点，例如从万分之十降低到万分之九，则给予一次一定金额的奖励。但此后校对员必须保持这个新的业绩水平，因为事实已证明可以做到这样好。否则就要给予惩罚。但如果遭到惩罚，对员工而言是很难接受的，因为努力得到的奖励被罚没了，是很痛苦的。所以员工会尽力避免遭到惩罚。但如果校对员想要再得到一份奖励，就必须再降低一个万分点。就这样，一点一滴、循序渐进，直至校对员努力降低到万分之一的错误率，实现了预期的管理目标。

具体说来，行为塑造的方法主要有四种：正强化，负强化，惩罚，消退。正强化(positive reinforcement)是指对做出的行为(比如提高产量)予以奖励；负强化(negative reinforcement)是指因做出了某种行为(比如自动发现、纠正错误)而不再予以惩罚；惩罚(punishment)是指对做出的行为(如旷工)给予批评；消退(extinction)是指对出现的某种行为(如提建议)不予强化，久而久之这种行为会被判定为无价值并因此逐渐消退，直至消失。

在行为塑造过程中，强化手段可以有不同的时间组合模式。一种是连续强化，又叫完全强化，即只要每次所要求的行为出现，就给予强化。另一种是间歇强化，又叫部分强化，即不是每次良好行为出现都给予强化，而是间断地强化，但又足以使良好行为得到鼓励而重复出现。研究表明，间歇强化相比于完全强化会产生更强的抵抗消退的效果，所引起的行为持续的时间也会更长。这主要是因为人有寻求规律和一致性的倾向，而间歇强化不符合这种倾向，便会诱发个体更大的努力以寻求一贯性奖赏。

另外，间歇强化又可以分为多种形式：①定时制。比如定期给予奖励。②不定时制。比如随时抽查质量，达标者给予奖励。③定率制。比如每完成一定工作量，领取一定报酬。④

不定率制。即不设立固定额，根据不同情况针对不同的工作绩效给予不同的奖励。

强化方法的运用对行为塑造的效果有重要影响。比如，完全强化对于学习初期的、不稳定的、不常出现的行为有很好的强化效果。但这种强化会很快导致个体对奖励麻木，失去强化效果。并且不再进行强化后，行为会迅速消退。相比之下，部分强化的方法常被用于强化稳定的或常出现的行为。此外，一般说来，变化的不定时强化比固定的强化效果好。比如定时领薪水已被习以为常，而且它只同时间有关，与工作绩效无关，故强化作用很弱。

三、在组织管理中的应用

学习理论与行为塑造对组织管理有很大应用价值。许多组织、企业结合自己的需要制定了多种方法来塑造员工行为。

1. 抽奖降低缺勤率

一家公司制定了这样的办法：如果员工一个星期全勤，则有资格参加周末抽奖。公司每星期拿出一定资金作为奖励。凡全勤者有机会得到这份额外的奖励。缺勤者则与这个奖励无缘。这就是我们前面提到的不定率制强化。利用这种办法，该公司缺勤率降低了18%。

2. 全勤奖取代病假照付制

许多组织限定每年或每月内的病假日数，在这个范围内发放全薪，以此作为福利。但采用这种方法的公司缺勤率比不采用此方法的公司高一倍。因为这种做法实际上鼓励了请病假行为，单位损失了很多工作日。作为调整，可以换一个方向来进行奖励：若全年全勤，可获全勤奖。实践证明此法效果良好，全勤率显著增加，而单位只不过把相当于原来损失的工作日的成本，转化为奖金发放给员工。可见奖励方式、对象不同，最终所起的效果大不相同。

3. 惩罚

对于员工的各种不良行为，如旷工、违反规章、不服从管理、损坏公物、不完成工作任务等，可采取各种惩罚措施。但是，在采用惩罚的方式来改变员工的不良行为时应注意：惩罚应及时；应同错误性质相关联；应指出为什么给予惩罚，即要说明究竟错在什么地方。

不过，惩罚的效果是有限的。由于惩罚只针对错误行为，故它只说明什么行为是错误的，并不能说明什么样的行为是对的、值得鼓励的。因此，表面上看起来，惩罚能够在短时间内起到较好的效果，但事实上，它只是暂时性地对错误的行为进行了压制，却不能保证这样的错误行为今后不再重演。此外，惩罚还会产生副作用，比如造成恐惧心理、伤害感情、损害上下级关系。

4. 榜样作用

社会学习理论说明了观察学习的原理。利用这一原理，可以通过为员工树立榜样，使他们从榜样身上看到某种行为的价值，效法榜样，从而起到鼓励正确行为的作用。榜样作用还可运用到组织培训员工的方法之中。比如为学习者提供明确的榜样供效仿，抓住他们的注意力，激发动机，消除不当行为，提供正面强化，促进学习效果。

【本章知识要点】

能力：指从事各种活动、适应生存所必需且影响活动效果的心理特征的总和。

智力：指一般的心理能力，是从事心智活动的要素。

学习：指通过练习而发生的行为上的改变或改变的潜能。

经典条件学习：当条件刺激和非条件刺激以一定方式反复联结时，就会发生学习，即条件刺激逐渐取得非条件刺激的特性，并最终可代替非条件刺激，单独引起条件反应。

操作条件学习：行为若能带来愉快的结果，这种结果就会反过来强化行为，增加该行为出现的频率。

社会学习理论：人们不仅能在直接行为经验中学习，还可以通过观察进行间接的或替代性的学习

社会学习的四个阶段：①注意观察榜样的有意义或有价值的行为；②记住并保持这种行为；③效仿榜样行为；④获得与榜样行为同样的奖励或正性激励，从而使行为得到强化、巩固。

行为塑造：采用有规律的、循序渐进的方式引导出所需要的行为并使之固化的过程。

行为塑造的方法：①正强化，指对做出的行为予以奖励；②负强化，指因做出了某种行为而不再予以惩罚；③惩罚，指对做出的行为给予批评；④消退，指对出现的某种行为不予强化。

连续强化：又叫完全强化，只要所要求的行为出现，就给予强化。

间歇强化：又叫部分强化，即不是每次良好行为出现都给予强化，而是间断地强化，但又足以使良好行为得到鼓励而重复出现。

间歇强化的形式：间歇强化可以分为定时制、不定时制、定率制和不定率制。

【思考题】

1. 你觉得"资历工资"合理吗？为什么？哪些因素可能影响你的结论？
2. 对于工作绩效而言，能力和努力哪个因素更重要？为什么？

7

人　格

君子坦荡荡，小人长戚戚。

——《论语·述而篇第七》

江山易改，禀性难移。

——《醒世恒言》

【内容概要】

介绍气质的概念和分类。
介绍人格的基本概念及其影响。
介绍人格的特征、人格类型及其运用。

§1　人格的早期雏形：气质

气质是由高级神经活动过程的特点决定的心理活动的动力和时间方面的特性。希波克拉底首先提出了气质的概念。他认为：人体内有四种体液，即血液，黏液，黄胆汁，黑胆汁；哪种体液占主导成分，便形成哪种气质。故有四种气质类型，每种气质都有其对应的行为风格。虽然四种体液的概念并不合乎现代医学的认识，但通过体液的概念来对人进行分类，也体现了早期人们对行为的特性的认识。

在生活中，气质类型可以应用在很多方面。比如，因为不同气质类型的人有不同的行为风格,将气质类型与工作联系在一起,可以帮助不同气质类型的人找到更合适自己的工作。抑郁质类型的人情绪体验是深刻的,他们往往在文学和艺术创造上取得出色的成就;胆汁质类型的人易冲动、兴奋,这种气质类型往往常见于一些搏击类型的体育运动员;黏液质类型的人遇事沉着,工作细心,财务会计、行政事务、检验员一类的工作往往很适合他们;而多血质类型的人通常是充满活力的,并且能够迅速地适应环境的变化,新闻工作、销售类型的工作他们可以做得很好。

巴甫洛夫从高级神经活动过程特性分析了心理活动的动力特征,揭开了上述四种气质的机制之谜。他用神经活动的兴奋性、抑制性的"强度"以及这两种过程间的"平衡性"和转换的"灵活性",说明了四种气质类型,它们正好对应多血质、黏液质、胆汁质、抑郁质四种体液类型(见表 7-1)。比如,强度高、平衡且灵活所对应的是多血质的体液类型,代表活泼型的气质类型;强度高、平衡但不灵活对应的是黏液质的体液类型,代表安静型的气质类型;强度高但不平衡对应的是胆汁质的体液类型,代表冲动型的气质类型;另外,强度低所对应的是抑郁质的体液类型,其气质类型为弱型。

表 7-1 体液和气质类型

体液类型	气质类型	行为风格
血液	多血质	活泼,敏感,乐观,适应性强
黏液	黏液质	迟缓,反应淡漠,耐受性强
黄胆汁	胆汁质	冲动,暴躁,兴奋,反应强
黑胆汁	抑郁质	抑郁,脆弱,孤僻,体验性强

现代心理学对气质的研究和应用有几方面重要的认识和总结。其一,气质可以定义为人的行为活动的时间和能量的特点。例如,爆发力强就是指能在很短的时间调集和释放巨大的能量,耐力好就是能把活动的强度很长时间保持在一定的水平上,灵活性好就是能很快地把能量从一个活动转移到另一个活动上去。其二,气质是神经系统及相应的行为活动的特点,它在个体发育的早期(例如婴幼儿期)即已出现,是人格的早期形态或雏形。其三,采用这一定义有利于客观地说明行为特征,并整合以往各类不同的说法。例如,这一定义同样可以用于解释过去有关多血质、黏液质、胆汁质的行为特征。

然而,分类的意义只是相对的。实际生活中纯粹属于某类气质的人很少见。大多数人是不同类型的混合,或介于某些类型之间。而且,每种气质有积极与消极两个方面。比如,多血质的人机敏灵活,适应性强,但兴趣易转移,耐力差;冲动型的人冒失,但热情直爽,爆发力强;抑郁质者耐受力差,易疲劳,但谨慎细致,观察力敏锐。总之,气质无绝对好坏之分,并不能唯一决定一个人的社会价值。每种气质都有相适应的一些工作,并且都可以在社会生活中找到自己的位置和角色。了解个人的气质类型对于组织的人事安排有参考价值,有助于做到更好的人-岗匹配。比如，会计需要由细心、认真、稳重的人来做，冲动型的人恐不太适宜。抑郁质的人内向而脆弱，孤僻且不善人际交往，因此不适合做与人相关的管理工作。

§2 人　　格

一、人格的定义及其影响因素

人格代表着人的独特的风格，包括稳定的、习惯化的思维方式和行为模式。它决定着人们如何理解和看待自己、如何影响他人，其中包括他们内在和外在的可测量特质的模式，以及人和环境交互作用的特征。通过这些内容可以对个人独特的行为方式进行解释。人格心理学认为秉性决定行为，但这与社会心理学的主张有些矛盾。事实上，二者所说均有一定道理，因为人的行为是人本身的特点和情境交互作用的结果。因此，在考虑人的行为时，应该同时考虑人格和社会两方面的因素，不能矫枉过正。例如，有人平时非常爱和朋友聊天，某天却安静地坐在座位上一言不发。这时，我们应该考虑这个人最近经历了什么样的事件，而不是仅仅因为这个人今天的表现就认定他是一个内向的人。

人格不是简单地遗传来的，也不是随意由环境塑造的，而是这两方面的合成物，并在具体情景中有机地生成各种变式。

1. 遗传

遗传并不直接决定人的人格，而是以间接的方式潜在地影响人格的形成。遗传奠定了人格赖以生成的物质基础。遗传确定了一个人的神经、体液、骨骼、肌肉等的器质性特征，这些方面影响了人的体格、体质、力量、耐力、速度、灵活性等气质性品质，进而对个体面对刺激时的反应模式产生影响，而这些内容恰恰是构成人格的心理基础。

2. 环境和个人经历

有许多环境因素对人格起着塑造作用，包括家庭教养方式、习惯、文化教育背景、生活环境、社会经济基础、人际关系及群体规范以及个人体验等。其中，文化的作用尤其重要。不同的文化有不同的伦理原则、态度与价值观，确立了不同的行为规范，从而制约着人的态度体系和行为方式。比如，中国文化强调和谐、含蓄，日本文化强调依恋与人际情感，美国文化注重独立、竞争。在不同文化背景影响和不同的教育体系灌输下，日本人看重家庭、人际协调和团队合作，而美国人则倾向于竞争，强调个人抱负和进取性。

此外，出生排行对人格也有影响。在一个多子女的家庭中，根据出生顺序的不同，每个人有着不同的排行次序，这会使得一个人接受到与其兄弟姐妹不同的家庭及社会环境的待遇，并因此反映出不同的人格特征。研究表明：排行第一的孩子相比于其他排行的孩子来说，较容易感受到社会压力，并且依赖性较强。他们对世界的秩序与理性较敏感，比较在乎别人的看法，比较循规蹈矩，遵从权威，较富有雄心和勤奋精神，较善于合作，也更容易内疚与焦虑。

3. 特定情境

人格虽是由遗传和环境两方面合成而来的，但具体的态度和行为模式的表现，却是由具体情境所引发的。人格是相对稳定的，但这并不意味着它以刻板不变的方式始终保持唯一的形态，而是在不同情景中随条件改变而采取不同的态度与行为反应方式，从而维系人格的本质特征。比如，两国交战，对己方要诚实，对敌方则可能要"诱骗"；又如，一个人工作时很严肃、谨慎，而闲暇娱乐时，却非常活泼、随意。上述例子并不代表一个人的人格是经常发生变化的，相反，这种"事随境迁"的做法，恰恰符合人格本质意义上的恒定性。这就是人格的情境性变式的含义。换句话说，所谓人格的稳定性，并不是狭义上的时间和空间(情境)上的一致性，而是指它在性质上稳定不变。这种性质的不变性正是通过在不同情境做出不同反应来表达和实现的。

在组织中，人格的影响可以体现在方方面面。更具体地说，人格会影响到个人的认知方式、体验方式、行为方式和工作效果。因此，了解人格的概念、特征、由来、作用，有助于管理者在组织中选择和把握不同类型的人，并与他们有效地进行交往和共事，这对组织和员工双方都有益。

二、人格特征

通过对人格特征的描述来把握每个人的行为，是心理学家和大众的共同理想。早期心理学家大多是通过词汇来对人格特征进行概括。例如，李逵的人格特征就可以被描述为"鲁莽""忠义""孝顺"；葛朗台的性格则用一个词"吝啬"就可以生动地描述出来。

不过，用单一词汇概括人格的方法将人格特征过于简单化，不能对人格进行全面描述。而且可用于描述人格特征的词汇成千上万，难以把握。但不可否认，这些人格特征对解释组织中个体的行为相当有价值。了解这些特征能够帮助我们更好地理解和预测个体的行为。

人格心理学家采取了特殊的策略，寻找在日常生活中可以描绘和解释的典型的人格特征，它们往往十分突出，易于理解。以下是人格心理学家界定的常见的人格特征。

1. 控制取向

人格的一种特性反映为控制取向(locus of control)，它指的是人们考虑控制自己命运的程度时所形成的态度。具体来说，那些认为自己是个人行动的主宰的人，就是内控型的个体。相反，认为自己的行为活动受外部力量控制而非由自己决定，则是外控型的个体。相对而言，外控的人更容易听信命运的摆布。

对于内外控型人格有过大量的研究，其中一些一致性的结果表明：外控型的人更容易对自己的工作不满，出勤率差，对工作的投入相对较低。据分析，出现这种情况可能的原因是：外控型的人认为自己对于组织的整体的业绩没有什么影响力，从而与组织产生心理距离，因此在工作上不做过多的投入。相反，在同样情况下，内控型的人则倾向于把组织的成绩归因于自己的作为，故易产生较高投入。然而，如果组织业绩不佳，内控者也常常会责备自己，认为是自己的原因致使组织业绩没能获得让人满意的结果。更有趣的是，内控者认为身体是否健康是由个人控制的，因此，通常他们的健康习惯都比较好，不易生病，缺勤也就相对较少。至于辞职行为，似乎与内控型无明显关系。比如，一方面，内控者倾向于采取积极主动的行动以改变令人不满的现状，故易辞职，另谋高就。另一方面，由于内控者相信结果是由自己导致的，使得他们在工作中表现较出色，容易得到精神上的满足，故更不易辞职。因此，这两方面达成动态平衡，很难说明其中确切的关系。这也启示组织管理者，在遇到类似问题时，要根据情况的不同具体问题具体分析。

研究表明，内控的个体所体验到的工作紧张感更低，他们更具职位可塑性，在职场里更容易晋升。内控的个体也更容易成为领导，并且他们所领导的团队也更有效率。另外，内控的个体在压力情况下表现得更出色，具有高水平的工作投入。

相反，外控的个体则会体验到更多的工作压力，他们的工作满意感也较低，并且，相对于内控的个体来说，他们的自我效能感和内源性工作动机、对组织的情感承诺也更低。外控的个体离职意愿也更高；外控的个体通常任务绩效更低，利他行为和责任行为也更少。

2. 成就取向

成就取向(achievement orientation)是指个体对成就的需要强度，或者个体对自身成就所确立的目标。研究普遍认为，成就需要强的人会不懈地努力克服困难，追求更佳的工作业绩。同时，他们会把成功归因于自己的努力。因此，他们乐于寻找既有一定的挑战性，但又不过于艰难而无法成功的机遇，因为他们需要从成功中看到自身的价值。这就意味着，他们喜欢难度适中的工作。如果工作太简单，缺乏挑战，就无法显示出自身价值，也就体验不到成就感。但是，如果工作太难，成功的可能性太小，就无法看到自身价值，甚至会让他们觉得自己无能。由此可见，对于成就感强的人来说，他们更适合的是任务难度适中、能迅速看到绩效、允许员工自己控制过程和判定成果的工作，比如推销工作、管理工作等，而生产流水线上的机械性工作、在柜台前帮忙的工作则并不适合这些人来做。当然，这里只是论及成就需要与工作类型的关系，需要明确的是，成就需要的高低不等于工作表现的好坏。

3. 权威主义

权威主义(authoritarianism)是指一种观念，即认为在组织中应该存在等级与权力的差别。极端权威主义者思想僵化，爱评判是非，以权力为行事处世的准则，有奉承上级、欺压下级的倾向。权威主义应当被看作人性的一种维度，即每个人都可能拥有权威意识，只是存在程度上的差别。权威主义意识较强的人，不适合那些需要关心他人感受、反应机敏、具有较高变通性的工作。但对于高度结构化的工作，以遵从命令行事而决定绩效的工作，权威主义意识较强的人往往能干得很出色。

4. 权术主义

权术主义是马基雅维利主义(Machiavellianism)的本意，源于 16 世纪马基雅维利的一部论述如何获得和操纵权术的著作。具有较高权术主义倾向的人行事独断，在感情上与他人保持一定距离，并且会为达到目的不择手段。

权术主义意向不同，对工作绩效有不同的影响。权术主义意识较强的人，喜好控制事物，乐于影响别人而不是被别人影响，他们总是试图说服别人遵从自己的意志。有研究表明，在以下情境中，高权术主义倾向的人有出色的表现：①面对面交往而非间接沟通时。②情境中的规则或限制较少从而可视具体情况自由发挥时。③不需要感情投入时。

如何对权术主义倾向较强的员工进行评判取决于具体的工作性质，特别是应明确对工作绩效的评估是否有道德方面的标准。比如，对于需要谈判技巧这类只要求效果而不论手段的工作，运用权术往往会取得很好的收效；但如果必须考虑工作中的伦理问题，采用适当的方式方法，或者必须严格遵从绝对的工作标准而无变通可言的话，权术主义则很难行得通。

5. 冒险意识

每个人都有不同程度的冒险(risk-taking)意识。比如，对于一个经理而言，不同的冒险程度决定了他将花多少时间去进行一项决策，以及在决策前需要收集多少信息。有一项研究调查了 79 名经理，发现爱冒风险的人在人事决策上所用时间较少，且用来进行判断的信息也较少。有趣的是，他们的决策正确性和那些不爱冒风险的人是一样的。

表面上看，管理者似乎都不希望自己的员工冒风险，因为员工冒风险会加大管理者和组织承担风险带来的损失的可能性。但冒险的性格特征确有很大的个体差异，而且这种特征究竟是否有利于工作，仍然需要看具体的工作性质。比如，证券代理商的股票操盘工作，高冒险的人比低冒险的人更适合，因为这样的工作需要个体迅速做出决断；而对于审计会计这类需要十分谨慎小心、避免出错的工作，让冒险性较低的人来做比较稳妥。

6. 自尊

自尊(self-esteem)是指个人通过合理的自我评价达成恰当的自我接纳的结果。自尊在工作场所中有特殊的重要意义。研究表明，高自尊的人能更好地处理失败，能更正确地对待挫折与失败。高自尊的员工能够更积极地看待自己，他们会感觉到自己的独特、有能力、安全、有权力。并且，高自尊的员工通常和周围的人也有很好的关系。而自尊低的员工往往对自己的能力没有信心，因此害怕做决策，也缺乏与他人协商以及人际交往的技能。此外，自尊低的员工也不愿意或者无法去改变现状。

自尊对于管理者而言尤其重要。高自尊的管理者不怕自我批评，敢于面对他人特别是下属的质疑，乐于倾听不同的意见，也不会嫉贤妒能，而自尊水平低的管理者总担心自己的职位不保，没有安全感，因此往往会打压异己，容不下能人，其带领的团队业绩也会因此受到影响。

7. A 型人格

有学者提出，人格可以分为两种类型：A 型和 B 型。不同类型的人会表现出截然不同的行为模式。

A 型人格的人好动，很难看到他们闲下来静坐不动；他们有很高的时间紧迫感，耐心较少，遇事容易急躁。他们的生活节奏总是很快：行走很快、吃饭很快、说话也很快，非常喜欢同时做两件或两件以上的事情，并且时常会感觉到时间压力。同时，A 型人格的人往往也具有较强的攻击性、竞争性。

与之相反，B 型人格的人则充满耐心。他们行为温和、不具攻击性。他们的竞争心较弱，不喜欢争强好胜。另外，仔细观察就会发现，在生活中我们很少会看到 B 型人格的人行事匆忙，这是因为他们缺乏时间紧迫感，也不会因为将时间花费在了休闲上而产生负罪感。

A 型人格的行为特征最早于 20 世纪中叶提出。当时的研究结果表明，A 型人格的人更容易患心血管疾病，其发病率是 B 型人格的人的四倍。不过，最近由于人们广泛注意到这个现象，加强自我调理，发病率明显下降。

另一个有趣的发现是，中层管理者中 A 型人格所占比例更高，而 B 型人格的人更多出现在高管层。一个可能的解释是，中层仍处于可能的上升阶段，仍需奋力打拼，所以"活得更匆忙"，而一旦到了管理高层，职责更多是宏观管理和决策，不必事无巨细、事必躬亲，自然也就从容一些。

三、人格类型与维度

尽管通过单一词汇来概括人格特征的方法有助于我们对组织中成员的行为进行简单、有效的解释，但实际上，人格是一个复杂的结构，简单概括的方式在解释人们更为复杂的行为时常常会遇到困难。后来，心理学家试图通过将人格分类的方法，从不同的维度对人格进行描述。

1. 卡特尔的16因素人格

特质指的是可观察的、长时间存在的行为模式。人格特质论持一种简单的理想，即用有限的、少数特征词汇去描述一个人的人格特点。卡特尔(R. B. Cattell)根据自己的人格特质理论，运用因素分析的方法从大量测试条目中抽取出了16个因素，归纳为16个维度(表7-2)。卡特尔认为，在每个人的身上都可以发现这16个维度，只是不同的人在这16个维度上有不同程度的表现，进而构成个体独特的人格。根据这16个维度，卡特尔编制出了"卡特尔16种人格因素问卷"(16PF)，共有187个题目。该人格测验广泛运用于公众对自身人格的解读，也用于不同组织的人才选拔。

表7-2 卡特尔16人格维度

低分特征	高分特征
缄默、孤独	乐群外向
迟钝、学识浅薄	智慧、富有才识
情绪激动	情绪稳定
谦虚、顺从	好强、固执
严肃、谨慎	轻松、兴奋
权宜、敷衍	有恒、负责
畏缩、退却	冒险、敢为
理智、注重实际	敏感、感情用事
信赖、随和	怀疑、刚愎
现实、合乎成规	幻想、狂放不羁
坦白直率、天真	精明能干、世故
沉着、有自信心	忧虑抑郁、烦恼多端
保守、传统	自由、批评激进
依赖、随群附众	自主、当机立断
矛盾冲突、不明大体	知彼知己、自律谨严
心平气和	紧张困扰

2. 埃森克人格结构

除了卡特尔将人格归纳为16个维度外，还有一些将人格划分为更简单的维度的尝试。

比如，从理性成分看，可把人格分为理智型和情绪型；从活动倾向看，可分为外向型和内向型；从独立程度看，可分为独立型和依赖型。不过这些类型分类都过于简化，只反映了人格的某个侧面，并不能说明人格的复杂性。英国心理学家埃森克(Esenck)用两个维度作为平面上的两个坐标轴，并据此来说明人格的较复杂的结构(图7-1)。维度性的结构模型的重要意义之一在于：人格往往不是绝对的极端形态，而是居于绝对特征之间，存在程度上的差异。这对于预测行为颇有指导价值。

图 7-1　埃森克人格结构图

3. "大五"人格

"大五"人格(big five personality traits)特质，包括开放性(openness)、尽责性(conscienceness)、外向性(extraversion)、宜人性(agreeableness)、情绪稳定性(神经质，neuroticism)五个特质维度，它们的英文词的首字母合并在一起刚好可以组成 OCEAN(海洋)，故又被称为"人格的海洋"(表7-3)。这些特质是相对稳定的。五大特质可以无数种比例组合在一起，但其中的某个特质可能占据主导地位。五大特质结合个体的其他特征就产生了一个独特的人格整体。跨文化研究表明，"大五"人格存在基因证据，在不同文化中都能发现这五个维度，只是不同文化中的五个维度存在程度上的差别。这意味着，人格是人类在长期进化中不断适应环境而形成的行为模式。

表 7-3　"大五"人格特质的高分特征描述

核心特质	高分者的特征
尽责性	可依赖的、努力的、有组织的、自律的、持久稳固的、有责任的
情绪稳定性(神经质)	平静的、安全的、高兴的、不忧虑的
宜人性	合作的、热心的、关心人的、好脾气的、谦恭的、值得信赖的
外向性	社会化的、对人友好的、健谈的、过于自信的、好社交的
开放性	好奇的、智慧的、创造性的、有教养的、艺术敏感的、灵活的、有想象力的

"大五"人格与组织相关的结果变量存在千丝万缕的联系。大量研究结果表明，尽责性和工作绩效有显著正相关。尽责性可以有效地预测工作绩效。尽责性高的员工会为自己设定较高的目标，并且有较高的绩效期望，因此他们对于工作丰富化和授权可以做出很好的回应；外向性特质强的员工更可能旷工，但是他们也易于获得管理和商业上的成功；情绪稳定性高的员工在充满压力的情境中更有效率；高宜人性的员工能够更有效地解决冲突、处理客户关系；而高开放性的员工能更容易地提高工作熟练度。团队成员在尽责性、宜人性、开放性和情绪稳定性上平均得分越高，整个团队的绩效也会越高。

另外，对"大五"人格与压力和绩效的关系的研究发现，情绪稳定性调节了阻断性压力源(一种妨碍人们取得工作进展的压力或障碍)和工作绩效之间的关系。具体来说，情绪稳定性高时，阻断性压力源越高，绩效也会越高；而当情绪稳定性低时，随着阻断性压力源的增高，绩效会降低。可以发现，对人格与组织变量关系的研究，能够为组织管理带来很多帮助。

"大五"人格在管理心理学中的应用还表现在：对于所有的工作而言，尽责性是不可或缺的。尽管没有证明情绪稳定性与工作有强相关，但是对于某些工作来说，情绪稳定性是非常重要的，比如飞行员、宇航员以及类似的职业，对个体情绪稳定性的要求非常高。宜人性对服务行业的人非常重要，宜人性高的服务人员能够带给顾客更好的服务体验，也更容易得到顾客的高评价。需要注意的是，对于销售人员来说，外向性并非越高越好。有研究指出，外向性不是决定销售绩效的唯一因素，二者之间的关系受到任务结构的影响。例如，在销售涉及消费者深度卷入的决策的商品(如住房和汽车等大件商品)时，过于外向的人并不合适，因为他们太健谈而忽略倾听，在对话中支配性过强，对顾客的需求不够敏感。此外，在维护老客户时，外向性低的人绩效更好；而在开拓新客户时，外向性高的人绩效更好。开放性高的人对新信息的接纳程度高，因此在与营销和策划相关的任务上表现得较好。

4. 梅耶-布里基斯人格特质问卷(MBTI)

20 世纪 40 年代，心理学家梅耶-布里基斯母女开发了一套人格测验——MBTI(Myers-Briggs Type Indicator)。MBTI 的理论基础可以回溯到 20 世纪 20 年代著名的瑞士精神病学家荣格(Carl Jung)对心理类型的划分。荣格认为，人们可以分为外向和内向两种类型。而人类有两个基本的智力过程——知觉和判断，知觉又可以分为感觉和直觉，判断又分为思维和情感。由此，产生了四个人格维度：内向/外向性、知觉/判断、感觉/知觉、思维/情感(表7-4)。MBTI 可以测量人们在上述四对特质上的偏好情况。四对特质通过不同的组合方式可构成16种不同的人格类型。

表 7-4 MBTI 维度描述

类型	定义
E 外向-I 内向	与世界的互相作用是怎样的,能量向什么方向投入/疏导
S 感觉-N 直觉	自然状态下留意、接收信息的方式和内容类型
T 思维-F 情感	如何做决定
J 判断-P 知觉	信息是导出(结构化,决策)还是接纳(随意化,理解)

MBTI 被广泛运用在组织管理中。例如,ESTJ 类型的人是外向的、感受型的、思维型的和判断型的。这种类型的人喜欢与他人相互联系(E),客观地看待这个世界(S),理性、果断地做决定(T),并且喜欢时间进度明确和有序、对事物展示自己的评价而不是被说服(J),更适合管理工作。ENTP 类型的人则是思维型的,他们善于敏捷地思考,精通许多事物,能够游刃有余地应对有挑战性的问题,但这类人常常会忽视常规事物。

对于组织而言,采用有关的人格测验能够帮助员工更充分地了解自己,也能够让管理者更深入地了解员工的心理与行为。这种了解可能促进彼此之间的沟通,进而员工绩效、组织的生产力也可能因此而有所提高。

【本章知识要点】

气质:气质是由高级神经活动过程的特点决定的心理活动的动力和时间方面的特性。
人格:代表着人的独特的风格,包括稳定的、习惯化的思维方式和行为模式。
控制取向:指人们考虑控制自己命运的程度所形成的态度,分为内控和外控两种类型。
成就取向:指个体对成就的需要强度,或者个体对自身成就所确立的目标。
权威主义:指一种观念,认为在组织中应该存在等级与权力的差别。
权术主义:权术主义是马基雅维利主义的本意。高权术主义倾向的人行事独断,在感情上与他人保持一定距离,并且会为达到目的不择手段。
自尊:指个体通过合理的自我评价达成恰当的自我接纳的结果。
特质:特质指可观察的、长时间存在的行为模式。
A 型人格:一种行为风格,时间紧迫感高、竞争性强,行动总是很匆忙。
"大五"人格:又被称为"人格的海洋",包括尽责性、情绪稳定性(神经质)、宜人性、外向性、开放性五个特质维度。

【思考题】

1. 气质和人格有什么关系?气质对工作有什么启示?
2. 人格对职业选择和职业成功的作用是什么?如何在管理中运用有关特定的人格特征或类型的知识?

8

态　度

知之者，不如好之者；好之者，不如乐之者。

——《论语·雍也篇第六》

【内容概要】

介绍态度的概念、组织中常见的态度的种类。
说明态度一致性的作用。
介绍与态度相关的理论。
阐述影响工作满意度的因素和工作满意度的影响。

§1　态度的基本概念

态度(attitude)是个体对人、客体、事物所持的肯定或否定的评价，反映了个体对人、客体、事物的感受，并伴有相应的情绪的反应。比如，一个人说"我喜欢我的工作"，这表达的就是他对其所从事的工作的肯定的态度。

态度不同于价值观。态度是较具体的，通常指向明确的人、客体或事物。价值观则较为概括，包含较宽广、丰富的概念内容。比如，一个人说他"主张平等、自由"，这是指他的价值观，而如果他说"我赞成这个平等对待男女员工的招聘方案"，则表明了他对具体事物(招聘政策)的态度。

态度和价值观也有密切的联系。由于价值观是较为概括的信念，人的态度实际上往往是价值观的具体反映。人的价值观可以解释他的态度，并且在大多数情况下，可以解释他的行为。不过，目前理论研究还不能十分详细地揭示哪些价值观导致哪些具体的态度和行为。

态度涉及人们的认知、感情和信念等多个方面。工作中，我们可能时常会听到有人抱怨"上级不应该干涉员工的个人事务""企业的前途和我的个人利益没有关系"。这些话乍听起来无足轻重，但实际上它所反映的正是人们的态度中的认知和相应的情绪。在组织中，态度在很大程度上影响员工如何知觉环境、如何计划行动以及最终行为的完成情况。态度会使人们形成一种心理定势，就好比有了一个框架，而人们对其他事物的看法会受到这个框架的影响，进而影响人们的行为。由于态度能影响人的行为，因而它对组织管理有着特殊的意义。了解员工对组织、管理者、企业目标、管理体制、分配原则与方法等方面的态度，可以为解释、预测乃至控制员工的行为提供有效的依据。

一、态度的由来

和价值观一样的是，态度也是在家庭、学校、同伴及社会文化影响下，在生活早期逐渐形成的。人们通过自我学习、观察别人的行为以及人际交往，塑造了自己的态度和行为，使自己的生存适应社会环境和个人需要。

和价值观不同的是，态度相对来说稳定性较低。由于态度是针对具体的人、客体和事物，而具体的人、客体和事物与个体的关系往往处于变化之中，相应地，个体的态度也会随之发生变化。比如，原来有益于你的人现在对你无益可言了，原来需要的东西现在不再需要了，你对他(它)的态度自然就会发生改变。又如，商家之所以会在广告上进行不少的投入，是因为广告能把品牌理念、产品信息传递给消费者，从而影响人们对该品牌及其产品的看法，进而改变人们的态度，促进消费。由此可知，态度改变有着极为重要的意义和作用。

二、工作态度的种类

既然态度是针对人、客体和事物的，而这些对象又是多样的，那么态度自然就有多种。我们在这里将要讨论的是那些与组织和工作有关的态度。在组织中，与工作有关的员工态度类型主要包括工作满意度、工作投入、组织承诺、变革态度、组织公正感等。

1. 工作满意度

工作满意度(job satisfaction)是指员工对自己的工作喜欢或不喜欢的感情和情绪。工作满意度高的员工往往对工作持积极态度。相反，工作满意度低的员工常常对工作持消极态度。另外，需要注意的是，我们常说的工作满意度是着眼于员工个体而非整个群体。用于描述整个群体满意度的是士气。

工作满意度是一个多维度的概念。具体来说，工作满意度既可以是一种整体性的态度，也可以是针对工作不同部分的态度。比如，一名员工说"虽然我对目前从事的这份工作非常满意，但有些时候上级处理问题的方式让我无法接受"，这就体现了这名员工对工作(整体)是满意的，但对其上级的一些行为(部分)是不满意的。

工作满意度具有稳定性。一般来说，工作满意度是长期形成的，并且一旦形成就不容易改变。但是，它也具有一定程度的动态性，表现在工作满意度的下降会比其形成更迅速。这启示组织管理者，应该对员工的工作满意度的变化予以关注。员工工作满意度的变化会为组织带来不同的影响。比如，当员工的工作满意度下降时，其工作效率降低而离职意愿增强，进而可能会给组织带来一系列负性结果，影响组织产出。

工作满意度还会受到环境的影响。它与人们的生活满意度有关。工作满意度是生活满意度的一个组成部分，两者会相互影响。研究表明，生活满意度能够预测工作满意感，这对组织筛选员工具有一定的启示。比如，尽管员工在入职之前，组织无法得知该员工日后的工作满意感如何，但是，可以通过测量员工的生活满意感来对他入职后的工作满意感进行预测。那些生活满意感很糟糕的人，其工作满意感也往往不会很好。因此，测量生活满意感可以作为一种人事筛选方法。

2. 工作投入

工作投入(job involvement)指的是员工在工作中的深入程度、所花费的时间和精力的多少，以及把工作视作整个生活的核心部分的程度。研究表明，工作投入高的员工，出勤率更高，而离职率低。工作投入高的员工也更相信职业道德，他们会遵循自己工作中应该遵循的行为准则。他们也会显示出更高的成长需要，喜欢参与制定决策，也更愿意长时间地工作并试图达到高绩效。

3. 组织承诺

组织承诺(organizational commitment)也称员工忠诚度，指员工认同组织，并愿意继续积极地参与其中的程度。组织承诺高的员工会表现出对公司使命和目标的信任，他们愿意接受、坚持公司的政策，能够为了达成公司的使命与目标而更加努力地工作。同时，组织承诺高的员工通常有很好的出勤记录，离职率也较低。另外，组织承诺高的员工能与顾客之间建立良好的关系，提高其顾客的忠诚度。因此，忠诚的顾客不仅自己购买很多，而且还会介绍新的顾客前来购买。

梅耶(J. P. Meyer)和艾伦(N. J. Allen)在1991年提出了组织承诺结构模型，该模型一共包括三个维度，分别是情感承诺(affective commitment)、留任承诺(continuance commitment)、规范承诺(normative commitment)。其中，情感承诺指的是员工对组织的肯定性的心理倾向，表现为员工对组织价值观的认同以及自愿为组织做贡献的心理，即表现为喜欢(like to)为组织工作；留任承诺指的是员工担心离开组织会失去一些已有的具有价值的东西，比如高工资、组织内的人际关系等，而不得不留在组织中，即被迫(have to)继续工作；而规范承诺则指的是员工留在组织中是基于他们对组织的责任感，认为应该(ought to)为工作、组织尽自己应尽的责任和义务。

研究发现，对组织的承诺与缺勤和离职都呈负相关。用组织承诺作为指标来预测员工的离职行为，比用工作满足作为指标更为准确。原因可能在于，不满意工作不等于不满意组织；而且，对工作的不满可能是相对暂时的，也比较容易改变，而组织承诺这种态度相对较稳定，且不太容易改变。研究表明，在个体主义文化背景下，情感承诺更能预测满意度，而在集体主义文化背景下，规范承诺更能有效地预测离职行为。

鉴于组织承诺的意义，一些公司为了提高其员工的组织承诺，启动员工参与计划，即设计各种方法鼓励员工参与到组织决策中来，提高员工的主人翁意识，进而提高员工的组织承诺。总之，提高员工的组织承诺无论是对组织还是对员工本身来说都是有益的，有助于双赢。

三、态度的一致性

试想你一直对某个品牌的手机的质量、性能等方面持相当怀疑的态度。但某一天你的一个朋友送了一部这款手机给你作为礼物，于是你对该手机的看法有了一个一百八十度大转弯，不仅如此，你还拿着它在同事面前大大地赞扬了一番。也许你并没有意识到自己的态度发生了如此巨大的转变，但是你的同事却对你的态度的变化感到很吃惊。

研究表明，人会自动地在各种态度之间以及态度和行为之间寻求一致性。这意味着，人们会自行调和存在分歧的各种态度，设法使态度和行为同步，以证明自己是理性的、言行一致的人。一旦行为与态度不一致，人们就会试图改变其中一方，或是态度，或是行为，使它们变得一致；或者，会试图找出一种合理的解释来说明态度与行为之间的不一致，为其存在的矛盾自圆其说。

需要注意的是，态度和行为的一致性并不意味着它们之间必然有某种因果关系。态度影响行为，但未必决定行为。曾经一度有人认为，态度决定行为，态度是行为的原因。这就好比说"人们因为喜欢看电视才看电视"。可又有谁能说"人因为看电视才喜欢看电视"这说法不对呢？社会心理学家发现，态度和行为之间没有必然的因果关系，它们可能同时是另一个原因的结果，或者有时行为是态度的原因。人们之所以产生某种态度(例如上述对某款手机的看法)是因为某种行为(例如你拥有了一部这款手机)在先。

研究发现，有一些边界条件是说明态度与行为一致性的重要原因。一个原因是，态度、行为越具体，越针对特定的事物，其相关程度越高。比如，"男女平等"是笼统的、一般性的态度，而是否同意"在企业某部门里同等任用女性职员"，则是具体的态度。显然，主张前一种态度的人，并不一定同意后一种态度。而持后一种态度的人，必然会诉诸行动，导致态度与行为的高度一致性。

另一个边界条件是社会压力。社会压力既可以使态度与行为保持一致，也可能使态度与行为相分离。比如，假设一个人对某一事物持激进态度，而决策时群体中的大多数人却持保守态度，屈于从众压力，这个人在行为上不得不同群体意见保持一致，由此造成个人态度和行为的分离。

此外，经验也是调节态度与行为间关系的重要变量，因为长期的经验本身就使态度和行为都变得更具适应性，同情境更为协调。

实践专栏　　追求一致性的消极作用

认知失调理论认为，个体态度的改变是出于想使自己保持态度间或态度与行为间一致的愿望，使自己看上去是个理性的人。然而，对于决策者而言，追求态度与行为之间的一致性也有消极的作用，因为一致性会使决策缺乏灵活性。如果条件已经改变，以前的决策失效，决策者却因循旧有的决策而拒绝接受现实，那么这种追求一致性的行为就会损害组织的绩效。

实践研究也表明，决策者为了减少认知失调的压力，往往对以前所做的决策过度认同，从而忽视现在出现的与原有决策相抵触的信息。因为决策者认为，如果他现在改变了以前做出的决策，就等同于承认他以前的决策是错误的。这就是我们常看到的"死要面子，不肯改过"的情形的原因，即明明知道旧的决策已经过时，仍然不肯对其进行修正。事实上，在不同条件下应当有不同的决策，不能简简单单地根据决策是否改变来判定决策的正确与否。这方面的教训在企业界中很常见。有些经理为了证明自己从前所做的决策的正确性，全然不顾现在客观条件的改变，固执旧见，致使企业蒙受损失。

四、认知失调理论

根据上述一致性的原则，我们是否能进一步假设：如果我们知道某人对某事的态度，就可以推测出他的行为？不幸的是，对这一问题的回答十分复杂，远非简单的"是""否"所能说清。比如，张三认为自己的薪水太低，故很不满，那么是不是给他加薪，改变了他"不满"的态度，就能进而改变他的行为，使他更加卖力地工作？答案是"不一定"。

20世纪50年代末期，著名社会心理学家利昂·费斯汀格(Leon Festinger)提出了"认知失调理论"(cognitive dissonance theory)，借以说明态度与行为之间的关系。所谓失调就是指"不一致"，而认知失调则是指个体认识到自己的态度之间，或者态度与行为之间存在着矛盾。费斯汀格指出：任何形式的不一致，都会导致心理上的不适感，这促使当事人去尝试消除存在的失调，从而消除不适感。换言之，个体被假设会自动地设法使认知失调的状态降到最低的程度。

人总会在某个时刻体验到认知失调，无人可以幸免。比如，你明明不喜欢你的经理，却要对他毕恭毕敬；你并不喜欢某种产品，却出于工作需要向别人推销它；你无法认可你的同事们提出的关于某一问题的解决方案，但秉持少数服从多数的规范却不得不接受。上述例子在生活中比比皆是，它们都是认知失调的表现。

那么，人们应该怎样去应对自己心理上的不平衡呢？费斯汀格认为，人们想消除认知失调的愿望是否强烈，取决于三个因素：①造成的失调的重要性。如果失调的现状无足轻重，人们往往不在乎。但若造成失调的因素非常重要，比如在经典的"汉斯偷药"的道德两难例子中，"汉斯是否该为救他妻子的性命而去偷药"，道德压力迫使他必须解决这一失调，要么不救人，要么不顾法律，要么找一种合理的解释，比如认为为了救人而触犯法律不算什么，以此为自己开释。②当事人认为自己影响、应付失调的能力有多大。如果人们自认为无能为力，造成失调的原因在于外部环境条件或上级命令，那么人们就可以做外部归因，从而减轻自己对产生的失调所负的责任。③因失调而可能得到的收益有多大。如果陷入失调中，但由此可以获得的收益很大，那么人们在心理上可以产生一种平衡，认知失调造成的压力也就不会过于强烈。实际上，高收益本身就是一种合理化理由，一种强有力的平衡剂，足以矫正认知失调的不一致性。常言说"重赏之下必有勇夫"，就是这个道理。

由于上述三个因素的存在，认知失调下的行为变得相当复杂。因此，有认知失调并不意味着一定会采取行动来恢复平衡。而认知失调理论的价值就在于，它帮助我们预测人们的态度和行为改变的倾向性究竟有多大。尽管具体情形是很复杂的，至少可以肯定，认知失调越大，压力就越大，个体想消除不平衡的愿望就越强烈。

五、自我觉知理论

传统的理论是主张"态度-行为"模式的，试图说明态度对行为的影响。但正如前面的阐述，除非考虑其他影响因素，否则态度对行为的决定关系并不明朗。这激发了一些学者探究两者之间是否存在相反的关系，即行为决定了态度。这种理论是"行为-态度"模式。自我觉知理论(self-perception theory)正是在这一背景下提出来的。

自我觉知理论考察了这样的事实：当被问及对某一事物的态度时，人们实际上是先回忆针对此事物的行为，然后根据这一行为推导出自己的有关态度。比如，若问某人是否喜欢某一工作，他说："这工作我干了几十年，自然是喜欢了。"或者一个人也可能会说："我一直在干这工作。"尽管这些回答看上去是针对行为的，但言外之意是对是否喜欢某一工作持肯定的态度。实际上，如果把态度与具体行为相剥离，人们往往很难说清持某种态度的原因。比如，若问一个喜欢看电视的人为什么喜欢看电视，他可能说不出具体的原因，只会回答："就是喜欢，因为我天天都要看。"显然这是在用行为去对自己所持有的态度的原因进行解释。因此，自我觉知理论认为，在有了事实之后，"态度"是用来使自己过去的行为合理化，而不是用来指引未来的行为的。

自我觉知理论在很多情况下都得到了证实。和传统模式相比，这种"行为-态度"模式揭示了另一个方向上的作用关系，行为反而是态度之前的先在的决定者。这似乎听起来与我们的常识相悖，但它反映了这样的心理事实：人们擅长为过去的行为寻找合理化的说明，却不擅长去从事已有良好理由的行为。

六、态度的调查

话说回来，暂且不论态度、行为谁因谁果，既然它们之间有相关，总是可以从一方面推测另一方面的。尤其是在组织背景下，由于员工已有了长期的稳定经验，他们的态度和行为之间的关系是很密切的。如果管理者掌握了具体的态度资料，便可以预测员工的行为。出于这一目的，态度的调查就成了重要的手段。

工作态度调查(attitude survey)就是根据想要了解的态度内容设计出一套问题式答卷，了解员工对组织中方方面面的事物的看法，包括这一看法的强度和广度。每一个问题涉及一种具体的态度，请被调查者用一定的评价尺度对每一个问题(态度)做出评定。评价尺度可以是"是/否"型的，也可以是"三分制""五分制""百分制"等。然后，针对每一类态度可按不同部门、不同工作、不同性别、不同年龄等项目进行统计比较。表8-1就是一个常见的态度

(工作满意度)调查问卷的样例。当然,它只是个样例,一般的工作满意度调查问卷少则十几题,多则几百题,要根据单位的具体情况,特别是调查目的、管理的复杂度和组织文化来设定。

表 8-1　员工态度调查表

请用五分制尺度评定下列每一个陈述(情形)对你的适用程度。"1"表示"完全不适用","5"表示"完全适用"。
把对每一情形的评定分数填在题号前的横线上。
____1. 这家公司是工作的好地方。
____2. 如果我努力的话,在这家公司里我会有出头之日。
____3. 这家公司的薪水待遇比其他公司好。
____4. 这家公司的晋升方案很公平。
____5. 我了解公司所提供的各种福利措施。
____6. 我的工作可以充分发挥我的才能。
____7. 我的工作富有挑战性,但不会负荷过度。
____8. 我信赖我的上司。
____9. 我可以自由地和上司讨论任何事宜。
____10. 我很清楚公司对我的期望。

态度调查的结果常常会出乎管理者们的意料。因为在管理者们看来是公平合理的管理政策与措施,在一般员工眼里可能并非公平合理,于是他们报以各种消极的态度,并难免要反映到工作中。这是由于不同知觉者的立场不同造成的。比如,管理者可能认为给某个员工的薪水很高,而且可能实际上这个水平也的确很高,很有吸引力,但这个员工从自己的立场看,还是"觉得"薪水低了,以致做出辞职的决定。显然,不能从调查者的态度去判断被调查者的态度。而态度调查的目的,就是要经常、及时地了解员工态度的现状和变化,及早发现潜在的问题,制定对策,防患于未然。

§2　工作满意度

一、工作满意度的测量

工作满意度一直以来都受到了学者们极大的关注。在上文中,我们已经对工作满意度的概念有了基本的了解。工作满意度是指"员工对工作所持的一般性态度"。因此,要测量工作满意度,可以直截了当地询问。比如请员工用五分制来衡量对工作的整体的满意程度,从

"非常不满"到"非常满意",任其选择。不过,所谓工作并不仅仅是指由具体工作任务规定的行为或操作,它还意味着与其他人交往,遵从组织的规章和政策,达到绩效标准,承受各种压力,容忍现实工作条件,承担各种责任等。因此,一个人是否对工作满意,要由许多因素来确定。这就要求我们在测量工作满意度时对这些因素都予以考虑。因此,就产生了多项加权评定法,也就是把与工作有关的各种要素都包括到问卷中来,诸如工作的性质、监督程度、薪水、晋升机会、同事关系等,最后用各项评定的加权总分作为工作满意感的衡量指标。

然而,加权评定法看似科学、严格,应更为合理、准确,但实际却没有直接评定法有效。这是因为满足感是一种相当复杂而又模糊的心理感受,似乎越是追求数字上精确的量化,越是会背离它的实质。

二、决定工作满意度的因素

上面说到,有许多因素涉及工作满意感,但其中有几个是最为重要的。洛克(E. A. Locke)曾研究指出,下列四种因素会影响工作满意度。

1. 工作的挑战性

员工往往喜欢使他们有机会发挥自身才华的工作,喜欢能提供各种任务、自由、对自己的出色成绩有反馈的工作。具有这些特性的工作富于挑战性。当然,挑战性过大会造成挫折和失败感,但没有挑战性的工作则只能使人厌烦。当挑战性适中时,员工会体验到快乐和满足。对于脑力工作者或追求自我实现的员工而言,尤其如此。

2. 公平的待遇

报酬、晋升制度和政策是对员工工作的最直接、最明确的物质肯定方式,它既是针对个体历来的努力程度和绩效,也反映着组织内外横向的比较。因此,这些制度和政策是否公平,极大地影响着员工的工作满意度。薪水如能根据工作要求、个人才能、组织内部的相互比较、社会行情来拟定,则很可能使员工认为合理而感到满意。当然,就像之前提到的,工作满意度不同于生活满意度。工作满意度是生活满意度的一部分(图 8-1),生活满意度更能影响工作满意度。金钱并不是生活中唯一重要的杠杆。有的人宁愿薪水低些,欲求工作地点近,工作要求低,工作强度小,工作时数短,自由度大,人际关系融洽,稳定,压力小。对工作是否满意,关键不只在于金钱的多少,而更在于是否公平。晋升政策也是如此。晋升使人有长远发展的机会,获得较大的权力和地位,对人的生活至关重要。如果相关的政策是公平的,那么员工对工作的满意度就会较高。

3. 良好的工作环境

良好的工作环境能提高员工的工作满意度。工作环境的舒适程度(比如适宜的温度、照明、低噪声、洁净)，从事工作的便利性(比如易操作的现代化的设备和工具，不太遥远的工作地点)，都是影响工作满意度的重要因素。

4. 合作的同伴

人们在工作中得到的不仅是金钱的报酬或晋升。融入组织中，能使员工的社交需要得到满足。如果能和同事融洽相处、友好共事，自然能增加员工的工作满意度。除了同事外，管理者的行为也很重要。研究表明，如果管理者能了解、关心员工，倾听意见，奖励成就，员工的工作满意度便会增加。

除上述因素外，性格与工作的适当搭配也会增加工作满足感，因为这种情况下员工的能力、特长、风格正好符合工作的要求，员工有机会最大限度地胜任工作，并从中体验快乐，也就能使其满意度得以提高。

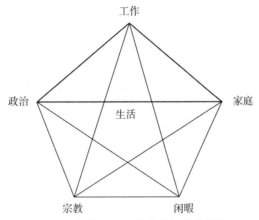

图 8-1　某些与生活满意度相关的要素

三、工作满意度的影响

工作满意度会影响员工在组织中的各种行为。因此，无论如何，管理者也应重视提升员工的满意度。具体说来，工作满意度的主要影响作用包括以下几个方面。

1. 工作绩效

高绩效能够为员工带来更高的奖励，并且员工会对得到的奖励是否公平进行评估，若认为奖励是公平的，那么员工的满意度就会保持在一个相对较高的水平，进而产生更高的组织承诺，也更愿意努力地工作。反之，如果员工的绩效不如意或者所得到的绩效奖励与他认为该得到的不对等，那么其工作满意度就会降低(图8-2)。

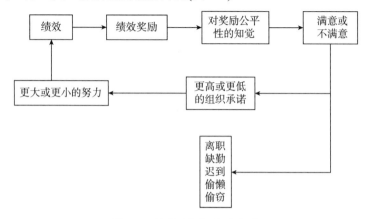

图 8-2　绩效-满意-努力回路

2. 员工离职

更高的工作满意度与更低的员工离职率(turn out)是联系在一起的。离职的负面效果是明显的，它会带来人力技术资源流失、工作及士气受影响、企业社会形象受损等结果；但员工的离职也会产生新的晋升机会、新人力资源，以及企业人力流动性。有时，没有离职的"一潭死水"的状态对组织未必是好事。有的企业甚至会设法将离职率保持在一定的水平，来增加企业的活力。

3. 缺勤和迟到

所谓"工作满足感高，出勤率应高，辞职的可能性应低"，乍一听很有道理，其实这几者之间的关系并不简单，而是有其他中介因素起作用。如果有法定的病假大数免扣薪水，即使工作满足感高的员工也不免利用病假，因为这样的制度似乎在鼓励人们请病假，反正多干、少干几天不影响收入。

比较起来，工作满足感与辞职行为之间的负相关程度要大一些。但是也受到调节变量的影响，比如就业市场的供需状况、新的工作机遇的诱惑、工龄等。需要区别的是，工作成绩不同的员工反应也不同。工作成绩好，能受到组织的重用，并得到较好的待遇，即使对工作仍有所不满，也不一定会辞职，故很难预测；至于工作成绩差的员工，组织不会重用，甚至会被"炒鱿鱼"，若同时员工也不满意工作，那么离职的可能性就会很大。

4. 偷窃行为

常见的偷窃行为有偷窃产品、未经许可使用公司设备、伪造票据或制造其他类型的骗局、未经许可拿走公司的资产等。有偷窃行为的员工认为不道德的行为也是合理的。更严格的组织控制或物质刺激机制通常并不能解决员工的偷窃问题，因此，组织需要采取一些更有效的方法来阻止员工偷窃行为的发生。

5. 暴力行为

员工不满意的最极端后果之一，是产生暴力行为(violence)。有些员工表达不满的方式就是在工作中表现出各种形式的口头上或身体上的侵犯行为。比如，迁怒于同事或上级，对他们恶语相向；打、砸办公室里的公共物品。暴力行为会给组织带来严重的后果，因此对于那些已经表现出或可能会表现出暴力行为的员工，组织应该予以极大的重视，及时止损。

6. 其他影响

除了上述的一些消极影响外，工作满意度高的员工还可能会显示出组织公民行为(organizational citizenship behavior，OCB)，即员工会为促进组织成功而自发地表现出对组织有益的行为，尽管这些行为并不在其责任范围内，也不会因此获得任何报酬。比如，工作满意度高的员工为了能够及时完成任务，即使没有加班费，也自愿留在公司加班到很晚。再如，具有高度组织公民行为的员工会在组织外宣传组织形象，维护组织利益，推销组织的产品。

四、对工作不满的表现形式

当员工对工作感到不满时，往往会有多种反应形式，并非简单地递交辞职书。然而，不是通过递交辞职书而是采取其他方式来表达不满，有时会使组织更难于处理。这些方式包括抱怨、情绪抵触、旷工、迟到、怠工、错误率增加，甚至出现破坏性行为等。不过，员工对工作感到不满时有时也可能会表现出积极的行为，例如提合理化意见或建议，指出症结，主张建设性改革，甚至即便有所不满，仍尽力维护组织的利益和形象。因此，由于员工对工作不满时可能出现两种截然不同的后果，作为组织管理者，应当努力诱导积极反应的出现，并借此认识和解决存在的问题，改善管理，消除员工不满的情绪。

五、工作满意度研究

工作满意度调查(job satisfaction survey)是工作满意度研究的一种典型方法。员工报告对工作和工作环境的感受，然后管理者将这些回答综合起来进行分析。

对工作满意度进行研究可以为组织带来诸多好处。研究员工的工作满意度有助于管理层对组织成员总体满意度水平进行监控，并据此指出满意或不满意的具体领域和具体的员工群体，从而帮助管理层制订新的方案，也有助于改善各个方向的沟通。工作满意度也可以作为调查时评定各种问题的强有力的诊断工具,比如它可以为管理者提供诊断培训需要、改革反馈等信息。

当满足以下条件时,工作满意度调查能够取得最好的效果:①最高管理层积极支持调查;②员工完全投入到调查的规划中;③调查有其明确的目标;④研究的设计、实施方案符合正确调查的标准;⑤管理当局能够采取行动,而且愿意在调查后跟踪行动效果;⑥调查结果与行动计划都要告知员工。

表8-2 组织中经常可以获得的工作满意度相关的信息

信息源	
员工辞职	抱怨
绩效记录	事故报告
浪费和损耗记录	培训记录
质量记录	建议
考勤记录	医疗报告
监控报告	离职面谈

【本章知识要点】

态度:指对人、客体、事物所持的肯定或否定的评价,反映了对人、客体、事物的感受。

工作满意度:指员工对自己的工作喜欢或不喜欢的感情和情绪。工作满意度是一个整体的、多维度的概念。具有稳定性,但也会受到环境的影响。

工作投入:指员工在工作中的深入程度、所花费的时间和精力的多少,以及把工作视作整个生活的核心部分的程度。

组织承诺:指员工认同组织,并愿意继续积极地参与其中的程度。包含情感承诺、留任承诺、规范承诺三个维度。

情感承诺:指员工对组织的肯定性的心理倾向,表现为员工对组织价值观的认同以及自愿为组织做贡献的心理。

留任承诺:指员工担心离开组织会失去一些已有的具有价值的东西,而不得不留在组织中。

规范承诺:指员工留在组织中是基于他们对组织的责任感,认为应该为工作、组织尽自己应尽的责任和义务。

认知失调理论:认知失调指个体认识到自己的态度之间或者态度与行为之间存在着矛盾。该理论认为,任何形式的不一致,都会导致心理上的不适感,并促使当事人去尝试消除存在的失调,从而消除不适感。

自我觉知理论：事实表明当被问及对某一事物的态度时，人们会先回忆针对此事物的行为，然后根据这一行为推导出自己的有关态度。因此，该理论认为，在有了事实之后，"态度"是用来使自己过去的行为合理化，而不是用来指引未来的行为的。

【思考题】

1. 满意的员工也是高绩效的员工吗？为什么？
2. 如何提升员工的组织承诺？
3. 工作满意度的调查设计应考虑哪些因素？

9

组织中的激励

不患寡而患不均,不患贫而患不安。

——《论语·季氏篇第十六》

上下同欲者胜。

——《孙子·谋攻》

【内容概要】

介绍动机与激励的基本概念。
学习激励相关的理论:需要的内容理论、行为理论、过程理论。
阐述各激励理论的关系及边界条件。

§1 激励的基本概念

一、动机的概念

动机是行为管理中的一个重要概念。所谓动机(motivation),就是指人从事某种活动、为某一目标付出努力的意愿,这种意愿取决于目标能否以及在多大程度上满足人的需要。在组织中总可以看到这样的现象,不同的人工作的努力程度不同,绩效也不同。因此并不能直接从一个人的能力、天赋来判断他对组织的价值,还必须看他的工作动机水平。而激励每一名员工的工作动机，则成了组织管理者要从事的首要工作之一。

要想激励动机，就必须首先了解人为什么会有动机，为什么会在工作中注入不同的努力，为什么有的人总是干劲十足，有的人却总是士气消沉。毫无疑问，如何看待动机的来源及其性质，会影响到在组织中采用什么样的管理方法和措施。以往，一些人认为动机是人的一种先天品质，与生俱来。也就是说，人要么生来懒惰，要么生来勤奋。那些懒惰的人将一事无成，天生只能是一名普通员工。而对这些懒惰的员工，任何激励方式都不会起作用，只有靠强制手段强迫他们去工作。这种观点当然站不住脚。举个最简单的事例。一个青少年可能对学习毫无兴趣，无论采用什么样的方法都无法让他认真学习，但是他却会对游戏机上瘾，爱不释手，甚至废寝忘食。因他对学习不感兴趣、整日沉迷游戏，何以就判断他天生懒惰？显然，动机的来源并非只在于个人，还在于具体的活动要求和情境，既因人而异，也因地、因时而异。

由于在这里我们是研究组织管理，因此我们把范围相应地缩小，主要关心组织目标、员工的努力、员工的需要这三者之间的关系。努力程度实际上就反映了动机的强度。一个人的努力程度可以从他的工作绩效中反映出来。但是，只有努力的方向是组织的目标，才能取得相应的绩效。因此，激励动机实际上就是一个通过满足员工的需要而使其努力工作、实现组织目标的过程。

为了明确起见，我们在这里要具体定义"需要"这个概念。需要(need)，有时也称"需求"，是指当缺乏或期待某种结果而产生的心理状态，包括对食物、水、空气等物质需要，以及对归属和爱的社会需要等。如果需要处于未能满足的状态，会产生一种驱动人采取行动满足需要的压力，这种压力只有在目标达成且需要得到满足时才会缓解或消除。

从上述意义角度出发，激发员工的动机就是要设法使他们看到个人的需要与组织目标之间的关系，使他们处于一种紧张状态。他们在这种压力下所付出的努力不仅满足个人需要，同时也通过完成一系列的工作任务而帮助组织实现目标。

这里需要说明一点，激励并不是指简单地满足员工的任何需要，而是有前提的，即需要的满足是员工通过达成绩效来实现的。比如，为员工配备电话，可以满足员工的社交需要。但如果员工只是用电话来聊天、处理个人事务，那么员工的个人需要虽得到满足，组织目标却无法实现，这种激励对于组织管理而言就是无意义的、失败的。

二、一个整合的激励模型

根据弗洛伊德的观点，绝大多数有意识的行为都是受到激励的(motivated)，或是被引发的(elicited)。这几乎被视为一个关于人类行为的公理，是不言而喻、不证自明的。动机是一个过程，开始于个体生理或心理上的缺失，从而激发行为或者驱力，使个体向着特定的目标而努力。而在组织中，管理者的职责就是确认、理解员工的驱力和需要，引导员工行为，并且给予激励，从而实现任务绩效。诊断需要和选择目标与诱因是激励的两个关键。图9-1是一个整合的激励模型：由于个人需要没有得到满足，人们产生了驱力去满足这些目前无法得到满足的需要。受环境的影响，需要和驱力引发了人们的紧张感。因此，人们希望通过努力来缓解和消除这种让人不舒服的紧张感，在这一过程中面临的机遇、目标以及诱因对引发人的努力是至关重要的。通过努力，人们达成了绩效并获得了相应的报酬，最终使得需要得以满足。

在这个激励环路中，诊断需要、选择目标与诱因是关键所在。但是，需要注意的是，动机并不一定仅指向紧张的消除。比如，运动员在参加攀岩、跳伞、登山等极限运动时，并不是由于希望紧张得到消除，而是为了追求只有在这些极限运动过程中才能体验到的紧张的刺激感。

根据这个激励模型，我们可以把组织的激励简化为如何有效地识别和接通这个激励环路。值得强调的是，这个激励环路上的任何一个环节出了问题，环路被切断而无法联通，激励效果都不会发生。为了识别、理解和接通这个激励环路，心理学家做了大量的努力，提出了很多理论或模型，下面我们就分类加以介绍。

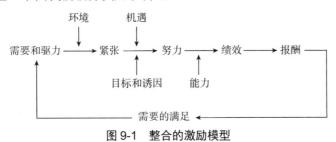

图9-1 整合的激励模型

§2 需要的内容理论

一、动机的三重需要理论

驱力是发动行为满足某种需要的愿望，是个体发展文化环境的产物。哈佛大学的戴维·麦克利兰(David C. McClelland)提出了动机的"三重需要理论"(three needs theory)。麦克利兰认为人有三种重要的工作需要：①成就需要(need for achievement)——实现目标，向前发展的驱力；②权力需要(need for power)——影响他人和环境的驱力；③亲和需要(need for affiliation)——建立有效人际关系的驱力。后来，麦克利兰又在三重需要理论的基础上增加了一种需要，即"才干需要"，指的是完成高质量工作和发展个人技能的驱力。

1. 成就需要

不同的人成就需要不同，其行为、处世的方式就会不同。比如，由于追求不同，有的人宁愿在只有10%的概率下去争取1000元钱，而不甘心在有100%的把握下得到100元钱，但是有的人则相反。

研究表明，成就需要与工作绩效之间有很高的相关。成就需要较强的人有一些突出特点，其中之一是，这类人会选择适度的风险。他们追求的并不是无限的高目标，而是现实的成就；他们既不甘心去做那些过于轻松、简单而无大价值的事，也不愿冒太大风险去做不太可能做到的事，因为那样就不可能体验到成就感。对于他们而言，失败几乎是不能接受的。因此，当把那种既不是唾手可得，又没有难到无法企及的事，安排给这种成就感较高的人，往往会使他们更好地将能力发挥出来。

成就需要高的人的另一个特点是，有较强的责任感。他们并不仅仅把工作看作是为组织贡献，还希望在工作中实现和体现出个人价值，因此他们对工作有较高的投入。责任心和进取意识使高成就需要的人往往在开创性工作中有出色表现，善于创业，在大企业中领导自成系统的部门或是担当各种业务性职位。

另外，成就需要高的人喜欢及时得到反馈，看到自己工作的绩效和评价，因为这是产生成就感的重要方式。因此为成就需要高的人安排绩效比较明显、具有公开的影响力的工作尤为适合。

然而，成就需要过高的人并不意味着能做一个出色的经理，尤其在大公司里。原因是这些人往往只对自己的工作绩效感兴趣，并不关心如何影响别人去做好工作。他们自己可以干得很出色，但不一定能使别人也干得出色。因此，他们可以是好职员，但不见得能做一个好经理。在极端情况下，成就需要过高的人往往是"孤独的明星"，他们不能甚至不屑于与人交往。换言之，他们能管理自己，但未必能管理好别人，或者他们根本不愿意管理别人。从实际情况来看，在大公司里杰出的高层经理往往都没有很高的成就需要。这也恰好给中、初级管理者留出了发挥的余地。

2. 权力需要

不同人对权力的渴望程度也不一样。权力需要较高的人喜欢支配、影响别人，喜欢对人"发号施令"，对争取地位与影响力十分重视。此外，这些人也喜欢具有竞争性和能体现较高地位的场合或情境。这样的人可能会追求出色的成绩，因为这样才能与他们所具有的或所渴望的地位或权力相称。研究表明,杰出的经理们往往都有较高的权力欲望。而且,值得注意的是,在组织中,一个人的地位越高,其权力需要也越强,也就越希望得到更高的职位。实际上,高权力欲望是高管理效能的一个条件,甚至是必要的条件。

3. 亲和需要

亲和需要是人渴望建立融洽、友善的人际关系的愿望。亲和需要较强烈的人往往重视来自别人的接受、喜欢,追求友谊、合作。这样的人在组织中容易形成良好的人际关系,他人容易对其施加影响,因而往往在组织中充当被管理的角色。因此,不难理解,许多出色的经理在亲和性方面的需要水平相对较低。

成就、权力、亲和需要每个人都有,只是不同的人有不同的侧重点。侧重成就的人更希望实现目标,如研发部门的工作人员往往希望获取项目的成功,有很高动机;侧重权力的人更希望晋升;侧重亲和的人则更注重人际关系的和谐。

4. 才干需要

才干需要指的是人完成高质量工作和发展个人技能的需要。这是麦克利兰在三重需要基础上增加的第四种需要。一些企业能吸引优秀的年轻人靠的往往就是激发才干需要。企业重视培养人才,能使年轻人在企业中成长,能力得以提升。

实践专栏 满足才干需要的魅力

《商业周刊》某期刊载封面文章,报道一位在通用电气公司(GE)工作的华人女孩。在公司工作的 7 年间,其他企业纷纷用高薪来吸引她,但她一直没有离开。记者对她进行了采访,想知道其中的原因,她回答说,在 GE 能够获得成长的空间。她在这里被安排到不同的地域和岗位上锻炼,频繁轮岗,熟悉企业运营的每一个细胞,和各类优秀的人打交道,有机会参加各种各样内容丰富的培训,了解一家大型企业是如何运作的。这一切,使她感到自己驶入了职业发展的快车道。这种感觉在其他地方是很难感受到的。业界普遍熟悉的是,GE 初级职位的薪水并不高,甚至低于业界中等水平。但这似乎并不影响 GE 不断地吸引优秀的人才,其秘诀就在于 GE 能有效地满足年轻人的才干需要。的确,来 GE 的年轻人并不过分看重金钱,他们把薪水放在次要的地位,而是寻求成长需要的满足。显然,GE 这种重视培养才干的做法,为公司节省了大量的人力成本——在人才培养上花钱比直接付钱更有用。

在美国,中小型企业支付的薪水往往高于大型企业,就是为了和大型企业抢人才,因为中小型企业的发展空间有限,能提供的满足才干需要的机会有限,就只能靠高薪来挖人。

麦克利兰经典的三重需要理论的一项重要的应用是如何按照需要水平选拔、配置管理者。理论上说，任何一种动机太低都不适合做管理者。比如，权力需要太低的人，无法授予其权力；成就需要太低的人不能完成组织交给的任务；亲和需要太低的人往往是"孤家寡人"，也不适合做管理者。但反过来，是不是每种需要(动机)越高越好呢？答案是"不一定"，要看是哪种需要以及出于哪一个管理层级。一般来说，对于权力需要，高层大于中层，因为上级要指挥下级；对于成就需要，中层要等于或高于高层，这样任务才能达标或超额完成；而对于亲和需要，管理层级越低就要越高，因为一线管理者是要和员工"打成一片"的。由此可见行为管理的科学性：真理多踏出一步就是谬误；每一个细节处置不当，都会导致过大的管理成本甚至失误。

理解四种动机驱力之间的差异，要求管理者认识每位员工的工作态度，发现他们最强烈的动机驱力，从而区别对待不同的员工。这个理论能够指导企业根据员工的需要来设定相应的环境，通过满足员工的特定工作需要来留住出色的员工。例如，同一份重要的工作要交给有不同需要的员工，激励的方法不同。当某员工的成就动机非常强，人力资源部门为了留住该人才，可以用这样的沟通方式来激励他："这个工作非常具有挑战性，想来想去只有你能胜任。"如果该名员工是权力动机非常强的个体，则要换成这样的沟通方式来激励："这项工作对单位举足轻重，对方方面面都有影响，你主管这项工作，很多资源都由你支配，一旦成功，对单位的意义重大！"这就是差异化管理、权变式管理。在员工激励的过程中，组织首先要判断员工的个性化需要，其次根据激励环路，设定能够满足其需要的激励措施，进而激发员工的最大工作动机。

实践专栏　　如何训练提高成就需要

成就感训练(achievement training)的方法虽然较复杂，但大致来说，是由专家指导9~25人，按下列五个步骤进行：

(1) 介绍成就需要或动机具有激励作用的原理，并阐述这方面的研究成果。

(2) 说明成就动机的意义。为了测试受训者的成就动机，专家会显示一张静态的画面(例如，一位身着西装的男士斜躺在转椅上，神情坦然地凝视着窗外的景色)，请受训者根据这幅画面，描绘出一篇短故事，并预想将会发生哪些事情。然后，受训者把他所编的故事同一位具有高成就动机的人所编的故事进行比较。比如，就以这幅画而言，高成就动机的人会把照片上的男人说成是大公司的总裁，正在构想如何争取到一笔大生意。虽然有许多公司都觊觎着这笔生意，但若能争取过来，不仅可以提高公司在市场上的地位，还会带给他个人一大笔红利。此时，他正乐观地想着这笔生意已经到手，因为，他已估量过公司的生产成本,有信心最终得到这桩买卖。

(3) 受训者学习如何成为一位具有高成就动机的人。也就是说,让他们了解到高成就动机的人喜欢哪些能提供个人职责、反馈、适度风险的场合。专家将使用个案研究的方式,并根据受训者已有的经验,来说明这些观念。

(4) 由专家指出具有高成就动机的人在行为方面有哪些特征,以供受训者进行比较。

(5) 由各受训者以书面形式设定目标,责成自己以成就导向的行事方式来完成这一目标,过一段时间后检查进展情况。

 大师风采

戴维·麦克利兰(David C. McClelland)　美国哈佛大学教授、行为心理学家、社会心理学家、当代研究工作动机的权威专家。

麦克利兰从20世纪四、五十年代起开始对人的需要和动机进行研究。他以"投射测验"作为工具,来对人的需要和动机进行解释,并提出了著名的"三重需要理论"。该理论认为人最重要的三种动机包括成就需要、权力需要和亲和需要,后来麦克利兰加上了第四种需要,即才干需要。

另外,麦克利兰提出的胜任力素质模型广为人知。所谓胜任力素质指那些可以将某一工作中卓越者与平庸者区分开来的个人特征。他认为,一个人能否在工作中取得好成绩,关键在于这个人所拥有的与工作相关的知识、技能,以及更重要的是取决于这个人的人格特质、动机、价值观等。

二、人类的需要——激励的需要层次理论

美国心理学家马斯洛提出的著名的需要层次理论(theory of needs hierarchy)(图9-2),是广为流传的一种动机理论,它是从人类需要的发展层次角度来进行分类的。具体来说,该理论认为,人的动机需要由低到高可划分为五个层次:

(1) 生理(physiological)需求——包括食物、水、住所等生理需要。

(2) 安全(safety)需要——保障身心免受伤害。

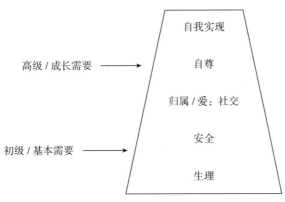

图 9-2 马斯洛的需要层次理论

(3) 归属与爱(love)的需要——包括感情、归属、被接纳、友谊等需要。

(4) 尊重(esteem)需要——包括内在的尊重如自尊心、自主权、成就感等需要；外在的尊重如地位、认同、受重视等需要。

(5) 自我实现(self-actualization)需要——包括个人成长、发挥个人潜能、实现个人理想、造福社会的需要。

五种需要层次越来越高；当下一级需要在相当程度上得到满足时，上一级需要便会成为人追求的新的目标。按照马斯洛的需要层次理论，如果要想激励一个人的动机，就需要知道他现在正在追求哪个层次的需要的满足，并设法为这一需要或其上一级需要的满足提供条件。比如，如果一个员工正发愁住房问题，即他的生存需要尚未满足，此时为其提供住宅方面的帮助可能就是最好的激励手段；如果一个员工在原工作单位人际关系不好，得不到上司重用，即他的归属需要没能得到满足，在新的工作单位注重协调人际关系、上级给予关心，就会产生很好的激励作用。

五种层次的需要可大致分为两大类：前三个层次为基本需要，后两个层次为高级需要。基本需要的特点有三个：①基本需要的满足必须依靠外部的条件；②这类需要必须能够得到满足，否则会影响人的生存；③需要不断地产生，总处于缺失状态，追求持续地得到满足。由此可见，如果员工需要处于这个层级，组织管理的成本会较高。高级需要的特点是：①高级需要不是人类生存所必需的，马斯洛本人也承认能够自我实现的人是少数人；②高级需要的满足主要靠内在因素，靠员工自己；③高级需要不必经常地得到满足，但是高级需要一旦得到满足，带给个体(乃至整个组织或社会)的效益是持续的。例如一个人一生只要得到一次诺贝尔奖，就会终身受益；或者有一项重大发明，也可以享誉一辈子。除此之外，高级需要受个人经历的影响很强：在个体间，不同的人的高级需要的类型和强度均有所不同；在个体内部，高级需要会随时间变化而变化。相比于明确的基本需要，高级需要是不易被察觉的，并且高级需要相对而言是模糊不清的，但它又的确会影响人的行为。

马斯洛的需要层次理论因其合乎人的直觉经验，易于理解，所以颇受组织管理者的欢迎。然而，这一理论的效度存疑。实证研究不支持五种层次的阶梯关系，不认为某种层次需要得到满足后就不再有激励作用，也不认为只有当低级需要都得到满足后高一级需要才能对人具有激励作用。无论如何，满足员工的需要是组织要面对的一项长期的挑战，组织及其管理者需要确认并理解员工的需要，发现员工不同的需要以及那些应该得到满足却尚未满足的特殊需要。

后来，马斯洛将需要层次理论中需要的种类扩展为 8 种，在自尊需要之上加入了认知需要(追求真理、探索未知的需要)、审美需要(追求美好生活、提升审美情趣)，在自我实现的需要之上加入了"超越世俗，世界大同"的需要。

 大师风采

亚伯拉罕·马斯洛(Abraham Maslow)　出生于美国纽约市布鲁克林区的一个犹太家庭，是美国人本主义心理学派的主要奠基人之一。他于 1930 年在威斯康星大学获得心理学学士学位，次年获得了心理学硕士学位，1934 年又获得了该校的心理学哲学博士学位。1968 年，

他当选为美国心理学会主席。代表作品有《动机和人格》《存在心理学探索》《人性能达到的境界》等。

马斯洛的需要层次理论是研究组织激励时应用最广泛的理论。马斯洛认为人是一个有机整体，存在多种需要。需要是层层递进的，在低层次的需要被满足后，人会转而寻求高层次需要的满足，而通过多层次需要的满足，人便可以实现完美人格。另外，马斯洛还提出了"高峰体验"(peak experience)的概念，他认为：人在达到自我实现时，会感受到一种极乐的体验，这种体验是超越时空的，并且会使人处于无我的状态中。

有评论认为："马斯洛的心理学是人类在了解自己的过程中的一座里程碑。"

三、双因素激励-保健理论

激励-保健理论(motivation-hygiene theory)是由心理学家弗雷德里克·赫茨伯格(Frederick Herzberg)提出的。赫茨伯格早年在工厂从事职业卫生健康研究时注意到，员工的态度会影响工作绩效。因此，他一直想弄清楚："人们究竟想从工作中得到些什么？"于是，他研究人们

感到很满意和很不满意时都处于什么情境,由此归纳出影响工作态度的因素,其结果总结为图 9-3。

传统的观念认为满意的反面是不满意,反之亦然。但赫茨伯格指出,满意与不满意并不是非此即彼、二择一的关系。那些令人不满的因素虽然被去除,并不一定就令人满意。而一些令人满意的因素即使不存在,也不一定就使人不满意。换句话说,满意的反面是没有满意,不满意的反面是没有不满意。赫茨伯格分析发现:成就感、他人的认同、工作、责任感、进步、个人成长等因素同工作满足有关,称作"激励因子"(motivating factors),具备这些因素,可以令人满意,但不具备这些因素,也不致令人不满。组织政策、管理者的行政措施、督导方式、人际关系、工作条件与环境、劳动报酬等因素,与工作中的不满有关,被称作"保健因子"(hygiene factors)。其中,满意对应的是激励因子,涉及工作内容。不满意对应的是保健因子,对应的是工作环境——这些因素解决不当会导致不满,但即使解决好了,至多也只是没有不满意而已。这两类因素与员工态度的关系如表 9-1 所示。

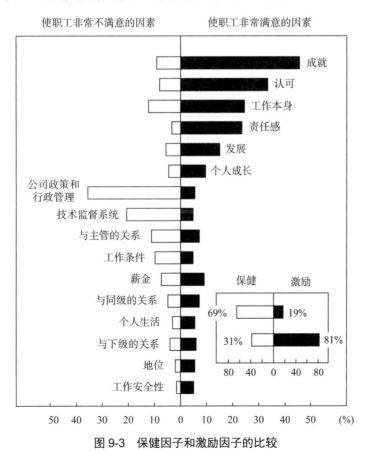

图 9-3 保健因子和激励因子的比较

表 9-1 赫茨伯格的理论解释

	具备	缺失
激励因子	满意	没有满意
保健因子	没有不满	不满

赫茨伯格区分出了两种因素,告诉人们,让人满意和防止人不满意是两回事,需要从两方面同时入手。提供保健因子,只能防止牢骚,消除不满,却不一定能激励员工。要想激励员工,就必须强调成就感、认同感、工作本身的价值、责任感以及个人成长。

对于赫茨伯格的理论,同样存在一些批评,主要来自四个方面:

(1) 赫茨伯格的研究方法有问题。他只考虑各种情境,没有考虑人的归因方式。人在工作顺利时往往做个人归因,而在不顺利时,则做情境归因。

(2) 测量满足感的尺度不够严谨。有时,人们可能只是不满意工作中的某一部分,但对整个工作还是可以接受的。

(3) 即便这一理论有一定效度,基本上也是用来解释工作满意感的,不是真正的激励理论。

(4) 赫茨伯格认为工作满足与生产率有关,但在他的研究中并没有探讨生产率。

尽管如此,赫茨伯格的理论在当时仍然相当流行。20 世纪 60 年代中期,工作丰富化的管理措施十分普及,强调员工参与更多的工作规划,自我监督工作进度,正是采纳了赫茨伯格的理论的建议。

四、ERG 理论

耶鲁大学的克雷顿·奥尔德弗(Clayton Alderfer)提出了 ERG 理论。他对马斯洛的需要层次理论进行了修订,使之与实证研究的结果一致化。

奥尔德弗认为人有三种核心需要,包括:①生存(existence)需要,指维持生存的物质条件,相当于马斯洛的生理与安全需要;②关系(relatedness)需要,指人维持重要人际关系的欲望,相当于马斯洛的归属/爱以及自尊的需要;③成长(growth)需要,指追求自我发展的欲望,相当于马斯洛的自尊与自我实现需要。这三种需要的英文单词的首字母合在一起就是 ERG。

然而,奥尔德弗的需要理论并不只是简单地将马斯洛的需要层次化简为三大类,其理论的特点还在于:各种需要可以同时具有激励作用,人们可以在三种需要之间根据情形灵活转换;如果较高层次需要不能得到满足的话,对满足较低层次需要的欲望就会加强。因此,比较起来,ERG 理论要灵活变通得多,而不是像马斯洛那样僵化地对待各种层次的需要。人们可以同时去追求各种层次的需要，或者，在某些限制下，在各种需要之间进行转化。比如，一份工作对人很有挑战性、吸引力，人能从工作本身得到快感，也许他就不太在乎薪水高低；但如果他从工作中得不到任何快乐，没有任何新鲜感、挑战性，他可能就会更在乎从中能够得到的物质报酬，以此得到平衡。ERG 理论在这里蕴含了一个"挫折-退化"维度：在高层需要得不到满足时，转入低层需要，而不是停滞在原来的层次。

ERG 理论的变通性尤其有助于说明文化、个体、环境背景的差异，并不是对所有的文化、所有的人都像马斯洛那样安排需要的层次。比如日本人、西班牙人就把社交需要排在生理需要前面，而马斯洛的固定的层次模式则与这些特殊类型的文化无法相容。

以上有关激励的各种需要的内容理论侧重点各有不同，它们都是关注个体自我内部的需要状态。相较而言，赫茨伯格则将人的需要内容分得更细。表 9-2 对上述几种需要的内容理论进行了总结概括。需要指出的是，它们都只是聚焦在前述"激励环路"(图 9-1)的第一个环节。

表 9-2 需要的各种内容模型

马斯洛 需要层次理论	赫茨伯格 双因素模型		奥尔德弗 ERG 理论	麦克利兰 三重需要理论
自我实现需要	激励因素	工作本身 成就 个人成长 责任感	成长需要	成就需要
尊重需要		发展 认可		权力需要
归属和社会需要	保健因素	地位	关系需要	亲和需要
安全和保障需要		与主管的关系 同事之间的关系 与下级的关系 监督的质量	生存需要	
生理需要		公司的政策和管理 工作安全性 工作环境 薪金		

§3 行为(学习)理论

行为主义心理学的观点认为，人的行为是由环境决定的。据此，人的工作动机也被认为是由环境决定的。

1. 强化理论

斯金纳认为通过影响、改变行为的结果，就可以影响、塑造行为，即外部结果决定行为。用公式表示为：

$$B = f(R_b)$$

其中 B 表示行为，R_b 指的是行为的结果。这是一个完全反常识的观点，但的确得到了大量实验的证明。它也称为行为学习、形成的效果律，即一种新行为的学习、获得，取决于行为的效果；是行为的结果反过来塑造了行为。换言之，行为是行为结果的结果。

斯金纳的理论源自巴甫洛夫的经典条件反射，但又有本质的不同。巴甫洛夫认为，无条件刺激一定在前面，行为才能在后面。而斯金纳则将其反过来了，认为行为的发生应该在前，而行为的结果可以控制。如果一种行为出现后受到奖励，该行为就会继续出现，或行为再出现的概率大大提高，即如果人们做出了某种行为后看到了希望的结果，这种结果就会成为控制行为的强化物，增加刚才的行为。相反，如果一种行为受到惩罚，该行为就会被抑制，出现的概率会降低。

强化理论并不考虑人的内在心态，而是注重行为及其结果，认为人是在学习、了解行为与结果之间的关系，形成行为与结果之间的联结。由于行为的结果的确对行为有强大的控制作用，这一理论对解释行为很有帮助。但有人指出，严格地说，强化理论并不是地道的动机激励理论，因为它忽视了人的内在心理状态，动机概念本身已经不存在了，也就谈不上什么激励了。但是，该理论反常识地刷新了人们的知识，同时也让人们重新认识了行为的获得，激发了人们行为的多样性。

尽管强化作用对行为颇具影响力，但却不是行为的唯一控制因素。在有些情况下，行为结果丧失其行为强化力。比如，你虽然工作得很努力，绩效很出色，但却受到同事的嫉妒、疏远、排挤，这时你反而会降低努力水平。在这种情况下，用内在心态、公平感、人际期望等因素比用行为结果的强化作用更能给出合理的解释。

对行为主义理论的强化模型的另一个批评是，由于它刻意强调对行为和行为结果的量化的观察和控制，因此它主要适用于可量化观察和控制的行为，例如大多数体力劳动工作(例如搬运工、快递员的工作)以及部分事务性工作(例如打字的工作),而不适用于那些无法客观量化观察和控制的行为,例如大多数脑力劳动(诸如创意、研发的工作)。这自然限制了该理论的适用范围。

2. 塑造

塑造(shaping)指系统地和渐进式地应用正面强化,以频繁和有力的强化连续施加给员工,使得员工越来越趋近理想行为。可以理解为,行为塑造是将复杂的学习目标化简为一系列简单的小目标而通过强化加以实现的过程。塑造对训练复杂的任务尤其有用。

从实际角度来说,当员工的行为与管理者的要求和目标相差很大时,行为塑造是实现管理目标的重要手段。因为这时员工要做出合乎理想的行为很难;如果只有满足标准才给予奖励,则奖励很难奏效,因为奖励本身太渺茫。这时就需要进行行为塑造。即每完成目标的一小部分(或每向目标迈进一点),就给予奖励。这样,员工能够随时在点滴的努力中都发现有价值的效果,并获得激励,做出更大的努力。这也就成功地引发了他们合乎最终目标的行为。

§4 过 程 理 论

过程理论主要以认知理论为主,在 20 世纪 70～80 年代大行其道,一度成为心理学主流,在行为主义流派的理论之后又将激励理论往前推进了一大步。

一、期望模型

弗洛姆(Victor H. Vroom)于 1964 年提出了期望模型(expectancy model),又称期望理论。他认为动机是三种因素的产物(早期他仅提到前两个因素):其一,一个人需要多少报酬,称为效价;其二,对努力产生成功绩效的概率估计,称为期望;其三,对绩效可以获得所需报酬的估计,即工具性。三种因素与动机的关系可以通过公式表示为:

$$效价 \times 期望 \times 工具 = 动机$$

根据期望理论,人们之所以采取某种行为(如努力工作),是因为他觉得这种行为可以有把握(较高的期望)达到某种结果(较高的工具功用),并且这种结果对他有足够的价值(较高的效价)。换句话说,动机激励水平取决于人们认为在多大程度上可以达到预期的结果,以及判断自己的努力对于个人需要的满足是否有意义。换言之,动机取决于人们对效价、期望、工具三个要素的认知的乘积。

实践专栏　　电焊工的期望

马力今年 31 岁，是某大工厂的焊工，已有多年的工作经验，电焊手艺不错，在全厂也算数得上。不过，马力非常希望(高效价)从事白领工作，而不喜欢现在的工作。马力认识到当一个优秀的焊接工并不难做到(高期望)，也可以获得单位较高的绩效评价。但马力注意到，该工厂的所有白领工作都要求是大学毕业，而自己只有高中毕业文凭。因此，马力的工具估计值很低：一个再好的焊工也不能被提升到理想的白领岗位。尽管他对某些事有强烈的愿望，却无法发现可行的渠道实现它；所以，他没有更好地完成工作的动机。

工厂对如何激励马力做好工作很是头疼。激励理论能提供实用的指导建议吗？

让我们以具体的情形来注释这个理论。首先，工作究竟会给员工带来什么呢？积极的一面包括经济收入、社会保障、人际关系、福利、发挥才能以求取成功的机会，消极的一面有疲劳、挫折、监督，压力、焦虑、冲突以及失业的威胁等。尤其重要的是员工对这些方面的内心感受而不是具体的现实。其次，员工对工作所带来的这些方面给予何种程度的重视，受其性格、价值观、当下及长远需求的影响，而不同的重视程度与侧重，又决定了工作动机的水平。再次，员工必须表现出相应的行为才能达到期望的结果，为此，他们必须知道可以使自己达到期望的结果的这些行为究竟是什么。举例来说，员工必须知道什么是"良好行为"，以便符合组织要求、赢得奖励。最后，员工必须知道实现组织要求的可能性有多大，他需要控制哪些因素才能实现目标，并了解自己能否把握这些因素。

以实例来看，如果提出"当年利润翻番，奖金翻番"的组织目标，可能不会激励员工的工作动机，因为即使目标价值(奖金翻番)很可观，但实现的可能性极小，再努力也无法达到。但如果将组织目标定为"只要利润能提高一成，发奖金 50 元"，恐怕也不足以激发动机，因为目标虽较容易实现，但其价值不大，不值得为区区 50 元，做出很大努力。

期望模型的另一个特色是强调情境性。该理论认为并没有放之四海而皆准的单一原则，可用来解释每一个人的动机活动。比如，许多老板都认为高奖励能控制所有员工的行为。但不幸的是，这种想法并非总能奏效，因为这只有在员工重视奖赏，知道达标的可能性以及知道怎样做才能达到目的并愿意付出努力的时候，才能成立。期望模型取决于员工对努力、绩效和报酬之间关系的认知。努力和最终报酬的关系往往是不确定的。见表 9-3。

表 9-3 期望模型的运作

期望	动机	行动	初级结果	次级结果	更新的驱力；满足
所付努力可获成功的概率很高	增加的驱力	① 更大的努力 ② 培训课程	① 升职 ② 更高的工资	① 更高的地位 ② 同事的认可 ③ 购买家庭所需要的产品和服务	继续受到激励的趋势
效价 升职的强烈愿望					
工具性 绩效引起升职的概率中等					

二、比较模型

以前的激励模型视员工为个体，独立于其他员工，但在现实中员工是处在一个社会系统中，在一定程度上相互依赖、相互影响。员工之间会互相观察，彼此判断，并将自己与他人进行比较。这就是社会心理学家提出的"社会比较倾向"。

比较模型的一个具体理论是公平模型，它认为，大多数员工不仅关心绝对报酬，更关心相对报酬，即他们希望报酬系统是公平的。报偿多少不是最重要的，最重要的是是否公平，即所谓的"不患寡而患不均"。实际上，公平的问题适用于所有的报酬模型，包括心理的、社会的、经济的，因而这也使得激励的管理工作更加复杂了。亚当(J. Stacy Adam)的公平理论(equity theory)指出，员工倾向于比较自己和他人的投入与产出比，并据此做出公平性判断(图 9-4)。

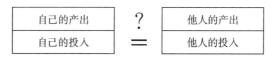

图 9-4 比较自己和他人的投入与产出比

在组织中，赋予员工的责任、职权，给予员工的薪水、待遇，对员工的晋升、提拔的速度等因素都涉及公平性的问题。这些因素的公平性对激励员工工作起着重要的作用。

公平的评判有许多因素和角度。一类是纵向比较，包括：

(1) 组织内自我比较(self-inside)。在同一组织中把自己现在和过去的工作和待遇进行比较。如果现在你付出了更多的努力，取得了更高的绩效，但并没有得到更多回报，你会觉得不公平。

(2) 组织外自我比较(self-outside)。把自己在不同组织中的工作和待遇进行比较。如果你在这个组织中付出了比在从前组织中更多的努力，但并没有更多的回报，你会觉得不公平。这两种比较都是针对不同时期的自己进行的。

另一类是横向比较，这是把自己的工作和回报与同一时间其他人的工作和报酬相比较，包括：

(1) 组织内他比(other-inside)，指与本组织内其他人的工作和报酬相比。如果你与同事努力一样多，绩效同样好，但你得到的报酬(薪水或奖金)比别人少，或者晋升得慢、机会少，你就会觉得不公平。

(2) 组织外他比(other-outside)，指与其他组织中的人比较。如果另一个人在另一个组织中和你同样能干，成绩相当，但你在这个组织中得到的却较少，你也会觉得不公平。

所有这些不公平都会挫伤一个人的工作积极性。因此，如果不恰当地运用薪水、奖金、晋升等手段，不但不会收到激励效果，反而会打击员工积极性，降低生产率。

当然，不同的人对同样的情形会有不同的公平性判断。一般来说，薪资水准、教育水平较高的员工，视野较开阔，获得的信息比较全面，常常以他人为比较对象，而薪资、教育水平较低的员工则常常做自我比较。

每个人认为的投入是不同的，不同的人会考虑教育、资历、绩效、工作努力或困难程度等方面不同的投入。每个人认为的产出也是不同的。例如，有的员工认为工资只要符合工龄就是公平的，而另外一些员工则可能认为只有按能力给予的工资才是公平的。换言之，人们在进行投入与产出的公平计算时，往往会侧重对自己有利的因素，甚至夸大该因素的权重。这就要求组织管理者对员工心里的"秤"进行深入了解。如果没有精准的把握，可能就没有办法激发出员工的最大潜力。

从公平理论来看，人们不仅关心自己的绝对报酬，还关心自己和他人在工作和报酬上的相对关系。当人们依据自己的能力、努力、经验、教育背景来衡量自己的薪水、职位、晋升速度等方面时，若感到不公平，就会产生不平衡的心理紧张感，并会采取措施恢复平衡，实现公平。通常来说，在人感到不公平时会有如下几种表现：①改变自己的努力水平(不要太卖力)；②改变自己得到的报酬(如果是按件计酬，可增加产量却降低质量)；③改变自己的认知(我想我现在是很勤快的)；④改变对他人的认知(可能他比我原先想象的要好一些)；⑤改变参考对象(虽然比不上张三，可比李四还是强些)；⑥改变眼前的工作(辞职)。

针对不公平的薪酬，公平理论提出四种假设(表9-4)：

(1) 在按时计酬的情况下，过度报酬的员工会比待遇公平的员工绩效更好，他们提高产量和质量，使自己多付出一些，从而恢复公平。

(2) 在按件计酬的情况下，过度报酬的员工会比待遇公平的员工减少产量，但同时提高质量(为了趋于公平，过度报酬的人本可以从数量和质量上补偿，但由于是计件制，提高数量反而会拉大差距，因此选择提高质量)。

(3) 在按时计酬制下，报酬偏低的员工会降低产量或质量。

(4) 在按件计酬制下，报酬偏低的员工会提高产量，但同时降低质量。

表9-4 察觉到不公平后的可能反应

对不公平的反应类型	报酬过度的可能行为反应	报酬不足的可能行为反应
内部、实际表现	工作更加努力	降低效率
内部、心理	降低报酬价值	提高报酬价值
外部、实际表现	鼓励参照人争取更多的报酬	提出更多的要求；有可能辞职
外部、心理	改变参照对象	改变参照对象

许多研究都证实了上述四种假设，说明它们反映了相当普遍的现象。不过也有一些方面需要补充，一是过度报酬造成的不公平不如过低报酬带来的不公平对行为的影响大。人们会对过度报酬采取合理化，从而更能忍受这种不公平。二是不同的人对公平的看法、敏感性、承受性并不一样。那些道德意识较成熟的人恰恰是公平理论的诉诸对象。公平敏感度(equity sensitivity)是指个体对公平有不同的偏好。一些人偏好过度报酬(期望较少的付出，更多的报酬)，一些人遵从传统的公平模型(主张投入与报酬对等)，一些人则偏好报酬不足(积极努力付出，很少索取回报)。了解员工处于哪种类别之中，可以帮助管理者预测谁会体验到不公平感，以及这种不公平感在多大程度上影响员工的行为。

实践专栏 刚加薪的飞行员违规返航

几年前发生了一起震惊国内的事件：一家航空公司的十数位飞行员串谋，从某机场起飞后，在空中绕一圈，又返回原机场，而没有飞向各自的目的地。这是一起恶性的企业生产运作事件，给企业和乘客造成了巨大的损失，例如浪费了燃油，占用了机场宝贵的停机位，延误了当次航班及其他旅客的时间，给机场调度和空管造成额外负荷……其社会影响也十分恶劣。

为什么会出现这样的"集体返航"事件？据事后调查了解，航空公司刚给这些飞行员大幅度地涨了工资！但这些飞行员似乎不但没有领情，反而抱怨，嫌涨工资的力度不够。有当事人就曾说："虽然公司给我们加了工资，但远低于我们的预期，我们在其他公司的同行早就拿的比我们现在加薪后的工资多得多了！"

显然，该公司加薪非但没有起到激励作用，反而触发了员工横向社会比较，造成了"不公平"的感知和怨恨，导致了极端的反生产行为。这就是加薪反而"不讨好"的典型，其背后的心理学原理值得深思。

三、归因模型

归因(attribution)是人们对自己和他人的行为进行解释和确定原因的过程。归因理论由海德(Friz Heider)提出,并经过凯利(Harold Kelley)等人扩充和细化。归因过程与组织行为基本目标是紧密吻合的。管理者需要观察员工行为或行为结果,并将这些行为或者行为结果描述为对组织起作用或者是不起作用的。在寻求解释和诊断行为的过程中,管理者要对它们做出因果归因(常识性解释),并根据归因的结果试图预测和控制(影响)员工的未来行为(图9-5)。

图9-5 进行和使用归因的过程

但需要注意的是,归因是个体主观性的评估,因此往往会出现偏差。常见的两种偏差是自利性偏差(self-serve bias)和基本归因偏差(fundamental attribution bias)。人际比较过程发生在工作中,每一方都期望通过操纵评价和归因,以提高他们的相对自我形象。归因的倾向性强调了管理者与员工之间当前的角色差别。

认知理论属于激励的过程理论。上述提到的期望模型、比较模型和归因模型都可归为动机激励的认知理论,因为这些理论都定位于和强调人的主动的思想。认知理论与对人的支持性和整理性观点是一致的:人是有思想的个体,会对自己的行为做出一定程度上的有意识的决策。这些理论尤其适用于较复杂的和动态的环境。

总结起来,本章提到了近十种主要的激励理论。但每种理论都有其局限性。整合而言,每种理论可以看作探讨和解决了激励环路上的某一个环节,但都不是全部环节。因此,在具体运用激励理论于管理实践时,要考虑实际环境,具体问题具体分析,结合多种激励模型同时加以运用,才会达到更好的效果。

【本章知识要点】

动机: 指人从事某种活动、为某一目标付出努力的意愿,这种意愿取决于目标能否以及在多大程度上满足人的需要。

需要: 有时也称"需求",是指当缺乏或期待某种结果时产生的心理状态,包括对食物、水、空气等物质需要，以及对归属和爱等的社会需要。

三重需要理论：麦克利兰认为人有三种重要的需要：①成就需要——实现目标，向前发展的驱力；②权力需要——影响他人和环境的驱力；③亲和需要——建立有效人际关系的驱力。后来，麦克利兰又在三重需要理论的基础上增加了一种需要，即"才干需要"，指的是完成高质量工作和发展个人技能的驱力。

需要层次理论：人的动机需要由低到高可划分为五个层次，①生理需求；②安全需要；③归属与爱的需要；④尊重需要；⑤自我实现需要。前三个层次为基本需要，后两个层次为高级需要。

激励-保健理论：赫茨伯格指出，满意与不满意并不是非此即彼的关系。那些令人不满的因素虽然被去除，并不一定就令人满意。而一些令人满意的因素即使不存在，也不一定就使人不满意。"激励因子"可以令人满意，但不具备这些因素，也不致令人不满。"保健因子"解决不当会导致不满，但即使解决好了，至多也只是没有不满意而已。

ERG 理论：奥尔德弗认为人有三种核心需要，包括①生存需要，指维持生存的物质条件；②关系需要，指维持重要人际关系的欲望；③成长需要，指追求自我发展的欲望。

塑造：指系统地和渐进式地应用正面强化，以频繁和有力的强化连续施加给员工，使得员工越来越趋近理想行为。

期望模型：人们之所以采取某种行为(如努力工作)，是因为他觉得这种行为可以有把握(较高的期望)达到某种结果(较高的工具功用)，并且这种结果对他有足够的价值(较高的效价)。

比较模型：比较模型的一个具体理论是公平模型，它认为，大多数员工不仅关心绝对报酬，更关心相对报酬，即他们希望报酬系统是公平的。员工倾向于比较自己和他人的投入与产出比，并据此来做出公平性判断。

【思考题】

1. 你能想到哪些激励理论？你是否偏爱其中的一些理论？为什么？
2. 对于知识经济时代的脑力劳动者，你觉得应用哪个(些)激励理论更适合？
3. 你认为金钱在激励中扮演什么角色？为什么？哪些理论能支持你的观点？

10

激励理论的管理应用

欲速,则不达;见小利,则大事不成。

——《论语·子路篇第十三》

香饵之下,必有死鱼;重赏之下,必有勇夫。

——黄石公《三略·上略》

【内容概要】

介绍激励理论在组织管理中的具体应用。
学习组织中行为矫正及其方法。
阐述参与管理的概念和理由。

动机激励的理论种类繁多,从不同方面和角度尝试说明人的动机的本性以及如何激励动机。然而,从实务角度来说,大家更关心的是如何在具体管理中应用相关的理论达到更佳的管理效果,即如何在组织中激励员工的动机以提高绩效、提高生产率。这无疑是一个重要的问题,也是学习本课程的直接目的之一。因此,在这一章里我们介绍几种在现代管理中普遍流行的技术、方法。请读者特别注意这些技术、方法的理论根源。

一、行为矫正

行为矫正(behavior modification)常称为组织行为矫正,是强化理论在管理实践中的应用。具体地说,它分为五个步骤:

(1) 确认与绩效有关的行为。员工所做的不同的工作对绩效的贡献或意义不同。因此行为矫正法首先要确认哪些关键行为对工作绩效有显著影响。往往这些关键行为虽然只占所有行为的5%～10%，但对绩效的贡献可能高达70%～80%。

(2) 测量有关行为。管理者要确定绩效的基线水平，也就是要找到行为的基础效率水平。

(3) 确认工作行为的情景因素。采用功能分析(function analysis)法鉴别工作行为的各种情境因素，以便管理者了解出现各种行为的原因。

(4) 拟定并执行一项策略性干预措施。制定并实施策略，使期望的有利于绩效的行为增加，不良行为减少。往往是改造绩效-奖酬关系，使它们有高度正相关，高绩效得到高奖励。

(5) 评估绩效改进的情况。美国许多著名企业，例如标准石油公司、爱默森(Emerson)电子公司、柯林斯(Collins)食品公司、戴顿-哈德逊(Dayton-Hudson)百货公司，都采用了组织行为矫正法，以提高员工生产力，减少错误率、旷工率、怠惰及意外事故发生率。比如，柯林斯食品公司在会计部门中采用行为矫正法，改善会计人员的记账准确率。方法是首先由管理人员和会计人员开一次检查会，指出目前的错误率，设定改进目标，并把改进结果定期画直方图展示出来，让大家清晰看到努力和变化的关系。当错误率低于标准时，主管上级给予表扬，并给予一定数额的物质奖励。每降低一个档次(例如一个千分点)，就如法重复激励过程(表扬和物质奖励)。但员工每达到一个新的绩效水平后，必须保持在该水平，不能倒退。不过，要得到新的奖励，必须再不断改进。就这样，错误率最终由8%下降到0.2%。

> **实践专栏** 积小胜为大胜
>
> 阳光人寿保险公司寿险融客事业部希望激励销售人员推销寿险的绩效。最初，公司采用的方法是，谁能拿到万元以上的"大单"，就给予大额提成奖励。看上去，这的确是个很好的诱惑，但实际上收效甚微，员工并没有被充分激励起来，原因是，对于大多数员工特别是新员工来说，实现一个万元大单是很难的事情。根据弗洛姆的期望理论，虽然目标很诱人(效价很高)，但实现的可能性很低(数学期望很低)，因此无法起到激励员工动机的作用。于是，管理层改进了方法，采纳了行为塑造法。具体来说就是，每个员工只要卖出300元的保单，就可以得到一定额度的奖金。这个目标对于绝大多数人而言不是很难，所以很多人都有积极性去争取。虽然每次奖励价值有限，但因为政策是持续性的，员工可以不断"积小胜为大胜"，累积起来就是很大的收获。这也就等于把一个大目标化解为一系列小目标，难度降低，回报加快，产生了很好的激励效果。

实施组织行为矫正的方法，也极大影响了管理者对待员工的态度和方式，提供绩效反馈的次数明显增多，不再吝啬赞美之辞，同时重视物质鼓励。当然，也有人对这种管理激励方法提出质疑。有人认为,组织行为矫正法是在有意操纵人的行为,减少了人的自由意志,这种做法是不道德的。这种质疑似乎有一定道理,但也有"吹毛求疵"之嫌,毕竟,通过这种方法使组织获得绩效,使员工获得表扬和实惠,是双赢。当然,这种方法强调外在环境刺激的作用,有可能引导人们向外源性动机转移,倒是值得注意的。此外,这种方法提供的赞美、绩效反馈、所促成的认同,在达到目标之后是否能继续发生作用?员工是否觉得各种物质刺激并不只是组织提高绩效的手段,而的确是对他们的激励?也未可知。

> **实践专栏　　应用行为矫正的一般准则**
>
> - 确定需要矫正的行为。
> - 确定期望行为是在员工的能力范围之内。
> - 确定员工认为有价值的报酬,并且确认可以影响行为的报酬大小。
> - 明确期望行为与报酬之间的关系。
> - 尽量使用正面强化。
> - 只在特殊情况下,针对特定行为,才使用惩罚。
> - 忽视次要的非期望行为,让它们自行消除。
> - 使用塑造程序发展复杂的正确行为。
> - 减少正确行为与强化之间的时间间隔。
> - 经常提供强化,并按照需要选择的程序进行。

正如上一章所指出的,行为矫正对于复杂工作只有有限的可用性。例如,很难确认公司律师和首席执行官工作中的具体行为(无法客观地定量观察和测量),并强化它们。行为矫正强调外部环境作用,忽视内因。实际上,人类是有智力、有思想的,是能够自我控制的;个体可以做出自己的决策,并且可以是自我激励的。

二、参与管理

某航空公司曾实行这样的计划:允许作业人员对直接影响他们工作的决策有更多的发言权。在实施这项决定之后,仅仅机械技工的生产力就大有提高,价值合计达五千万美元。美国某大型保险公司的业务员每星期开一次检讨会,讨论如何提高工作质量和生产力,管理人员不仅倾听员工的意见,而且对他们提出的许多意见予以采纳。上述两个例子都采用了参与管理(participative management)。

1. 参与管理的概念

参与管理就是让下属实际分享上级的决策权。在具体运用上，参与管理有多种形式，如共同设定目标、集体解决问题、直接参与工作决策、参与咨询委员会、参与政策制定小组、参与新员工的甄选等。

参与管理一度被认为是提高士气与生产效率的灵丹妙药，有人甚至认为，出于道德的理由，必须实行参与管理。不过，参与管理也不是放之任何组织、工作群体而皆准的法则。而且，若采用这种管理，必须有足够的参与时间，员工参与的事务必须和他们自身的利益有关，组织文化必须支持员工的参与，员工本身也必须具有参与的能力(智力、知识、技术、修养与沟通能力)。

2. 参与管理的理由

管理者与员工分享权力的理由在于：其一，当工作变得十分复杂时，管理人员无法了解员工所有的情况和各个工作细节，若允许员工参与决策，可以让了解更多情况的人有所贡献。其二，现代工作任务相互依赖程度很高，有必要听取其他部门的意见，而且彼此协商之后做出的决定，各方都能致力推行。其三，参与决策可以使参与者对做出的决定有认同感，有利于决策的执行。其四，参与决策可以提供工作的内在奖赏，使工作显得更有趣、更有意义。由于这些特点，参与管理尤其受到年轻一代和高学历员工的重视。

值得一提的是，许多研究探讨了参与管理和绩效之间的关系，结论是参与管理对提高员工生产力、士气与工作满意度，只有中等程度的影响力。

实践专栏　　唐娜的新项目

唐娜是一名广告专家，供职于一家大型连锁商店广告部。他们正在进行一项特别的项目。有一次，经理让她负责一个"项目讨论会"，这会占用她两个月左右的时间，该项目要求她与本公司所在地区的各种企业和服务性组织共事。唐娜认为她能够胜任，也认为该项目很有意义；但是她的热情实际上却不是很高。她觉得这会干扰她的其他更重要的职责。

唐娜的主管认识到她的态度后，在许多场合与她共同讨论该项目，希望能激励她，但毫无收效。于是他提醒唐娜："你有没有发现这个项目讨论会可帮你认识本地区大多数机构的领导？如果你想获得'主流项目'，认识这些人对你将会有很大帮助。"当唐娜发现项目讨论会的工作有助于她争取到大型广告业务时，立刻受到激励，积极参与到了讨论会的工作中。

3. 质量监督小组

质量监督小组(quality circle)是为人谈论广泛的一种参与管理形式。这种形式起源于美国，20世纪50年代传到日本，被日本企业发扬光大，成了解释日本公司如何能够提高质量、降低成本并击败美国公司的原因。

所谓质量监督小组，是指8~10位员工及一名监督员组成一个小组，定期集会——通常每周一次，占用工作时间——讨论质量方面的难题，分析问题的原因，提出解决方案，监督实施修正计划。当然，对于小组提出的各种建议，管理层有最后的决定权。而且，成为小组成员的前提条件是，必须具备分析和解决质量问题的能力，而且还要懂得如何与他人沟通，宣传各种策略。

4. 参与管理的具体应用

参与管理同许多激励理论有关系。比如，参与管理合乎激励-保健理论的主张，即提高工作本身的激励作用，给予员工成长、承担责任和参与决策的机会。同样，从ERG理论来看，参与管理有助于满足员工对责任、成就感、认同感、成长以及自尊的需要。

从实践看，法国、荷兰及北欧等一些长期实施工业化民主(industrial democracy)的国家，以及日本、以色列等实施传统的参与决策制的国家，参与管理都有很深的基础。在美国，参与管理却是一件落后的事，原因是遭到了各级管理人员的抵抗——与经理人分享权力，在观念上与许多美国人的权威性格和层级支配意识相冲突。不难理解，越是居于高位的经理，越不容易接受参与管理的领导风格。

三、绩效薪金制

1. 绩效薪金制的概念

所谓绩效薪金制(performance-base compensation)就是把报酬同绩效相结合，按劳分配，多劳多得。我们通常所采用的计件工资、工作奖金、利润分成、纯利分红(lump-sun bonus)，都是绩效薪酬的例子。这里指的绩效，可以是个人绩效、部门绩效、组织绩效。在各种制度中，计件工资和分红制使用最广。

计件工资是一种极简单明了的奖酬办法。每生产一件产品或完成一份等量的工作，例如每校对1万字或每录入100条客户信息，就提取一部分报酬，多劳多得。另一种形式是，每天有一定的薪水，另外再根据产量追加报酬(通常会给最低产量设置一定的标准)。

按利分红是把薪酬同企业效益(利润)联系在一起，也叫利润分享计划。这种方法过去主要是针对各级管理者，但也有惠及所有员工的。人们每年的收入同公司的经营状况直接相关。企业从利润中按比例拿出一部分与大家分享。这种方法促使各级管理人员和员工努力工作，力求提高组织绩效,这样自己也从中受益,故有相当强的激励作用。

从理论上看,绩效薪金制同期望理论关系最为密切。在期望理论看来,如果要使激励作用达到最大程度,就应让员工相信:绩效与报酬之间是紧密联系的。否则,如果只是论资排辈,势必大大削弱员工积极性。

2. 绩效薪金制的应用

绩效薪金制在现实中相当流行。举例来说,考尔特(Colt)实业公司的总裁戴维·马格里斯(David Margolis)的基本年薪为44万美元。此外根据绩效他可以拿到55万美元的年底分红。当然这是在经营较好的情况下。比较起来,纽柯(Nucor)钢铁公司的总裁肯·伊弗尔森(Ken Iverson)就没有那么幸运了。1986年由于业绩不佳,他的年薪被削减了41%,减薪多达252 642美元。

对于普通员工,同样也可采用红利薪金。某茶叶公司的门市店员分布在全国上千家百货公司或特设专卖店里从事销售工作,他们的薪金的一部分是根据销售绩效发放的。结果是既提高了营业额,也增加了个人收入。

实际上,大多数企业把销售人员的收入与其实际销售业绩挂钩,这样销售人员能够明确预期自己的回报,并乐于为获取更多回报而持续努力,因此有较好的激励作用。例如,针对商品房售楼处的销楼员、汽车4S店的销售经理、保险公司的推销员,等等,都会采用绩效薪金制,按"件"取酬。

和那种每年按生活费用指数加薪的方法相比,绩效薪金制合理得多。一项研究调查了1600家公司(雇用了900万员工),其中75%的公司采用红利制。从20世纪80年代以来,这种薪酬制已成为一种趋势。

实践专栏 斯坎伦计划

斯坎伦计划是由美国麻省理工学院教授斯坎伦(Joseph N. Scanlon)提出的,它融合了参与管理与绩效薪金制两个概念,称作"劳资合作,节约劳动支出,集体奖励"的管理制度。该制度最早出现在20世纪30年代末期,旨在化解当时公司的财政危机。斯坎伦计划的主张是:①组织应结合为一体,不可分崩离析;②员工是有能力而且也愿意贡献出他们的想法与建议的;③效率提高后所增加的利润,应与员工分享。

斯坎伦计划有两项不可缺少的要素:①设置一个委员会;②制定一套分享成本降低所带来的利益的计算方法(也称作"收益分享方案")。委员会由劳资双方推派代表组成,其职能是审核员工所提出的建议,找出最佳方案予以实施。同时,委员会还负责计算实施建议后节省了多少成本,并按照75%归员工、25%归公司的方式分配节省下来的这部分成本(以后也常有各 50%的)。

斯坎伦计划的采用有的成功了,有的失败了,关键在于劳资双方是否能够彼此互相信赖,以及整个组织中的所有人员是否对这一制度抱以强烈认同。

四、弹性福利制

如果把福利和薪金合在一起记为员工的总收入,那么福利的占比可能高得令人吃惊!即使直接计算两者的比例,也不是个小数目。在美国,平均而言,组织提供的福利大约相当于员工薪水的40%左右。在有的国家,这个比例可能高达60%~70%!有趣的是,很多员工并没意识到这一点,因此福利的激励效果明显不如薪水。

鉴于福利涉及的金额数量巨大,如何使用这笔资金以带来更好的效果就备受关注。弹性福利制是使福利更具激励效果的一项管理措施。

弹性福利(flexible benefits)是指允许员工在各种可能的福利方案中按自己的实际生活需求进行选择。比如,有的员工可能更需要住房,有的员工发愁子女的上学问题,有的员工则担心医疗负担等。公司可以根据不同情况安排各种补贴、保险方案,让员工自行挑选。

具体地说,弹性福利制是由公司根据每个员工的薪水层次设立相应金额的福利账户,每一时期拨入一定金额,列出各种可能的福利选项供员工选择,直至在固定期限内该福利金额用完为止。

从理论上说,弹性福利的方法融合了激励的内容理论期望理论,即组织提供的报酬应与员工的个人目标相结合。因为,既然每个员工的需求并不相同,那么实施固定单一福利制就毫无道理。弹性福利既能满足个人需求,又给人自由选择的机会,其激励作用自然显著。

五、双轨薪金制

双轨薪金制(two-tier pay system)是指对同样内容的工作,对新老员工采用不同的薪金制度。通常是,新员工的薪水远低于老员工(例如制造业工厂的工人或企业的一般白领)。但也有相反的情形,例如对新聘的"海归"(海外留学归国的人员)实行单列的高薪制。也就是说,对年资不同的员工,实施不同的付酬方式。

双轨薪金制有两种形式。一种是把薪水暂时定在较低的工资水平,然后一点一点提升,直至最高薪水。一般来说,这需要3~10年的时间。另一种是让年资短的员工薪水永远低于年资长的员工。比如,美国航空公司同驾驶员签有双轨薪金制合同:资深的驾驶员,在双轨制合同前雇用的,可以领到年薪127 900美元;但新来的驾驶员只能领到资深驾驶员年薪的一半，而且不管他以后服务多少年，都维持这个比例。

从理论上说，双轨薪金制对公司是有利的：降低了人力成本。但另一方面它同公平理论背道而驰。公平理论认为，做同样的工作，应领同样的薪水，否则必然打击员工的士气，引起不公平感，减弱他们对公司的忠诚度，减低他们的生产力，增加离职率。

从应用方面来看，双轨薪金制在20世纪80年代初期被许多公司视为削减人事费用的法宝，但管理者们很快就发现它并不是万能的。这种方法除非加以改进，否则很难指望它能维持员工士气和生产力。

比双轨薪金制更夸张的是"多轨薪金制"，甚至可以是一人一个办法，有时也称为"议价薪资制度"，即针对每一个新入职的人，根据当事人的具体条件以及组织的实际需要，参考市场价格进行谈判确定薪金，而不遵循任何现有的层级框架。例如，欧美的各类球会俱乐部就常对新聘球员采用这种灵活的薪金制度。有时，为了掩盖由此造成的不公平，避免人际矛盾，组织也会采用"密薪制"，即不公开有关薪酬的细节信息，也禁止员工相互打探薪酬。

六、弹性工作制

弹性工作制(alternative work schedule)是指在固定工作时间长度的前提下，灵活地选择工作的具体时间方式。具体地说，可以有几种形式供参考：

其一，缩短每周工作天数(compressed workweek)。比如，在美国，有的人每星期工作四天、每天工作十小时，而不是工作五天、每天八小时。这被称为"4-40方案"。这种做法可使员工有更多(集中)的休闲、娱乐的时间。此方案的支持者认为，这样可以提高员工工作的热情和士气，提高对组织的认同感，增加生产力，增加设备运转率，减少加班和缺勤率，等等。调查研究发现，"4-40方案"有显著的积极效果，员工大多欢迎这种工作制，有78%的员工说他们不愿回到原来的五天工作制。

其二，弹性工作时间(flextime)。压缩工作天数并不能增加员工支配时间的自由度，而弹性工作时间则实现了这一点。虽然每天工作的总时间固定，但员工可以自由选择什么时间上班和下班，只要总工时达标即可。通常说来，一些公司规定一段必须在岗的共同时间，剩下的时间员工可以自行选择。比如，公司规定早上九点到下午三点所有员工都必须在班，那么员工可以选择从早六点到下午三点或早九点到下午六点作为自己的工作时间(中间有1小时休息时间)。弹性工作时间可以减少缺勤率，减少公司需要承担的加班费，增强员工自主权、责任感和满足感。

弹性工作时间这种方法的缺点在于它并不适合任何工作，只有那些不需要经常和其他部门或组织外部门打交道的岗位才更适合这种制度。

从理论上说,每个人的生活需要和风格不尽相同,传统的工作时间制是让人去适应僵化的制度,而不是让制度符合人的需要。从这一点看,弹性工作制看到了工作中人的位置,因此产生了较好的激励效果。比较起来,弹性工作时间比压缩工作天数效果更好,因为它更能给予员工自主权和责任感。换言之,它顺应了员工的成长需要,符合 ERG 理论。

目前来看,弹性工作时间制已形成一股潮流,在全球流行开来,总体而言成功率也较高。但统计也表明,这种方案的实施者主要是一些小规模公司,或大公司的一些工作较为灵活的部门。

> **实践专栏**　　激励模型的实用提示
>
> - 明确每位员工的需要和驱力以及它们是如何随时间变化的。
> - 先降低扰乱注意力的保健因素的影响,再考虑提供激励源,但两者都要重视。
> - 在期望行为和提供的报酬之间建立有力的联系;提供奖励以认可高成就者而不是其他员工;在系统的基础上给予报酬(如可变比例的强化程序)。
> - 设立具体的、有挑战的和可接受的绩效导向目标。
> - 寻找有关员工对效价、期望和工具性的知觉信息;与员工共享重要的信息,以改善他们的评价。
> - 发现员工为进行公平比较而采取的参照对象,以及知觉到的投入与产出比。
> - 监控对员工行为的归因,避免出现基本归因偏差。

【本章知识要点】

行为矫正:常被称为组织行为矫正,是强化理论在管理实践中的应用。具体地说,它分为五个步骤:①确认与绩效有关的行为;②测量有关行为;③确认工作行为的情景因素;④拟订并执行一项策略性干预措施;⑤评估绩效改进的情况。

参与管理:让下属实际分享上级的决策权。在具体运用上,参与管理有多种形式,如共同设定目标、集体解决问题、直接参与工作决策、参与咨询委员会、参与政策制定小组、参与新员工的甄选等。

绩效薪金制:把报酬同绩效相结合,按劳分配,多劳多得。这里的绩效,可以是个人绩效、部门绩效、组织绩效。

弹性福利:指允许员工在各种可能的福利方案中按自己的实际生活需求进行选择。

双轨薪金制:对同样内容的工作,对新老员工采用不同的薪金制度。双轨薪金制有两种形式,一种是把薪水暂时定在较低的工资水平,然后一点一点提升,直至最高薪水;另一种是让年资短的员工薪水永远低于年资长的员工。

弹性工作制：指在固定工作时间长度的前提下，灵活地选择工作的具体时间方式。

【思考题】

1. 你熟悉、了解哪些激励措施？它们有效吗？各自的理论依据是什么？
2. 如何让福利发挥更大的激励作用？你有什么好的建议？

第三篇 群体层次

11

群体和团队

君子周而不比，小人比而不周。

——《论语·为政篇第二》

整体大于部分之和。

——格式塔(完型)心理学派格言

【内容概要】

介绍群体的相关概念。
介绍团队合作、团队建设、团队结构与规范的相关内容。
阐述团队凝聚力的概念、影响因素及其与绩效的关系。

§1 群体的定义、类别

正如社会心理学研究所揭示的，当处在某一群体中时，个体所表现出的行为，同他独自一人时的行为有所不同。前者要复杂得多，并有其特殊的规律。因此，组织管理心理学的重要内容之一是，通过研究个体在群体中的行为特点，以及作为一个整体的群体的行为特点，为组织管理提供依据。

一、群体的定义

所谓群体(group)，是人们聚集在一起形成的松散的社会结构。通常它并不必然有内部结构，也不一定有特殊的目标，规模不定。不过，组成一个群体的个体往往会有一些共同的特征，例如通常说的学生群体、工作群体、老年群体。

团队(team)则是指两个或两个以上的人，彼此互相影响、互相依赖，为了完成特定的目标而有结构地结合在一起并按一定规则行事。相对而言，团队的规模一般不会很大。

相对而言，群体更多的是非正式化的(例如组织中员工自发形成的朋友圈)，而团队是有机组合而成的(例如组织中的工作团队、项目团队)。也有人将群体分为正式群体和非正式群体，其中正式群体则更类似于团队。

群体对于个体有着重要的意义。人带有社会属性，因此，人要在与他人的相互关系之中展开个人、社会生活，并通过这些相互关系来满足各种需要。有许多理由促使着人们加入群体。其一，安全需要。通过加入群体，人可以消除或减轻不安全或孤立的焦虑感，并有勇气面对威胁。其二，地位意识与自尊。群体可以给成员带来荣誉、名望、重要感，通过所属的群体说明自己的地位和价值，进而维护个人形象，满足个人成长和自尊需要。其三，亲和需要。群体可以充实人的社会生活，满足社会需要。群体中，朋友、同事间的相互关系是满足亲和需要的重要来源。其四，能力。群体可以完成个体单独无法完成的目标。"团结就是力量"，这是群体的最突出的优点之一。一个人无法做到的事，利用群体的力量或许就可以很好地完成。群体所提供的力量在很多情况下大于群体中所有个体的力量之和，即产生"1+1>2"的效应。此外，非正式群体还提供机会使人得到在正式群体中不可能得到的权力，获得快感。其五，实现目标。正如上面所说，借助群体的力量可以达成许多目标。

实践专栏　　采用团队方式进行作业的优势

某保险公司的电话销售事业部，采用团队方式进行作业。一个团队规模大约在几人到二十几人不等。每个团队有队长，由有工作经验的老员工担任。新员工入职，会分配到各个团队；队长会亲自指导新员工。一部分老员工也会充当师傅的角色，对新员工"传帮带"。

员工的工作是通过电话销售保险。每个人有独立的工位，每天被分配一定数量的电话号码，员工主动拨打客户电话，进行推销。

保险推销是相当不容易的一项工作。特别是电话推销，和客户不见面，全靠员工的"三寸不烂之舌"，要想推销成功是很难的。通常平均打100个电话才能有1个客户被说服购买。新员工必须掌握复杂的推销技巧，有敏锐的沟通能力。这需要大量的学习、实践和指导。因此，虽然销售员是独立开展工作，但同事和队长的帮助、指导是成长、成功的关键。尤其是，工作中要面对大量的"失败"，每天遭到大量顾客的拒绝，这给员工造成大量的负面情绪。这时，团队的帮助对于疏导情绪、激励斗志是十分重要的。

二、群体的类别

从不同的角度出发，可以划分不同类型的组织。包括正式群体和非正式群体。

1. 正式群体

正式群体(formal group)指有明确的组织结构和工作任务的群体。企业中的部门、科室、车间等，都是组织中的正式群体，都是由组织结构决定的。组织需要有两种(而不是一种)类型的领导角色，即任务领导者和社会领导者。任务领导者的工作是帮助群体关注目标，完成任务。例如，分析问题，给予并寻求相关证据，定期总结进度并维护团队一致性。但这样的领导可能会得罪人并危及群体的团结，造成一些麻烦。社会领导者的工作是维护群体的团结。社会领导者承认每人的贡献，解决纠纷；支持、帮助群体发展，恢复、维系群体关系；将离经叛道的想法与他人的观念融为一体(表 11-1)。有关领导的内容会在第 14 章详细介绍。

表 11-1 任务领导者和社会领导者

任务领导者	社会领导者
为群体确定一个问题或目标	支持他人的贡献，通过赞赏给予鼓励
从成员那里征求材料、观点和建议	把握群体气氛，并帮助成员意识到这一点
提供自己的材料、观点和建议	缓和紧张状态，减少冲突分歧
澄清混乱局面，举出实例，提供框架	修正立场，承认错误
总结讨论	促进所有成员的参与
确定是否已达成统一意见	评价群体的效率

2. 非正式群体

(1) 非正式群体(informal group)既无正式结构，也不是由组织决定的各种联盟，而是在工作或其他环境条件下形成的。非正式群体中的个体关系松散，通常是基于社交需要而形成的。

研究发现，正式群体主要作用于工作绩效，而非正式群体主要作用于员工满意度。当然二者也产生一些交叉的影响，例如非正式群体也能辅助地对工作绩效产生影响。这样的研究结果给予组织管理的启示是：在组织中，正式群体和非正式群体都有其存在的意义，两者都可以为组织带来益处，因此，不能盲目地否定或消灭非正式组织。

(2) 监控非正式群体。由于非正式群体的特殊性，管理层既无法建立非正式群体，也无法废除它们。但这并不代表管理层无法与之共处。管理层可采取一些措施对其施加影响。管理者应当明确组织中非正式群体存在的意义，并学会接受它们。但是，非正式群体的态度和行为常常与正式群体是不同甚至是矛盾的。因此，管理层需要对非正式群体进行监控，辨别其中的不同，针对其中可能损害正式群体利益的行为及时采取措施。另外，由于非正式群体可以在不同的方面以不同的方式对正式群体产生影响，因此，管理层在采取行动时还需考虑到这些非正式群体可能对当前行动产生的影响，既使其不危害到正式群体的利益，也不忽视它们的利益。

> **实践专栏**　　正式群体背后的非正式群体
>
> 　　李岚是一家纺织厂的年轻女工。她入职以来，一直积极肯干，从不挑三拣四，任何工作都兢兢业业、认真努力地做好。她特别肯于钻研技术，很快掌握了多项工作手艺，在部门里是出类拔萃的。为此，她获得了各种荣誉，例如生产标兵、劳动模范、先进个人等。
>
> 　　但是，随着各种荣誉而来的，却是大家对李岚的冷遇。大家对她冷嘲热讽，不仅背地里说三道四，还当面贬损她，有时大家干脆都不理睬她。每当大家有说有笑的时候，只要李岚一出现，大家立刻鸦雀无声，并用冷漠、厌恶的目光扫视她。
>
> 　　李岚内心非常痛苦。她无法理解，自己到底做错什么了？为什么遭到大家的排斥？难道自己努力工作、争当先进有错吗？

§2　群体动力学

　　一群离散的个体，一旦形成统一的群体，会产生奇异的效果。著名德国心理学家(后任教于美国麻省理工学院)勒温(Krut Lewin)开创了群体动力学(group dynamics)，研究群体因素与环境间的相互作用，以及群体对个体行为的影响。勒温指出，群体不是处于静态，而是处在不断变化之中，个体与个体、群体与个体始终发生着相互作用。

　　群体动力过程的主要反映之一是协同现象(synergy)。协同一词本为生物学术语，指两种或两种以上的物质混合作用之后的效果，不同于各种物质单独效果的总和。同样，群体之力，不同于个体之和。责任分散现象便是例证。责任分散是群体之力小于个体力之和的情形。也存在完全相反的情形，即群体之力大于个体力之和。群体情境可以使个体产生竞争意识和被他人评价的意识，这些意识都促使个体付出更大的努力，这也是为什么运动员在比赛情境中更容易出成绩的原因。由此可见，群体动力过程存在两个对立的方面，一个方面产生增值效果，另一个方面产生贬值效果。组织管理的任务之一正是促使这一过程导向增值的一面。

群体有自身的性质，这种性质有别于组成群体的个体的特性。如果我们说"1+1>2"，这在数学世界里是一个基本的逻辑错误，然而在群体动力学领域却是完全合理的一个类比。但也有可能出现个体相加的力量小于群体的情况。例如，十个人一组拔河，可能每个人所用的力比单独拔河所用的力气之和小。这可能是由于大家用力的时间、方向不同，或有些人偷懒。因此，了解群体动力学，有助于管理者思考如何使团队行为向"1+1>2"的方向发展，以促成更高的组织绩效。

§3 组织中的团队

组织中的团队的必要性表现在：当人们一起工作时，团队是为混乱带来秩序的重要策略。团队绩效依赖于团队中每一个人的表现。在团队中，存在"短板效应"。"短板效应"的本意是，一个木桶能装多少水取决于木桶上最短的那根木板；在团队里则指的是，在某些情况下，团队整体的绩效取决于团队中绩效最差的那个人。比如，在体育比赛的一些需要配合的团队项目中，某一组里有一名组员表现很差，那么即使其他组员表现得再出色，整个组也很有可能输掉比赛。

在组织中，各种团队只是整个系统中的子系统。因此，想要了解团队的行为，需要先对团队所处的组织环境有一个整体的了解。这些可能对团队的行为产生影响的组织环境因素包括：

(1) 组织策略(organization strategy)。决定着组织现在的形态和未来发展趋向。组织策略由组织最高管理层决定，但一些组织也会参考基层管理人员的意见。该策略描绘了组织的目标和达到目标的手段，例如，组织策略可以指向降低成本、提高质量、扩大市场等。采取不同的策略会影响各个工作团队扮演角色的重要性、任务量以及从组织中获得的相应的资源。

(2) 组织的职权结构(authority structure)。决定着从属关系、决策权的归属。职权结构通常也决定了工作团队在组织层级中的地位、团队的领导及团队之间的相互关系。

(3) 正式规定。组织会制定各种守则、工作程序、规定(regulations)，以使员工的行为标准化。在这种情况下，工作团队不可自行其是。组织的规定越是正规化，团队成员的行为越一致，越容易预测。

(4) 组织资源。包括资金、设备、人力、技术等因素。这同组织的规模、经营绩效有密切关系。丰富的组织资源往往能让员工在工作的时候享受到良好的工作条件，比如现代化、高品质的工具和设备，舒适的工作环境。这些资源在相当程度上影响着工作团队的绩效。

(5) 人事甄选方法。组织在用人方面的甄选标准，决定了工作团队的成员构成，也决定了团队的人力资源和绩效。

(6) 绩效评估及奖励制度。组织采用什么样的方法评估绩效和发放奖金，会影响员工和团队的行为。

(7) 组织文化(organizational culture)。每个组织都有自己的文化，它体现了组织的经营理念、价值观和管理风格，反映了企业形象，规范着员工的行为，调剂着组织内部的生活、运转。组织文化是工作团队存在的背景。

(8) 客观环境(physical work setting)。各种物质条件，如工作空间、环境及设备布置、照明条件、噪声控制等，对团队的工作也会产生种种影响。有些岗位工作人员距离较近，距管理人员却较远，这就容易给员工造成聊天的机会。

§4　团　队　合　作

大多数员工通常在一个或同时在多个常规小组中工作，因此，团队中的成员的努力必须彼此协调一致，以促成工作的完成。团队合作是指当员工工作相互依赖时，他们作为任务团队一起合作，并试图营造合作的氛围。团队合作时，员工们倾向于有明确的目标、认真负责、精神饱满和相互帮助。

一、团队的生命周期

一些人开始在团队中开展工作，从事相互依赖的工作，并学会如何高效达成团队目标，这一过程需要经历几个发展阶段。这些阶段是团队将要面对的一系列问题的结果：例如，谁该参与？我能信任谁？哪项工作由谁来做合适？我们怎样解决矛盾冲突？应该遵循哪些规则？每个人该为团队贡献什么？一个团队从形成到开始发挥作用，有一个发展过程。大多数团队总是处于不断改变的状态中。概括起来，团队的发展有一些典型的形态，大致可分为五个阶段。

1. 形成期

团队成员开始了解和接受他人，组织内洋溢着礼貌的气氛，成员之间的相互交往较为谨慎。团队存在的目标、结构、从属关系尚不明确，成员们还在试验哪些行为是该团队一致认可的。随着成员们开始认为自己是团队的一分子，这个阶段便宣告结束。

2. 动荡期

团队成员争权夺利，对发展方向争论不休，外部压力强，团队内部气氛紧张。团队内仍存在冲突，成员们虽接受了团队的存在，但对团队对个人所带来的约束仍有抵触；而且，对于团队的领导权仍有争议。当从属关系变得明确时，这一阶段即结束。

3. 规范期

团队成员开始合作，产生组织规范，协调感日益明显。团队规范形成，凝聚力增强，成员对团队的认同感加深，成员间的情谊日益浓厚。这一阶段完成时，团队结构大致形成。

4. 执行期

团队开始走向成熟，懂得应付复杂的挑战。团队成员能执行其功能角色，并可根据需要自由交换，任务因此得以高效地完成。这时团队开始发挥作用，成员们开始把注意力转向团队外部，转向任务，开始执行团队使命。

5. 结束期

对于临时性的团队来说，完成了团队的一致目标代表着团队使命的终结。团队解散，团队成员脱离原本存在于团队中的社会关系。

需要注意的是，这个发展顺序只是模式化的说明。一个真实的团队总是处在不断变化之中，有时可能几个阶段同时存在、展开，有时可能跃过某个阶段，有时又可能退回到之前的阶段。至于团队的绩效，合理的想法自然是执行阶段最高，但例外的情况也并非没有。总之，团队处于动态变化之中，应当用动态的眼光来看待团队。

二、高效团队的要素

打造高效团队需要从事四个方面的开发，包括一个支持性的环境、才能与角色分明、超凡的目标和团队的回报。

1. 支持性的环境

支持性的环境包含几个方面：①环境倡导团队中的成员作为集体考虑问题；②有充足的时间能让团队成员就某个问题在一起进行讨论；③对成员能够取得成绩的能力充满信心；④

发展一种有利于创造上述条件的组织文化。

2. 才能与角色分明

高效团队中的成员必然是"各司其职",有各自胜任的工作,并且愿意与团队中的其他成员合作。另外,还需要团队中所有成员都清楚他们要与之打交道的其他人的角色。做到了这一点,成员们才能根据条件的需要,自发地做出反应,并迅速行动起来,采取适当的行动来完成团队的目标。

3. 超凡的目标

有时,一个组织的政策、保持纪录的需要、奖励体制等,会瓦解个人的努力成果,打击团队合作。因此,需要考虑建立一个超凡的目标。所谓超凡的目标,指的是一个需要综合两人或多人的努力,才能实现的目标。这种目标能够集中员工的注意力,统一努力方向,形成更加紧密团结的团队,每个人都以团队目标的实现为己任。

4. 团队的回报

一般地,基于团队的奖励是促进团队合作的一个措施。这种奖励可以是物质上的,比如给予金钱奖励,也可以是精神上的,比如表扬、认可。但是,需要注意的是,组织需要在鼓励、表彰个人创新和发展,与鼓励个人为团队成功竭尽全力两方面保持微妙的平衡。

三、团队的潜在问题

由于团队存在的复杂性和变化性,团队精神对组织环境的各个方面都相当敏感。团队精神的形成十分缓慢,但又可能在瞬息之间分崩离析。比如,遇到重大人事变动时,团队中某个核心人物不得不离开现在这个团队,这可能会对刚刚形成、还不牢固的团队凝聚力造成很大的伤害。又如,团队决策的参与者众多,可能致使在做决策时会耗费大量时间。另外,在团队中,个人对团队的贡献有些时候难以衡量,因此人们时常会表现出懈怠,减少自身的产出,导致团队整体的绩效小于团队成员单独工作时的绩效之和,表现出典型的社会懈怠(social loafing)现象。究竟是否建立一个团队,明智的做法是对需要完成的任务的特点进行分析,考虑参与人员的资格与期望,以及完成该项任务的时间与成本的限制。

§5 团队建设

团队建设鼓励团队成员们检查他们是怎样在一起工作的,找出不足之处,发展更为有效的协作方法，其目的是为了建立更富有效率的团队。

一、进程

团队建设是一个高度参与的活动，它需要团队成员提供信息并利用这些信息数据进行自查。当团队致力于开发行动计划时，鼓励成员对团队的交往过程给予同等的重视。通过监测、检查和调整自己的行动，团队中的成员可以学会对自己进行客观地评价，并据此改进自己的想法、行为。上述过程不断循环，便促成了一个士气高昂、合作的高绩效团队。

二、团队建设的实用技巧

团队建设有一些可供借鉴的应用技巧，包括：①咨询能力，它需要团队成员诊断、提炼团队存在的问题，并据此策划变革；②交际能力，建立团队和个人的信誉，提出建议，以及倾听别人的意见；③研究能力，计划并实施一项研究并评估结果；④表现能力，准备公开演讲和汇报，就团队建设的过程进行咨询，寻求指导和反馈。

三、自我管理团队

1. 定义

自我管理团队(自我指导团队)是自然形成的工作小组，具有很大的自主权。自我管理团队集计划、命令、监督和控制行动的授权与培训于一身，团队中的成员被要求控制自己的行为，以期望取得重大的成果。团队通常共同就工作进程、资源需求和任务分配等进行决策。另外，成员需要学习广泛的相关技艺，以便能灵活地在不同领域或任务间转换。

自我管理团队从组建开始就需要承担不同的责任，并进行一系列与团队利益相关的工作。处于不同阶段的自我管理团队需要从事的与团队利益相关的工作有所不同：在一开始的时候，自我管理团队负责某些小事，比如内务工作和安全培训；随后，开始管理自己的考勤，安排加班和休假，选择并考核团队成员，培训同事，同主要客户直接打交道；随着经验的增多，团队需要超越操作性事务，开始改进团队的任务安排，建构新的奖励体制，并为扩张计划提供建议等。

2. 优点与缺点

自我管理团队也有其优缺点。它的优点在于：①增进了员工的灵活性；②工作分类减少；③操作效率提高；④缺勤率和离职率降低；⑤高水平的忠诚度和工作满意度。但是，自我管理团队也存在一些问题,包括:①建立一个真正且有效的自我管理团队所花费的时间较长;②培训自我管理团队需要较高的投资;③由于工作循环,导致团队早期效率低下;④一些员工,特别是强调个人主义文化价值观的员工,可能无法适应自我管理团队的结构。另外,原管理者在自我管理团队中权力会被削弱甚至消失,个人工作受到威胁。

3. 传统团队和自我管理团队的领导角色对比

传统团队和自我管理团队的领导角色有所不同,具体见表11-2。

表 11-2 领导角色对比

传统团队	自我管理的团队
权威人物	教练和顾问
专家	拥护者和拉拉队长
教师	资源规划者
解决问题者	联络和对外公关者
协调员	促进者

四、团队内的两难境地

有一些需要团队面对的问题会使团队成员陷入困境,并且这些问题很难找到简单的解决方法,这些问题包括:

(1) 团队成员之间互相考评。如果团队对其成员的考评其中一项是需要成员互评,这时你会怎么做?是不怕冒犯人或伤害你与其他成员之间的感情而直言不讳?还是隐藏对其他成员不好的评价,使团队有蒙受损失的可能?显然,团队成员互相考评的前提条件是互相信任,精诚团结,以团队利益为上。通常只有深度开发后的健全团队才能做到这一点。

(2) 团队成员寻求帮助。比如,你正忙得不可开交,团队中的一名成员过来向你寻求帮助,并强调了事情的紧急性。这时你会停下手中的工作先帮助该名成员,以防止因拒绝对方使你们之间的关系受损?还是会严词拒绝,使对方对你产生冷漠、不具合作性的印象?团队设计与运营的另一个前提条件是,团队中的工作应大多是相互依赖、嵌入,需要协同合作才能完成的,而不是团队成员可各自独立执行的。

(3) 团队选择。比如,团队需要招募新的成员,而某些成员支持招募与原本成员在个性、专业、能力等各方面都相似的员工以维系团队相容性,但是另一些人却认为团队成员的多样性有助于帮助团队达成更高的绩效目标。这时,你会选择支持哪种观点,是支持团队同质性,还是支持团队多样性?由此揭示团队建设的一个原则是,团队成员的特征应与团队的任务特征相匹配，我们称之为"个体-团队匹配"(person-team fit)。

(4) 团队偏好。比如，为了组建一个理想的团队，团队耗费了大量时间和精力进行团队建设。但你却觉得你所在的团队由于过于注重团队进程，而忽视了关注客户，你是否会产生怀疑：这真的有利于团队完成目标吗？这个问题实质上主要反映了团队生命周期不同阶段所侧重的主题。在团队形成初期，会更侧重团队本身的建设；而在团队成熟期，它必须专注于服务客户，达成任务绩效。

(5) 团队报酬。通常来说，团队的报酬会视完成本身的绩效目标而定，但有时团队却由于过于注重自身既得报酬而只着眼于眼前的、短期的目标，妨碍了站在更大的、组织的角度来看待问题，即忽视了长远目标。这揭示了团队运作可能存在的一个风险，即形成"小集体主义"、本位主义意识。通常，这种情况是出于团队过于在意相互之间的竞争，而忽视了所有团队都要在组织这个更大的群体里进行协调合作。

实践专栏　　被隐藏的"不和谐"

　　成刚是某公司工程部的一员。公司于一年前启动了为期两年的项目，并专门成立了一个五人的工作团队来对该项目负责，成刚就是这个工作团队中的一员，其余的成员都来自和成刚不同的部门。一年过去了，项目的完成进度与预期相差甚远。上级部门对出现该情况的原因进行了调查，但并没有得到什么结果。作为团队中的一员，成刚很清楚问题出在哪。

　　由于是为了该项目临时组建起来的团队，成员之间互相不熟悉，甚至互相不认识。团队刚组建完成，没有经过磨合，就投入到了紧张的项目工作中。因此，在项目开始初期，有些成员就曾多次因为观念、想法的不同而暗地里"针锋相对"或"冷战"，上一个问题还没有达成共识得到解决，下一个问题又接踵而至。另外，公司规定，每半年工作团队的成员之间需要进行互评，以便发现工作团队中存在的问题。尽管团队成员对彼此或多或少有一些意见，但是为了维持团队表面的和谐，本着多一事不如少一事的想法，在互评的时候成员们都不会明确地将对团队或对团队成员的意见表达出来。因此，从互评的结果上来看，这是一个和谐且合作顺利的团队。

　　成刚认为，项目进展缓慢很大一部分原因是团队内部出现了问题，但是大家却对此"闭口不谈"，难怪上级部门难以发现症结所在！

§6 团队人力资源

团队人力资源是指团队的成员素质，主要包括成员的能力和性格。团队成员的智力及其所具备的与任务相关的能力，很大程度上决定了团队潜在的绩效。当然，这种关系不能绝对化。似乎并不能肯定能力高者一定就胜于劣者。但是，能力高者成功的机会大，这是确定无疑的。俗语说得好："虽然优者未必胜，劣者未必败，但赌优胜劣败，却是正确的赌法。"换句话说，团队成员的能力虽然不是唯一的成功因素，但却是重要的因素。

需要指出的是，能力虽然和团队绩效有关，但两者间的相关的程度却并非一成不变。两个变量之间的关系受到许多其他因素的影响，比如团队的规模、任务类型、领导作风等。

团队成员的性格特征与团队绩效的关系较为复杂，主要分化为两种关系：一方面，受到所处文化环境肯定的性格特征，同团队士气、凝聚力、绩效呈正相关；另一方面，与所处文化环境否定的性格特征则与凝聚力、绩效呈负相关。以美国文化为例，被肯定的性格特征包括擅长交际、独立自主、主动性；否定的特征包括专制、刚愎自用。这些特征都反映了在该文化背景下，一个人与其他人之间可能形成的相互关系的特征。值得一提的是，中国文化环境所推崇的"矜持""内敛""大智若愚""和为贵"等行为特点，与西方的"外向型""竞争性"文化有所不同甚至相互矛盾，这在一定程度上会导致跨国管理团队中常见的冲突。

还需注意的是，上述任何一个变量都不能单独决定团队绩效，但它们的总合却会对团队绩效产生影响。

§7 团队结构与任务

团队不是乌合之众、一盘散沙，而是有结构的。团队结构规定了成员的行为，并且通过这一结构可以解释和预测团队内部大多数成员的行为，以及团队整体和成员个体的绩效。团队结构是一个涉及多方面的概念，不同的要素构成一个完整的团队结构。

一、团队领导

工作团队中总有一位正式的领导，有明确的头衔，如部门经理、科室主任、任务小组长、委员会主席等。领导者的特征与团队的绩效有密切关系。领导者究竟是民主式的还是独裁式的,对于团队成员的满足感和团队绩效有着直接影响。对此我们将在后面有关"领导"一章中专门讨论。

二、角色

每个人都在社会中扮演一定的角色,在团队中也不例外。这正好比莎士比亚所说:"整个世界都是舞台,所有的男男女女就是这舞台上的演员。"每个员工都在团队中占据一定的位置,充当一定的角色,承担一定的任务,负有一定的责任。所谓角色,是指人在社会单位中,由于担任某种工作或责任,所具有的一组预定的行为形态。

角色具有多元化和动态转换性。一个人并不是一生只扮演一个角色,而是多种角色,并且常常同时扮演多重角色,或是在各种角色之间不断转换。比如,一位男性部门经理在工作中既是老板的下属,又是员工的上级,在家庭生活中既是儿子,又是父亲,也是丈夫。多元化的生活使人们接触不同的群体,必须学会适应不同群体的角色要求。

1. 角色认同

角色认同(role identity)是指人的态度和行为同角色相一致。一般来说,一旦人们发现情境、角色有所变化时,会自动地转换自己的行为和态度,与角色相一致。比如,人们常常会注意到这样的情形:当一个人作为普通员工时,可能会抱怨管理者"不知百姓疾苦";可一旦某一天他晋升为管理者,又会转而抱怨普通员工"不当家不知柴米贵";倘若有一天他因公司裁员而被免职,又会抱怨公司对人"任意宰割"。显然,人的态度随角色转变,可谓"做什么人,说什么话"。

2. 角色知觉

角色知觉(role perception)是指人对特定场合应如何行为处世的认识。人们首先有了这种角色知觉,才能真正扮演好相应的角色。比如,不知道什么是领导,领导应有什么样的行为规范,就不可能做好领导;不懂得经理人的角色要求,也就不可能做一个合格的经理。人们的角色认识主要是从各类组织、朋友、同事、师长、大众传播媒介等处获得的。有研究证明,新角色并不是很难习得的,即使人本身的特性中原本并不具有该角色所要求的成分。在组织中,让所有组织成员都明确自己的角色、所担当的责任和任务要求,充分进入角色位置,是十分重要的。

3. 角色期望

角色期望(role expectation)是指别人认为你在特定场合中应一贯具有什么样的行为表现。比如,我们认为政府公务员应为人正直、廉洁奉公;公司经理应有雄才大略、勇于进取;车间领班应精明能干，既懂技术又为人宽厚。

在工作场合中，角色期望反映为心理契约(psychological contract)。心理契约是指非书面的默契，规定了组织或管理者对员工的期望以及员工对管理者或组织的期望。管理者期望员工有良好的工作态度，服从指挥，对组织忠诚，员工则期望管理者公平对待员工，提供合理的工作条件和报酬。如果管理者失信，会引起员工不满、怠工甚至罢工；若员工有负期望，则会受到处罚，甚至被"炒鱿鱼"。

4. 角色冲突

角色冲突(role conflict)是指个体同时扮演的多个角色互不相容、个体无法协调多个角色时产生的矛盾局面。前面说到，人可能同时扮演多个角色，这些角色有些是相容的，但有些是相冲突的。比如，一个人在家里是慈父，但在工作中为了提高绩效、保证质量却不得不严格待人，甚至制定严厉的处罚措施。为了更高的工作目标，他必须更多地投入工作，但这又使他很难做一个称职的丈夫。面对角色冲突，人会体验紧张、焦虑和挫折，在行为上则可能退缩、妥协、放弃、不知所措，或是在态度和认识上进行歪曲(如"认知失调"理论所说)。

三、异质性

人们组成团队的理由之一是集合多种能力、技术完成较复杂的活动或任务。换个角度讲，如果团队任务的完成需要各种知识、技能，就需要团队成员分别具备各种不同的素质。这种团队成员构成上的特性就叫异质性(heterogeneous)。

团队的异质性可以反映在更为广泛的方面，诸如能力、态度、兴趣、个性、年龄、性别、社会地位、教育背景等。有研究表明：年龄层差别较大的团队，由于代与代之间缺乏有效的沟通，容易产生冲突和权力斗争。一个合理的建议似乎是：团队成员在各种品质或属性上只存在适度的差异，不要呈畸形分配，也不要过于求同，这样既利于团队结构保持相对稳定，也不妨碍团队的绩效。

四、规范

1. 规范的概念

所有的团队都会建立自己的规范，它作为一种准绳，规定了哪些是团队可接受的行为，并要求团队成员一致遵守。团队规范告诉每一个成员，哪些行为是对的，哪些是不对的。因此，规范就是对个体在特定场合下的行为的期望。不同的团队，规范可能不尽相同。

组织中通常有正式的规范，它往往以文字的形式公告全体成员，阐明各种规章制度，并要求大家遵守。然而，在组织中，也存在许多非正式的规范。比如，当得知总经理明天会来你所在的部门检查工作，大家会提前一天把卫生搞好，并在第二天的时候特意注重衣着的体面，且比平时更加卖力地工作。这些行为即使没有明确的告示，不用说，你以及部门的同事也会注意的。

团队中的规范通常包含许多"不可以……""不得……"的明确规定，这些规定一般有助于维护团队生存。另一些规范，比如"不要太冒尖、太高产""不要偷懒、让别人受累""不得背叛同伴"等就是此前提到的非正式规范的典型例子。团队可以通过许多方法包括讽刺、挖苦、责骂、体罚、排斥，迫使团队成员接受这种不成文的团队规范。对于一个注重社会需要、归属感的人来说，这些手段有足够的制约力。

2. 普遍性的规范

虽然不同团队的规范不尽相同，但有些规范却是具有普遍性的，包括：

(1) 涉及绩效的行为(performance related process)规范：规定员工的工作水平、工作方式、产量指标、沟通方式等。这些规范同绩效有密切关系。

(2) 涉及外表因素(appearance factors)的规范：规定团队成员应怎样穿着打扮、如何对组织表示忠诚，甚至什么时候必须紧张忙碌、什么时候可以放松节奏。比如，每年春天，各国大学校园里即将毕业的学生大都穿上深灰或深蓝色的西装，接受各大公司面试，原因是这两种颜色的西装是职场人士惯有的打扮。

(3) 有关非正式社交活动(informal social arrangements)的规范：这些规范主要来自非正式工作团队，用以管理团队内的社交活动。这些规范影响员工社交行为，包括与什么样的人为伴、与什么人交往、从事何种交际活动等。

(4) 有关资源分配(allocation of resources)的规范：涉及薪金、工作分配、工具设备的分配等事宜。这些规范会对员工的工作满足感有直接影响，对团队绩效有间接影响。

3. 规范的作用和意义

团队规范对于团队及成员有多重作用和意义。其一，作为团队的支柱。团队成员根据规范体现认同，规范是使团队保持行为一致的基础。没有规范，团队就可能是一盘散沙。其二，作为评价标准。团队规范是行为的参照标准，也是衡量成员行为的准绳。其三，提供行为动力。团队规范对成员行为的发动或制止有着决定性作用。同时，规范也起着行为矫正的作用，使成员遵从它。

4. 团队压力和从众行为

团队以及团队规范对团队中的每一个成员产生约束力，使其与团队保持一致，服从团队利益，为所在团队效力。这种约束力就叫团队压力。如果违背这种力量，人就会体验到焦虑，就可能被团队制裁或"拒之门外"。为了被团队接纳，成员总要顺从团队压力，在观点和行为上同团队或团队中的大多数人保持一致，这类行为属于"从众行为"(conformity)。

美国心理学家所罗门·阿希(Solomon E. Asch)曾做过一个著名的"三垂线实验"来证实团队压力和从众行为的存在。阿希用两张卡片作为材料，一张卡片上划有 X 线，另一张卡片划有 A、B、C 三条线，其中 B 与 X 等长。实验内容是，需要每一个被试判断 A、B、C 三条线中的哪条与 X 等长，并大声讲出答案。阿希找来一群人做被试，每个实验组中只有一名是不知情者，其他被试都是事先安排好了的。首先，事先安排好了的这些被试逐一报告说 C 与 X 等长。最后，由不知情者判断哪两条线等长。事实上，究竟哪两条线等长是显而易见的。但是实验结果却发现，在所有不知情者中有 35%的人顺从了其他人的看法，选择了 C。可以看到，在一个临时拼凑起来的、松散且没有正式规范的群体中，都会存在来自群体的压力进而影响个人的行为，可见团队压力对团队及其成员有多么大的影响！

五、团队规模

团队规模是指团队的大小或成员的多少。从规模上通常可把团队分为大型团队和小团队。小团队通常为二到七八个或十几个人。对于小团队的确切上下界，看法并不完全一致。

团队规模会使团队本身的特性发生一些变化。比如，随着团队规模的增大，团队的资源可能会有所增加，包括各种专业知识、技能；团队成员的异质性有所增加，越来越不可能指望所有的成员都具有同样的品质；个体参加活动和得到奖励的机会有所减少；协调整个团队活动所需要的组织工作越多、越复杂；要获得多数成员的支持更不易，各种冲突可能有所增加。

人们也许会有这样的成见：人多力量大，或是人多好办事。但"一个和尚挑水喝，两个和尚抬水喝，三个和尚没水喝"的故事，反映的却是与此观点相反的道理。20 世纪 20 年代末，德国心理学家林格曼(Ringelmann)测量了团队拉绳子的绩效。原本，他设想：整个团队拉绳子的力量，应是团队中所有人单独拉绳子时的力量的总和。但实际测量结果却是：三人团队的总力量，是平均每人出力的 2.5 倍；八人团队的总力量只有平均每人出力时的 4 倍。后来，其他相关研究也都支持这样的结论：随着团队规模的增大，团队中每个人付出的努力相应减小。有人给这种现象起了个名字，叫作"社会性虚度"(social loafing)效应(也叫作"社会性懈怠")。

之所以会产生这种现象，有一种解释是：人们可能觉得别人没有尽力或在偷懒，为求公平，也就减少了努力。另一种解释是"责任分散"：一个人觉得个人努力对团队微不足道，或是团队的成绩只有很少的一部分归功于个人，个人在团队中的努力难以衡量，故降低个人努力。如果这种解释成立,对组织管理颇有启发意义:欲提高工作士气与团队绩效,必须提供足以衡量个体努力程度和成绩的标准。有研究表明:规模小的团队完成任务的速度较快;但如果遇到难题,规模较大的团队绩效较好。由此看来,一个团队究竟应设置多大的规模,应看要从事何种工作或任务。

六、团队的工作任务

团队的工作任务的性质,其复杂性、相互关联性等,也会影响团队绩效。这里有几个明确的结论和建议:

(1) 任务越复杂,越需要成员充分的协商、讨论,这更有助于任务的达成。

(2) 各项任务间的依存关系越强,越需要较多的相互沟通和协调。这样可以最大限度减少团队冲突。

(3) 任务的明确度越低,越需要依赖团队的力量,充分地进行咨询,广泛地搜集信息。

由此我们也得到一个启示:通过改善工作任务的内容、方式、性质、工具,可以改变其复杂性。另外,加强团队沟通,有助于团队绩效的提高。

§8 团队凝聚力

团队凝聚力是指团队成员相互吸引并对团队认同的程度。成员之间越是相互吸引,大家越是会互相抱团,团队凝聚力就越大。

一、凝聚力的决定因素

研究发现,有这样一些因素会影响团队的凝聚力:

(1) 相处的时间。这反映的是社交的时间效应。人们相处的时间长短,是他们能否成为朋友的一个条件。人们从一般性的交往、谈话,发展到深入的情感和观念上的接触,为相互吸引提供了基础。甚至有的公司发现,在所有职员中,办公桌的距离是决定这些职员互相交往频率的唯一重要因素。

(2) 加入团队的难度。加入团队的难度越大,可能性越小,其团队成员的凝聚力越大。可能因为这样的团队往往是对成员进行严格挑选的,选出的成员一致性很高。此外,这样的团队通常有一定的声望,一旦成为其成员,就会努力维护作为团队中一员的荣誉感和归属感。

(3) 团队规模。团队规模越大,凝聚力往往可能会越小,因为所有成员之间交往的机会相对总人数较小,相互吸引的范围相对较小。有研究发现,规模的影响同性别有关。由单一性别组成的团队,规模越大,凝聚力越小;性别混合的团队,规模越大,凝聚力也越大。

(4) 外在威胁。当团队面临外来威胁时,凝聚力会增大。这是因为,团队是个体的庇护所。发生危机时,团队凝聚力是抵御外敌、维持团队生存的重要法宝。不过,这也会有例外的情形。其一,如果成员认为无论如何团队都无法抵御外敌,即团队失去了对个体的保护能力,则凝聚力并不会增加。其二,如果成员认为威胁只是针对团队而非个人,解散团队威胁会自动消失,那么凝聚力反而会减小。

(5) 过往历史。过去的成功经验能唤起成员的荣誉感,强化团队的向心力,提高凝聚力。此外,民主的领导方式、公平的奖惩制度等也有助于提高凝聚力。如果不存在这些因素,团队可能瓦解。

二、团队凝聚力对团队绩效的影响

关于团队凝聚力和团队绩效的关系,人们的一个自然的想法是:凝聚力越高的团队,绩效越好。然而,事实上,两者的关系并非如此简单。首先,从概念上说,凝聚力只是成员的吸引程度和对团队的认同程度,并不一定包含团队工作绩效的内容。其次,从实际情况而言,究竟高凝聚力能否导致高绩效,取决于团队高绩效的受益者是否妨害团队利益。这时团队的绩效规范起了一定作用。如果团队规范追求高绩效,则导致实际的高绩效。但若团队规范要求维持低生产率,则团队的高凝聚力恰会促成这一结果。请想象,如果管理者严惩员工,甚至采用不合理的虐待手段,势必激起公愤,由此在员工中产生的高凝聚力恰恰会导致团结一致降低绩效,直至罢工。表 11-3 说明了凝聚力、绩效规范和生产力之间的关系。

表 11-3 凝聚力、绩效规范和生产力之间的关系

		凝聚力	
		高	低
绩效规范	高	高生产力	中等生产力
	低	低生产力	中、低生产力

需要说明的是,团队凝聚力同团队绩效有循环依存的关系。高凝聚力既可能是高绩效的原因,也可能是高绩效的结果。因为,高水平的团队凝聚力可能促使成员共同努力以提高整体绩效,而团队整体绩效的提高也能反过来鼓舞士气,提高团队凝聚力。因此,在考察团队凝聚力与团队绩效之间关系的时候,须仔细分析、慎重求全。

大师风采

欧文·贾尼斯(Irving Janis)　耶鲁大学心理学教授，加州大学伯克利分校名誉教授。在职业生涯中，贾尼斯主要研究人们在节食和吸烟等方面的决策。这项工作描述人们如何应对威胁以及在什么条件下会引起不合理自满、冷漠、无望、刚性和恐慌。

贾尼斯在组织动力学研究方面也做出了重要贡献。他最著名的观点是群体思维(groupthink)。群体思维描述了某些群体的倾向，即为了尽量减少群体的冲突并就某一问题达成共识，而没有充分地分析、评估自己的想法。他发现，从众的压力会限制团队成员的思想，使成员在对问题进行分析时带有偏见，造成简单化和刻板的思维，扼杀个人的创造性和独立思考能力。

【本章知识要点】

群体：指人们聚集在一起形成的松散的社会结构。通常它并不必然有内部结构，也不一定有特殊的目标，规模不定。

团队：指两个或两个以上的人，彼此互相影响、互相依赖，为了完成特定的目标而有结构地结合在一起并按一定规则行事。

团队的生命周期：团队的生命周期大致可以分为五个阶段，形成期、动荡期、规范期、执行期、结束期。

自我管理团队：自然形成的工作小组，被赋予很大的自主权。集计划、命令、监督和控制行动的授权与培训于一身，团队中的成员被要求控制自己的行为，以期望取得重大的成果。

角色认同：指人的态度和行为同角色一致。

角色知觉：指人对特定场合应如何行为处世的认识。

角色期望：指别人认为你在特定场合中应一贯具有的行为表现。

角色冲突：指个体同时扮演的各个角色互不相容、个体无法协调各个角色时产生的矛盾局面。

心理契约：指非书面的默契，规定了组织或管理者对员工的期望以及员工对管理者或组织的期望。

规范：作为一种准绳，规定了哪些是团队可接受的行为，并要求团队成员一致遵守。也就是对个体在特定场合下的行为的期望。不同的团队，规范可能不同。规范可以分为正式规范和非正式规范。

社会性虚度效应：随着团队规模的增大，团队中每个人付出的努力相应减小。

【思考题】

1. 群体和团队的区别是什么？设计、建构团队应考虑哪些因素？
2. 高绩效团队是如何形成的？
3. 团队凝聚力的含义是什么？团队凝聚力和团队绩效是什么关系？

12

沟 通

君子上达，小人下达。

——《论语·宪问篇第十四》

可与言而不与言，失人；不可与言而与之言，失言。

——《论语·卫灵公篇第十五》

【内容概要】

介绍沟通的概念、过程、障碍。
学习如何克服沟通障碍。
介绍沟通的方式、技巧。
了解传言与谣言的特征及应对。

§1 沟通的概念

当个体以团队的方式联系在一起时，相互之间必须有一种渠道进行交流，即沟通。所谓沟通(communication)，指的是信息通过某种载体在个体之间的传递。它是一种通过传递观点、事实、思想、感受和价值观而与他人相接触的途径。

实际上，作为社会性的人，每个人都或多或少需要与他人进行不同程度的沟通。有资料显示，当人处于觉醒状态时，70%的时间是在进行沟通——听、说、读、写。但是，沟通并不总是畅通的、准确的、有效的，它也常常造成人际冲突。比如，由于沟通内容表达得不完整，或者沟通方式选取得不恰当，造成沟通双方的误解。对团队来说，成员之间需要相互沟通同样也是不可回避的事实。可以这样说，没有沟通，团队就无法存在。沟通的意义可以上升到这样的高度来考虑：它是使思想具有现实活力的工具。没有沟通，无论多么伟大的思想，都没有实际的价值。一种思想要想产生价值，就必须通过某种方式记录、保持、传达给别人。

在团队中，沟通的作用主要有四种：控制、激励、情感表达、信息传递。

沟通可以控制行为。比如组织中职权层次与规范的规定，形成了一定的沟通渠道，通过这些渠道，上级下达指令，下级汇报工作。概括地说，管理者通过沟通把规定、指令传达下去，员工的绩效主要通过沟通反映到高级管理层。此外，非正式的沟通也可控制行为。比如，团队可以采用不成文的沟通方式来对成员的行为进行约束，以保证处于团队中的成员可以遵守正式或非正式的规范。

沟通起到激励作用的最典型的例子是管理者进行各种宣传以鼓励和表扬员工。甚至仅仅是说明工作的具体内容和绩效进展，也会有助于推进工作。至于情感表达和信息流通，更是沟通显而易见的基本职能。

总体来说，沟通有助于控制行为、激励士气、交流感情、辅助决策，对团体绩效的意义不言自喻。有效的沟通能够促成更高的绩效和工作满意度。

巴纳德将沟通与权力联系在一起，他列举了7个具体的沟通因素，对于建立和维护客观权威来说尤其重要。这7个因素包括：①清楚地了解沟通的渠道；②每个组织成员都应该有一条明确、正式的沟通渠道；③沟通线路应该尽可能短而直接；④通常应该使用全面、正式的沟通线路；⑤成为沟通中心的人应该具备一定的能力；⑥沟通线路不应该在组织运作中受到干扰；⑦应该认证每一种沟通。

§2 沟通过程

沟通由一系列要素组成。图12-1说明了各个要素如何构成整体的沟通过程。沟通首先要有信息的来源，也就是说，沟通的发起者首先产生沟通的想法。随后，要对想法进行编码组织，以便产生具体的信息。编码过程受到个体沟通技巧、态度、知识与社会文化背景的影响。渠道则是信息赖以传递的媒介。渠道有正式和非正式之分。正式渠道是由组织按职权层次建立的。非正式沟通则是私人的或社交性的沟通。沟通的最终目的是使接收者能够接收发起者想传达的信息。信息要被解码，成为接收者可以理解的内容，从而完成沟通的使命。然而，沟通进行到这时也许并没有结束。接收者常常还要对发起者做出反馈，使其了解双方的沟通是否准确、成功。

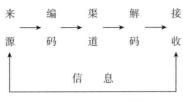

图 12-1 沟通的过程

§3 沟通的障碍及克服

看起来沟通是个很简单的过程，但实际并非如此。在沟通过程的每一个环节，都可能出现故障，使得信息歪曲，沟通出现偏差，导致沟通失败。编码草率、渠道选择不当、接收者能力有限或者接收者对信息的解码不当，都会造成沟通误差。因此，沟通中的每一个环节都需要慎重。比如，我们需要根据信息的重要程度以及时限来选择恰当的沟通渠道，在编码信息的时候要考虑到信息接收者的个人特点以调整沟通方式。

一、沟通的障碍

妨碍沟通的因素主要包括两大类：物理障碍和个人障碍。沟通中的物理障碍指的是沟通环境中存在的障碍。企业的布局与工作流程在很大程度上决定着人们是否有机会进行正常交流。能提供交流机会的布局通常是有助于提高生产力的——相互交流把人们从常规工作的单调中解脱出来，激发人们的创造力而非破坏生产力。如果组织或者管理者忽略环境的布局，就会影响员工在休息时间的交流，也不利于新想法的激发。比如，办公室设置公共区，摆放一些小圆桌和椅子供员工在一起讨论、交流想法，不仅能够帮助员工拉近与同事间的距离，也能够促进高效的沟通。个人障碍则指的是由于人的感情、价值观或者不好的倾听习惯而产生的沟通障碍。人们在受教育程度、种族、性别、社会经济地位和其他个人特征方面的差别也可能会引起沟通障碍。具体来说，有以下几种形式。

1. 过滤

过滤作用是指信息传递者为投接收者所好，故意操纵信息传递，造成信息歪曲。不用说，这种情形在组织中是经常发生的。基层管理者在把情况通报上级时，先要进行浓缩，以免主管被太多的信息淹没，这就是一个过滤过程。而且，报告者需要判断信息的轻重主次，这一判断受到报告者能力的局限。通用汽车公司前副总裁针对沟通曾有过这样的叙述："通用汽车公司的沟通情形，经过层层过滤之后，使最高管理层几乎无法获得客观的信息，因为那些较低层次的管理人员在报告信息时，使用的方式就是希望上司能够按照他们的意图做出决策。我以前处于低职位时，也常常是这样做的。"

因此，组织层级越复杂，信息在抵达最后接收者之前经过的层次越多，过滤作用就越大，信息失真的可能性和程度也就越大。

2. 选择性知觉

选择性知觉的概念我们已在前面介绍过。知觉的选择性无疑会影响信息接收者对信息的检取和处理，在信息上负载个人期望，使沟通的信息打上个人需求、动机状态、经验、兴趣、地位背景及其他特性的烙印。人们通常对自己所感兴趣的事很关心。比如，销售部门、供应部门、生产部门的主管各自关心的内容并不一样，在成堆的信息中，他们总倾向于强调与自己有关的内容的重要性：销售部门关注销量，供应部门关注原材料的采购，而生产部门则关心产品质量。因此，三方在针对某一个重要问题进行沟通时，就有可能出现矛盾，导致沟通失败。

3. 情绪

信息中常常会夹杂着一些情绪性内容，它们同信息的本意无关。在接收信息时，情绪也会影响解码。每个人可能都有过这样的经历：面对同样的信息，情绪好和不好时，感受不同，反应、处理方式也可能不同。人在极端情绪下，无论正性的还是负性的情绪，理智都会受到某种妨碍，使人的判断出现偏差。

4. 语言

虽然人们用同样的语言交流，但对于同样的表达，人们似乎并不会产生"共鸣"，原因之一是人们的语言处理能力不同。此外，不同的人有着不同的语言习惯，这可能会成为沟通的障碍。还有，不同身份地位的人使用的语言也不尽相同。违背这一规范就可能很难达到沟通的目的。比如，一位基层管理人员如果用总经理的口气传达公司的指令，难免引起员工的反感，结果员工一个字也没听进去。

每个人在使用语言时都有一种独特的个人色彩，这给他的语言蒙上了一层面纱。信息接收者要试图揭开这层面纱，才能理解语言的本意。

有些公司，会对员工的语言使用进行规范，以便互相之间能准确地理解，避免沟通失误。

除了物理障碍和个人障碍外，妨碍沟通的因素还包括语义障碍和词汇的多义性。语义障碍是由我们所使用的符号自身的局限性而产生的障碍。这是因为语言本身具有可读、易懂、双关、歧义等特点。因此，拥有共同的参照系以及对等的语言是良好沟通的条件。词汇的多义性也是沟通的障碍之一。词汇是由人赋予其含义的，对词义理解的偏差也极有可能导致沟通的不畅。因此,恰当的选择和界定词义有利于沟通,并且在沟通过程中进行必要的补充说明,也有利于倾听者了解发言人真正想要表达的内容。

实践专栏　　"欢迎提意见"

　　王力是区域销售经理,每次会议上他都强调:"永远欢迎员工提意见和看法。"但每次会议的时间他都安排得很紧,每次他结束发言,已经几乎没有时间留给员工提出问题或者意见,而且他根本不能容忍别人打断他的发言,因为他说那样会破坏他的激情。

　　如果有人试图找他提意见,他开始总是说:"很好,很高兴你带来建议。"但很快就会把谈话引导到他想说的话题上去,或者说自己必须赶一个约会,或者找其他理由而拒不听取建议。即使员工说出了自己的观点,他也会断然拒绝:"这我想了很久了,行不通。"王力说一套(鼓励建言)、做一套(拒绝倾听),言行不一(也叫"信用差异"(credibility gap))的做法,导致越来越多的人不满,人们甚至怀疑王力是否有能力胜任销售经理一职。

二、沟通障碍的克服

1. 利用反馈

前面说到,沟通中常常易产生误解、歪曲,这往往是表达或理解信息时产生的。利用沟通回路中的反馈要素,可以消除或减少这种误解。反馈既可以是言语的,也可以是非言语的。一般可以要求接收者重复并解释所接收的信息,或是请接收者对接收的信息进行评论,或是提出一些相关的问题进一步询问,从而判断接收者是否真正掌握了信息的内容实质。诸如组织制定的薪金制度、奖励制度、晋升制度、绩效评估的方法、各种工作规章等,都可以采用上述方法了解员工是否明确这些要求及有何看法。

2. 精简语言

精简语言就是在沟通信息的表达上做文章,使沟通的具体载体"语言"精确、简练,使接收者易于迅速、准确地把握,避免误解。这其中的道理就好比你不能对刚满周岁、咿呀学语的孩子讲文言文一样。换个角度,你也不能用对小孩子说话的口气、方式(如使用叠词)对成年人说话。语言是有针对性的。不顾及这一点,语言会丧失其功用。

3. 主动倾听

这里讲的"倾听"(listening)与普通的"听"(hearing)不同。普通的听是被动的。而倾听是主动的,是同发言者一同进入主题、思考主题,在沟通中扮演着主动、积极的角色。

其实倾听并不是件很容易做到的事。一来,发言者容易处于相对主角的位置,比较有满足感。人们似乎更愿意成为一名发言者。二来,实际上做一名倾听者往往比发言者还累,这是因为倾听很费脑力,想要跟上发言者的思维,需要倾听者全神贯注。倾听需要倾听者的投入,在思维和情绪上与发言者相融合。在这种"融入"的境界中,倾听者才能从发言者的立场考虑问题,不致歪曲发言者的原意。

4. 情绪控制

人很难做到完全理性地进行沟通。人是有情绪的。情绪过程、状态可以在很多时间里、在很大程度上影响我们的理性活动。正如前面所说,情绪的过度激发,无论正性或负性,都可能妨碍正常的理性活动,影响沟通。在这种情况下,人既不能清楚准确地表达自己的意思,也不能准确地理解别人的意思。这时最好的做法也许就是停止沟通,等待情绪的平复。

三、有效倾听的建议

关于如何成为一名合格的倾听者,进行有效的倾听,有人给出了如下 7 项建议:

(1) 停止讲话。说话的同时不可能倾听。因此,当别人在发言时,作为一个倾听者需要全神贯注于发言者说的话上。如果在别人发言的时候还自顾自地说话,很可能会遗漏别人发言中的重要信息。

(2) 让讲话者放松。使讲话者感到很舒服,让他能自由地发表自己的意见。通过建立和睦的关系营造宽容的氛围。比如,我们经常看到有些人在面对很多人发言的时候常常因为紧张而结巴,这不仅不利于他完整地表达想传递给倾听者的信息,而且倾听者也很可能会因此错误理解原意。

(3) 向讲话者表明你很想听,表现出与对方沟通的兴趣。与对方进行目光接触,给出非言语反应,或者在行为上证明对他人的谈话很感兴趣。比如,直视对方,并适时地给予对方一个微笑或者点头示意,让对方意识到你正在认真地倾听。

(4) 减少环境中的各种干扰。比如,在别人发言时不要接打电话、不要翻弄记事本、避免发出声响等。在与他人沟通时选择一个安静的环境,必要时,可以关上门,排除外界干扰。

(5) 与讲话者交谈。在讲话者表达完一个完整的意思,或者在其讲话停顿的间隙,适时给予反馈,从对方的角度看问题。通过与对方分享类似的经历,或者表达对对方的理解,来建立与对方的"联系"。

(6) 耐心。为讲话者提供足够的时间,尽量不要打断对方的发言,也不要表现出对对方发言的不耐烦。

(7) 提出相关问题。向讲话者提问可以起到鼓励对方继续说下去的作用,同时也能表明你在认真地倾听对方的发言。这也有助于进一步提升沟通的效果。

§4 沟通方式

所谓沟通的方式或形态,包括在团体或组织中进行沟通的方向及沟通所使用的通路。

一、沟通的方向

1. 垂直沟通

垂直沟通是指团体或组织中在高低不同结构层次之间进行的沟通。这种垂直沟通又有两种形式。

(1) 下行沟通(downward communication)指从团队或组织中某个层次向其下级的层次进行的沟通。各级主管向下级指派任务、指挥工作、提出问题、评价绩效,都是下行沟通。这种沟通既可以是口头的,也可以是书面的。下行沟通的主要问题是,在层层下达之中,信息可能被大量过滤。补救的方法可以是寻求下级的反馈,也就是上行沟通。

(2) 上行沟通(upward communication)指由下级向上级进行的信息流通,目的主要是汇报工作进展、绩效,反映现存的问题或困难,反映员工的意见、情绪。这是使上级主管了解基层状况的主要方式。上行沟通除了由基层管理人员做书面、口头报告外,还可采用意见箱、调查表、听取申诉、上下级之间的讨论会等形式。

2. 横向沟通

横向沟通是指组织结构中同一层次的人员之间所进行的沟通。横向沟通的主要优点和功能是加强彼此协作。而且,由于有更多的人加入沟通,可以加快信息传递的速度。横向沟通可以是正式的,但更多情况下是非正式的,这时沟通的速度会比正式情况下更快。

垂直与横向沟通各有利弊,在具体应用中应双管齐下,互相补充,既保证准确性和速度,又避免冲突和阻塞。

二、沟通网络

1. 正式沟通网

现实中的沟通不是单渠道、单形式的。各种沟通方式组合起来，形成了各种沟通网络(communication network)。

常见的沟通网络有五种(图12-2)。链状沟通是单一渠道的垂直沟通，这种直线形沟通反映了职权的严格从属关系。它对应我们前面提到的上下行沟通。轮状沟通是一位管理者与其他多人之间的沟通，通常也是垂直式的。例如部门经理以主持人身份主持会议，或者团队主管分别听取下属的汇报并给予反馈。Y型沟通其实是链状与轮状沟通的结合，是较复杂的垂直沟通。环状沟通是沟通圈里的人两两之间的沟通。它可以是垂直和横向沟通的结合，也可以是单纯的横向或垂直沟通。交错型沟通是沟通圈里的所有人之间都可以进行信息交换。这是最不具层次结构性的沟通形式，沟通方向很活跃，通常可见于同一工作团队内的员工或委员会成员之间的沟通。

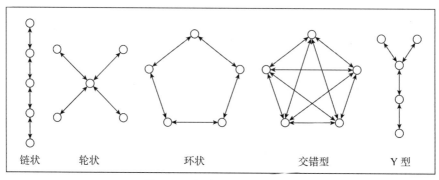

图 12-2　各种沟通网络示意图

各种不同的沟通网络优劣如何呢？巴夫拉斯(A. Bavelas)和巴莱特(D. Barrett)曾就四种指标对各种沟通网络进行了评价，结果见表12-1。从这个表中可以明确看到，不同网络各有利弊，因此，在组织管理中应从具体问题着手来确定采用何种沟通方式最有效果。

表 12-1　各种沟通网络的比较

指标	链状	轮状	环状	交错型	Y型
速度	适中	快	慢	快	适中
正确性	高	高	低	适中	高
士气	适中	低	高	高	适中
核心人物出现率	适中	高	无	无	适中

2. 非正式沟通

信息并不总是沿着正式沟通渠道传播。很多信息是在非正式渠道中流传的。所谓非正式沟通，简单地说，就是人们私下的闲聊，它也是小道消息和传言的主要传播渠道。

有研究调查了人们之间传递小道消息的特点。比如，一个经理要跳槽，结果其他经理中87%的人都知道了，但奇怪的是，只有11%的人承认自己在其中充当了传话筒的角色。平均说来，每个传话筒要向七八个人传递消息，其速度、覆盖面积自然很大。

有研究证据表明，小道消息的正确率大约在75%，不能算高，但也相当不低。然而，它的确是一种非常常见的沟通形式。

传言的出现是有其原因的。研究表明，小道消息通常是在出现以下几种情况时的反应：①情况对人们具有重要性；②现实情况令人有模糊感；③现实情形令人焦虑。这三种情形在组织中经常发生。再加上组织中有各种秘密和竞争，小道消息就特别有市场。

传言至少可以满足人们几个方面的目的：①减低焦虑；②理清各种支离破碎的信息；③作为联合群体或其他人的一种手段；④作为拥有地位、权力、本事的象征。乐于传播小道消息的人，往往是因为他们从中得到了某种满足。

实践专栏　　如何对待传言

管理者们对组织中的传言总是有难言的感受。一方面，他们知道传言是有害的，会破坏正式沟通渠道，尤其是当传言所传播的信息有误的时候。另一方面，他们也想知道传言的内容，以便了解相关人员隐蔽的企图或潜在的问题。

聪明的管理者会有选择地利用传言。他们知道传言是自然的现象，不会听而不闻，也不会对于传言过于敏感。员工之间说些悄悄话，可以使彼此之间的距离缩短，部分缓解彼此的压力，表达关怀。从这一方面来说，传言有一定的积极作用。重要的是，管理者要避免自己被人认为也是传言的接收者或传递者。他们可以通过能推心置腹的下属、同事了解传言的内容、缘起。对无伤大雅的传言，一笑置之；对于可能伤害特定对象或损害组织整体绩效的传言，则要积极寻求补救措施，防止扩大事端。

由上述可知，小道消息在组织沟通中扮演着重要的角色，管理者必须予以高度重视。传言是不可能杜绝的，即组织及其管理者不能指望根除组织中的小道消息。当然，聪明的管理者也不应采取鸵鸟政策，堵起自己的耳朵，无视这些小道消息。因此，管理者需要做的是找到恰当的方法来处理传言。重要的是，如何避免或减少传言带来的负性作用。几条可行的建议是：①明确公开进行重要决策的时间表。这样可以减少人们的焦虑和猜测。②说明、解释

那些可能显得不协调或具有神秘色彩的决定或行为。③强调目前的决策与未来的计划有保密的必要性。直接说明保密性而不是避而不谈，起到稳定民心的作用。④公开讨论最坏的情况，这比任凭人们胡思乱想要好一些。

从另一个角度来说，小道消息也是可以利用的。从小道消息中，管理者可以了解哪些事情是使员工们焦虑、令他们关心的。这时，传言所起到的是一种反馈作用。其次，传递小道消息的总是少部分人。因此，从这些小道消息中可以了解这部分人感兴趣的、在意的内容，预测信息的流向，从而提高预测、解释传言的能力，为控制行为和局面提供条件。

3. 谣言

谣言不同于小道消息。前者根本就是错误的，而后者则可能是真实的。谣言之所以产生，是由于某个事物具有的两个性质——人们对该事物的兴趣和它本身的模糊不清。谣言和小道消息一样是不可根除的，但是我们同样可以采取一些方法来对谣言进行控制：①避免可能引起谣言的事件发生；②集中精力对付那些影响极其恶劣的谣言；③出现谣言时，给出客观证据，让事实说话；④处理谣言时，下手要尽量早；⑤在提供事实依据时，采用面对面的沟通方式，有必要时用文字的形式加以确认，做到有根有据，避免误解；⑥制止谣言从制止它的传播入手，从源头对谣言进行处理；⑦在对方合作的情况下，争取非正式领导或工会领导的协助；⑧听取所有的谣言以便弄清楚这些谣言背后的逻辑和含义。

学术专栏　　管理人员在沟通中的忌讳

如果你想成为出色的管理者，就必须知道沟通中的一些忌讳。否则，如果犯了下述任何一条沟通忌讳，都可能会使你的管理陷于不利。

(1) 不了解传递的信息，导致对信息的误解。由于每个人经验、价值观、态度与知觉特点的差异，我们对信息的理解很可能不同。因此，在沟通时，必须牢记：你的信息可能被误解。

(2) 不可只注重影响对方，而忽视表达清晰的信息。对于沟通，最重要的目的在于信息的传递，而不在于展示权力。然而管理者们往往只顾及使自己的信息显得有影响力，却忽略了确保对方能接收到正确的信息。

(3) 不可误用沟通媒介。一再使用某种固定的沟通媒介，会形成一种难以改变的习惯。事实上，对于媒介，应有所选择，如电话、便条、信函、会谈、集会等。管理者应根据具体情况选择最能有效传递信息的媒介。

(4) 不可疏忽做进一步确认。有效沟通必须使信息接收者能正确理解信息。因此要借助反馈来保证对方对信息的接收无误。

(5) 当心误用非语言沟通。研究表明，78%的信息内容来自非语言沟通——例如音调、面部表情、手势与姿势、时机等。这些非语言信息可能歪曲真正要传递的信息内容。

(6) 避免不能帮助信息接收者把握信息的要点的情形。不要把你想要传递的信息表达得让人难以捉摸。应当把那些重要的观点以清晰的方式表达出来。记住，演讲的座右铭是："先告诉听众你将说些什么，然后再演讲；最后还要再提醒听众，你究竟讲了些什么。"

(7) 不要把沟通视为对员工的一种福利。沟通是管理工作的核心部分，它既不是鼓舞士气、煽动情绪的伎俩，也不是用来掩盖问题或息事宁人的方式。良好的沟通不仅是一种优点，也是有效管理的必备条件。

【本章知识要点】

沟通：指信息通过某种载体在人与人之间的传递。它是一种通过传递观点、事实、思想、感受和价值观而与他人相接触的途径。沟通具有控制、激励、情感表达、信息流通的作用。

沟通的障碍：主要包括物理障碍和个人障碍两大类。沟通中的物理障碍指的是沟通环境中存在的障碍。个人障碍则指的是由于人的感情、价值观或者不好的倾听习惯而产生的沟通障碍。

垂直沟通：指团体或组织中在高低不同结构层次之间进行的沟通。包括下行沟通和上行沟通两种形式。下行沟通是从团队或组织中某个层次向其下级的层次进行的沟通。上行沟通是由下级向上级进行的信息流通，其目的主要是汇报工作进展、绩效，反映现存的问题或困难，反映员工的意见、情绪。

横向沟通：指组织结构中同一层次的人员之间所进行的沟通。

非正式沟通：很多信息是在非正式渠道中流传的。非正式沟通也是小道消息和传言的主要传播渠道。

【思考题】

1. 你如何理解和说明沟通在管理中的重要性？
2. 沟通有哪些常见的障碍？如何有效克服这些障碍？
3. 小道消息和谣言有何区别？如何应对谣言？

13

决　策

言寡尤，行寡悔。

——《论语·阳货篇十七》

将在外，君命有所不受。

——《孙子兵法·九变篇》

【内容概要】

介绍决策的概念。
阐述行为决策的模型和决策风格。
学习群体参与决策的技术。
说明群体决策的优劣。

沟通的重要用途之一，就是为决策提供帮助。因为决策需要信息，而沟通的功能恰恰是提供信息，使信息流通。

在组织中经常要进行决策。有时，决策在团队中进行，因为通常认为多人决策往往比一个人决策更为可靠，决策的正确性也更高。比如，高层管理者们经常要开会，商讨重大事宜；为了解决某项特殊的问题，常常成立专门的委员会对问题进行分析研究；为了开发新产品，也可以组成专案小组进行攻关。在这些工作团队中，要进行的重要工作之一就是决策。

§1 决策的概念

当一个管理者在履行计划、组织和控制职能的时候,通常需要进行决策。巴纳德(C. Barnard)曾指出:"决策的过程主要是缩小选择范围的过程。"例如,针对某个事关组织利益的重要问题,存在几个各方面都较为相似、难以比较优劣的备选的问题解决方案,需要通过综合考虑多方面的因素,排除其中的某些方案,缩小可选择的方案的范围,从中挑选出最适合的一个。

赫伯特·西蒙(Herbert A. Simon),诺贝尔经济学奖获得者,是著名的组织和决策理论家。他认为决策的过程可以分为三个阶段:①智力活动,包括对环境进行搜索,收集信息,确定决策的情境;②设计活动,表现为探索、开发和分析可能发生的行为系列,提出各种可能的行动方案;③选择活动,即进行实际的选择——在可能的行为系列中选择一个行为。

闵茨伯格(Henry Mintzberg)等人同样认为决策可以分为三个阶段(图13-1)。阶段一为确认阶段。在第一个阶段需要认识到问题或机会的产生,并对它们进行诊断。但事实上,人们在面对紧急、严重的问题时,往往不能够进行系统且广泛的诊断。阶段二为发展阶段。在这个阶段,需要人们搜寻现有的标准程序或解决方案,或者设计全新的、量身定做的解决方案。这是一个探索和尝试错误的过程。处于第二个阶段时,人们可能对于理想的解决方案只有一个模糊的想法。阶段三为选择阶段。最后一个阶段需要确定最终的选择方案。确定最终的选择方案通常有三种方法:①在经验或直觉(而不是逻辑)基础上进行判断;②在逻辑和系统的基础上对备选方案进行分析;③群体参与决策。需要注意的是,在群体参与决策的时候往往有政治的操纵,所以此时要通过权衡形成决策。

图 13-1 闵茨伯格的决策阶段

决策是一个动态过程,它既是战略性的,也包括具体的行为。当前,行为决策已取代信息技术,在有效决策的分析和实践中扮演着支配性角色。

§2 行为决策

> **学术专栏**　人能做到绝对理性吗?
>
> 经典的决策理论建立在古典经济学的绝对理性和确定性的假设之上。应用经典的决策理论如何在商业中做出最优质的决策呢?例如,如何选择商品在售点的陈列方式?换句话说,如何证明不同陈列方式所导致的销售结果是不一样的呢?根据经典的决策理论,店主可以穷尽所有的摆放方式。这是因为拥有的商品数量是有限的,且售点、货架的空间大小也是有限的,因而售点的商品摆放方式也是有限的。这时如果控制一些无关因素,再通过对不同陈列方式的销量的比较,总能找到获得最佳销量的商品陈列方法。而新的行为决策理论认为,由于世界和组织普遍的复杂性,个体的认知能力是有限的,人们必须在不确定的(信息模糊和不完整的)情形中进行决策时,他们的行为决策只是有限理性的。打个比方,如果你想在新年给自己买件新衣裳,理论上说,在这个世界上的某个地方的某件衣裳,可能是你的最佳选择。但你没有足够的时间搜集和评估有关的信息,也就无法实现你的理想;或者,等你找到那件衣裳,已不知过去多少年了。显然,现实生活中,人们的绝大多数决策并不遵循绝对理想的决策模式。

一、行为决策模型

行为决策理论的发展主要是由认知心理学家、经济和信息科学的决策理论学家来完成的,它也是现今组织行为的主流研究领域之一。

行为决策的模型有经济理性模型、社会模型、有限理性模型和经验启发与偏差模型。

1. 经济理性模型

经济理性模型来自古典经济学模型。该模型认为决策者总是完全理性的,且达到了完美的程度。经济理性模型假定决策者都具备下面一些行为:第一,从路径-终极目标的意义上分析,他们的决策都是完全理性的。这就好比欧几里得几何学里每个定理都有可靠的推导。第二,存在完整和一致的偏好系统,允许决策者在不同的备选方案中进行选择。这就好比欧几里得几何学里某个定理往往可以有不同的证明方法,所谓条条大路通罗马。第三,决策者可以获取所有的备选方案。这就好比欧几里得几何学里的所有定理是尽人皆知的。第四,计算的复杂性并不构成障碍，人们能够通过计算了解最佳的备选方案。这就好比欧几里得几何学的证明推导，无论多么麻烦，总可以达到目的。

2. 社会模型

著名心理学家弗洛伊德认为，人类经验是由一系列的感受、情绪和直觉构成的，人类的行为主要是由无意识的本能需求所驱动的。人类是没有能力进行完全有效的理性决策的，并且许多心理因素会对决策产生重要的影响。例如，社会压力和社会影响可能使管理者做出非理性的决策。我们在介绍团队规范的从众压力时，曾提到所罗门·阿希著名的线段实验，它表明在真实的世界中充满了非理性的决策者：人们有时会放弃对真实性的检测，做出毫无道理的错误选择。

社会模型指出，决策者有坚持错误决策的趋势，尽管这种坚持并不会使事情好转。这种现象又被称作承诺升级(escalation of commitment)。有研究者指出，承诺升级的原因在于：

(1) 项目的特点。比如投资回报延期，决策者仍可能坚持原来的决策甚至增加错误行为以求得到投资回报。

(2) 心理决定因素。一旦做出了错误的决策，决策者由于置身其中，固执己见，往往可能忽略负面信息，启动自我防御机制，不改变原有的决策。偏执地认为自己最初的决策是对的。

(3) 社会压力。比如，出于同伴压力或需要维护自己的面子，因此继续维持，甚至增加自己的错误行为。

(4) 组织的决定因素。比如，组织中沟通体系的失灵、政治体系的破坏、拒绝变革，都可能造成决策者的承诺升级。

3. 有限理性模型

西蒙在《关于人为事物的科学》这本书中指出：当把不同的事物进行比较时，所用的指标是不同的，但在现实生活中，很难找到在各个指标上都可比较好的物品。所以西蒙说把真实世界高度简化之后，选择满意解即可。这样做不需要耗费很多的认知资源。现实生活中，人们追求的是满意解，而非最佳解。例如，在买衣服的时候不会穷尽所有的商店只为挑选一件各方面都令人满意的衣服。如果要选最佳解，还需要大量的比较，例如买房时需要考虑户型、价格、地段、开发商、物业等很多因素，而其中仅地段这个因素就有很多挑选的指标：交通、教育、医疗、上班、自然环境等。因此，影响决策的因素导致的信息计算也是海量的，人们通常难以企及。

西蒙提出了有限理性理论，认为使用下述方法可以使管理决策达到优化：

(1) 在进行选择时，寻找令人满意的方案。满意的标准可以是足够的利润或者市场份额，以及公平的价格等。

(2) 真实世界是完全可简化的模型，且人们对这样的简化表示满意。

(3) 在选择时不用首先确定所有可能的行为方案，也不用确保这些方案是否已经涵盖了所有可能性。例如上面提到的买新衣服，我们通常只会选择某个区域的某个商业街的某几个商店逛逛，不会、也不可能、也没必要穷尽全世界所有的商店。

(4) 可以用相对简单的窍门、经验、启发式线索，或是一些习惯来进行决策，这样的决策技术不会对决策者的思维能力要求太高。

 大师风采

赫伯特·西蒙(Herbert Alexander Simon) 美国著名学者，美国科学院院士，计算机科学家和心理学家，研究领域涉及认知心理学、计算机科学、公共行政、经济学、管理学和科学哲学等多个方向。1975 年获图灵奖，1978 年获得诺贝尔经济学奖，1986 年获得美国国家科学奖章，1993 年获得美国心理学会的终身成就奖。

西蒙的父亲从德国移民到美国，是一位电气工程师、专利法律师，活跃于当时的学术界和社会事务界。西蒙的母亲是第三代美国人，是一位极有才华的钢琴家。在父母的熏陶下，西蒙从童年起就与书籍和其他智力活动结了缘，并显示出极强的独立学习能力。

西蒙与中国的关系十分密切，他先后来中国访问交流达 10 次之多。除了他的祖国以外，西蒙在中国待的时间是最长的，并在中国朋友的帮助下起了中文名字"司马贺"。他同中国的多所大学和研究机构有着多方面的学术合作，曾任北京大学、天津大学和中国科学院的名誉教授。学界对西蒙有着"业余外交家"之称。

在诺贝尔经济学奖的颁奖词中，称其科学成就远超他所教的任何一门学科——政治学、管理学、心理学和信息科学。他的研究成果涉及科学理论、应用数学、统计学、运筹学、经济学和企业管理等方面，在所有这些领域中他都发挥了重要的作用，人们完全可以以他的思想为框架来对该领域的问题进行实证研究。

4. 经验启发与偏差模型

卡尼曼(Daniel Kahneman)和特沃斯基(Amos Tversky)提出判断的经验启发与偏差模型，认为决策者主要依靠启发法，即简化的策略或者经验原则进行决策。卡尼曼因为"把心理学研究和经济学研究结合在一起，特别是与在不确定状况下的决策制定有关的研究"而获得2002年诺贝尔经济学奖(特沃斯基因英年早逝而无缘诺奖)。

经验启发法可减少对信息的要求，并通过一些步骤对决策产生实际性的帮助。采用这种方法需要对过去的经验进行总结，以提供一个简单的方法对现实情况进行评估。通过制定简单的启发原则或者"标准操作程序"来收集复杂信息，这样可以节约大量的心理能量和认知过程。但是采用经验启发法进行决策也会出现一系列偏差，例如常见的记忆可获得性偏差、典型样例启发、认知锚定。

记忆可获得性偏差指人们通常会根据某事物在记忆中的可获得程度来估计其出现的概率。因此，如果决策者存在记忆可获得性偏差，就很有可能在决策时忽略对其他信息的考虑。

典型样例启发指的是依据相似事件发生的陈规来判断当前事件发生的可能性，在此种情况下决策者错误地认为随机事件应该与大量随机事件的表现方式相似。

认知锚定则指的是决策者在进行判断时，从一个最初的、往往是毫无道理的标准开始，并在这个标准的基础上进行调整，最后做出判断。但是，人们进行估计所依据的标准可能是完全不相关的信息，没有任何参考价值。

实践专栏 　判断的非理性偏差

日常判断中经常会出现各种各样的非理性偏差。例如，在英语中，你觉得是k字母开头的单词多，还是k为第3个字母的单词多？母语为英语的人大多认为是前者多。如果你也认为是前者多(恭喜你，你的英文一定非常棒！)，那就同样犯了记忆信息的可获得性偏差的判断错误。实际上，后一类单词(k为第3个字母的单词)远远多于第一类，但一般情况下人们很容易说出许多k为首字母的单词，却很难想到很多k为第3个字母的单词，因为这不符合人们记忆和提取信息的日常习惯。

又如，人们会觉得某种长相的狗更具有代表性，这是因为人们心目中会形成某类事物的典型代表或样例。但糟糕的是，人们往往会觉得这种典型样例出现的概率高于其他样例。例如，有一个足够大的盒子，里面装了非常多(比如数万个以上)的英文字母a和b的模子，且两个字母的数量是一样多的。现在，你每次从盒子里摸出一个模子，看一下，再放回去，然后摇匀盒子，再摸出一个，看一下……如此连续摸出10个模子，它们按序记录下来会是什么样子？例如，会是"abbababaab"，还是"aaaaabbbbb"？很多情况下，人们会认为是前者，因为它看上去更像是随机分布的典型样例。那就犯了典型样例启发偏差的判断错误。因为，事实上，两种情况的可能性是一样的：你每次从盒子里摸一个模子，都是一个独立事件，前后10次是独立不相干的，摸出a或b的概率是一样的。

再如，某公司要从海外引进一位从事生物酶研究的人才，他有博士学位，有相关行业 5 年的研发背景。你公司一位职员(他对该领域的专业几乎一无所知)猜测应给该引进人才开 x 万元年薪。现在告诉你这个 x 的具体数值，那么你觉得该给这位引进人才定多少年薪呢？研究发现，如果被告知的 x 数值很大，人们开的年薪就会偏高；如果被告知的 x 数值很小，人们开的年薪就会偏低。这就犯了认知锚定的判断错误，而且它是人们意识不到的、不以个人意志为转移的，因为人们明明知道不应该以这个 x 数值为依据(它毫无参考价值)，但无形中还是受到了它的影响。

§3 决策风格

管理者在进行决策时会表现出一定的风格，有学者将其归纳为两个维度：价值取向以及模糊耐受性。价值取向涉及决策者所关心的是任务和技术本身，还是人和社会的因素(图 13-2)。模糊耐受性主要关心的是决策者是需要结构和控制(低模糊耐受性)，还是有能力在不确定的环境中工作(高模糊耐受性)。

具体来说，根据上述两个维度可以将决策风格分为四种：指导型、分析型、概念型和行为型。

图 13-2　管理者的决策风格

1. 指导型

指导型决策风格有较低的模糊耐受性水平，并且倾向于关注任务和技术。这种类型的决策风格在解决问题时一般是有效的、有逻辑的、程式化的和系统的。指导型决策风格的决策者喜欢关注事实，并迅速完成工作。他们是行动取向的，倾向于关注短期的效果；同时，他们也喜欢使用权力，喜欢控制的感觉。一般而言，这样的决策者也会表现出独裁的领导风格。

2. 分析型

分析型决策风格有较高的模糊耐受性和很强的任务和技术取向。这种类型的决策风格喜欢对情境进行分析，甚至经常倾向于过度分析事物。此类风格的决策者比指导型的决策者评估更多的信息和备选方案，同时会花费更多的时间来进行决策。他们在面对新的、不确定的情境时反应较好。分析型的决策者同样倾向于使用独裁的领导风格。

3. 概念型

概念型决策风格有较高的模糊耐受性和对人及社会的关注。此类决策风格的决策者在解决问题时通常会使用广阔的视角，喜欢考虑不同的选择和将来的可能性。为了收集尽可能多的信息而与尽可能多的人进行讨论。依据他们的直觉来进行决策，喜欢冒险，并且擅长使用创新的解决问题的方法，但是他们在进行决策的时候常常会陷入空想并且犹豫不决。

4. 行为型

行为型决策风格有较低的模糊耐受性，并且表现出对人和社会的关注。这类决策风格的决策者可以与他人进行很好的合作；喜欢公开交换意见的环境；乐于接受建议，并提供支持和帮助；相对于书面信息，他们更喜欢口头的信息；在进行决策时，他们倾向于避免冲突，且不喜欢困难的决策，特别是决策的结果对于他人而言是痛苦的时候。

实践专栏　决策风格有几种？哪种更好？

迄今为止，并没有关于决策风格的绝对定论。上文提到的决策风格是以模糊耐受性和关注对象来划分决策风格的。这种划分有一定的人为性。不难想见，我们可以找到另外一些维度，进而可以对人的决策风格做出完全不同的分类。例如，我们可以引入控制源取向(详见"人格"一章)和回报期限这两个因素。不妨设想，外控的人面对短期回报情境，以及内控的人面对长期回报情境，更可能做出冒险的决策。

此外，究竟哪种决策风格更好，也不能一概而论。例如，究竟是应"三思而后行"，还是倡导"当断不断，反受其乱"？答案并不是非此即彼。有许多边界条件可能影响决策方式的选择，例如紧迫性、风险度、责任关联性、是给他人还是给自己做决策等。这提示我们，不要低估实际决策情景的复杂性的影响。

§4 群体参与决策

由于经验和信息的有限性,个体在很多情况下面对决策是力不从心的。因此,很多时候,决策是在群体中进行的。决策的个体或者团队越有经验、任务越开放且越没有结构时,需要参与决策的程度就越大。在组织或团队中,个体参与决策在某种程度上可以影响管理者的决策。团队参与使用咨询和民主的技术。在咨询式的参与中,管理者会寻求员工的帮助,但是最终的决策权还是在管理者手中。民主式的参与则是一种完全的参与,即整个团队,而不是团队的首领,以大家达成一致为基础,或以少数服从多数为原则,进行决策。

一、群体参与决策技术

群体决策有一些具有创造力的、结构化的方法,这些方法可以帮助群体更好地进行决策,分别介绍如下。

1. 头脑风暴法

头脑风暴法(brainstorming)是用于多人小组、鼓励创造性思维的常用方法。这种方法是为克服群体压力会抑制不同见解的问题而设计的,旨在营造一种鼓励大家畅所欲言的氛围。其基础是两条主要原则:延迟评判和量变酝酿质变。所谓头脑风暴,其本意是指群体决策时在有限的时间里迅速产生大量的主张、想法,就像疾风暴雨那样。但这首先要求人们能做到大胆地知无不言、言无不尽。为此,头脑风暴的决策规则之一是"延迟评判",让大家放心地畅所欲言。其次,意见多不一定质量高,还要让不同观点不断碰撞,激发、迭代出高质量的决策方案。这就要求"量变酝酿质变"。

头脑风暴法的具体过程是:首先,选拔或安排 6~12 个人(没有绝对人数限制,但太少或太多都不利于充分讨论),环桌而坐,主持人阐明要讨论的问题,并确保每个人都真正了解了问题。然后,在规定的时间里,每个人各抒己见,发表自己想到的各种可能的解决方案;大家各自开动脑筋,发挥想象,互相启发。在这个过程的初始阶段,不允许对别人提出的意见进行评价,因此,人们可以无顾忌地提出各种天马行空的想法。通过这种方式既产生多种替代性方案,同时,这些方案也是颇具创造性的。

因此,总结说来,在使用头脑风暴法时,参与者需要信奉四项基本原则:
(1) 创意要尽可能多。
(2) 放纵想象力和创造力,随心所欲。

(3) 思考要建立在已有创意的基础上，或对其扩展、合并。

(4) 不得随意批评他人的创意。

头脑风暴法的成功除了依赖于每位参与讨论的成员的能力外，还取决于参与者能否倾听别人的想法。别人的想法能否激发自己的新的灵感，以及能否自由地将想法表达出来。这些边界条件意味着，能否实施头脑风暴法并取得良好效果是有前提的。它通常要求团队已经得到充分开发，团队氛围友善，凝聚力高，团队成员充分掌握了合作、沟通的技术。

2. 名义群体技术

名义群体(nominal group)即群体只是在名义上存在。成员在做决策以前将交往、互动控制在最低限度。名义群体技术的特点是在决策时融合书面的形式，从而减少个体在决策时受到他人的影响，保证个体决策的独立性。

名义群体技术一般遵循以下的步骤：

(1) 把参与决策的成员召集到一起，给予他们一个需要决策的问题。

(2) 要求成员独立做出解答，常常采用的方法是要求他们将解答写在卡片上。

(3) 在写好各自的解答后，合理组织成员表达自己的想法。以有条理的方式与其他人共享创意。可以采用循环的方式，以保证每个人都有机会表达自己的想法。如果人们这时仍有顾忌，则可以采用由第三方收集大家的意见，汇总后呈现出来，这样人们只是看到具体的各种意见，而不知道是谁提出的某个意见，由此做到"匿名性"。

(4) 在每个人都表达完自己的想法之后，留下短暂的时间以便提问。但是，这种提问只能是为了澄清问题而问。可能需要避免暴露每个人的真实主张，防止对号入座，丧失匿名性。

(5) 以秘密投票的方式表决每个人偏好的最佳方案。

(6) 宣布群体"决议"。

名义群体技术有其优缺点。优点在于：采用名义群体技术进行决策能使所有成员参与机会均等；讨论过程可以不受任何一个成员的左右；每个人可以无所顾虑地表达自己的真实想法；整个决策过程所耗的时间能够得到严密控制。而采用该方法进行决策时的缺陷也是明显的，主要有：其程序僵硬呆板；过程有时是令人沮丧的，缺乏人际沟通的激情；参与决策的成员感受不到凝聚力；由于需要独立解答问题，成员没有机会从别人那里获取灵感。这种方法通常适用于那些还没有充分开发好、缺乏合作氛围和技巧的团队，因为在这样的团队中无法使用头脑风暴法进行高质量的决策。

3. 德尔菲技术

德尔菲技术(Delphi technique)是以德尔菲的名字命名的技术，它比较复杂，也较费时。和前面两种方法不同，德尔菲技术并不安排参与决策的成员见面讨论。该技术的成功依赖于有充足的时间以保证德尔菲技术顺利完成，以及参与者的专业技能、沟通技巧和成员投身于任务中的热情。具体方法是：

(1) 仔细设计并发放一系列调查表，要求被挑选出的一组成员(通常是该问题领域的专家或是能提供一些有用信息的人)针对问题提出可能的解决办法。

(2) 各成员以不计名方式独自完成第一次调查。

(3) 对第一次调查结果进行收集并总结，整理第一次调查的结果。

(4) 将整理后的调查结果反馈给成员。

(5) 请各成员看过结果后，在第一次调查结果的基础上，再次做出决策。

(6) 重复步骤(3)(4)(5)，直至达成一致性意见。

采用德尔菲法进行决策能够避免参与决策的成员进行直接交锋，不至于在决策过程中产生人际冲突。它高效地利用了专家的时间。并且，通过这种方法产生的创意多种多样，质量较高。同时，也使得相关人员有足够的时间对不同的想法和意见进行分析、思考，预测也比较准确。

4. 辩证思维决策方法

辩证思维决策方法(dialectic decision method, DDM)可追溯到柏拉图和亚里士多德时期。这种方法也遵循一套基本的流程。它以明确陈述要解决的问题为开端，并据此引发两种或多种竞争性方案，接下来需要辨明提出的各方案所依据的明显假定和暗含假定。随后，辩证思维决策方法进入两个阶段。在阶段一，将所有人分为主张(观念或方案)不同的各个小组。每个小组充分研究己方主张。随后，在阶段二，各小组在一起进行竞争性辩论，各自伸张己方主张的优势、长处，目的是鼓励各小组争取自己的主张胜出。最后整个组织综合各个小组的竞争性陈述，并做出决策。最终的决策可以是接纳所有方案中的其中之一；也可以是对几个方案做出妥协；或者依据陈述创造出一个新的整合性方案。

辩证思维决策方法的优点在于融合了头脑风暴法和名义群体法的优点：它能够使决策者更充分地了解各个方案及其根本假定；从中了解参与者对诸方案的好恶评判；此外，成员们也能够对他们做出的决策更有信心。在阶段一，各小组分别讨论，由于引入了外部竞争机制，各小组为了己方主张的胜出而内部加强合作，避免了内部冲突。同时大家为了小组胜出会积极献计献策，提高了团队合作质量。在阶段二，各小组展开辩论，由于每个主张都是一个小组的群体主张，每个组员为本组的胜出会勇于争辩，不畏惧他人的评判，真正促进了畅所欲言。

但是，辩证思维决策方法同样有其缺点。采用这种方法不利的方面在于：决策者为避免偏袒某一方而易形成妥协；在决策过程中，人们可能更关注的是谁是一位好辩手，而非怎样才是一个好辩手。

二、群体决策中的关键问题

群体决策中的关键问题是一致性的问题。关于群体决策，人们通常可能产生这样一种疑惑：成功的群体决策要以意见完全一致为必要的先决条件吗？如果不能达到完全一致，群体成员就有可能被迫执行他们未必赞成的决策。但是，如果要求群体中的个体意见完全统一不是很容易，而且也会有诸多不利。

促进群体决策一致性的具体办法有很多。例如进行模拟民意测验来看人们的立场如何；在决策前，提出"服从大多数"这一投票原则，并设立一个具体的标准，比如"超过90%的赞成票即为通过"；要求成员收回有争议的提案，或请他们站在一边让群体在没有他们的情况下继续进行决策；建立一个下级小组并授权决策；将关注点提炼为几组，以明确问题的所在，再进行决策；用"依次循环"法，让每个人在限定的时间内发言；或者采用"玻璃鱼缸"法，即每个主要观点都推荐一个人作为发言人代表大家进行发言。

实践专栏　　决策困境

群体决策应该采用少数服从多数的原则吗？为了维护群体的凝聚力，答案是"应该"。但有时"真理并不在多数人手里"。这时，"盲目"追求群体的凝聚力，反而是有害的，它降低了决策的质量。

但如果把决策权完全交给团队中最聪明的人，也有过度依赖个人的风险，甚至有时会助长专断。

另一个群体决策的困境是，即便采纳了"少数服从多数"的原则，如何定义"多数"？是简单多数(通常是指超过半数)，还是至少60%或75%或90%以上？如果只是遵循"简单多数"原则，如果群体只有三四个人的时候，会很尴尬，在有一个人主张某种意见时，只要再有另一个人复议，就会达到或超过半数而成定局，这会使决策显得带有很大的偶然性，甚至可能会助长结盟现象：主张某一意见的人可以事先拉拢一个同盟者来通过决策。为了避免这种现象，通常在人数很少的时候，会采取"一票否决"的原则，即只有所有人都同意，才能通过决策。但这又导致相反的尴尬情景：只要有一个人意见与大家相左，就无法通过决议。这实际上也造成了一种情形：一个人就可以控制或拖累全局。

§5 群体决策与个人决策的比较

并不是说,群体决策因为参与者多,就一定优于个体决策。要比较两者的优劣,应全面考虑。

一、群体决策的优点

(1) 信息全面、完整。群体决策时可以收集多人的意见,统合多人掌握的信息,使决策建立在较多的信息与专业知识的基础之上。

(2) 多重选择。来自不同背景的人,可以从各自擅长的角度、方面提出可能的方案,使决策有更多的选择余地。

(3) 提高对最终决策的认同感。让更多的人来参与决策,既可以使决策更为稳妥,合理性强,同时也会增加人们对决策认同的可能性,促成决策的执行。而且,如果决策的执行人同时也是决策的参与者,可以增加他们的满足感。

(4) 增加决策的合法性。群体决策符合民主社会的理念,由此做出的决定容易为人所接受,而避免被当作独裁的产物。

二、群体决策的缺点

群体决策并不是一好百好的事物。对群体决策形式也应当一分为二地分析和对待。具体说来,群体决策有如下缺点:

(1) 耗费时间。集合决策群体的人需要时间,群体内部的信息交流需要时间,群体表决策方案需要时间。搜集大量信息固然能提高决策可靠性,但这要以时间为代价。在紧急情况需要立即果断决策时,群体决策可能反而会贻误时机。

(2) 群体压力。群体中存在着社会压力,这种压力迫使人屈从多数人的意见,因为通常人们不希望自己被所属群体拒绝。这可能使人们很少倾向于发表与多数人不一致的意见,而人云亦云。这样反而不能发挥群体决策能集思广益的理想化优势。

(3) 少数人把持。即使是群体决策,通常也由一些关键人物主持或操纵。如果这些人能力平庸,控制了整个群体决策的大趋势,同样不能发挥出群体决策的真正优势。

(4) 责任模糊。既然决策是由大家做出的,每个人都有份,都担一分责任,这反而可能会使大家推诿责任，认为和自己没有直接关系，结果是没有人负责任。

三、效能

大家一定急于想了解群体决策与个体决策究竟谁的效能更高，这首先要看你怎样定义效能(effectiveness)。如果以准确性为指标，群体决策有一定优势，平均而言高于一般的个体决策。所谓"平均"，意思是说，通常情况下，群体决策并不是好于所有的个体决策，而是比群体中各成员决策的平均水平好，但常常低于最佳的个体决策。换言之，群体决策的质量往往可能是平均化的，除非这个群体是经过深度开发的高绩效团队。

如果以速度为指标，群体决策总要慢一些，时间代价就高。如果以创造性为指标，要数群体决策好。这应了一句俗话："三个臭皮匠，顶个诸葛亮。"如果以最终被众人接受的程度作为指标，那么也是群体决策好一些。基于以上这些比较，人们可以仔细均衡两者的利弊，在具体决策时依据现实情况做出究竟采取群体决策还是个体决策的选择。

实际上，人们长期以来质疑"众人拾柴火焰高"的效应是否适用于决策这种高复杂性的脑力活动，因为"整体大于部分之和"的结果有时似乎可遇不可求。不过，近期发表在《科学》杂志上的研究表明，的确存在着集体智力(collective intelligence)，它高于团队中最聪明的人的智力，与团队成员的平均智力无关，而是产生于有良好的群体决策结构性规则(利用轮流有序地发言、任何人不能占据支配地位)、富有合作技巧、善于倾听的团队之中。

四、群体决策中的特殊现象

群体决策时会出现一些个体决策时没有的现象，这些现象会使群体决策的效能打折扣，以致在考虑是否以群体决策替代个体决策时，必须慎重。

1. 群体思维

群体思维(group thinking)是群体决策时出现的一种很奇怪的现象。在群体就某一问题或事宜的提议发表意见时，有时会长时间处于集体沉默状态，没有人发表见解。而后，人们又会就某一见解简单而匆忙地一致通过。但可能实际上群体中大多数人并不赞成这一提议。之所以会出现这样的情况，是因为成员感受到群体规范所要求的达成共识的压力，因此不愿表达不同见解。这时，个体的心智效率、客观思辨及道德判断力都受到群体压力的影响而下降。这种情形下做出的群体决策往往是不合理的、失败的决策。

这一点对管理者的启示是，保持群体内部的多样性有利于进行群体决策。具体地说，群体内部多样性的必要性表现在：在决策小组和工作团队的组成中，对多样性的需求最为明显；

成员的背景(例如,年龄、性别、种族)越来越显得至关重要,这能保证产品决策和服务决策反映市场需求;成员思维迥异,能互相交流不同思维模式,对于避免群体思维至关重要;在短期,这种做法看似会制造很多矛盾、紧张甚至混乱,但从长远看,营造和运用多样性、多元化的思维是一种健康的、建设性的群体决策方法。

群体思维有这样一些典型的症状:①对群体做出的假定,若有不合理的证据,成员会予以合理化。②若有人对群体的共识表示怀疑,其他成员会对其直接施加压力。③抱怀疑态度或持不同意见的成员,为了避免与群体共识相悖,会保持沉默,或支持反方意见,甚至贬低自己的意见。④如果有人不发言,群体会认为他完全与群体意见一致,"无声就是默许或认可"。

有一些因素会减少群体思维带来的副作用。其一,较高的群体凝聚力可以促使大家畅所欲言;其二,领导者鼓励大家发表意见,可以促成产生更多的替代方案;其三,领导者在充分听取大家的意见之前,应避免发表自己的意见,以免大家放弃发表其他方案的念头;其四,预防或减少群体思维的另外一个有效办法是为每个会议指定一位"魔鬼代言人"(devil advocate),由魔鬼代言人来挑战群体已有的方案,以激发群体的创造力,防止出现群体思维。

2. 群体偏移

群体偏移(group shift)是指在群体中进行决策时,人们往往会比个人决策时更倾向于冒险或保守,即向某一个极端偏斜,从而背离最佳决策。因此,这种现象又叫作"极化现象"。在某些情况下,群体决策偏向保守的一端;但在更多的情况下,群体决策会偏向冒险的一端——与个体决策相比更倾向于冒较大风险。

从某种意义上讲,群体偏移是群体思维的特例,也是由特殊的群体规范所支配的。偏向保守可能是由于人们害怕承担责任,或者所偏向的保守意见出自群体中的某一重要甚至关键人物。而偏向冒险则可能由于"人多胆壮"的心理,或者因参与决策的成员崇尚冒险精神。一旦群体中有人逞强,选择支持更具冒险性的方案时,群体中的其他成员也可能由于不甘示弱而进行更冒险的决策,从而导致群体决策比个体决策时更倾向于冒险。

【本章知识要点】

经济理性模型:经济理性模型来自古典经济学模型。该模型认为决策者总是完全理性的,且达到了完美的程度。

承诺升级:社会模型指出,决策者有坚持错误决策的趋势,尽管这种坚持并不会使事情好转。

经验启发与偏差模型:决策者主要依靠启发法,即简化的策略或者经验原则进行决策。

经验启发法可减少对信息的要求,并通过一些步骤对决策产生实际性的帮助。

记忆可获得性偏差:指人们通常会根据某事物在记忆中的可获得程度来估计其出现的概率。

典型样例启发:指依据相似事件发生的陈规来判断当前事件发生的可能性,在此种情况下决策者错误地认为随机事件应该与大量随机事件的表现方式相似。

认知锚定:指决策者在进行判断时,从一个最初的、往往是毫无道理的标准开始,并在这个标准的基础上进行调整,最后做出判断。

头脑风暴法:用于多人小组、鼓励创造性思维的常用方法。这种方法是为克服群体压力会抑制不同见解的问题而设计的,旨在营造一种鼓励大家畅所欲言的氛围。其基础是两条主要原则,延迟评判和量变酝酿质变。

名义群体技术:名义群体即群体只是在名义上存在。成员在做决策前将交往、互动控制在最低限度。名义群体技术的特点是在决策时融合书面的形式,从而减少个体在表决时受到他人的影响,保证个体决策的独立性。

德尔菲技术:以德尔菲的名字命名的技术。德尔菲技术并不安排参与决策的成员见面讨论。该技术的成功依赖于有充足的时间以保证德尔菲技术能够顺利完成,以及参与者的专业技能、沟通技巧以及成员投身于任务中的热情。

辩证思维决策方法:它以明确陈述要解决的问题为开端,并据此引发两种或多种竞争性方案,接下来需要辨明提出的各方案所依据的明显假定和暗含假定。

群体思维:在群体就某一问题或事宜的提议发表意见时,有时会长时间处于集体沉默状态,没有人发表见解,而后人们又会就某一见解一致通过。

群体偏移:指在群体中进行决策时,人们往往会比个人决策时更倾向于冒险或保守,即向某一个极端偏斜,从而背离最佳决策。这种现象又叫作"极化现象"。

【思考题】

1. 人类的决策是理性的吗?为什么?有什么证据?
2. 群体决策一定比个体决策好吗?有哪些前提条件?
3. 有哪些群体决策的结构化方法?它们各有哪些利弊?

14

领 导

不知命，无以为君子也；不知礼，无以立也；不知言，无以知人也。

——《论语·尧曰篇第二十》

对于新型经理来说，员工保持高绩效水平和确保员工满意感，同样重要。

—— Geoffrey Brewer

【内容概要】

介绍领导的概念。
介绍早期的领导相关理论：特质论、行为理论和权变理论。
介绍近期的主要领导理论：领导-成员交换、转换型领导。
探讨领导理论发展的脉络、局限性和趋势。

§1 领导的概念

对于任何一个组织，无论是企业、学校、政府，领导的作用至关重要，组织的成功与失败，很大程度上取决于领导。那么，究竟什么是领导？怎样才能产生好的领导？成为一个卓越领导者的要素是什么？

1. 领导者定义

领导(leadership)是影响和支持的过程，使得组织中的其他人能够为了达到组织目标而富有热情地工作。在帮助个体或群体确认目标以及激励和协助他们达到一定目标的过程中，领导是一个重要的因素。如果没有领导，一个组织可能是无序的，就如同一个没有指挥的交响乐团。

领导者必须具有影响力，否则领导只是名存实亡。影响力的直接显现，就是拥有追随者，他们愿意遵从领导者的意志、服从领导者的指挥。有这样一句名言，很好地阐释了领导的概念："领导就是使人们去做他们不愿意做的事，并且变得很喜欢它。"有影响力的领导者能够让下属去做他们本不愿意做的事。这同时也意味着，领导者和被领导者是不可分割的对立统一体。没有被领导者，领导者就不复存在。从这个意义上讲，领导者是由一群追随者衬托的。

领导者的影响力可能来自正式的任命。比如，组织中的各层管理人员通过上级任命而具有职权，职权使他们对员工的行为具有影响力。影响力也可以从其他方面获得，其中，来自非正式任命的影响力同样十分重要。比如，在小组讨论中，一名成员自发地组织小组成员们发言、控制进程、化解冲突，并对最后小组讨论的结果做出总结。这名成员就是非正式任命的担任领导者角色的人。也就是说，领导者可以从团体或组织中自然产生并发挥作用。因此，并不是所有的领导者都是管理者，也并不是只有管理者才具有影响力，甚至有时尽管组织授予管理者职权，却不能保证他们能有效地影响他人。

究竟什么因素造就了领导者，这是多年来人们一直讨论的问题，并由此产生了许多理论。虽然至今为止关于这个问题仍众说纷纭，但人们对领导的认识也在不断地增加、发展。我们把这些理论加以分类，并按照它们出现的年代逐一展现出来，以便为大家勾勒一幅领导理论演化的整体图画。

学术专栏　　经理人与领导者是同义词吗？

哈佛大学企业研究所的学者亚布拉罕·扎莱尼克(Abraham Zalenik)认为，领导者和经理人(就传统意义而言)是极不相同的两种人，表现在他们的动机、个人历史、思考和行为方式存在差异。

经理人对组织目标的态度即使不是消极、被动的，也倾向于漠然；而领导者对组织目标则往往持积极态度。

领导者视其工作为高风险的职位，而且常常会不自觉地去冒各种风险，尤其是当机会与报酬都特别诱人的时候。

经理人喜欢同别人一起工作。他们害怕单独活动，因为那会使它们感到焦虑。他们会依据自己在各种事件或决策过程中所扮演的角色，同其他人建立相互作用关系。领导者则把各种想法和主意，以较直觉的方式联系起来。

经理人在面临潜在危机时会束手无措，而领导者往往认为自己与外在环境(包括其他人)是分离的。他们虽然也在组织里工作，但从未属于组织。

2. 管理者与领导者的特征比较

有很多学者和实践者将管理者与领导者进行对比，这是来自20世纪人们朴素的观察和直觉，意识到这两者有不同功能和定位，表14-1就是其中的一个例子。

这种对比所体现的便是传统领导者和管理者的区别。需要注意的是，管理者是正确地做事，领导是做正确的事。这两者的区别表现在：管理者更多的是执行命令；而领导者更多时候需要做决策。领导者需要做好决策、用好干部。如果事必躬亲、亲力亲为就是管理者，而非领导者。

表14-1 管理者和领导者的特征比较

管理者特征	领导者特征
管理	创新
复制过去	源头
维持	发展
集中于系统和结构	集中于人
信赖控制	激发信任
短视的	远视的
询问怎么了和何时	询问是什么和为什么
只看结果	关注整体
模仿他人	首创
接受地位	挑战地位
经典的好战士	自己做主
正确地做事	做正确的事

此外，出色的领导者也可能是糟糕的管理者，而差劲的领导者却可能是有效的管理者。这句话指出了这样的现象，即有些出色的领导者可能业绩很好，但无法处理好下属关系。所以可能被下属称为"糟糕的管理者"。传统上，管理更注重任务，领导更注重人。而现在，领导者一方面需要抓任务，另一方面也要关心员工。所以，现代领导理论是强调将传统的管理和领导的职能合二为一。

下面我们详细介绍有关领导形成和发挥作用的主要理论。

§2 特 质 论

人们对领导的基本个性有各种各样的认识。比如，人们总能在大众传播媒介中听到关于领导者品质的描述，诸如智慧、魅力、果断、热忱、顽强、勇敢、正直、自信等。这些形容词都经常用于某个领导者身上。早期研究领导的心理学家一直在寻找能区分领导者与非领导者的种种人格特征。领导的特质理论就是致力于描述那些只有领导才具备的特征的理论。

1. 理论概述

传统的特质理论认为，领导者具有某些固有的特质。领导的特质(traits)包括体力、智力和个人性格，早期用来区别领导者和非领导者、成功的领导者和失败的领导者。特质涉及认知和其他心理因素，如智力、志向和进取心。也有学者强调领导者的身体特点，比如身高、体形和外表吸引力。特质论强调领导者所具有的这些特质是与生俱来的，只有先天具备这些特质的人才可能成为领导者。这种观点的渊源可追溯到古希腊。亚里士多德认为，所有的人从出生之日起就已注定属于治人或治于人的命运。近代，俄亥俄州立大学的管理心理学家斯托格蒂尔(Ralph Stogdill)提出寻找领导者身上构成的，帮他成为领导者的特质。他认为超凡的领导者与众不同，通过描述这些人身上所具备的特质就可以识别领导者。

 大师风采

拉尔夫·斯托格蒂尔(Ralph M. Stogdill) 美国俄亥俄州立大学管理科学与心理学系名誉教授。他提出了鉴别领导力的关键维度/特质，在领导和组织研究方面享有国际声誉。

1934 年，斯托格蒂尔取得俄亥俄州立大学博士学位之后，就职于俄亥俄青少年研究所。他的第一篇文章《与领导相关的个人因素：一篇文献研究》于 1948 年发表，该文通过分析文献，对领导特质进行了总结。这不仅标志着拉尔夫的职业生涯的一个转折点，也标志着领导研究的一个转折点。

2. 研究方法

对于特质理论来说，一种最容易想到的研究方法是个案研究。甘地、马丁·路德、丘吉尔、艾柯卡,这些人可谓世界公认的领袖人物,符合我们对于领导者的定义。这些人究竟有什么与众不同的地方?虽然他们都是出色的领导者,但他们无疑各有自己的独特的人格特征。因此,特质理论若要能成立,就必须找出所有领导者所共同拥有的特质。

然而,特质理论的研究并不乐观。如果研究只是试图抽取出某些特质的话,势必走入死胡同。从1904年到1947年间进行的有关领导特质的124项研究中,可找出多达数百种不同的特质,它们之间并没有多大的关系,甚至还存在矛盾。另一项考察回顾了20项有关研究,发现在这些研究里提出的近80种特质中,只有5种特质具有共性,并为大部分研究所证实。有的研究在探究领导者与被领导者、成功的与不成功的领导者之间的差别时发现,虽然存在差别,但这些差别只是量上的而非质上的。因此,如果目的仅仅是旨在找出一组独特的、成功的领导者所共同具有的特质以作为鉴别领导者的标准,特质理论是失败的。

3. 评价

特质理论简单易懂,容易推行。例如,企业中很容易找到成功领导者的三五个共同特征,并根据找到的这些共同特征来识别领导者。特质理论的困境是:这些特质看起来是人与生俱来的。但如果这句话是真的,就有了血统论的问题。在天性和教养的永恒之争中,这些特质论的学者主张人的天性,而非后天的教养。但随着越来越多的国家普及义务教育,人们无论贫富都有受教育的机会,先天特质论不攻自破。

这个理论的第二个缺点是对特质的分类太多。不同行业的领导者的特点存在很大差异,例如军事领域和普通的民营企业,由于所处环境的不同,对领导者的要求也是不同的。

然而,如果特质研究是要找出和领导者有一致相关的特质,对研究结果的解释就比较令人信服了。比如,有研究发现,智慧、支配性、自信、精力充沛、富有专业知识这五种特质是与成功的领导一致相关的,但相关程度也并不是很高(相关系数大约在 0.25 到 0.35 之间)。看起来,即使从这个意义上说,结果也并不令人振奋。

现代学者采用元分析的方法找到了以下五种领导者特质:智慧、自信、坚定、正直、社交技能。具体来说:智力很低的时候绩效一定很低,但是智力高的时候绩效不一定很高。当智力高时,绩效有一个很大的范围。智力与绩效的关系反映在散点图上像一个三角形的区域。也就是说,智力是必要条件,而非充要条件。智力是否发挥作用,需要结合其他因素来分析。另外,自信和坚定、正直和社交技能对于一个领导者来说也都十分重要。自信的领导者相信自己有能力处理工作中遇到的困难,能够带领下属实现目标。坚定反映的是人格中动机的品质;有坚定特质的人在遇到挫折时会表现出不放弃、坚忍不拔的特征。正直的领导者在面对下属时表现得诚实、公平;而社交技能则代表了亲和度和人际技巧,即领导的社交能力。需要注意的是,这五个方面的特质得分并不是越高越好,它们构成一个特殊的组合模式。

现代研究表明,领导是一种动态的过程,也是一种发展变化的行为过程。领导者的特性和品质并不是与生俱来的,而是在具体实践中逐渐形成的,是可以通过训练和培养造就的。

学术专栏 领导特质知多少?

为了寻找天生的领导者,尽早发现那些生来就注定要当领导的人,持传统特质理论观点的人对社会上成功与不成功的领导者进行了广泛调查,试图找出天生的领导者究竟需要具有哪些特质。

基伯(C. A. Gibb)1954年和1969年发表的研究报告指出,天才的领导者应具有7种先天特性:善于言辞、具有英俊潇洒的外表、具有过人的智慧、自信、心理健康、有支配欲、外向且敏感。

齐赛利(E. E. Chiselli)1971年著《管理才能探索》一书,提出有效的领导者应具有12种个性品质:才智、语言才能、首创精神、善于开拓新方向且有创新愿望、督导能力、能指挥他人、信心、有较高自我评价、与员工关系密切、决断能力、兼备男性-女性优势、高度成熟。

斯托格迪尔1974年则认为领导者的个性特质应包括16个方面:有良心、可靠、勇敢、责任心强、有胆略、力求革新进步、直率、自律、有理想、善处人际关系、风度优雅、乐观、身体健壮、智力过人、有组织能力、有判断力。

美国企业界也提出,企业家应具备十大条件:合作精神、决策才能、组织能力、擅长控制及分配权力、善于应变、勇于负责、敢于求新、敢担风险、尊重他人、良好品德。

不难看出,以上关于领导者到底具备哪些特质,众说纷纭,各执一词。

§3 行为理论

20世纪中叶,对领导的研究受到了行为主义影响。从客观实践上讲,第二次世界大战后大部分工业国家推行了义务教育,而义务教育产生了新生代,越来越多的普通人通过努力奋斗可以解除原有家庭对其在身份或者地位上的束缚,通过学习知识改变了命运,成为各行各业的中坚力量,成为各级领导者。这改写了领导者必将出自有名望的家庭的传统观念,对当时社会的影响非常大。此外,与特质论持相反观点的是社会心理学理论。社会心理学理论认为,角色和情境共同决定人的行为,人在特定情形下会做出什么样的行为,受到所处环境和教养的影响。而行为主义心理学理论也认为,个体本身的特质无关紧要,如果在特定的情境下能够做出相应的行为,就可以成为很优秀的领导。

由于特质理论的失败,研究者不再固执地寻找领导者所具有的先天特质,转而探索领导者的具体行为表现。人们想知道,有效的领导者的行为是否具有独特风格,比如,领导者应该是较民主的还是较唯权的。人们不仅只是想从行为角度入手了解领导的本质,尤其想从中获得能够加以应用的实际方法。比如,如果能够了解领导者有哪些关键行为的话,那么就可以据此来对未来的领导者进行训练。

特质论认为领导者是先天的。如果特质论的观点对,那也就不需要对那些潜在的领导者进行训练,而应把精力放在如何甄选领导上。与特质论不同的是,行为理论强调领导者具体的行为方式,注重培养相应的行为风格。因此,领导的行为理论强调后天的训练和教育。该理论认为,领导是否成功依赖于其自身合适的行为、技能和行动,而较少依赖于个人特质。而行为和技能是可以习得的。

一、领导者的三种主要技能

领导者的三种主要技能包括:①技术技能,指的是对某种类型的工作或过程所掌握的知识和能力,领导者所需要的技术技能与普通员工有所不同;②人际技能,代表的是有效地与他人共事和建立团队合作的能力,比如能够使团队在一起高效地工作;③概念技能,指的是按照模型、结构和广泛的关联信息进行思考的能力,例如制订长期计划、战略方针、宏远愿景需要运用概念技能。

对于不同管理层级的领导者,不同技能所占比例有所不同。对于初级主管来说,技术技能的需求占比非常大,而对概念技能的要求很少。随着管理层级的逐渐升高,技能结构必须进行调整以适应管理职位的要求。高层管理者不需要太多技术技能,但是需要大量的概念技能。比如,高层管理者需要能够设定蓝图,设想在未来五年到十年之间要带领公司达成什么样的目标,并且通过什么战略途径来达成(图14-1)。

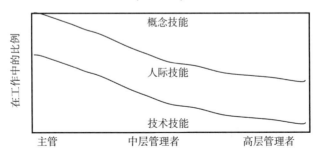

图14-1 在不同组织层次上领导者技能的使用变化示意图

二、领导风格的行为理论

领导风格(leadership style)泛指领导行为的全部模式。各种风格是以动机、权力或者以任务导向和员工导向为基础进行区分的。

独裁型领导者(autocratic leaders):集权力和决策于一身,不考虑员工的想法,快速决策,为员工提供安全感和工作结构。参与型领导者(participative leaders):采取分权的形式,向追随者咨询,鼓励追随者的参与。无控制型(放任型)的领导者(free-rein leaders):回避权力和责任,忽视领导者的贡献。这些领导类型可以从以往的组织研究中找到线索。例如参与型领导者和梅约的参与型领导非常相似,而无控制型的领导者和授权管理非常相似。这三种领导哪一种较好,并没有定论。例如长虹的倪润峰、万科的王石、华为的任正非、华润的宁高宁等,都是军人出身,他们把军事化素养部分用到管理上,取得了不错的绩效。

三、俄亥俄模式

俄亥俄州立大学的学者于20世纪40年代开始领导的行为风格研究。他们的研究主要是寻找领导行为的独特方面。通过针对列出的上千种行为进行浓缩聚焦,找出了两大类来概括所有领导行为,这两类行为是"结构"和"关怀"。

结构(structure)和关怀(consideration)是对待员工的两类不同的领导风格,也称为任务导向和员工导向。许多证据表明,高度关怀的领导风格可以在一定程度上保证较高的员工绩效和工作满意度。关怀和结构在一定程度上是相互依赖的。

结构是领导者为了达成目标而在规定或确立自己与部属的角色时所从事的行为活动,包括组织工作任务、工作关系、工作目标。高度工作取向的人总是把眼光放在员工的工作上,要求维持一定水平的工作绩效,强调工作目标的如期实现。

关怀是指领导者注重人际关系,乐于同下属建立互相信任、互相尊重的关系,重视员工的建议、感受,着力满足员工的福利、需求、满足感。高体恤的领导者往往主动帮助员工解决个人问题,平易近人,且对员工一视同仁。

以上两个方面构成两个行为维度,每个领导都在这两个维度上有不同程度的行为特性。通过这两个维度可以对领导风格作出描述。

有许多研究发现,高工作取向且高度关心人的领导,比其他类型的领导更能促使员工有高绩效和高工作满意度。不过,这种类型的领导并不一定总能导致正向的结果。这要视具体工作类型而定。比如,对于从事惯常例行事务性工作的员工,高工作取向的领导会使他们有较多抱怨、旷工，工作满意度较低。

四、密歇根模型

密歇根大学的研究几乎和俄亥俄的研究同步，而且有着同样的目的：研究、测量与工作绩效有关的领导行为。有意思的是，密歇根的研究也得到两个描述领导行为的维度，一个是员工取向(employee-oriented)维度，一个是生产取向(production-oriented)维度。员工取向的领导者注重人际关系，主动了解员工需要，积极满足他们的需要。生产取向的领导者强调工作技术和任务进度，关心工作目标的达成，不重视人的因素，把员工视为达成目标的工具。

密歇根模型强烈支持员工取向的领导作风，发现此种领导风格与团体的高绩效、员工的高满足感有很高正相关，而生产取向的领导行为则和低生产率、低工作满足感相关。

比较来看，密歇根的研究和俄亥俄的研究有极其相似的结果，几乎找到了同样的两个维度来描述领导行为风格。这本身就为两种研究提供了效度支持。

密歇根模型本质和俄亥俄模式中的关怀/结构是一样的。很重要的区别是，俄亥俄模式认为关怀和结构是双维的，构成了一个双维平面模型；而密歇根模型里的员工取向和生产取向是单维的，非此即彼的。因此，理论上说，俄亥俄模式中，两个维度不同比例可以构成很多种领导类型；而员工取向/生产取向这两者不能兼容，只能描述仅有的几种领导类型，这一点使得密歇根模型和特质论在某些方面非常相似。

五、布莱克和莫顿的管理风格理论

从前述两个理论来看，领导风格总有两个维度，这就使人们想到用一个二维坐标系来描述领导风格，实现数量化。布莱克(Blake)和莫顿(Mouton)于1964年构造了一个二维坐标系，命名为"管理方格图"(Managerial Grid)。该图以关心生产为横坐标，关心员工为纵坐标(见图14-2)，每个坐标有九个数量级，表示关心的程度。这样，图中有81个方格，分别代表了81种不同的领导风格，每种领导风格就用它的横坐标和纵坐标数值来表示。比如，(1，9)表示对生产关心程度低，关心员工程度很高；(9，1)表示关心生产程度很高，关心员工程度很低。左下角是无为而治，左上角是乡村俱乐部风格的，右下角是独裁专制，中间是中庸的，右上角则是团队管理风格的。他们进一步主张，最有效的领导方式是"机会主义"的风格，应随着不同下属的情境特点，能够在这些格子里自由转换，这时管理效果是最好的。

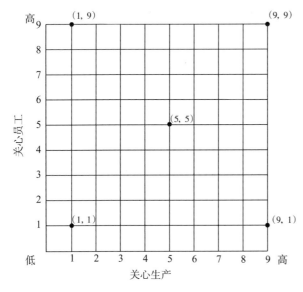

图 14-2 管理方格图

布莱克和莫顿研究认为：就单纯意义上比较而言，类型(9，9)——团队管理——的领导风格的管理绩效最好；类型(9，1)——权威型，以及类型(1，9)——乡村俱乐部型的领导风格的绩效较差。不过，在实际管理中，结果并不这么明朗。类型(9，9)的领导风格并不总是最有效的。看来这个模式并非放之四海而皆准，只不过提供了一种较合理的参照。

这个理论存在的问题是：人可以在多种风格中转变吗？首先，人很难判断不同的情形，也就很难判定目前的风格是否适合当前的情形；其次，这一理论要求领导者不断地变化，这对领导者来说非常难。大多数人都是固定在某一种风格上，不能做出转变。因此，在本质上这个理论的结局与特质论没有区别。解决这个问题的办法是任命两名领导，分别抓任务和员工关系。但是这样也存在着问题，例如"帮派斗争"。

以上四种学说只是行为理论中的代表。还有一些行为理论同样面临俄亥俄模式和密歇根模型遭遇的问题：领导行为同团体绩效之间似乎并没有绝对的跨情境的一致性，而是事随境迁的。看来要想找到一种普遍原则，还应考虑情景因素。

 大师风采

大约一百年前，人们普遍认为领导是天生的，其他人模仿不来。20 世纪 60 年代，两位学者热心支持领导方式论和普遍领导的观点，他们是布莱克(Robert R. Blake)和莫顿(Jane

Mouton)。他们毕业于奥斯汀得克萨斯大学,获得心理学博士学位,专门从事领导学的研究,在商学院任教。他们的书、培训项目和文章都指出,领导者是在所有场景中表现适当的人。

他们根据领导者更关心绩效(结果)还是关心人这两个维度区分出了四种管理类型,该理论又称为"管理方格图"理论。这个管理方格的每个格子都对应着从 1 到 9 的数字,根据领导在两个维度上的得分,可以确定其所属的领导类型。最理想的领导类型是同时关心员工和绩效。管理方格这个概念最早出现在 1961 年,在 20 世纪 90 年代得到了学者们的进一步发展。美国的调查显示,这个管理方格理论是在管理领域得到最多认同的行为科学方法之一。

§4 权变理论

行为理论的失败使人们开始重视情境的作用。也就是说,领导风格与绩效的关系是:在情况甲中,领导风格 A 最合适,而在情况乙中,领导风格 B 最合适;至于在其他情况中如何领导,又应另当别论。这种主张随具体情况而改变领导方式的理论,便是权变理论。

然而,只是指出权变式领导的原则还不够,许多理论尝试找出究竟哪些关键的情境因素影响绩效。最常见的一些因素有:工作结构性,上下级关系,领导者的职权,下属的角色明确性,团体规范,沟通的方便性,下属对上级决策的接受度,下属的成熟度,等等。有不少人从这些因素入手,得出了一些肯定的结论和一致的见解。

一、专制-民主模式

和行为理论不同,权变模式并不把专制和民主看成两个极端品质,而是认为这两种品质在不同人身上有不同程度的体现:在专制与民主之间,存在着一个过渡性的连续体。在"专制型"这一极端,领导做出所有决策,下属只是服从;在"民主型"这一极端,领导与下属分享决策权力。但两种极端只是少数情况。在两种极端之间,有许多中间状态,它们才是现实中的多数情况。对于具体的领导者而言，究竟采取这一连续体上的哪种形式，应视情境而定。领导者的权威运用程度和下属的自由度是相互对立且联系在一起的。领导者权威越大，员工自由度越小。一方之所得，不免以另一方之所失为代价。

就具体研究结果而言，参与式领导效果良好。哈默尔(Hammer)和奥尔根(Organ)曾写道："一般而言，参与式领导比非参与式领导使下属有更高的满意感。有关生产力方面，很难下结论，有些研究发现参与式团体生产力较高，有些研究发现非参与式团体效率较高，也有少数研究认为专制型与民主型管理的工作团体在生产力方面没有明显的差异。"据此看来，领导的专制与民主问题主要同员工的满意感有关，而不一定同绩效有关。一个解释是，人们需要且拥护民主而不是专制。民主使人欢心，但不一定促成高生产力。

二、费德勒的权变理论

为了确定如何具体地进行领导方式的权变调整，管理心理学家费德勒(Fred Fiedler)做了大量研究，于1967年提出了自己的权变理论(contingency model)。该理论的主要内容是：团体绩效取决于领导者与情境因素间是否搭配。他认为领导的有效性取决于员工导向与追随者、任务和组织三个变量之间的相互作用。

首先，费德勒发明了"最不喜欢的工作伙伴"(the least-preferred coworker)量表，简称LPC，以此测量一个人是工作取向还是人际关系取向，也就是测量他的领导风格。量表由18对形容词组成，每对形容词各有一个褒义词、一个贬义词，构成一个评价连续体。受测者被要求在1～8分的量表上评定是褒义词还是贬义词更适合描述一个想象中的最不愿与之共事的合作者。如果受测者对最不喜欢的工作伙伴也用肯定性的褒义形容词去描述，他就比较重视维系良好的人际关系，是人际关系取向的，LPC分数高；反之，则为工作取向的，LPC分数低。从心理测量学角度上来讲，这里巧妙运用了投射测量法。费德勒认为，每个人的领导风格是固定的，其LPC分数也就固定。为了使领导风格与工作情境搭配，达到良好的绩效，途径只有两个：改变环境因素或者更换领导者。因为我们不能指望能轻而易举地调整领导风格来适应环境因素。

接下来就是要确定环境中究竟有哪些因素影响着领导的效能。费德勒认为，有三个权变维度起着作用。①领导者与下属的关系：下属对领导者信任、尊敬的程度；②工作结构：工作程序化、规范化的程度；③职权：领导者在甄选、训练、提拔、调薪、解聘等人事方面的影响力。如果每个维度都用高、低或大、小两个水平来表示程度，三个维度可以组合出八种不同的环境状况。这八种情况下，不同取向的领导方式效能不同，因此我们需要根据这些情况权变地选择相应的领导风格予以搭配。

从表 14-2 看，对领导者而言，类型一是最有利的，类型八是最不利的。从环境类型一至八，关系取向型的领导绩效由低逐渐升高而后又降低，工作取向型的领导绩效由高逐渐降低而后又升高。因此，了解这种关系能帮助我们合理选择相搭配的领导风格与情境（图 14-3）。

表 14-2　不同领导风格在不同情境下的效能

情境类型标号		一	二	三	四	五	六	七	八
情境维度	上下级关系	好	好	好	好	坏	坏	坏	坏
	工作结构	高	高	低	低	高	高	低	低
	职权	大	小	大	小	大	小	大	小
领导效能	关系取向	低			高		一般		低
	工作取向	高			低		一般		高

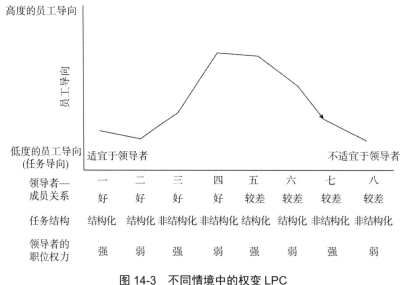

图 14-3　不同情境中的权变 LPC

然而，费德勒的模型毕竟主要只是实验室研究的结果。实际研究结果只支持其中的类型二、五、七、八。而且，LPC 表的逻辑并不十分清楚，分数并不是很稳定，在实际中确定三个情境维度因素的水平也并非易事。因此，虽然从理论上看费德勒模型很漂亮，但实际应用仍有相当的困难和局限。

大师风采

弗雷德·费德勒(Fred Edward Fiedler) 20世纪工业与组织心理学最著名的教授之一。他出生于维也纳,1938年移居美国,于芝加哥大学获心理学博士学位,先后在多家大学任心理学和管理学教授。他在领导特质、领导风格和行为的研究方面取得了很大突破。

1967年,费德勒提出了著名的权变理论。该权变理论认为,任何领导方式均可能有效。每种领导方式的具体有效性取决于该领导方式是否可以与所处的环境相适应。权变理论认为,没有能适用于一切环境的唯一最佳领导风格;对应的环境不同,领导风格的有效性也有所不同。

三、情境领导理论

情境领导理论(situational leadership theory)是由赫塞(P. Hersey)和布兰查德(K. Blanchard)提出的,也是应用较广的领导模式之一。美国银行、施乐等企业,都曾采用该模型为主要训练教材,在美国军队里也多以此为蓝本。有趣的是,虽然该理论并未得到效度上的进一步评定,但由于它受到的广泛接纳及其与直觉的高度符合,使得它有相当强的影响力。尽管它并未获得学院派学者们的青睐,我们却不能冷待它。

情境领导理论和其他权变理论的不同点在于,它把焦点放在被领导者身上。正如前面定义中提到的,领导者和被领导者是对立统一体。领导者是通过被领导者起作用的,被领导者对领导者的接受或拒绝,决定了领导者的效能。因此,考虑领导风格、效能,不能离开被领导者。

具体地说,该理论认为,领导风格的选择应视被领导者的成熟度而定。所谓成熟度,是指个体对自己的行为负责任的能力与意愿,包括两方面的内容:①工作成熟度:指一个人的知识和技术水平。工作成熟度越高,执行任务的能力越强,越不需要他人指导。②心理成熟度:指从事工作的意愿或动机。心理成熟度越高,自觉性越高,越不需要外力推动。两种不同的成熟度的结合,形成四种类型的成熟度构型:①M_1:能力低,动机水平低;②M_2:能力不足,但有工作愿望;③M_3:虽有能力但缺乏兴趣;④M_4:既有能力又乐于工作。

对于不同成熟度构型的员工,应采取什么样的领导方式呢?和其他理论一样,情境领导理论也采用工作取向和关系取向两个维度来确定领导风格。两个维度水平构成四种领导方式：①指导式(高工作-低关系)：领导者规定工作任务、角色职责，指示员工做什么、如何做，但很少表现支持行为。②推销式(高工作-高关系)：领导者不仅表现指导行为，而且富于支持行为。③参与式(低工作-高关系)：领导者不表现过多的工作指导行为，而是与员工共同决策、调剂沟通。④授权式(低工作-低关系)：领导者既少指导又少支持行为。

情境领导理论指出，对于不同成熟度构型的员工，应采取不同形式的领导方式，以求得最佳绩效。其中的搭配关系如表 14-3 所示。从表中可以看到，随着被领导者成熟度的提高，领导者的工作行为与支持行为都相应减少，既不用过多指导，也不必太注重关系，因为这时员工可凭高能力自觉地工作。

表 14-3　被领导者成熟度与领导行为方式的对应关系

成熟度	M_1 低	M_2 中等	M_3 中等	M_4 高
	低能力 低动机	低能力 高动机	高能力 低动机	高能力 高动机
领导方式	指导式	推销式	参与式	授权式
	高工作 低关系	高工作 高关系	低工作 高关系	低工作 低关系

乍一看，这个理论与管理方格图模式类似。仔细比较不难发现，其中的概念并不完全一样。管理方格图中的工作与关系取向，指的是领导者对这两方面的态度或重视度。而这里指的是具体的工作行为(如工作指导、角色指派)和支持行为(如征求意见、共同决策)。而且管理方格图中并没有体现员工成熟度。

情境领导模型并没有得到理论界的重视和效度研究的一致支持，故有关此理论的推理应当慎重。

四、路径-目标理论

路径-目标理论(path-goal theory)是在期望理论基础上由罗伯特·豪斯(Robert House)提出的。路径-目标理论认为，领导者的工作是利用结构、支持和报酬，建立有助于员工实现组织目标的工作环境。其特点是采纳了俄亥俄模式的工作取向和关系取向，同动机的期望理论相结合。并且，该理论认为领导者的主要任务是帮助下属达到目标，同时提供必要的指导或支持，以确保下属的目标可以和团体或组织的目标相互配合。所谓路径-目标，意味着有效力的领导者应帮助下属明确可实现目标的途径，减少障碍和危险，促成目标的实现(图 14-4)。

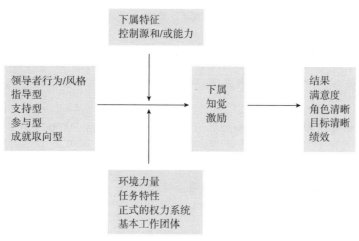

图 14-4 路径-目标理论模式图

这一理论指出：领导者的行为要想被人接受，就必须能够为员工提供现在的和未来的满足感。领导者的行为要想具有激励性，就必须使绩效的实现与员工需要的满足相结合，同时提供有助于绩效的训练、指导、支持或奖励。

豪斯提出四种领导行为：①指导型领导：让员工明白别人对他的期望、完成工作的程序和方法。②支持型领导：亲切友善，关心下属的要求。③参与型领导：主动征求并采纳下属的意见。④成就取向型领导：设定挑战性目标，鼓励下属各尽所能。重要的是，豪斯假定领导者具有变通性，能根据不同情况表现出不同的领导行为。

路径-目标理论也考虑到了其他因素的影响。该理论认为，有两类因素影响着领导行为与绩效的关系。一是下属控制范围外的环境因素，如工作结构、正式的权力系统、工作团体等。二是下属的个人因素，如经验、能力、内外控性等。环境因素决定了哪种领导行为最具辅助作用，个人因素则决定了环境因素与领导行为怎样相互作用。

路径-目标理论的逻辑得到了许多理论研究的支持，即领导者若能补偿员工或工作情境中所缺少的东西，对员工的工作绩效和工作满意度会有积极的影响。但如果工作结构明确、任务清楚，员工也有能力和经验，则不必浪费时间进行指导，那样不仅多余，还小看了员工。

学术专栏　　路径-目标理论的假设

——当结构模糊不清或压力较大时，指导型领导会导致下属较大的工作满意度。

——当工作结构清楚时，支持型领导会导致下属较高的工作绩效和工作满意度。

——当下属拥有足够的能力和经验时，指导型领导就显得多余。

——正式的权力系统越明确且僵化,领导者越需要表现较多的支持性行为,减少指导性行为。

——当工作团体内存在冲突时,指导型领导可以促成较高的工作满意度。

——下属越是内控型的人,越满足于参与型领导;下属越是外控型的人,越满足于指导型领导。

——当工作结构模糊不清且通过努力可以获得高绩效时,成就取向型领导可以提高下属的期望。

五、领导-成员交换理论

以上讨论的各种理论都是假定领导者对同一团体内的成员同等对待。然而,在现实中情形并非如此。领导者对不同下属往往有不同的态度和行为。鉴于此种现象,乔治·格雷恩(George Graen)及其同事提出了领导-成员交换理论(leader-member exchange theory),简称LMX理论。

LMX理论认为,在团体中,领导者在与下属相互作用的早期,会私下里将下属分为"自己人"与"外人",从而围绕着领导者自己形成一个小圈子。圈内人与领导者有特殊的关系,受到领导者的格外重视,得到领导者的特别关注,也拥有较多的特权。毫无疑问,圈内人更容易得到较高的绩效评估,离职率较低,对领导者的满意程度也高。

LMX获得了许多研究的支持。在许多组织中不难找到围绕领导者的小圈子,也不难发现这些圈内人所享受的待遇是特殊的。比如,当有一个晋升机会时,领导会优先考虑"自己人",有时甚至会"徇私情"直接提升"自己人",但事实上,很可能这位圈内人没有达到晋升要求。因此,这种现象也成了预测员工工作绩效和满意程度的重要指标之一。

此外,领导者和下属在工作之外可能会形成其他关系,例如,周末时一起郊游、吃饭。如果员工与领导形成了工作之外的关系,那他们在工作中的关系可能也会更加融洽。

六、参与模型

维克托·弗洛姆(Victor Vroom)和菲利普·耶顿(Phillip Yetton)创建了名为"领导者-参与模型"(leader-participation model)的权变理论。该模型把领导行为风格与参与决策联系在一起,并在具体的情境条件和工作结构下讨论如何选择领导方式和参与决策的形式及程度。突出的特点之一是规范性——它提出了一系列遵从的程序原则,供决策时确定参与的形式与程度,同时又把原则的运用同情境相联系。

在确定以何种方式决策时，参与模型提出了五种领导风格和七种情境，它们的交互结合构成决策树(decision tree)。这也就是依不同情境选择领导方式的参与模型。

五种领导风格是：①利用现时方便有效的信息解决问题或做决策。②由下属取得必要的信息，然后由自己决定问题的解决方式。下属只是信息的提供者。③与下属个别讨论问题，征求意见或建议，但不将他们组成团体。④将下属组成团体，共同讨论问题，收集意见和建议，然后由自己做决策，该决策可能反映也可能不反映下属的影响力。⑤和由下属组成的团体共同讨论问题，由团体共同提出并评估各种方案，达成共识。

这五种领导风格体现的专制-民主程度有连续的变化，究竟采用何种方式，却还要依情境而定。情境的判定是通过回答七个问题进行的。①有决策质量上的要求吗？②我有足够的信息作出高质量的决策吗？③问题的结构清楚吗？④下属对此决策的接受程度是否会影响决策的执行？⑤如果我自己作决策的话，下属会接受吗？⑥该问题的解决是否可使下属分担实现组织目标的责任？⑦下属之间对最后选择的方案会有冲突吗？

该理论认为，领导风格与情境的搭配问题，是可以双向解决的：既可以依据环境来确定领导者，也可以由领导者依照环境来调整自己的行事方式。当然，并不是每一个人都有很高的适应环境的变通性，这是性格问题。有的人很有可塑性，能灵活改变自己的行为风格适应环境；而有的人行为弹性很小，无论环境如何，行为具有高度一致性。

七、巴斯的转换型领导观点

转换型领导(transformational leadership)能够把下属从普通的、低价值取向、能力不高、动机不高的员工，转换为高价值取向、高能力、高动机的员工，即转换型领导强调的是转换下属的能力和价值取向。具体来说，转换型领导对下属的转换可以体现在三个方面：①能够使追随者关注特定理想的重要性和价值；②帮助追随者从关注自己的利益转而关注团队和组织的利益；③使追随者转而追求更高水平的目标和动机。

巴斯(Bass)认为转换型领导包括四个要素。①理想化影响。转换型领导者需要扮演追随者的角色榜样，并且领导者自身需要有极高的道德伦理标准，同时，还可以为其追随者提供愿景与使命感。②精神化激励。这是指转换型领导者向追随者阐述并激发清晰、可实现且鼓舞人的愿景，并能够促成团队精神和组织承诺。③智慧化刺激。这一因素是说领导者可以激发追随者的创造力，使他们愿意挑战自我并尝试使用新的途径去解决问题。④个体化关怀。转化型领导会倾听个体的需要，为其提供支持性的氛围。他们也会更多地关注追随者的发展，而对特定的决策则关注较少。在与追随者的关系中，转换型领导者所扮演的是教练和顾问的角色，以协助或指导追随者自我实现。

§5 理论概括

关于领导的理论，我们已介绍了不下十种。而实际已有的理论还远不止这些。也许你会想：从这么多理论中挑选一种"合适的"领导理论，恐怕要比领导本身还难。我们当然要问，这么多理论有什么用处？除非我们确定这些理论的共同的基础与合理性，并搞清它们运用于组织中的实用价值，否则我们将陷于理论的汪洋大海之中。

回想起来，"工作"和"人"的概念贯穿了大部分理论，这正符合领导本身的含义，即通过管理他"人"而达到"工作"绩效(完成目标)。很显然，领导行为可以简化为两个维量：关心工作和关心人。而各理论的不同点，在于这两种品质是不是相容的。

在有些理论中，加入了情境变量。这是一个合理的考虑，因为管理人的工作总是在具体条件下进行的。最广义地说，领导的情境包括纯粹意义上的环境因素，也包括被领导者的特性和工作结构。换句话说，领导(方式)应当因人、因境(时空间)、因内容(具体工作任务)而异。

考虑到工作、人、情境，再来选择领导方式，应该是很有把握的了。然而，究竟是更换领导者，还是由领导者变换领导风格，也是一个实际问题。一方面，不能设想组织中能经常变换管理者，这可能引起混乱；另一方面，也不能设想每个领导者都如"千面佛"，能易如反掌地改变自己的领导风格。这也是领导理论在实用中遇到的两难情境。

最后，需要警惕的是，不要陷入现有的理论，造成思想上的偏见。回过头来看一看，原初我们是假定领导方式决定了工作绩效，因此刻意寻求"好领导"的理论。然而，也有来自相反方面的警告：可能领导方式与工作绩效无关。的确有资料表明，在很多情况下，无论领导者表现何种行为，对员工的表现都没有多大影响。可能的解释是，一些其他因素如个人的、工作的、组织的特性，有着更大的影响力，扮演着更重要的角色，从而淡化了领导的作用。

或者，可能有另一种情形：领导的作用，也许并不像各种理论所描述的那么复杂，也许只是领导者本身的魅力所致。

学术专栏　　领导者的魅力

研究发现，人们对领导者的魅力的评价，对领导者的影响力有密切关系。当人们心目中的领导有魅力时，对领导的行为有合理化解释的倾向，而领导也倾向于更有效。

豪斯确认出三种领导者的魅力：高度自信，具有支配性，坚持自己的信念。

沃伦·本尼斯(Warren Bennis)研究了90名美国成功的领导者，发现有四种共同的特征：对目标有执着追求；能把自己的理想告诉追随者并取得认同；持之以恒、富有毅力；了解自己的力量所在，并懂得如何运用它们。

最近且最易理解的分析，是康格尔(Conger)和卡农格(Kanungo)所作的领导者魅力研究，他们提出魅力型领导者有七种特征：有立志实现的理想目标；对目标有强烈的承诺；不随俗；非常有决断力；相当自信；不关心下属的需要；被视为激进的改革者。

有研究指出：魅力型领导者的追随者信心较高，觉得工作有意义，觉得较受领导者支持，愿意投入工作，绩效较好，工作满足感较高。

【本章知识要点】

领导：领导是影响和支持的过程，使得组织中的其他人能够为了达到组织目标而富有热情地工作。

特质论：传统的特质理论认为，领导者具有某些固有的特质。现代研究表明，领导是一种动态的过程，也是一种发展变化的行为过程。领导者的特性和品质并不是与生俱来的，而是在具体实践中逐渐形成的，是可以通过训练和培养造就的。

领导者的三种主要技能：①技术技能，指对某种类型的工作或过程所掌握的知识和能力。②人际技能，代表有效地与他人共事和建立团队合作的能力。③概念技能，指是按照模型、结构和广泛的关联信息进行思考的能力。

领导风格：泛指领导行为的全部模式。各种风格是以动机、权力，或者以任务导向和员工导向为基础进行区分的。

俄亥俄模式：找出了"结构"和"关怀"两类行为来概括所有领导的行为。结构和关怀是对待员工的两类不同的领导风格，也被称为员工导向和任务导向。结构是领导者为了达成目标而在规定或确立自己与部属的角色时所从事的行为活动。关怀是指领导者注重人际关系，乐于同下属建立互相信任、互相尊重的关系，重视员工的建议、感受，着力满足员工的福利、需求、满足感。

密西根模型：描述领导行为的维度包括一员工取向维度和生产取向维度。员工取向的领导者注重人际关系，主动了解员工需要，积极满足他们的需要。生产取向的领导者强调工作技术和任务进度，关心工作目标的达成，不重视人的因素，把员工视为达成目标的工具。

费德勒的权变理论：团体绩效取决于领导者与情境因素间是否搭配。领导的有效性取决于员工导向与追随者、任务和组织三个变量之间的相互作用。环境中有三个权变维量影响着领导的效能：①领导者与下属的关系；②工作结构；③职权。

情境领导理论：领导风格的选择应视被领导者的成熟度而定。成熟度指个体对自己的行为负责任的能力与意愿，包括两方面的内容：工作成熟度和心理成熟度。不同成熟构型的员工，应采取不同形式的领导方式，以求得最佳绩效。

路径-目标理论：领导者的工作是利用结构、支持和报酬，建立有助于员工实现组织目标的工作环境。领导者的主要任务是帮助下属达到他们的目标，同时提供必要的指导或支持，以确保他们的目标可以和团体或组织的目标相互配合。

领导-成员交换理论：团体中，领导者在与下属相互关系、作用的早期，会私下里开始将下属区分为"自己人"与"外人"，从而围绕着领导者自己形成一个小圈子。圈内人与领导者有特殊的关系，受到领导者的格外重视，得到领导者的特别关注，也拥有较多的特权。

转换型领导：强调转换下属的能力和价值取向。具体可以体现在三个方面：①能够使追随者关注特定理想的重要性和价值；②帮助追随者从关注自己的利益转而关注团队和组织的利益；③使追随者转而追求更高水平的目标和动机。

【思考题】

1. 你最喜欢哪种(些)领导理论？它(们)对提升下属的绩效的指导意义如何？
2. 领导者作用的发挥受到哪些情境条件的影响甚至制约？
3. 领导理论的发展经历了怎样的脉络？你看到什么趋势？你对未来的领导理论的发展有什么看法？

15

冲突、压力与职业健康

饱食终日，无所用心，难矣哉！

——《论语·阳货篇第十七》

故天将降大任于斯人也，必先苦其心志，劳其筋骨，饿其体肤，空乏其身，行拂乱其所为，所以动心忍性，曾益其所不能。

——《孟子》

【内容概要】

学习冲突的概念、类型以及过程。
介绍压力的产生和后果。
了解应对压力的策略。
阐述工作耗竭与职业健康相关内容。

§1 冲　突

一、冲突的概念

冲突是指对立双方在资源匮乏时出现阻挠行为并被知觉到的矛盾。这个概念包括多层含义。其一，必须有对立的两方。其二，为取得资源(财产、地位、权力、工作、时间等)而发生阻挠行为。其三，只有当问题被知觉到时，才构成真正的冲突。由于知觉的特性，人们看到的冲突可能并非是真实的，而真正的冲突也可能并不会被知觉到。

由于冲突的定义多种多样，对冲突的性质也有不同看法。有人认为，冲突应仅限于有意的行为，即阻挠行为是预谋的。但当实际的行为引起矛盾时，无论它是否有意，实质上都已构成冲突。还有人认为，冲突应特指公开的行为，即只有产生外在的对抗，才构成冲突。然而，当出现观念上的对抗时，问题已经存在，外部行为只不过是冲突所采取的一种表现形式而已。看来两种意见都有道理，应视具体情形而论。

冲突究竟在组织或团体中扮演什么角色？或者它的作用和意义是什么？对此问题，人们的观念有一个经"传统观念"到"人类关系观念"再到现代的"交互作用"观念的演变过程。

传统观念(traditional view)认为所有的冲突都是不好的、有害的。从字面意义上说，冲突一词通常带有贬义，有很强的负性或消极色彩。因此，把冲突视为有破坏性的和应当避免的，合乎情理。

传统观念在 20 世纪三四十年代很流行。比如，霍桑研究发现：冲突的发生，原因在于团体内沟通不良，成员间缺乏坦诚与信任，管理者没有针对员工的需要与期望做出适当的响应。这就使人对冲突采取否定的态度。同时，由于找到了冲突产生的这些原因所在，合理的假设是，消除这些原因，冲突即可解决，绩效便可提高。虽然在此之后的研究对这种看法提出批评，但它却仍简明而易于被人接受。

人类关系观念(human relations)主要流行于 20 世纪 40 年代后期到 70 年代。这种观点认为：冲突是所有团体和组织中自然发生的现象；既然冲突总是不可避免的，那不如去接受它。不仅如此，这种观点还把冲突的存在合理化，认为冲突是不可随便消除的，因为在很多情况下它的存在甚至对团体绩效有所助益。

交互作用观念(interaction view)不仅接受冲突的存在，而且鼓励冲突的存在。其逻辑是：一个平静、和谐、合作的团体可能变得静止、冷漠，对变革和创新无动于衷。因此，这种理论主张，团队领导者应试图把团队维持在最小的冲突水平上，而不是完全消除冲突，以便保持团队活力，提高团队的自我反省力和创造力。

综合来看，把冲突视为绝对不好或绝对好的东西，都有失偏颇，既不恰当，也不明智。实际上，冲突有不同的类型，冲突究竟是好是坏，是否取舍，应视其类型性质而定。

二、良性冲突与恶性冲突

交互作用的观点虽然接受冲突甚至鼓励冲突，但并不是说所有的冲突都是好的。有些冲突可以支持团队目标和增进团队绩效，对团体是有益的，是良性的建设性的冲突。对这样的冲突，当然可以接受，也值得鼓励。但是，另一些冲突则会妨碍团队绩效，破坏团队的整体性，是有害的恶性冲突。这类冲突当然避免和杜绝。

接下来的问题就是，如何鉴别良性与恶性冲突呢？这个问题的解决对组织无疑有积极的价值。然而，不幸的是，良性与恶性冲突的区分至今仍不是十分清楚，或许良性或者恶性本来就不是绝对的。而且，究竟在多大程度上冲突可被接受，也很难确定。

一般较常用的区分标准是团队绩效。因为团队存在的目的在于目标的实现，因此，判定冲突的良性与否，应该着眼于整个团队而不是个人。当然，冲突对团队和个人的影响是相互关联的，个人知觉冲突存在的方式势必对团队有很大的影响。但当冲突对团队和对个人的影响不同时，应着眼于团队而不是个人。在评价冲突对团队的影响是否有益时，应该看其对团队绩效的作用，而不是以个人对该冲突有何看法为依据。也许某种冲突在某人看来是有害的，或者个人对冲突的结果不满意。但如果它对团队目标的实现有利，能够提高团体绩效，那么它就是良性的。

三、冲突的似是而非论

尽管有些冲突是良性的，对团队绩效是有利的，但仍然有人对冲突不以为然。这就是冲突所处的似非而是(conflict paradox)的境地。之所以会这样，原因在于：我们生活在一个充满传统观念的社会中，容忍冲突与我们的习惯背道而驰。在我们的社会中(包括西方国家)，强调与人和谐相处的重要性，各种文化教育的主要场所(如家庭、学校)培养的价值观均是反冲突的。传统的家庭强调父母的权威形象，父母总是对的，孩子们要顺从，亲子之间的冲突受到反对。在学校也是如此，老师代表权威；老师的观点总是对的，不容置疑的，否则就是叛逆。考试尤其体现了这种文化现象。考试是以老师的是非为标准的，学生必须遵循这个标准，别无选择。在大多数宗教里，也强调协调、平和，鼓励接纳而反对争执，主张冲突无益论。由于文化的作用，回避冲突也有其社会适应意义，也是必要的。

对冲突的价值的讨论是哲学化的，但这也的确提醒我们注意，如果把冲突的概念绝对化，所冒的风险或可能付出的代价，要比一分为二地看待它大得多。

四、冲突的过程

冲突的过程可分为四个阶段：潜在对立(potential opposition)阶段、认知与个人介入(cognition and personalization)阶段、行为(behavior)阶段、结果(outcomes)阶段。

1. 潜在对立

冲突的第一阶段是可能产生冲突的条件的酝酿时期。这时出现的情形并不一定导致冲突的发生，但却是冲突发生的必要条件。这些条件包括三类：沟通、结构、个人因素。

第一类条件是沟通。由沟通造成的冲突主要来自语言表达困难、误解、沟通渠道中的干扰等。一种一般的看法是：沟通不良是冲突的起因。于是，有人会说："如果我们能好好地沟通，就可以彼此消除误解。"然而，这种认识并不完全正确。沟通中的时间因素也是一个不可忽视的变量。有时，充分的沟通可以排解误会，但有时沟通也会因耗费时间、延误合作而导致误解。而且，沟通中语言使用不当，方式选择不当，结果会适得其反，妨碍沟通，造成冲突的潜在条件。更令人惊讶的是，研究表明：太多或太少的沟通，都会导致冲突的产生。

第二类条件是结构。这里所谓的"结构"有多层含义，包括团队的规模、分配给员工的工作的专门化程度、权限的明确程度、成员目标的一致性、领导风格、奖酬制度(其公正性)、团队间的相互依赖关系等。研究表明：团队越庞大，成员的工作越是专门化，引起冲突的可能性就越大；成员年纪越轻，人员流动率越高的团队，冲突的潜在性越大；组织中的各团队的目标越多，分歧的可能性越大，冲突的潜在性就越大。还有研究显示：领导风格越是独裁、苛刻，对员工的行为进行监督、控制，冲突的潜在可能性就越大。另一方面，过分追求参与化，也会引发较多的冲突，因为鼓励参与的同时也鼓励了个体化、多样化。最容易理解的是，如果奖励方法不公平，必然引起冲突。

第三类条件是个人因素。个人因素包括个人的价值系统以及可以突出显示个人特性和个体差异的性格。有研究表明：某些性格容易引发冲突，如高权威性、过于独断、低自尊等。值得注意的是，在研究社会冲突时，最重要也最容易被忽视的因素，就是个人价值体系的差异。偏见的产生、团队中的意见分歧、个人的不公平感等，若用个体价值观的差异来解释是最恰当的。比如，你认为这本书是有价值的，而别人却认为它毫无用处；你觉得这样分配不公平，上级却觉得这是恰当的……这些分歧都源自价值观的差异，可见个人价值观的差异与冲突存在重要的联系。

2. 认知与个人介入

随着第一阶段的各种潜在条件的具备、不断恶化、引起挫折并被人知觉，冲突便产生了。这里强调知觉的必要性，正如在定义中所指出的一样。也就是说，冲突的产生需要至少有一方知觉到冲突前提的存在。当然只是知觉还不能表示个人已介入其中，还需有情绪的卷入，即人们确实体验到焦虑、紧张甚至挫折感。比如，你和一位好朋友聊天，言谈中可能双方会有观点上的分歧，但这并不必然意味着你们之间发生了冲突。虽然你们知觉到这种分歧，但也许你们都不在乎，一笑置之。只有当一方固执己见，对对方所提的意见、不接纳自己的方式感到不满，对由于自己的意见不能被赞同而感到失望，甚至引起强烈的愤怒时，才可谓冲突。

3. 行为

当一个人采取行动以阻挠他人实现目标、获取利益时，便进入了冲突的第三个阶段——冲突采取了外显的对抗形式。外在冲突可以有各种形式，从最温和的、间接的言语对抗，到直接的攻击甚至失去控制的抗争或暴力。如学生对老师的质询，工人的罢工、种族之间的战争，都是冲突的外显形式。

这一时期也是大多数处理冲突的方式开始出现的时候。一旦冲突表面化，双方会寻找各种处理冲突的方法。有学者认为，处理冲突一般从两个维度上考虑方法的选择。一个是合作性(cooperativeness)维度，指某一方愿意满足对方需要的程度。另一个是坚持性(assertiveness)维度，指某一方坚持满足自己的需要的程度。大致来说，两个维度上的不同程度的表现可以产生五种处理方式(图15-1)：

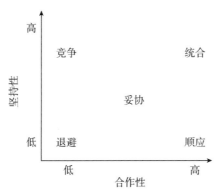

图15-1　冲突的处理方式

竞争(competition)：当一方只追求自己的目标，只顾自己的利益而不顾给对方造成的影响时，其处理冲突的行为模式叫作"竞争"。在正式团队中，非赢即输的生存竞争常导致只追求自己利益的满足。

统合(collaboration)：也称"合作"，当双方都希望满足对方的需要时，便会合作寻求对双方都有利的解决方式。这时，双方都着眼于问题，澄清彼此的问题，求同存异，而不是简单地顺应对方的观点。

退避(avoidance)：也称"回避"，当发生冲突时，采取漠不关心的态度或逃避外显的争执和对抗的行为，即为"退避"。与他人保持距离、划清界限、固守领域，也是退避的行为；如果无法采取退缩的行为，还可以压抑、掩饰存在的差异。有时，压抑可能比退缩要好一些，尤其当团队成员之间存在相互依赖、交互作用的关系时。

顺应(accommodation)：当一方以把对方利益置于自己利益之上的方式来满足对方需要时，便是"顺应"(也称"接纳")。显然，为了维持彼此的关系，一方做出了自我牺牲。

妥协(compromise)：冲突双方都必须放弃部分利益，以便在一定程度上满足对方部分需要，便是"妥协"。这时，谈不上谁是赢者谁是输者，双方都付出代价，也都有所得。

没有哪种处理方法适用于所有的冲突。选取何种处理方式来解决冲突要看具体的冲突情境。值得一提的是，每个人都有自己独特的处理冲突的方式或潜在倾向，而且这种方式是相对固定的。因此，不难理解为什么一个人并不能在任何时候都显得那么善于应对冲突而万无一失。

4. 结果

当采取措施处理外显冲突时，就会产生一些结果。这些结果可能是良性的，即促进团队绩效，也可能是恶性的，会对团队绩效造成损害。

良性结果的概念也许不容易被人们理解：既然有了外显的冲突，又如何会促进团体绩效呢?然而，确有研究表明：冲突可以增进决策质量，激发创造力，鼓励成员的兴趣和好奇心；冲突也是挖掘问题和情绪宣泄的良好媒介；同时，冲突也提供了一个自我评价与改善的机会。还有研究发现：当决策时，一定的分歧、冲突，有利于发掘各种不同的方案，扩大可能性，从而提高决策质量。此外，冲突可以打破团队沉思的僵局，防止出现不周全的决策，对现状提出挑战，增加革新的可能性，甚至直接提高生产力。

当然，冲突也会导致恶性结果。冲突可能导致团队中充斥紧张气氛，成员不满的情绪不断恶性膨胀，团体陷入失控的对立状态，濒于瓦解。这时，绩效更是无从谈起。这些可能出现的恶性结果早已为人熟知。

实践专栏　　消除冲突的代价

罗斯·佩罗(H. Ross Perot)性格开朗、直率，20世纪60年代白手起家创立了电子数据系统(Electronic Data System，EDS)公司，很快成为亿万富翁。1984年，他以25亿美元把EDS公司卖给通用汽车公司(GM)，并立刻成为GM最大的股东和董事。

GM之所以购并EDS，是想改善内部运作的协调性。EDS的人才与经验足以统合GM庞大的信息系统，以协助GM在自动化生产方面领先世界。GM总裁罗杰·史密斯同时希望借重佩罗的管理才干，使GM笨重的层级组织能与日本公司做一番较量。

不幸的是，两者的结合并不愉快。佩罗在GM看到问题时，总是一吐为快。更令他失望的是，GM面对竞争反应速度极慢。佩罗曾感慨："EDS一发现毒蛇，立刻会予以捕杀。而在GM，发现毒蛇后，你必须先请一位毒蛇专家来担任顾问，接着成立一个毒蛇委员会，然后再以数年的时间去讨论对策。在GM，一辆新车从绘图设计到展示，足足要花四年的光阴。老天爷！美国打赢第二次世界大战也没有花那么多时间！再说，在

GM，工作的压力不在于获得工作成果，而在于臣服层级体系的官僚制度。你能够爬上高位，不是因为功绩斐然，而是因为你不曾犯错！"

佩罗的评论并非无中生有。GM曾有着极为僵化的层级组织，传统包袱沉重，这使它无法及时顺应汽车市场的变化。例如，从1976年至1986年，其市场占有率从47%跌落到36%。GM不愿意改变它在20世纪20年代起就树立的作风，何况这种作风的确使它在20世纪70年代早期风光过一阵。

史密斯希望佩罗在GM内部起到改革的带头作用，事实上佩罗也努力去做了。佩罗大事批评许多GM长年维系的管理事务，颇使一些老员工不满。佩罗曾到工厂同员工讨论各种新建议，甚至以匿名的方式到GM的汽车经销商查访服务质量。到了1986年夏天，史密斯显然听到太多的GM员工的抱怨。为了使佩罗闭嘴并离开董事会，史密斯同意以两倍于市场的价格收购佩罗手中的股份，总计约7.5亿美元——为了消除冲突，GM认为值得花这样的代价，而不管这种冲突究竟是有益还是有害。

五、团际冲突

1. 影响团际关系的因素

影响团际关系的一个主要因素是协调性(coordination)，同时又有许多因素影响着团际协调性。

(1) 相互依赖性。团际关系是否需要协调，首先需要了解它们之间的关系是不是相互依赖的，以及依赖的程度有多大。一般来说，依赖的形式有三种：联合式(pooled)、序列式(sequential)、互惠式(reciprocal)。不同形式的团队之间的交互作用程度是不同的。

当两个团队只有以联合形式工作所产生的结果才对整体组织有贡献时，它们的关系是联合式的。比如产品的生产部门和宣传部门，在这种关系下，两个部门仍相对独立地运作，地位平等，它们相互之间的协调相对较少。

当两个团队中的一个团队以另一个团体的工作结果为自己工作的前提时，它们的关系是序列式的。比如，采购部门和生产部门，后者需要前者提供原材料，否则无法正常工作，这就存在一种单向的依赖关系，需要两个部门的较多的合作。

最复杂的关系要数互惠式关系。这时两个团队互相交换投入与产出。比如，业务部和开发部便是互惠关系。业务部争取客户订单，而开发部开发新产品。业务部的工作推动开发部的工作，开发部的工作为业务部的工作创造条件、打开局面。两个部门依赖程度较高，交互作用强，因此要求的协调工作也较多。

(2) 工作的不确定性。团体的工作从高度常规性到非常规性,有程度上的不同。高度常规性的工作变化性很小,具有标准化的程序。相反,非常规性工作没有清晰明确或固定的结构,充满许多例外的活动或难于分析应付的不规范问题。

所谓工作的不确定性,是指工作具有高度的非常规性,随时可能遇到变化和新问题,需要较多的信息咨询和处理。

(3) 时间与目标取向。团际之间的协调还取决于各团体的背景和看待问题的方式。由于不同的团体依据自己的时间取向和目标取向来看待问题、处理工作,它们之间的协调就可能发生困难。比如,生产、销售部门通常把眼光盯在每日、每周的短期目标上,随时控制自己的工作进度,而研制、开发部门则把眼光放在长期战略上,甚至不惜眼下的代价或损失。因此,这两者之间就常常发生矛盾,协调起来就相当困难。

2. 团际关系的管理

有许多方法可以用来协调团际关系,其中有七种较为主要的方法,这七种方法依其成本由低至高按序介绍如下:

(1) 规章与程度。最简便且成本最低的团际关系管理法,是指建立一套正式的规章与程序,以此规范各团队间的交互作用。这些制度可以使部门间的影响与信息流动程度降到最低,从而简化团际关系。这种方法的缺点是,只能应付那些常规性的、可预见的团际活动。但是,这些活动通常具有较高的重复率,因此值得制定一套规则。

(2) 层级制度。组织本身的层级制度是控制、管理团际冲突的方法之一。为了管理团际关系,可以把问题上交到高层管理部门处理,达到协调下层团队的目的。当然,这种做法是以增加上级管理部门的工作负担为代价的。如果下级所有的团际问题都要上交,管理部门的负担可想而知。

(3) 规划。可以利用规划达到协调团际关系的目的。如果各工作团队有具体的目标,能够明确自己的工作内容,各依其道而行事,团际关系随之明朗化,团际摩擦也会相应减少。

(4) 联络人。联络人是指促进团际沟通的专门角色。这个角色通常熟悉两个部门的工作,能预见可能的问题,且具有解决问题的丰富经验,从而起到协调各部门的作用。

(5) 任务小组。所谓任务小组,是指为了解决问题由各部门代表组成的临时团队,负责协调团际关系,一旦问题解决,该小组自行解散。这种方式最适合解决多个团队间的关系问题。比如,当研讨推出新产品的问题时,可以召集研发、供应、生产、销售、运输各部门的代表参与决策,对新方案达成共识,使各部门能协调一致地行动。

(6) 团队。一旦工作越来越复杂,工作中的意外问题不断增加,以前的策略失效,做决策越来越耗费时间,沟通系统越来越庞杂,高层管理者的负担越来越重,因此需要有专门的、长久性的团队针对问题展开工作。在组成形式上,团队与任务小组相似,但在规模、存在的时间、工作的复杂度上，与任务小组有别。

(7) 整合性部门。这是一种长久存在的专门机构，负责处理最复杂的问题，协调团际关系。这种部门所需费用较高，通常只用于庞大且团队较多的组织，或是针对某些特殊的棘手问题而组建。

讨论团际关系的管理方法时，一个重要依据是团际效能，而效能又以效率与质量为指标。所谓效率，是指在消除团际冲突、采取各团队均可接受的行动时，组织所花费的代价或成本(以上七种方法正是从低到高反映了协调团际关系的成本)。质量是指所采取的方法能在多大程度上奏效。概括起来说，在管理团际关系时，既要考虑协调的必要性，也要权衡协调的代价和可能的质量，盲目决策可能事倍功半。

§2 压 力

一、压力源

随着社会的发展以及竞争的激化，组织中员工的工作压力(job stress)越来越受到管理者以及研究者的关注。压力是普遍存在的，其产生受诸多因素的影响，有多方面的来源。导致压力产生的因素就是压力源。从整体上来看，压力源可以分为三大类：环境因素、组织因素、个人因素。

(1) 环境因素包括经济环境、社会环境以及技术环境。低迷的经济环境、限制性的政策或者高速发展的技术都可能给个人带来压力。这不难理解，萎靡不振的商业市场或者限制性的政策可能带来工资下降、福利减少、晋升甚至生存困难等负面结果，甚至使个体面临被裁员的威胁；而技术的快速更新迭代则要求个体不断地进行学习，以更新自身的技术、增加知识储备来适应环境的需要，否则就可能会被淘汰，这无疑也会为个人带来不小的压力。

(2) 组织因素包括任务要求、工作的角色要求、组织中的人际关系、上级的领导方式以及组织发展等方面。超负荷的工作量，情绪劳动，同事间的矛盾，频繁、快速甚至剧烈的组织变革等，都可能为个体带来压力，而来自这些方面的压力也会更为直接地影响员工日常的情绪、行为以及工作绩效。

(3) 个人因素则包括家庭问题、经济状况以及人格特点。家庭生活不和谐或者经济上入不敷出，都可能使个体感受到很大的压力。另外，某些人格特点也被证实与压力有关。例如，A 型人格的人由于长期处于紧张的生活和工作节奏中，因此相较于其他人来说，他们更容易感受到压力；完美主义的人往往由于过分追求完美而在无形之中给自己带来很多不必要的压力。

也有人从另一个角度将压力源分为四大类：时间压力源、情境性压力源、冲突性压力源、预期性压力源。

1. 时间压力源

时间压力源可以理解为：要做的事太多而时间却很少，从而导致压力。任务过载和缺乏时间是时间压力最大的来源。特别是对于管理者来说，时间压力源是最普遍且最主要的压力源。在日常工作中，管理者需要处理大大小小的事务，当不同任务的完成时间存在冲突而自己在协调时间上存在困难时，难免会感受到压力。

2. 情境性压力源

情境性压力源是指个体工作、生活的环境或者周围环境所带来的压力，其中以令人不适的工作环境最为常见，例如高压的政策、不公平的制度、频繁而不合理的考核方法等。迅速地变革，特别是工作、生活的剧烈变化，例如单位或家庭搬迁、组织机构重组、市场下行可能导致的裁员等，也会为个体带来巨大的压力。

3. 冲突性压力源

冲突性压力源又可以分为角色冲突、问题冲突和交往冲突。角色冲突指的是个体担任的各种角色互不相容时产生的冲突；问题冲突是指对如何达成某个目标或者解决某个问题持不同意见时产生的冲突；交往冲突则是指个人与他人之间相互对抗，无法很好地相处时产生的冲突。

4. 预期性压力源

预期性压力源则是预感到会发生令人不适的事件以及潜在的威胁所产生的压力。这类压力源和上述几种有所不同，它是尚未发生的，但是却被个体认为是潜在的、将要发生的，且事件的发生会给自己带来负性结果。例如，公司合并造成组织结构、人员的调整时，工作绩效不佳的员工由于担心自己会因此被"解雇"而产生压力感，这就是预期性压力源。

二、压力感

压力源可能为个体带来压力感，但并非绝对。工作压力感指人们对于工作压力的心理感受。一个人承受压力的能力与他对压力的看法紧密相关。某一环境因素对一个人来说可能极具压力，但对于另一个人来说则可能无关紧要。例如，对于因工作失误引发领导的批评这件事，有的人会感到非常紧张和沮丧，进而感到压力，但有的人则认为这是理所当然的、正常的，以后努力改进就是了。员工感受到的工作压力是其认知评价的结果和情感载荷的表达(图15-2)。

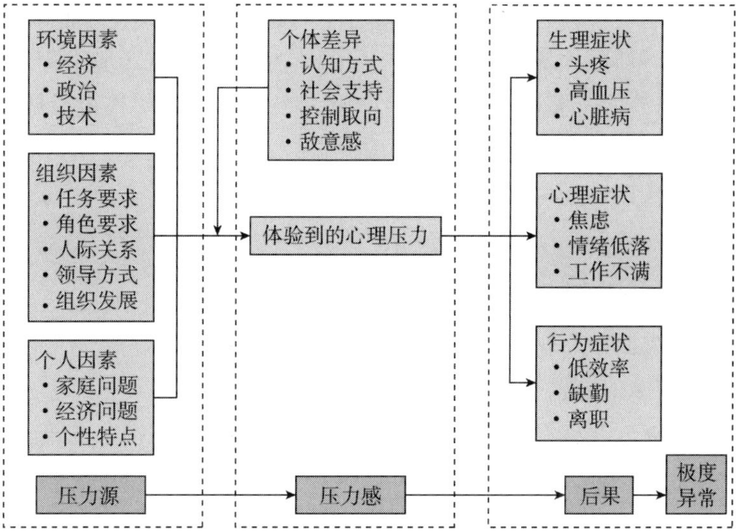

图 15-2 压力源、压力感及后果关系图

研究指出,工作压力感可分为三类,包括工作失控感、时间紧迫感和信息匮乏感。工作失控感是指由于感到无法应付工作的挑战和负荷而造成的压力感;时间紧迫感是由于感到难以在有限的时间内完成工作造成的压力感;信息匮乏感是指由于工作中存在较多的模糊性,导致工作中的不确定感,从而带来的压力感。

面对同样的压力情境,不同的人的反应敏感性不同。有的人容易过度反应,有的人则可能认为这并没有给自己带来压力。因此,压力感的产生以及压力感程度的关键在于主观上的"压力感",而非客观上的"压力源"。

三、压力应对策略

当有压力源存在,并且压力源带来了压力感的时候,就会形成压力,也叫"应激"。压力可能带来一系列不良症状,包括:①生理症状,如心率加快、头痛不止、精神衰弱;②心理症状,如产生焦虑感和紧张感、对工作目的感到疑惑、终日处于急躁状态、注意力难以集中、记忆力下降等;③行为症状,如失眠、工作效率下降、缺勤和离职等。

应对压力旨在降低或消除压力带来的负面影响。为了达到这一目的,可以从压力源着手,也可以在压力产生过程中进行干预。有人建议将压力应对策略根据其干预角度和效果分为三类。

1. 创造性策略

从根源上消除或削弱压力源，创造一个没有压力的新环境。这是一种根本性或持久性的策略，它强调"创造"新的、无压力的环境，而不是仅仅对现有环境进行"反应"。比如，可以通过有效的时间管理来消除时间压力源；通过推行组织中的工作再设计的方法来消除情境性压力源；通过提高自身的协作能力和人际交往能力来消除冲突性压力源；通过科学的目标设置的方法来消除预期性压力源。

2. 积极行动策略

通过增加自身的韧性(resilience，也称"回复力"或"弹力")来提高全面的压力处理能力。加强锻炼、规律饮食、合理作息可以帮助提高生理韧性。而提高个人心理素质，加强心理弹力，例如增强自信、乐观，则更为关键。

通过改造自我的方式来提高处理压力的能力无疑是一种相对持久的策略，这在压力源本身无法彻底根除时，是一种尤其重要的自我依赖的应对方法。

3. 被动反应策略

当需要立即应对压力时，我们可以采用一些短期对付压力源的技巧暂时缓解压力，例如现场解压疗法。如调理呼吸、打坐、冥想、从事音乐或艺术活动、锻炼、睡眠或休息、旅游、疗养，甚至服用药物，都是常见的应对方法。

上述几种策略的使用顺序也很关键。应该按照上述顺序，优先采用创造性策略从根源上彻底消除压力源，最后不得已时才采用被动的反应策略临时应付。但不幸的是，面对压力时，大多数人会首先应用被动反应策略来应对，因为这类方法见效很快，但这也很容易导致恶性循环。而积极行动策略的运用往往需要付出更多的努力，不能立即得到回报，因此很容易被人们忽视，但这类策略的效果才会更持久。

四、正视压力

尽管压力可能带来各种负性结果，但是我们也应当明确：压力也可能是有益的、积极的。根据耶克斯-道森法则(Yerkes-Dodson Law)：当压力较小时，由于工作缺乏挑战性，人处于松懈状态，工作效率往往不高。这就是人们常说的"人无压力轻飘飘"。随着压力逐渐增大，压力成为一种动力，激励人们努力工作，人们的工作效率也将逐步提高。但是当压力超过了人的最大承受能力之后，压力就成了阻力，效率也随之降低。由此可见，适度的工作压力可以使人产生向上的动力，激发个人潜能；而缺少压力，也许会让人产生单调、厌倦和乏味的感觉。

工作压力具有"过犹不及"的特点。没有不行，过头了也不行。工作压力太大，人们受不了，但压力太小甚至没有压力，也是不行的。科学的压力管理并不是要在绝对意义上"消灭压力"，而是要把它控制在合理的范围内。因此，不管是对于组织及其管理者，还是组织中的员工来说，如何正确地认识、应对、管理工作压力，便显得十分重要了。

> **实践专栏**　经理人的工作压力
>
> 　　联想集团总裁杨元庆曾在接受某媒体采访时被问道："你为哪些事情担忧？"他的回答是："几乎所有的事情。"杨元庆说："我做过很多焦虑的梦。都是公司日常管理中经常出现的一些紧急情况。有客户在抱怨我们不能满足需求、零部件短缺……我经常醒来，有时候整夜不眠。"这就是人处于高度工作压力下的状态。压力源来自工作的方方面面，而压力感使人焦虑担忧，生怕工作中的问题得不到解决，后果是失眠、无限度的紧张，最终可能导致工作耗竭。
>
> 　　2004年年底，联想公司宣布收购IBM的个人电脑业务，这在当时被人称为"蛇吞大象"，人们普遍认为联想公司以小吃大。当时的联想公司员工不足万人，而要"吞"下IBM庞大的国际化的个人电脑业务，有人担心联想集团可能"消化不良"。这种担心不无道理。为了能成功地收购并驾驭IBM的个人电脑业务，联想公司做了长期准备，包括在管理架构、制度、运营、组织文化、人力资源等方面进行调整和转型。但即便如此，收购后的企业管理和运营仍是问题多多、困难重重，最终能否成功，对当时的每位高管而言都是挑战。而这种挑战无疑是巨大的压力。

§3　工作耗竭与职业健康

　　长期处于高工作压力(应激)状态下的一个后果就是工作耗竭(job burnout)，也有译作职业倦怠、职业衰竭或职业枯竭的。一旦陷入工作耗竭状态，个体的职业健康就会受到损害，严重的可能导致个体无法工作甚至生理健康受到影响。

一、工作耗竭

1. 基本概念

　　工作耗竭(感)指在工作重压下产生的一种身心疲惫的状态，一种厌倦工作的感受，一种身心能量被工作耗尽的感觉。它是工作压力带来的较为严重、极端的后果。长期处于应激状态下的个体极其容易产生工作耗竭。这时，个体可供调动的资源已经匮乏，因此常常感觉到无助和疲惫、情绪低沉、创造力衰竭、价值感降低，并且容易对人或事产生极度不满。工作耗竭不同于身体上的疲倦劳累，它是心理上感觉到的疲惫，但是身体感觉疲惫和沉重却是工作耗竭的症状与后果之一。

工作耗竭的概念最早由美国临床心理学家弗洛登伯格(Herbert J. Freudenberger)提出。后来，马斯拉克(Christina Maslach)等人经过深入研究，提出了被广为接受的工作耗竭的三个维度：情绪衰竭(exhaustion)、玩世不恭(cynicism)、无能力感(inefficacy)。

情绪衰竭指没有活力，感到自己的感情处于极度疲劳的状态，这是工作耗竭的核心维度，也是最明显的症状表现。当人们认为自己或者他人工作耗竭时，其大部分的体验都来自情绪衰竭。

玩世不恭是指个体处于去人性化状态，开始怀疑工作的意义，并刻意在自身与工作、工作对象间保持一定的距离，对工作对象和环境采取冷漠、忽视的态度。

无能力感是指个体对自身持有负面的评价，常倾向于消极地评价自己，并伴有工作能力体验和成就体验的下降，出现自我效能低落或无力感。

工作耗竭的三个维度是密切联系的，假如仅仅聚焦于三个维度中的某一个，而忽略了其他两个维度，则不能完整地、准确地认识工作耗竭。

2. 影响因素

研究表明，某些个人因素与工作耗竭感有显著的联系。例如，年轻的员工更容易经历工作耗竭。由于工作经验会受到年龄的影响，员工应对工作的知识和能力有限，容易在工作中遇到较多困难或不适，因此，在职业生涯的早期更可能经历工作耗竭。性别对于工作耗竭的影响还没有定论，一些研究发现，女性似乎更容易产生工作耗竭，但是另一些研究却得到了相反的结果——男性更容易工作耗竭，或者两性的工作耗竭无显著差别。这也可能和具体从事什么岗位的工作有关。例如，有些工作更多要求社交关系导向，而有些工作可能侧重竞争挑战导向，不同导向对不同性别的员工有不同的要求。在人格特征中，外控者比内控者更容易工作耗竭；A型人格的人由于长期具有时间紧迫感、竞争感和敌意，因此也更容易体验到工作耗竭。

除了个人因素外，情境因素对工作耗竭也会产生重要影响。众多研究表明，职业特征会影响工作耗竭，服务业从业人员、临床医护人员、教师等对个人情感要求较高的职业，相较于其他职业来说更容易在工作过程中产生工作耗竭，尤其是情绪耗竭。组织因素带来的影响也不容忽视。组织为员工提供的资源、组织制定的规章制度等会影响、塑造员工对自己所从事工作的认知、情绪。当员工的认知、情绪出问题时，例如对资源匮乏或分配不公、制度制定不合理等产生严重不满，积怨长久，就可能致使产生工作耗竭。另外，工作特征，例如工作要求过多、工作负荷大、角色冲突等，也被证明是可能导致工作耗竭的因素。

二、职业健康

工作耗竭会给个体带来很多负面结果，包括工作绩效降低、缺勤、离职倾向或离职行为、药物滥用，甚至是更为严重的自杀、猝死。由此可见，工作耗竭会严重危害个体的职业健康，因此应当引起我们的高度重视。

缓解或者消除工作耗竭可能带来的不良后果，需要对工作耗竭进行干预。干预可以是预防产生工作耗竭，或者是应对已经产生的工作耗竭。干预方法则可以采用个人导向、组织导向或者两者相结合的方法。

从员工个体角度出发，有一些被证明有效的方法可以预防或应对工作耗竭，保持职业健康：

(1) 加强身体锻炼。制订锻炼计划并定期进行锻炼有助于保持健康的体魄，使员工在工作中保持充沛的精力，体验到更少的疲惫感。同时，锻炼可以帮助个体释放压力，减轻压力带来的危害。

(2) 放松。保持充足的睡眠，维持工作与生活的平衡，通过适当的休闲娱乐活动来放松身心。

(3) 人际交往。学会找人倾诉、提高人际交往技能。与他人保持良好的人际关系能够使人们在工作中遇到不愉快的事或者困难时，及时获得来自家人和朋友的社会支持。

(4) 进行压力管理。有效地压力管理策略可以从源头抑制压力的产生，或者在压力产生之后，正确地认识并应对压力。

(5) 积极心理资本。提高自我效能感，相信自己有能力处理遇到的问题；增强韧性，能够迅速恢复心力；保持乐观，对失败进行外部归因；充满希望，计划未来并憧憬未来，相信好的结果总会到来。

有研究认为，情境因素在工作耗竭中扮演着比个人因素更重要的角色。尽管工作耗竭是一种个人体验，它更为直接的是对员工本身造成影响。但毋庸置疑，员工职业健康受损必将间接地使企业蒙受损失。因此，针对员工的职业健康问题，企业也应有相应的测评、预警、干预、修复手段。

企业可以通过对员工的压力、工作耗竭进行测评来监控员工的职业健康，识别那些已存在或可能出现压力、工作耗竭的员工，针对不同的个体情况及时采取相应措施防止情况进一步恶化。员工一天中的大部分时间都处于工作状态，连续工作容易使员工无法集中精力，产生厌倦的情绪，因此，有条件的企业可以设立健身房、休息室，提供可供员工锻炼、娱乐的空间，使员工能够在其中得到放松。一些企业设立了专门的职业健康管理室、员工帮助计划(EAP)，为员工提供免费的心理咨询和心理辅导，通过这样的方式帮助员工进行压力管理，引导员工用积极的方式应对工作中遇到的问题。

【本章知识要点】

冲突：指对立双方在资源匮乏时出现阻挠行为并被知觉到的矛盾。

冲突的过程：可分为潜在对立阶段、认知与个人介入阶段、行为阶段和结果阶段。

处理冲突的方法：处理冲突一般从合作性、坚持性两个维度考虑选择的方法。两个维度上的不同程度的表现可以产生五种处理方式，包括竞争、统合、退避、顺应、妥协。

时间压力源：要做的事太多而时间却很少，从而导致压力。任务过载和缺乏时间是时间压力最大的来源。

情境性压力源：指个体工作、生活的环境或者周围的环境所带来的压力。

冲突性压力源：包括角色冲突、问题冲突和交往冲突。

预期性压力源：预感到会发生令人不适的事件及其潜在的威胁所产生的压力。

工作压力感：指人们对于工作压力的心理感受，可分为三类，包括工作失控感、时间紧迫感和信息匮乏感。员工感受到的工作压力是其认知评价的结果和情感载荷的表达。

工作耗竭(感)：指在工作重压下产生的一种身心疲惫的状态，一种厌倦工作的感受，一种身心能量被工作耗尽的感觉，包括情绪衰竭、玩世不恭、无能力感三个维度。它是工作压力带来的较为严重、极端的后果。

【思考题】

1. 工作压力有哪些类型和来源？如何正确认识和有效应对工作压力？
2. 什么是工作耗竭？有哪些维度？如何应对工作耗竭、维护职业健康？
3. 如何考察不同压力水平对工作绩效和职业健康的影响？

16

组织结构及组织与员工的互动

不学礼，无以立。

——《论语·季氏篇第十六》

不以规矩，不能成方圆。

——《孟子·离娄章句上》

【内容概要】

阐述组织结构要素。
介绍组织结构的分类。
剖析组织结构的决定因素。
说明组织影响的合法领域。
分析组织与员工的行为互动。

§1 组织结构的概念

组织结构使员工处于组织的不同位置上。这种关系会影响员工的工作满意度，影响组织行为。因此，研究组织结构是十分必要的。

组织结构包括三个要素：①复杂性(complexity)是指任务分工的层次、细致程度；②规范性(formalization)是指使用规则和标准处理方式以规范工作行为的程度；③集权度

(centralization)是指决策权的集中程度。这三个要素可以构成三个描述性维度,把它们结合起来,便可以说明一个组织的结构面貌。举例来说,美国国防部就是一个结构极为严密、固化的组织。组织内部有许多专业分工的部门,从最高管理层到一般工作人员之间,有许多层级;员工必须遵守无以计数的规定,决策权层层分布、层层负责,形成复杂的网络。这是一种极端。在另一个极端,组织结构松散,分工部门少,管理层级也很少,没有繁多的工作规定,决策过程、方式也较简单。这两种极端结构形成了鲜明对照。不过,现实中,大多数组织的结构形态介乎这两者之间。我们关心的是,这些不同形态的结构会对员工的行为、态度,对组织的绩效有什么影响。

实践专栏　　IBM 研究中心

IBM 公司是 20 世纪信息处理设备尤其是计算机制造业的巨头,被称为蓝色巨人(Big Blue)。IBM 于 20 世纪 90 年代中期在中国成立其研究中心,当时定编大约是 100 人左右,从事具有长期应用价值的深度研究,为此 IBM 招聘相关领域的顶尖优秀人才,特别是应届毕业生(本科生、研究生)。

为了适应研究中心特殊的任务形态(基于复杂的脑力劳动进行开放式的创意研究)和组织文化(需要比较自由奔放的行为风格和不拘一格的处事方式),研究中心采用了非常简约的组织结构:行政层级只有三层,即研究中心主任、各个开发团队的团队主管、每个团队的研发人员。虽然研究技术人员可以因能力和业绩在技术级别上提升,但行政管理上只有三层。不仅如此,在物理结构上也支持这种简约的组织设计:研究中心主任和所有研发人员在同一个开放的办公区办公,使用的桌椅都是统一规格的,以此彰显地位平等。

之所以这样设计组织结构,是因为要营造平等的组织氛围,通过扁平化的结构压缩沟通路径,去行政化,促进平等沟通,因为这里的每一个普通的员工都是极不寻常的优秀人才。对这些人实施管理,很重要的一点就是要抬高普通员工的地位感,使他们能更有主人翁的感觉,实施自律和自主管理,因为这些优秀的人才根本就是"无须扬鞭自奋蹄"的,他们比任何人都渴望追求卓越。对于这样的人,行政约束越少越好,实行放权管理,组织结构自然就大大简化。

一、复杂性

组织结构的复杂度有三个表现形式:水平分化、垂直分化、空间分化。

1. 水平分化

水平分化(horizontal differentiation)是指部门横向分工的细致程度。水平分工越多，表明组织越需要拥有各种专业知识与技能的人才，分化度也就越高。这种组织具备各种专业部门，所以能处理精细的工作，但横向协调比较困难。

2. 垂直分化

垂直分化(vertical differentiation)是指组织层级的深度或阶数。从最高管理层到最低作业层之间的层级越多，结构就越复杂。复杂的垂直分化适合庞大的组织，以便适当分权，但高层与低层间相对隔离，也造成信息沟通上的困难，容易产生信息歪曲、失真。为了克服这个问题，有些知识技术密集型的企业会采取强制压缩行政层级的结构设计，例如从普通员工到最高管理层不超过五层。

3. 空间分化

空间分化(spatial differentiation)指组织的实体设施在地理上的分散程度。比如跨国公司的空间分化就极高。当空间分化度增大时，组织各部门之间沟通、协调、控制的难度都会加大。

二、规范化

规范化指组织中的工作是否标准化。越是标准化的工作，从事该工作的人员对于该做什么、怎样做、什么时候做就越明确。越需照章行事，自己做主的余地就越小。组织的正规化通常以文字的形式明确下来，并要求所有员工都了解这些书面规范。规范化的好处是，大大降低了"人治"的差异和风险，无论什么人来到一个岗位，都按规范行事，这使得不同人能像同一个人一样工作。可以说，规范化是大机器、大规模生产的一个标志性特征和属性。但它也有副作用。这些标准化规范不仅降低了员工从事其他工作行为的可能性，甚至员工也不必去思考是否有其他形式的工作可选择或替代。这种情形无疑会影响到员工对工作的态度和工作满意程度。

当然，不同组织，规范化的程度不同，即使同一组织内部，不同部门或职务，规范化的程度也可以不同。

三、集权度

集权度是指组织中权力分散或集中的程度，也就是指权力分配的方式。不同组织权力分配方式不同，有的采用高度集权制，高层管理者决定一切，其他人只是奉命行事；有的组织则将决策权分散给各个职能部门的管理者，也称分权制。

集权度只针对组织中的正式权力而言。在集权制中，高层管理者垄断决策权，但也要对决策负责，决策风险大。这在某些情形下是必要的。但集权也会带来问题，下属因没有参与权，一来有不满情绪，二来养成漠不关心的习惯。在分权制中，决策迅速，处理问题及时。在这种参与形态下，一方面上层主管可以获得更多的信息；另一方面，员工不会感到与管理阶层的强烈对比和疏离，可培养参与意识和主人翁态度。

§2 组织结构的分类

组织结构的复杂性、规范化和集权度的概念相对来说比较抽象。根据组织的实际形态，可以进行一些大致的分类，从而使人能够比较容易地把握组织结构。

一、机械式与有机式结构

一般来说，任何组织的结构都可以从层级关系模式上划分为机械式结构和有机式结构（图 16-1）。机械式结构(mechanistic structure)的特点是：高度复杂化(尤其是水平分化程度高)，高度正规化，规定性的信息网络(通常为下行沟通)，低层人员参与决策较少。对照而言，有机式结构(organic structure)的特点是：复杂度与规范度较低，信息网络四通八达、渠道畅通，有较多的各层人员参与决策。在机械结构中，构造形态规范严谨，依靠正式职权和界定明确的层级来协调组织中的各种活动；而在有机结构中，组织较富于弹性和调适能力，可以凭借频繁的沟通来协调各种活动。

以上两种结构具有典型性，虽然组织中的结构并不这么单纯，但它们却是颇具代表性的。比如，科室结构和专案结构就分别是机械结构和有机结构的具体表现形式。

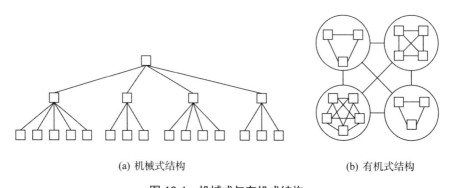

(a) 机械式结构　　　　　　　　(b) 有机式结构

图 16-1　机械式与有机式结构

1. 科室结构

科室结构(bureaucracy)也可以叫作科层制或官僚制，常常被人们与许多代表低效率的属性相提并论，诸如官僚气息、踢皮球、僵化死板、无变通、缺乏工作热情等。不过，我们在这里提到的"科室结构"术语，并不包含特别的贬义，而是一种纯粹的组织结构形态。德国社会学家马克斯·韦伯曾对这种结构的特点做了如下阐述：

(1) 分工细致：每个人的工作都设计成简单、例行度高且定义清楚的任务，就好像俗话说的"一个萝卜一个坑"。

(2) 职权层级清楚严谨：结构由多层的职位阶层构成，低职位受到高职位的监督控制。

(3) 高度正规化：为了确保工作品质的整齐性，有效管制员工的在职行为，制定许多规定与处理程序，供员工遵循。

(4) 不讲人情：各种事务的处理一板一眼，不徇私情，避免受到个人好恶及性格的影响。

(5) 实施论资历、论贡献的任用晋升制：甄选与晋升以个人的技术能力和在职绩效为依据。

(6) 在组织内可谋求终身发展：组织希望员工能在组织内谋求发展，而组织为了回报员工的忠诚，实行终身雇佣制。换句话说，即使员工的技能已经不符合组织发展的要求或枯竭，仍然可以保住工作。

(7) 公与私、工作与生活相分离：为了避免员工个人的需求和兴趣妨碍组织活动，员工必须把公与私完全分离开来。

科室结构代表大多数企业组织的传统的结构形态，它具有高度复杂性和规范化。至于其集权程度，则应该视雇用了哪些类型的人才而定。就大多数情形而言，科室结构的集权程度都较高，但若雇用的是专业人员或拥有特殊技能的人，则可能进行分权。

2. 专案结构

专案结构是指当遇到特殊问题需要加以解决时，汇集一群各方面专家共同谋策。这种结构具有很大的弹性和调适能力，复杂度低，正规化弱，采取分权的决策制。

一般来说，规模较小的组织或公司较多采用专案结构，或是因专案任务小组的需要，临时设立专案机构附属于科室结构。比如，一家采取科室结构的公司为了开发某种新产品，可以调集部门的专家和有关人员成立专门的攻关小组，这就是一个专案机构。

实践专栏　　大型公司采用有机式结构？

大型公司也有采用有机式结构的。比如，20世纪有一家大型的电脑公司DEC(Digital Equipment Co., 数据设备公司, 1998年被康柏公司收购, 2001年康柏和惠普公司合并),

曾拥有十万名员工，年营业额达七八十亿美元，但职位的层级与公司的规定都很少。他们并没有规定上班时的制服，没有令人摸不清头绪的头衔，也没有前述科室结构的那些特征。设在马萨诸塞州的总部，看起来就像一个大学城。在地位上，工程人员和管理人员一样。公司实行弹性工作制，而且可以在家里用计算机终端工作。技术性的决策通常由低层的设计小组自行决定。这种结构看来非常有效。公司的纯利比其他类似的竞争公司高一倍，人员的流动性不到业界平均水平的一半。当然，并不是说这种结构可以适用于所有的组织。即使同是大型企业，专案结构并不适用于IBM公司或摩托罗拉公司，除非是它们的某一个特殊的小型部门。

二、简单型结构

小企业、小规模组织或刚刚成立的公司，大都采取简单型结构(simple structure)。简单型结构构造单纯、简明，复杂性、规范化程度都很低。这种结构下，决策权往往掌握在一个人手里。

图 16-2 是一个小型商业企业的简单型结构的例子。从图中看到，这种结构主要是在水平方向上有一定的分化度，垂直方向没有很多层次，因此呈扁平构造。决策权集中在主管手中(主管通常就是业主)。在简单型的结构中，由于组织复杂度低，信息沟通快，管理者能及时把握全局情况，并对问题做出快速响应。

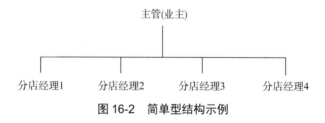

图 16-2 简单型结构示例

三、功能型结构

有调查表明，在美国 500 家大型企业中，绝大多数企业的结构设计采用的是功能型结构(functional structure)。功能型结构的特点是：设立一些专职部门，每一部门集合了该方面的专门人才从事专门的工作，如研发、生产、销售、会计、人事等。每个部门设立专门主管，这些主管则构成组织的高层权力机构(见图 16-3)。

功能型结构非常流行。这种结构可以配合科室结构，把专业分工的优点发挥到极致。由于把相关的人才集中在一起，可以促成规模经济，减少人员、设备的重叠，部门内部易于沟通，形成同质的工作环境。

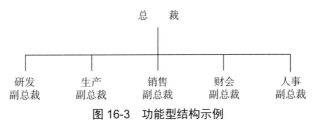

图 16-3　功能型结构示例

四、产品型结构

产品型结构(product structure)是指围绕某产品组织各种业务方面的人员构成专门机构，负责该产品的全部业务活动，包括设计、制造、装配、销售等。

产品型结构的最大优点是责权分明。产品经理负责与产品有关的所有事务，集各种职能于一身，也承担产品成败的全部责任。这种结构的缺点则在于，协调不同产品部门的活动比较困难，而且各部门在人员、设备上重叠，比如针对每一个产品都有开发、采购、财会、人事部门，势必会造成一定的浪费。

五、矩阵式结构

一种较新型的结构是矩阵式结构(matrix structure)。从本质上说，矩阵型结构是功能型结构与产品型结构的组合，以期融合这两种结构设计的优点，同时避开它们的缺点。前面提到，功能型结构的优点是集中人力，能充分发挥人才潜势，但不易协调各部门；而产品型结构则恰好相反，浪费人才，但容易协调各职能部门。矩阵型结构则正好取两者之长，补两者之短。也就是说，职能性结构与产品性结构交织在一起(见表 16-1)，每个产品都依靠各个职能部门的工作，而每个职能部门也负责所有产品的相关工作。这种设计在现代组织企业中被相当广泛地采纳。

表 16-1　矩阵式结构示例

	产品一	产品二	产品三	产品四
设计				
生产				
销售				
财会				
采购				
人力				

§3 组织结构的决定因素

我们讨论了不少类型的组织结构设计，也分析了各种设计的优缺点。现在要解决的一个问题是，为什么在现实中存在各种不同的结构设计，没有一致的选择呢？似乎每个组织选择自己的结构设计都有一定的道理。的确，有些因素决定了不同组织应该选取什么样的组织结构。

一、战略

组织结构是协助组织达成目标的重要手段，而组织目标又是依据组织战略来制定的，因此，组织结构必然同组织战略有密切关系。当组织战略改变或调整时，组织结构就应当做出相应的变化。

组织战略与组织结构之间的关系，是由钱德勒(Alfred Chandler)研究了美国百家大公司后得出的结论。他追踪了这些公司长达50年以上的发展历史，揭示了这一关系。他发现，许多公司一开始都以单一产品的生产为起点，只由简单或松散的组织结构来执行组织战略，权力较集中，结构复杂性和规范度都较低。随着公司的成长，业务的扩大，公司战略也越来越具雄心，组织结构开始膨胀以适应发展的业务，垂直层级增多，公司各单位间的关系也越来越复杂，工作也越来越走向正规化，整个组织发生了结构变革：先是分化独立出各种功能部门，而后随着产品范围的拓宽，向产品多元化发展，实行产品结构，逐渐走向规模庞大的科室结构。

战略变化对组织的不同部门以及对不同类型的组织，影响程度是不一样的。战略的影响主要发生在组织的中、高层。越是偏离高层核心，战略的影响力越弱。产业组织的结构比较容易受到战略的影响，而在服务性及非营利性组织如政府机关、学校、医院中，这种影响则不太明显。

二、组织规模

组织规模的大小影响组织结构的选择，这是很容易理解的事。规模大，自然要选择复杂的结构。随着企业人数的增多，组织通过专业分工获取经济利益，产生功能性部门，提高部门效率，因此导致了水平分化。然而，当各部门各自为政时，相互协调变得困难，只好又增加垂直分化来协调各部门的活动。而在规模的不断扩大下，组织的地理分布也越来越广，空间分化度也就增加。由此足见组织规模与组织结构之间紧密的关系。试想，当一个企业发展为跨国集团，在全球各地伸出触角，其机构自然在水平、垂直、空间各个方向上扩展，其复杂性、规范性可想而知。

当然，组织规模对结构的影响力并不是恒定的。结构的发展速度与规模的发展速度并不同步。一般来说，结构的发展慢于规模的发展。规模发展对结构的影响呈现递减的规律。当组织规模大到一定程度时，结构不会再发生变化。这很容易理解，因为结构形态是有限的。当结构复杂到一定程度时，规模的扩大只不过近乎向已有结构中填充更多的内容而已。由此也可以看到，组织规模不等于组织结构，两者不可混同而论。

与组织规模和复杂度、规范性呈正相关的关系相反，组织规模与集权度呈负相关。规模越大，高层的管理者越不可能事事问津，因此越需要放权，让基层管理者享有必要的决策权。

三、技术

这里所谓的技术，是指组织将投入转化为产出的方法。任何组织为了将人力、物力、资金等各种资源转化为产品或服务，都必须运用一系列技术。

描述技术的指标之一，是指运用从事的工作的例行性或常规性程度，也就是指该工作重复的程度。比如，生产流水线上的工作常规化程度高，总在不断地重复；而广告设计的工作重复率就很低。

有些学者认为，技术可导致组织结构的改变。比如信息技术的飞速发展极大地改变了人们的工作方式和产业结构。而另一些人则持较温和的看法，认为技术只是给管理者的思想或决策带来了种种先机，但并不是改变结构本身。一种折中的看法是，技术能否影响组织结构，取决于管理者选择何种技术。

从目前实证的结果来看，例行性较高的工作似乎鼓励加深结构的水平分化和垂直分化，导致复杂化。不过，比较起来，技术与组织正规化程度之间的关系似乎更密切一些。技术的高度重复性同建立各种工作规章、准则及其他制度有很高的一致性。至于技术和集权度的关系，并不是很明显。有人猜想，高度常规化的工作技术应导致集权化。但这只是逻辑上的一个假象。例行性高的工作可能大大减少决策的必要，尽管不导致分权，但也可能并不促成集权，两者之间并没有必然联系。研究表明，集权化与结构正规化有密切关系。正规化的管理制度与决策集权制都是控制组织活动的手段，可以互为替代。

需要注意的是，组织中的不同部门中，技术与结构的关系可能是不同的。在某些情况下，越是接近组织核心，比如公司的高层开发研究机构、最高财会部门，则结构越容易受到技的影响。

> **实践专栏** 计算机如何改变了组织结构
>
> IBM公司在20世纪80年代初开始推行的计算机商业化,给现代人的生活和工作带来了一场深刻的革命。由于计算机在组织管理中的应用,各种组织已不再那么需要把直接监督和书面报告作为控制的手段了。管理人员只要在终端机前操纵几个键,便可了解生产现场、科室部门的工作及财务等情况。这种技术上的进步,对组织结构产生了很大的影响,使组织在结构上变得较为扁平而更有机化。
>
> 一方面,电脑化的管理信息系统,使管理人员能够控制、管理更多的人和物,电脑替代人执行监督工作。这样一来,可以减少管理者的人数,减少组织的层级,简化结构。
>
> 另一方面,计算机可以帮助人从事许多信息分析、管理和决策工作。而且用计算机工作,本身就具有高度规范化,从而取代了人为的规定、原则。同时,计算机网络的使用使沟通十分迅速、便利、准确,提高了决策质量和反应速度。因此,既可以放心地对电脑授权,申请服务,又能有效地控制,取得良好的效果,这就增加了组织的有机化程度。

四、外在环境

所谓组织的外在环境可泛指组织以外的任何事物、条件。具体地说,主要是指对组织绩效足以产生影响而组织却难以控制的机构、势力或其他各种因素,比如供应商、市场、顾客、政府机构及有关规定乃至自然条件。

组织结构与外在环境的关系常常受到重视,原因在于组织的生存、发展要依赖外在环境的支持。组织必须顺应环境的变化、要求,为此要进行各种必要的自我调整,包括变革自身的结构。然而,要想顺应环境的变化,前提是必须能够预见、洞察到环境的变化。如果环境是稳定的,为了提高效率,组织可以采取相对稳定的结构,不必过于敏感和富于应变力。这时对结构状态做机械式设计。如果环境总是处于动荡变化,则组织必须保持高度敏感,随时把握环境变迁的轨迹,相应调整结构,对环境变化做出迅速反应。这时就要对结构做有机式设计。

实证研究表明:环境越是具有不确定性,组织结构的复杂化程度就越低,这是为了随时保持对环境的敏感性。同样,环境越是不确定,组织的正规化程度也越低。这也是为了使组织能够对环境做出迅速反应。只有当环境稳定时，组织才会加强正规化，以便追求更大的经济规模。集权化与环境也存在类似的关系：环境越是富于变化，集权度就越低，这是为了保证组织的各个层次能够及时对环境做出反应，从而提高效率。

当然，环境与结构的关系不是绝对的。组织本身对环境变化的消化能力也是应付环境的另一种力量，而不一定必须通过结构变化来实现。这方面企业界也有不少实例。比如，IBM公司的外在环境动荡不定，其他电脑公司频繁推出新产品同它竞争。但是IBM公司的规模、产品与售后服务的质量、行销技术，使它能减轻环境不确定性所造成的冲击，从而能使组织结构偏向于机械式设计。而苹果公司、DEC则没有这样的条件，因此只能采取较富弹性的组织结构来应付环境的冲击。当然，组织必须对自身消化、承受力做恰当的估计，否则，如果过高估计自己而过低估计了环境，则难免招致败绩。1991年至1992年IBM公司经营的失败，原因也正在于对环境变化漠然，过高估计了自己的实力，造成数十亿美元的巨额赤字。

五、权力与控制

尽管我们所讨论的战略、规模、技术、外在环境等因素对于组织结构有着重要的影响，但它们加起来也只能解释组织结构设计或变革的百分之五六十的原因。其余的影响，据研究，来自组织中的权力与控制。

正如组织中的决策一样，组织结构的设定也并非完全是理性的结果。管理者们并不总是能够选定最符合组织利益的合理的结构设计方案，而是往往会在其中附加各种能满足他们自己的利益、要求的成分。一般来说，并没有唯一一套完全适宜、有利无弊的选择，总是具有相对性。这就给管理者留有回旋的余地。即使当存在唯一的最佳选择时，如果管理者某种个人的需要迫切而膨胀，或是有其他因素的影响，仍然可能导致放弃最佳选择。用另一种方式来说，管理者总会选择那种能够可靠地维持自己对组织的控制的结构设计。也许正是因为如此，组织结构的变化往往总是比较缓慢，有明显滞后于环境变化的倾向。而这也使得我们可以容易地解释为什么在组织权力发生变动之后往往有组织结构的调整。

§4 结构因素与绩效、工作满意度的关系

研究组织结构的最终目的是为了说明它对组织绩效和员工的工作满意度有什么影响。正如前面所述，不同的结构因素的作用是不同的。

从组织规模来看，规模越大，工作满意度往往越低。这是因为员工越来越少有机会参与

决策，组织目标相对个人来说，越来越遥远，与个人努力的关系越来越疏远，对此目标的认同就越来越困难，个人努力与报酬之间的关系越来越模糊。而且，个人在组织中的地位、影响力越来越小、越来越微不足道。结果是，出勤率越来越低。当然这其中也受到结构中集权度因素的影响。如果分权程度较大，那么规模扩大带来的上述影响可以得到减弱。

组织的层级与员工的满意度有关，这在层级越多的情况中越为明显。层级越高的员工，工作满意度越大。当然，这种关系是相对的。当公司经营绩效不佳时，高阶层员工利益上的损失并不小于一般员工。

管理者的控制范围，即他管理的下属人数，是一个很有趣的因素。当管理范围增大时，管理者的权限增大，而同时下属可发挥的机会也会增大。但这对员工的绩效和工作满意度并没有什么明显的影响，倒是很可能增加管理者的工作满意度。

水平分化程度与工作绩效间的关系并不是很明朗，尽管有人认为绩效应随水平分化而提高。相对而言，水平分化和工作满意度之间的关系比较明显。研究表明：水平分化越大，工作满意度越低，原因是工作分解得太细，员工只是重复单调的任务，容易厌烦，而且看不到整个工作的结果，成为工作中的一小部分，容易滋生不满。

垂直分化程度同员工绩效的关系模糊不清，研究并没有得出一致的结论。但垂直分化度与工作满意度的关系则很清楚：在垂直分化度高的组织中，高层管理人员比低层管理人员满意度高；在垂直分化低的组织中，正好相反，低层管理人员比高层管理人员满意度高。

集权化程度与满意度呈负相关。这主要是针对管理人员和专业人员而言的。因为，越是集权，基层管理人员和专业人员参与决策的机会越少，故容易滋生不满。但对于一般员工来说，他们本来就没有很多参与决策的机会，集权化对他们的参与影响不大，因此不致触及他们的满意度。

最后需要强调的是，不同结构因素对不同的人影响不同。员工之间有很大的个体差异，这使他们对各种结构变化反应不一。此外，结构能否影响员工的绩效或工作满意度，取决于他们是否知觉到这些结构因素以及如何知觉。这甚至可能比结构因素本身更能影响他们的绩效或工作满意度。

§5 组织与员工行为的互动

实践专栏 哥伦比亚号航天飞机爆炸解体

2003年2月1日美国东部时间上午9时，美国哥伦比亚号航天飞机在它历史上最后一次飞行返回地球大气层时，在得克萨斯州北部上空解体坠毁，成为人类航天史上的一大悲剧，机上7名宇航员全部遇难。

航天飞机解体的主要原因是，它年老体衰，经历多次飞行，一些部件已经老化，可能无法承受各种意外的风险，例如返回地球大气层时高速飞行产生的高温和剧烈振动。奇怪的是，有报道称，这些问题在航天飞机执行这次任务前有工程师从不同角度反映给了管理层，工程师们指出，由于这些潜在的问题，哥伦比亚号航天飞机不再适合投入飞行任务，应该退役。然而，管理层对这些意见并没有予以采纳。换言之，航天飞机失事并不纯粹是偶然的技术问题，而是有人为的因素。显然，在航天飞机寿终正寝之前多执行一次飞行任务，就可以多获得额外的商业利益。但这种冒险的决策断送了7名宇航员的性命。

为什么管理层可以视下属的意见于不顾？为什么管理层可以压制下属的观点或建议？为什么在有些组织看来商业利益会重于人的生命？为什么那些工程师面对公司的不当决定不能坚持己见、据理力争，而是选择沉默和放弃？这些问题都是管理心理学应予以关注、探讨和解决的。

每个组织为实现绩效都制定了一定的政策和要求。如果组织和个体对组织合法影响的边界定义不同，则可能产生组织冲突，干扰组织绩效。例如，员工能否在工作时间打私人电话？对这个问题的回答不是简单的能或否。这个问题涉及多个方面。例如，如果组织不允许员工在工作时间打私人电话，那么是否需要对员工进行监控？监控成本太高怎么办？如果销售人员通过打私人电话接到了订单，那么如何处理？是表扬他还是惩罚他？

一、组织影响合法性的模型

组织影响合法性包括了工作行为和非工作行为。对组织影响程度很高的工作行为包括要求办公室的整洁和工作时间的限定等。而非工作行为，对组织影响程度相对较低，即私人活动，例如参加哪个健身俱乐部、在哪家银行开户、去哪里度假等。另外有一些行为在界定是否属于组织影响范围之内的领域时是有争议的，例如员工在各种社团事务中参与的程度、个人对公司产品的使用情况、工作之余的危险习惯等。

组织影响合法性模型中两个关键的维度是：①员工的行为类型，即是在工作外进行的还是工作中表现出来的行为。②行为与工作相关的程度，即行为是与工作有关的还是与工作无关的。如图 16-4 所示，在岗位之中进行的，且与工作有关的行为被认为是高组织影响合法性的；在岗位中进行的、与工作无关的行为，或在岗位以外进行的与工作有关的行为被认为是中度组织影响合法性的；既不是在岗位中表现出来的、同时与工作无关的行为则是低组织影响合法性的。

图 16-4　组织影响合法性的关键变量

二、工作之余的行为

一般企业对员工业余活动的管束权力很有限。特别是行为出现在工作之外且与工作无关时，雇主几乎没有理由介入员工的行为之中。但是员工的一些业余活动却可能会对雇主产生影响。例如，员工在下班后与朋友的聚餐中喝了很多酒，这可能会影响他第二天的工作状态：迟到、缺勤、工作效率下降。这时，员工的业余活动就对组织产生了影响。在模棱两可的情况下，对员工行为的界定存在困难。因此，解决合法性的问题时首先需要定义该行为是否属于工作行为，以及该行为是在工作之余进行的还是在工作内进行的。通过与工作相关的程度和行为类型来制定组织的政策。比如，针对在工作中的休息时间是否允许员工打牌这一问题，有的人认为领导与员工，或者员工与员工可以通过打牌这一娱乐活动来增进感情。有的人却认为打牌会影响员工休息之后的工作状态和工作绩效。因此，对于像在工作中的休息时间内打牌这种模棱两可的行为，组织应该有明确的允许或禁止的规定。

三、隐私权

实践专栏　　新规合理吗？

某公司年初的时候制定了一条新规：每名员工需要保证自己手机的"定位"功能在工作时间内处于"开启"状态，并需要通过手机上的某社交软件定时、定点打卡。管理者对此新规的解释是：近来发现有员工乘工作之便进行一些不被公司允许的活动，公司绝不会在工作以外的时间通过手机"定位"功能干涉员工的私人生活。

尽管如此，员工仍然觉得这个规定"不可理喻"。他们认为，公司对办公电脑进行监控无可非议，但是私人手机的"定位"功能涉及个人隐私，如果下班以后忘记关闭"定位"功能，或者需要开启"定位"功能来处理一些私人事务，就总会产生自己的一举一动都在公司监视下的感觉。

某天，销售部门的小张因为上班迟到了一个小时被其上级约谈，上级直截了当地指出他之所以会迟到是因为前一天晚上很晚了还在外面与朋友聚会，影响了正常作息。小张认为，上级是通过手机"定位"调查了自己的行踪。小张事件使得公司员工再次对"手机定位"的规定提出了质疑，并决定一起反对继续执行这条规定。但是小张的上级却认为，这并不是在干涉小张的私人生活，自己只是想要帮助他找出迟到的原因并对此提出合理的建议。

侵害隐私权主要涉及组织对成员的影响已经侵入了个体的私生活，并且未经许可披露个人的隐私信息——这可能会为成员带来伤害和痛苦。对于员工私下的个人行为、与朋友间的私人谈话或诸如公司卫生间、私人住宅这样的场所，不应受到监视或调查。只有当这些方面确实涉及工作，影响到组织利益，会对组织造成损害，且雇主负有举证责任时，才允许进行调查。

常见的可能涉及员工隐私权的企业活动包括：测谎器、毒品滥用的治疗、个性测试、监视设备、病友谈心治疗小组、计算机资料储备库、医疗检查、秘密记录、酗酒的治疗、基因测查、监控员工的生活方式、调查私人关系等。

在保护隐私权方面，针对组织有人提出如下政策建议：①相关性：只有必要的、有用的、事关重大的信息才能记录并保留。②及时性：过时的信息应定期清除掉。③公开化：不应有员工不知道的个人资料系统。④信用职责：信息保管员应对信息的安全负责。⑤保密性：信息只应向需要了解的人公布，一般只有经员工许可后，才能向外界透露。⑥处理适当：员工应能检查对于自己信息的记录；如果发现记录有误，员工可以提出异议。⑦精神保护：员工不应因信息记录或被透露而受到身心伤害，除非事先征得同意不得已而为之。

四、纪律

纪律(discipline)是为了加强组织标准的一种管理行为。纪律的目的是积极的、教育性的、纠正性的。纪律是为了改造违规者，防止他人再犯同样的错误，保持一致的、有效的群体标准。它有两种类型：预防性纪律和纠正性纪律。

预防性纪律(preventive discipline)是为鼓励员工遵守标准和规章以杜绝违规行为而采取的行动。预防的最好办法是让大家事先知道和理解组织的标准——其根本目的是促使员工自律。在预防性措施方面，员工更可能支持他们亲自参与制定的标准，因此，在制定预防性措施的时候应鼓励员工参与。员工对正面的而不是负面的陈述会给予更多的支持。另外，组织也应当很好地对每一项标准进行解释，当员工被告知标准背后的原因，了解标准的意图时，也更容易对设立的标准予以支持。

纠正性纪律(corrective discipline)是对违反规章者所采取的行动，它试图制止今后出现同样的违规行为，以使个体将来的行为合乎标准。一般来说，纠正性措施是某种惩戒，如警告、付薪或不付薪的停职等。

多数雇主采用累进性处罚政策(progressive discipline)，这是指，如果同样的错误犯了第二次则给予重惩。累进性处罚的目的在于：采取更重的惩罚之前，给予员工改过自新的机会。同时，累进性处罚的好处也在于，它给予了管理者时间与员工进行充分的沟通，劝告他们不要再犯同样的错误，或帮助他们纠正违纪行为。

五、个体对组织的责任

雇佣关系中的责任和义务是双向的。除了组织需要对其成员负责外，个体也对组织负有责任。组织和成员双方相互投资，并期望从中得到回报。当在整体价值体系中，收益(产出)大于成本(投入)时，这种关系对双方都是有利的。在一般雇佣关系中，双方都是受益的，因为二者间的社会交易可以产生新的价值，而这种价值通常超过了各自的投入。如果任何一方不能负责地对待对方的需要，这种有利的关系就会被破坏。员工表示对组织承担更大责任的方法是高效地、创造性地工作，做出有利于组织的道德行为。

1. 组织公民行为

根据社会交换理论，组织期望员工的工作能够超越工作说明书，成为好的组织公民(organizational citizens)。组织希望成员在更广泛的社会空间中活动；积极参加社会行动以帮助他人；积极地与他人合作，与他人分享自己的时间和资源；充分发挥自己的才能与精力，帮助组织实现效率和效果目标等。组织公民感也就是员工自觉自愿地在更广泛的时间和空间范围内为组织工作，不图任何报酬。组织公民行为的例子有很多，比如，销售某种产品的销售员带动全家、邻居一起使用该产品；员工在下班离开办公室前，主动将办公室的卫生打扫干净；为了尽早完成工作不拖进度，自愿留在公司加班到很晚。

2. 对不道德行为的内部员工揭发

成为好的组织成员并不意味着盲目服从。当管理层当局漠视组织内部的非法行为甚至参与其中，例如偷税、破坏环境(违规排污)、产品以次充好、非法超额收取费用、盗取公共财物、不公平地对待他人等，员工可以有很多选择来做出回应。其中一种方法即组织内部成员的检举揭发，即向上级乃至外部管理机构揭发检举组织内部的不当行为。组织中的一些员工比其他人更可能成为揭发者。揭发者的动机也可能是多样性的，比如组织的行为危害到了自己的利益或者会为自己带来潜在的威胁，违反了社会规范、伦理甚至法律。为了降低揭发的必要性，使组织以及管理者可以正视和处理存在的不道德行为，可以运用各种方法让员工能够真实地、自愿地在组织内部发表意见，并对这样的行为进行鼓励。

实践专栏　　两名收银员

十年前，某市的一个中小型超市发生了这样一件事。

张丽和罗红是超市的两名收银员，两人均刚来超市工作不久。张丽在能够熟练地收银后发现，很多顾客对于买东西的小票并不太在意，于是她利用顾客的粗心经常在收银时多收顾客一些小钱。一次，罗红偶然发现了张丽的这种行为，但是她认为这是张丽的个人行为，与自己无关，没有必要去告发她。自己与张丽没有什么交情，所以也没有理由劝诫她不要再做出这种违规行为。况且，自己也并不想从张丽的这种多收款的行为中获益，因此就继续装作不知道这件事。

不久之后，超市管理人员通过安装秘密监视摄像机发现了张丽多收顾客钱的行为，这时，张丽已经通过这种方法获得了数目不小的钱款。在事件的调查中，雇主了解到罗红早就知道此事。两人都曾被告知，收银工作是与钱打交道，因此需要绝对的诚实。此事之后，管理人员决定解雇两人。但是罗红无法接受这个决定，于是找到相关人员想要讨一个说法。她认为，自己并没有参与到偷窃行为中，也没有从中获益一丝一毫，凭什么要连她一起解雇？

【本章知识要点】

组织结构三要素：①复杂性，指任务分工的层次、细致程度。②规范化，指使用规则和标准处理方式以规范工作行为的程度。③集权度，指决策权的集中程度。

机械式结构：特点是高度复杂化(尤其是水平分化程度高)，高度正规化，规定性的信息网络(通常为下行沟通)，低层人员参与决策较少。

有机式结构：特点是复杂度与规范度较低，信息网络四通八达、渠道畅通，有较多的各层人员参与决策。

科室结构：也可以叫科层制或官僚制，常常被人们与许多代表低效率的属性相提并论。

科室结构代表大多数企业组织的传统的结构形态,它具有高度复杂性和正规化。

专案结构:指当遇到特殊问题需要加以解决时,汇集一群各方面专家共同谋策。这种结构具有很大的弹性和调适能力,复杂度低,正规化弱,采取分权的决策制。

功能型结构:其特点是设立一些专职部门,每一部门集合了该方面的专门人才从事专门的工作。

产品型结构:指围绕某产品组织各种业务方面的人员构成专门机构,负责该产品的全部业务活动,包括设计、制造、装配、销售等。

矩阵型结构:该结构是功能型结构与产品型结构的组合,以期融合这两种结构设计的优点,同时避开它们的缺点。职能性结构与产品性结构交织在一起,每个产品都依靠各个职能部门的工作,而每个职能部门也负责着所有产品的相关工作。

预防性纪律:为鼓励员工遵守标准和规章以杜绝违规行为而采取的行动。

纠正性纪律:对违反规章者所采取的行动,它试图制止今后出现同样的违规行为,以使个体将来的行为合乎标准。

组织公民行为:组织希望成员在更广泛的社会空间中活动;积极参加社会行动以帮助他人;积极地与他人合作,与他人分享自己的时间和资源;充分发挥自己的才能与精力,帮助组织实现效率和效果目标等。

内部成员的检举揭发:员工向上级乃至外部管理机构揭发检举组织内部的不当行为。

【思考题】

1. 组织结构有哪些要素?它们如何影响组织行为?
2. 为什么不同企业会采用不同的组织结构?有哪些选择依据?
3. 内部员工检举揭发行为对组织有什么影响?组织要鼓励这种行为吗?

17

工 作 设 计

道之以德，齐之以礼，有耻且格。

——《论语·为政篇第二》

是可忍也，孰不可忍也？

——《论语·八佾篇第三》

【内容概要】

介绍工作设计的概念。
解读工作生活质量。
学习工作设计的方法及其应用。
介绍目标设置理论。

三百六十行，每种工作都有自己的特点。有的工作较为简单、枯燥，有的则较有趣味、富于挑战性。这就势必导致不同工作在人们眼里具有不同的价值。所谓"男怕入错行"就反映了人们对这方面的担忧。因此，如何改造工作方式、方法，成了激励员工工作动机的重要途径之一。这也是为什么有的教科书会把"工作设计"的内容放在"组织激励"一章里的原因。

§1 工作设计的概念和方法

一、工作设计的概念

过去传统的工作设计对人的需要没有给予足够的重视:劳动分工过于细致,削弱了人对整个产品的共同兴趣,与同事变得很隔绝;熟练后的工人失去了对其工作的自豪感,开始对工作表示厌倦;较高层次的需要,例如成长需要和社交需要无法得到满足。就像从卓别林的电影《摩登时代》中可以看到的,当时传统的工作方式是去人性化的,把人变成机器,甚至是"疯子",整天都重复着一个单调的动作,工作枯燥乏味,没有任何乐趣,久而久之,人变得麻木。高度"机械化",就像机器一样行事,不需要思想,更不需要情感。出现这些现象的一部分原因在于过去工作机会较少,且员工的文化水平普遍不高。解决这些问题的途径有两个:其一,重新设计工作,从而使其属性满足人们的需要。其二,重新设计组织,以使其环境满足人们的需要。由于当今的工作环境及员工的综合能力和以往有了很大差异,因此,工作设计亟须改变。

工作设计(job design)是指将任务组合构成一套完整的工作方案。换句话说,就是确定工作的内容和流程安排。这个课题几世纪以来一直是工程师和经济学家感兴趣的内容。最初,工作设计几乎是工作专门化(job specification)或工作简单化(job simplification)的同义语。1776年,亚当·斯密在《国富论》(*Wealth of Nations*)一书中指出,把工作划分为一系列小的部分,让每个人重复执行其中的一小部分,这样可以减少工作转换所浪费的时间,并提高熟练性和技能,从而提高生产率。这就是所谓的分工效益。

泰勒提出了科学管理原则,主张用科学方法确定工作中的每一个要素,减少动作和时间上的浪费,提高生产率。这实际上就是一种工作设计。从经济角度看,这种方法的确效益很高。但这种设计使工作更加机械化,忽视人在工作中的地位,结果使人更加厌倦枯燥的工作,导致怠工、旷工、离职甚至罢工等恶性事件。这提醒人们:人不是机器,不是流水线上的部件,而是有血有肉、有需求的。工作设计必须考虑人性的因素。

现代管理理论认为,工作设计应遵循一些基本的宗旨:应努力满足员工高层次心理需要,例如社会认可、自尊、自我实现;人力资源是组织的一种宝贵资本,应进行持续性开发,而不仅仅是一味地利用;不应有过多的消极环境,至少应帮助员工有效摆脱消极或不良的环境;不应施加过度的压力,因为过度的压力会严重损害员工的心理健康,进而导致组织生产力的损失；不应伤害或贬低员工的人格，组织中的人是工作的核心要素，应得到充分尊重；不应有威胁或危险，员工应得到人身安全和心理安全的必要保障；应有助于提高，或至少不降低工人扮演其他生活角色的能力，应帮助员工避免或有效地应对工作-家庭、工作-生活冲突；工作应促进总体的社会进步，这包括让员工和组织一起发展、成长，并共享组织发展的成果，使员工有实在的收获感。

二、工作设计的方法

工作范围可以从广度和深度两个维度来衡量。工作广度是指个体直接负责的不同任务的数量。工作轮换和工作扩大化都属于从工作广度着手进行的工作设计。而工作丰富化则是从工作深度方面进行考虑的工作设计的一种方法，属于工作设计的纵向拓展。下面将对工作设计的各种方法进行具体的介绍。

1. 工作轮换

工作轮换(job rotation)也叫轮岗，是让员工在能力要求相似的岗位之间不断调换，以减少枯燥单调感。这是早期为减少工作重复最先使用的方法。这种方法的优点不仅在于能减少厌烦情绪，而且能使员工学到更多的工作技能，进而也使管理层在安排工作、应付变化、人事调动上更具弹性。

工作轮换的缺点是使训练员工的成本增加。而且一个员工在转换工作的最初时期往往工作效率较低，使组织有所损失。

2. 工作扩大化

工作扩大化(job enlargement)是指在横向水平上增加工作任务的数目或变化性，使工作多样化。这种方法从20世纪50年代起开始流行。例如，以往邮政部门的员工专门负责分拣邮件，工作扩大化让他们在分拣邮件的同时也要负责把邮件分送到各个邮政部门，这包括整理、包装、运送、派递、签收，必要时还可能负责检核遗失等。在有些组织中工作无法扩大，可以通过互相轮岗的方式增加员工的工作范围。

然而，有研究表明工作扩大化的成效并不十分理想。它只是增加了工作的种类，并没有改善工作的特性。正如有的员工所说："我本来只有一件令人讨厌的工作，工作扩大化后，变成有三项无聊的任务。"这促使人们开始考虑如何将工作本身丰富化。

3. 工作丰富化

工作丰富化(job enrichment)是指在纵向上赋予员工更复杂、系列化的工作，使员工有更大的控制权，参与工作的规则制定、执行、评估，使员工有更大的自由度、自主权。这一方法从20世纪60年代兴起，而今已成为组织管理中相当重要的一种概念和手段。从应用角度看,实施工作丰富化的组织都肯定了这一方法为组织带来的有益结果。

工作丰富化重视员工更高层次需要,通过赋予员工执行工作中更多的控制权、责任和自由决定权,加大工作深度。具体来说,工作丰富化可以采用以下一些手段实施:①任务组合,把现有零碎的任务结合起来,形成范围较大的工作,增加技能多样性和任务完整性。②构成自然性的工作单元,使员工能从事完整的工作,从而看到工作的成果,看到工作的意义和重要性。③与客户建立联系,从而增加工作的技能多样性、自主性和反馈度。④纵向扩充工作内涵,赋予员工一些原本属于上级管理者的职责与控制权,以此缩短工作的"执行层"与"控制层"之间的距离,增加自主性。⑤开放反馈渠道,使员工不仅可知道自己的绩效,也可知道自己是进步、退步或没有变化。最理想的是让员工在工作中直接收到反馈,而不是由上司间接转达。这可以增加自主性,减少被监督的感觉。

自主性工作团队(autonomous work teams)是工作丰富化在团队管理上的应用。自主性工作团队对例行工作有很高的自主管理权,包括集体控制工作速度、任务分派、休息时间、工作效果的检查方式等,甚至可以拥有人事挑选权;团队中成员之间互相评价绩效。概括说来,自主性工作团队有三个特性:①成员间工作相互关联,整个团队最终对产品负责。②成员们拥有各种技能,从而能执行所有或绝大部分任务。③绩效的反馈与评价是以整个团队为对象。如今,采用自主性工作团队的企业越来越多。通用汽车公司和丰田汽车公司的合资企业就是用自主性工作团队的方式制造雪弗莱和丰田柯罗拉轿车的。这种方法把汽车厂的员工分为一些小团队,规定各个团队的工作并监督各个团队的生产成效。团队有很大的自主权,团队自行执行每天的质量检查活动(而这在过去是由另一组员工进行的)。

4. 工作生活质量

工作生活质量(quality of work life,QWL)指整体工作环境是否对人们有益。工作生活质量方案是指组织可采用的任何方式,用以改进工作和工作条件,使得它既适合于员工,又能保持组织的财务健康发展。工作生活质量旨在改善工作环境,从员工需要的角度考虑,建立各种制度,使员工分享工作内容的决策权。具体而言,典型的工作生活质量方案包括:公开的沟通;平等的报酬体系;对员工工作安全和满意感的关注;员工对制定决策的参与;强调发展员工技能;降低职业压力;使工人-经理关系更具合作性;增加工作的多样性和自主权,使员工有更多成长与创新的机会;改善工作团体之间的互动关系;减少监督程度,增加员工自我管理的程度;扩大劳资双方的合作等等。不难看出,这些工作设计的方法符合多种激励理论的主张,包括Y理论、激励-保健理论、ERG理论、期望理论。

实践专栏　　百度公司的空中巴比伦花园

　　百度公司是以搜索引擎起家的高科技公司，近年来业务不断扩张到包括人工智能、大数据、云计算、智能无人驾驶汽车等领域。由于是高科技公司，员工主体自然也是有高学历的科技人员。这些员工的特点是追求成长、追求卓越，他们是高度自律的，有强烈的自我驱动的动机要把工作做到极致。对这些人的管理，要点之一是如何创建一个特殊的组织环境，让大家的创造力得到充分释放，同时使工作中的负面作用如倦怠、压抑得到充分缓解。为此公司甚至在办公大楼的设计上也下足了功夫。例如，在北京总部大楼的二层，有多个设计成"梦想星空"般的半球形房间，是供员工休息、放松、锻炼、按摩、甚至是为哺乳期女士专用的空间。尤其是，研发人员最需要开阔的"视野"和开发的"心胸"，这要在物质层面得到具体体现。为此，在各个楼层，到处可以看到开放式的宽敞的空间，供员工思考、阅读、讨论。为了方便高楼层的员工接触大自然，公司特意在大楼高层上设计了一个宽敞的露台，种植了各色鲜花和绿植，让人能在完全贴近自然的感受中彻底放松，并激发灵感。这个充满自然气息和艺术格调的露台被称为"空中巴比伦花园"。置身于这种如人间仙境般的组织环境，人们自然会"陶醉"其中，更加努力地工作。

5. 社会技术系统

　　社会技术系统(sociotechnical systems)是20世纪60年代创建的一种工作设计的方法。和工作丰富化一样，这一技术也是针对科学管理把工作设计过细而产生的问题提出的。

　　社会技术系统与其说是一种工作设计技术，毋宁说是一种哲学观念。其核心思想是：如果工作设计要使员工更具活力而又能满足他们的成就需要，就必须兼顾技术性与社会性。技术性任务的实施总要受到组织文化、员工价值观及其他社会因素的影响。因此，如果只是针对技术性因素设计工作，难以达到提高绩效的预期，甚至可能适得其反。

三、工作丰富化和工作生活质量方案的限制因素

　　尽管工作丰富化和工作生活质量方案看上去百利无一害，但事实上有些员工可能并不想要丰富化的工作：他们无法忍受增加责任；厌恶更复杂的职责；与群体工作感到不自在；讨厌重新进行学习；他们可能更偏好安全和稳定，乐于服从主管权威；现有的技能并不能适用丰富化的工作；更想放弃目前的工作。具体分析来看，这种情况往往出现在员工自身教育水平仍偏低，工作需要仍定位在低层次(例如生理需要和安全需要)，工作动机更多是外源性的，

工作只是满足生存的手段，而不是对工作本身意义的追求。这种情况下，除非对员工进行教育、培养，使其工作动机提升到较高的成长需要层次，否则工作丰富化反而会遭到他们的反对和抵制。

除了员工本身存在的对工作丰富化和工作生活质量方案的不满以外，工作丰富化和工作生活质量方案也会带来其他问题：可能使得原有的价值昂贵的设备无法继续使用，并且可能导致生产系统失去平衡；主管的作用因此而下降；丰富化的工作可能会使员工对报酬更加不满；企业的成本可能会增加，比如启动费用(如培训费)、长期成本(如更多的设备投资)等；在有些国家，还可能因为特殊的制度或文化，工会会出面反对某些措施。

四、工作设计的效果评估

工作设计的方法有很多，效果也各不相同，各有千秋。针对不同的工作任务，设计的方法可以是不同的。概括起来，工作设计有几种流派，分别从不同角度考虑工作设计的方案。

1. 工程学派

工程学派包括科学管理和动作时间研究，主张对工作采取机械设计，在方法上依赖工业工程原理，提倡工作简单化、专业分工、动作时间精确化，追求的是高效率，但也带来其他代价，往往会降低工作满足感，增加旷工率。

2. 心理学派

心理学派主张工作丰富化和工作特性模式，强调提高工作满足感，故能提高士气，但训练代价、心理压力、意外事故率相对较高，这和工程学派正好相反。

3. 工效学派

工效学派(ergonomics)主张机械设备与工作应该简单、安全、可靠，尽量减少对员工心智上的要求，使人机配合恰当，要求应提高照明度、能见度，改善工作环境条件，从而减少意外及疲劳。

4. 生物学派

生物学派重视环境设计与员工的舒适感，着眼点放在诸如座椅设计、耐久性的要求、强度的要求、噪声的防治、温度控制等，旨在减少员工付出的体力和精力。

基于上述比较，可以根据不同的侧重进行工作设计方案的选择。当然，如能平衡、综合各方案的优点，当属最佳选择。

§2 工作特征方法

有时,员工对工作缺乏热情,并不是其本身的问题,而是由于工作本身的某些特性导致员工工作动机难以提高。每种工作都有其自身特性,哈克曼(J. Richard Hackman)和奥德汉姆(Greg Oldham)认为工作包括五个核心特征维度(core dimensions),这五个方面的特性就构成此种工作的特性模式(job characteristics model, JCM)。在特殊情况下,有的工作可能包括少于五个维度,而有的工作可能超过五个维度。他们认为这一模式可作为评估工作,预测员工士气、绩效、满足感的重要参考。

 大师风采

理查德·哈克曼(J. Richard Hackman) 哈佛大学社会与组织心理学教授,曾取得数学学士和伊利诺伊大学社会心理学博士学位,在进入哈佛大学任教之前,曾在耶鲁大学任教长达 20 年。哈克曼在社会和组织心理学的多个领域开展研究,例如团队绩效、领导有效性、自我管理团队和组织设计。

他和伊利诺伊大学教授格雷格·奥德汉姆(Greg Oldham)一起提出了工作特征模式。工作特征模式是工作丰富化的核心。它确定了五种主要的工作特征维度,并分析了它们之间的关系以及它们对员工生产率、工作动力和工作满意度的影响。

这五个核心维度是——

(1) 技能多样性程度(skill variety)指为完成工作任务而需要员工具备的才能的多样化程度。比如,汽车维修站的技师往往需要熟练掌握多种工作技能。他们既能修理引擎、检查电路、车体整形,又懂得如何同顾客打交道,因而技能多样性程度高。而汽车生产流水线上的工人通常只会从事单一重复的工作,如给汽车不同部位上螺丝或者给车身喷漆。

(2) 任务的可识别性(task identity)也叫任务的完整性,指工作是否包括一项任务的完整过程并明确看到工作结果。比如,一个木匠从一件家具的设计、裁料、制作、上漆及最后修饰,进行的是完整的工作,并最终看到自己劳动的成果。而家具厂的工人则通常只是干一道工序,如制作桌子腿。

(3) 任务的重要性(task significance)指工作对其他人的生活或工作有多大的影响意义。比如，医院里的护士对病人有直接的意义，较为重要，而仓库管理员的工作相对影响较小。

(4) 自主性(autonomy)指工作使员工具有多大程度的自由、独立性、裁决权、支配权。比如电话安装技工外出作业时，可以自行安排一天的工作如何进行，决定怎样安装更方便省事，工作时不必受人监督。而电话接线员则需恪守规程，电话一来就必须立刻处理，工作相对受外因支配。

(5) 反馈程度(feedback)指工作是否能使员工直接、明确地了解工作绩效。例如，电子设备总装线上的员工马上就能知道自己装配的收音机是否成功。但是线路板焊装车间的员工则是"睁眼瞎"，在工作做完后，只能等测试部门来对自己的工作结果进行鉴定(图17-1)。

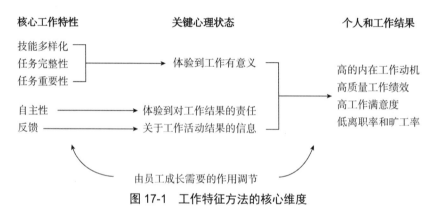

图17-1　工作特征方法的核心维度

这五个维度决定了工作的特征模式。其中前三者使员工了解工作的意义，自主性则赋予员工责任感，反馈则使员工了解工作成果。员工在这几方面感受越深，工作本身对他提供的内在奖励就越大，其士气、绩效、满足感就越大。因此，可以根据一个公式从这五个方面评估工作的激励程度：

$$工作特性指数 = \left(\frac{A+B+C}{3}\right) \times D \times E$$

工作特性指数越高，工作动机越大。其中，A、B、C分别代表技能多样性、任务的可识别性和任务的重要性，D代表自主性，E则代表反馈。对这个公式的严格性、准确性有一些争议，但它的确从一定程度上反映了工作特征与激励的关系。

实践专栏　　百货大楼的售货员张秉贵

能够在极其平凡的工作岗位上做出卓越的业绩，是很不寻常的。北京百货大楼的优秀售货员张秉贵师傅就是这方面的榜样，其事迹在 20 世纪七八十年代几乎家喻户晓，他也因此获得全国劳动模范称号和五一劳动奖章。

张秉贵师傅是北京百货大楼负责卖糖的售货员。当时是短缺经济时代，消费水平很低，虽然不同品种的糖每斤只差一两角甚至几分钱，但那时是一分钱也要掰成两半花的年代，消费者会分分计较。那时，人们为喜庆事来买糖，买太便宜的拿不出手，买太贵的又囊中羞涩，所以常常会从便宜到贵的糖每样买二两，一共凑十样总共两斤，总价格适中，掺和在一起，还挺好看，叫"杂拌糖"。但这种买糖法，显然给售货员造成了很大工作负荷：服务一位顾客，要秤十次二两！一把抓不准，可能要反复好几下，很是麻烦。但张秉贵师傅不厌其烦，非常体谅当时民众的苦衷，自己苦练岗位技能，做到下手一抓就是二两(100 克)，非常精确。不仅如此，他还能立刻算出每种糖二两的价格，并随着一次一次秤出每份二两糖，算出合计价格，然后再四舍五入给出总价格，最后非常麻利地用当时的牛皮纸和牛皮绳给顾客包成几份，工作技能非常娴熟，让每个顾客的等候时间最短。张师傅认为，北京百货大楼是首都服务业的"窗口单位"，全国人民都在看着自己，为首都服务业争光，自己责无旁贷。张师傅的手艺名扬全国，乃至全国各地来北京旅游、办事的人，都想来百货大楼买糖，看张师傅展示技艺。

张师傅的事迹感动了顾客。后来他因癌症去世。为了纪念他，人们为他雕塑了一尊铜像，至今仍立于北京百货大楼门前供人们瞻仰。

§3　目标设置理论

一、目标设置理论

许多观察和研究揭示了这样一个现象：当一个工作具有明确的目标时，它具有较大的激励作用。20 世纪 60 年代，爱德温·洛克(Edwin Locke)提出了著名的"目标设置理论"(goal-setting theory)。他指出，目标使人们知道他们要完成什么工作，以及必须付出多大努力才能完成。这种目标的明确性能提高绩效,尤其是当目标相对较困难但又可以实现时,比简单的目标更能导致较高的绩效。说得更简单些,明确的目标本身就具有激励作用。这是因为人有希望了解自己行为的结果和目的的认知倾向,这种了解能减少行为的盲动,提高行为的自我控制。同样的道理,如果在工作中及时给予反馈,使人了解进展,了解行为的效率,也具有激励作用,提高工作绩效。

目标设置理论建议在组织管理中采取目标明确化,而不是简单地告诉员工"请尽你的最大努力去做",同时在工作中应及时给予反馈,说明与目标的距离。更进一步说,对于某些工作,如果能让员工参与目标的设置而不是仅由管理人员规定,可增强目标的合理性、可接受性,增加员工对目标的认同感,因而会产生更大的激励作用,提高工作绩效。因为人们没有理由去反对一个自己参与决策制定的工作目标。对于那些难度较大的工作任务尤其是如此。研究表明,有一定难度的任务目标,即需要努力才能够实现的目标,而不是轻而易举就能实现的目标,具有更强的激励作用。因为有难度而又能实现的目标,更能激发人的自我实现的动机,满足人的成就需要。当然,并不是任何工作都适于让员工参与设置,前提之一是,员工必须追求高层次的成长需要。另外,目标明确化也不必定能提高员工的工作满意度,因为有难度的任务目标毕竟给人带来一定的工作压力。

目标设置有四大要素:接纳性、具体性、挑战性、监督与反馈。简单来说,目标应该是能够被员工所接受的;目标不能是泛泛而谈的,而应该是具体的;目标不是轻而易举就能达成的,而是需要员工付出一定程度的努力;在完成目标的过程中,对目标完成情况能够进行监督、得到反馈。

另外,目标设置能否成功还有一个关键因素是自我效能感。它不同于自尊。自尊是一个更加广泛的喜欢或不喜欢自己的感觉,而自我效能感是个体对自己与工作相关的本领和能力的内在认知和信心。自我效能感较高的员工往往会设置更高的个人目标,因为他们认为这些目标是可以达到的。

目标设置可作为一个激励过程,是因为它产生了现期绩效与期望绩效之间的矛盾。矛盾的结果是使员工产生一种紧张感,并想要通过达到目标的努力来缩小这种矛盾。实现目标也能够帮助员工满足成就需要,产生有能力和自尊的感觉,并进一步刺激个人成长需要。成功实现目标的个体也会倾向于为未来设置更高的目标。

 **大师风采**

埃德温·洛克(Edwin A. Locke) 美国心理学家。1960 年毕业于哈佛大学心理学系,并在 1964 年于康奈尔大学心理学院获得博士学位,曾任教于马里兰大学商学院。

洛克是目标设置理论(goal-setting theory)的奠基人。

目标设置理论认为目标是认知性的,目标在人们的行为和需要之间架设了一座桥梁,决定了什么是对我们有利的。该理论认为,明确的目标本身就具有激励作用,它能把人的需要转变为动机,使人们的行为朝着一定的方向努力。这个理论最重要的发现便是:具体的目标,即目标明确化(例如,我要挣 500 万)比笼统的目标(例如,我想挣很多钱)会带来更多绩效;在一定范围内,目标实现的难度和绩效呈正相关。

二、目标管理

目标管理(management by objective,MBO)的基本核心是强调组织群体共同参与制定具体的、可行的且能够客观衡量效果的目标。

目标管理的重点在于强调将组织的目标层层具体化、明确化,转化为各个部门的目标,转化为各个员工的目标。这是目标转化的自上而下的过程。目标管理同时也可以是自下而上的目标设定过程。这两个过程的结合形成一个环环相扣的目标层级体系,在这个体系中,每一个员工都有确定的绩效目标,每个人的努力成果都在单位的绩效中反映出来。由于这样明确、可行的目标设定,每个员工完成了自己的目标,各部门的目标也就完成了,整个组织的目标自然也实现了。

在目标管理中,有四个要素:目标具体化,决策参与,限期完成,绩效反馈。

目标具体化是指明确、具体地描述预期的成果。比如,不应笼统地说要降低成本,提高产品质量,而应具体地指出"使成本减低 5%""次品率控制在 1%以下"。

决策参与是指目标并不是由上级单方面指定而由下级部门依从执行的。目标设定要求由涉及目标的所有群体来共同制定,并共同规定如何衡量目标的实现程度。

目标设定要规定目标完成的期限,比如半年、一年等。没有期限的目标等于毫无意义的目标,也就无所谓"目标"了。

绩效反馈是指要不断向员工指出目标的实现程度或接近目标的程度。这使他们能够了解工作的进展,掌握工作的进度,及时进行自我督促和行为矫正,以便能如期完成目标。这种反馈不仅是针对基层的员工,也要针对各级主管人员,以便他们能随时了解部门工作近况,肯定成绩,发现不足,及时采取恰当的措施,确保顺利完成部门目标。比如,基层员工要知道自己的日产出、次品率,或销售额、投诉率;部门经理要统计每日、每星期或每月产量和销售额,做进度报表,了解不同时期的工作业绩,同最终目标进行比较。部门或组织可定期举行工作汇报会，共同总结工作，探讨实现目标的新策略。

三、目标管理与目标设置理论

目标设置理论认为：①困难的目标比简单的目标更容易导致高水平的绩效；②有一定难度但具体明确的目标，比没有目标或目标模糊更能导致高绩效；③提供绩效反馈有利于产生较高绩效。

在具体管理实践中，目标管理主张设定具体的目标和提供绩效反馈。目标管理实际上是要使员工认定他的目标是可以达到的。

本质上说，目标设置是管理心理学里的动机激励理论，而目标管理则是管理学中的目标达成管理。虽然两个理论的出发点不同，但有异曲同工之处。

各种资料表明，目标管理是相当流行的管理技术。在西方的大型企业组织中，包括民间和官方企业，有半数采用正式的目标管理制度，或曾经采用了一段时期。当然，并不能从目标管理的普及性推断它的有效性。也有不少研究个案显示，目标管理的实施并不符合管理者的期望。不过，仔细分析发现，之所以出现这种情况，问题往往并不在于目标管理本身，而是在于其他因素，如对这种管理有不实际的期望，缺乏高级主管的支持，无法或不愿意以目标达成率作为奖酬的依据等。

实践专栏　　培养员工的自我效能感

根据理论和实践，可以综合归纳出如何提升自我效能的方法，从而有利于提升实施目标设置管理所需要的目标接纳度：
- 不要暗示员工无能；
- 不要居高临下地与员工讨论工作；
- 不要找出员工工作结果中那些不重要的错误；
- 不要在同事面前批评员工的工作；
- 不要轻视他们工作或任务的重要性；
- 一定要表扬员工合适的努力；
- 一定要求员工提供信息；
- 一定要认真听取员工的改进建议；
- 一定要与员工分享同事们的正面反馈；
- 一定要正式认可员工的成就。

【本章知识要点】

工作设计：将任务组合构成一套完整的工作方案，即确定工作的内容和流程安排。

工作轮换：也叫轮岗，是让员工在能力要求相似的工作之间不断调换，以减少枯燥单调感。

工作扩大化：在横向水平上增加工作任务的数目或变化性，使工作多样化。

工作丰富化：从纵向上赋予员工更复杂、系列化的工作，使员工有更大的控制权，参与工作的规则制定、执行、评估，使员工有更大的自由度、自主权。

工作生活质量：指整体工作环境是否对人们有益。工作生活质量方案是指组织可采用的任何方式，用以改进工作和工作条件，使得它既适合于员工，又能保持组织的财务健康发展。

社会技术系统：针对科学管理把工作设计过细而产生的问题提出的。其核心思想是，如果工作设计要使员工更具生产力而又能满足他们的成就需要，就必须兼顾技术性与社会性。

工作的特性模式：工作包含五个核心维度。①技能多样性程度；②任务的可识别性；③任务的重要性；④自主性；⑤反馈程度。五个维度决定了工作的特征模式。其中前三者使员工了解工作的意义，自主性则赋予员工责任感，反馈则使员工了解工作成果。

目标设置理论：目标使人们知道他们要完成什么工作，以及必须付出多大努力才能完成。这种目标的明确性能提高绩效，尤其是当目标相对较困难但又可以实现时，比简单的目标更能导致较高的绩效。目标设置的四大要素是接纳性、具体性、挑战性、监督与反馈。

目标管理：基本核心是强调组织群体共同参与制定具体的、可行的且能够客观衡量效果的目标；重点在于强调将组织的目标层层具体化、明确化，转化为各个部门和各个员工的目标。目标管理的四要素是目标具体化、决策参与、限期完成和绩效反馈。

【思考题】

1. 工作生活质量的含义是什么？工作扩大化和工作丰富化有哪些作用？
2. 目标设置的关键因素有哪些？其实施的前提条件是什么？

18

组织变革与发展

士不可以不弘毅，任重而道远。

——《论语·泰伯篇第八》

人无远虑，必有近忧。

——《论语·卫灵公篇第十五》

【内容概要】

介绍工作变革的特征以及对变革的反应。

学习如何成功地实施变革。

阐述组织发展的观念、目标、步骤。

介绍组织发展的技术。

§1 有关概念

一、工作变革

1. 工作变革的特征

现代组织管理面临许多问题，其中三个最具挑战性的难题是：对高科技的接受与应用、不断地创新、组织萎缩。科技的发展、竞争的激化、国际化，以及消费者的偏好和员工的期望在社会经济作用下发生的变化，都促使组织必须能够随时进行自我调整，适应环境，否则就会有在竞争中被淘汰、吞并的危险。逆水行舟，不进则退。迎接挑战、摆脱危机的唯一出路，就是变革和发展。

工作变革(work change)指工作环境中发生的任何变化。值得注意的是，这里指的"变革"可以是任何的变化或改变。根据系统论的观点，任何一部分发生变化都会影响到整个组织，从高层人事变动、战略转型、文化重塑、制度更新，到福利调整、部门人员增减、办公场地变更等。变革措施指有计划地采取的行动，以促使事物或情形有所变化。充当变革的催化剂并负责处理变革事务的人，被称作变革者、变革代理人(change agent)或变革执行人。组织发展是指采取系统化的干预方法来促成变革。

变革执行人并不一定总是管理者，也可以是组织内的员工或组织外聘的顾问。对于重大的变革，管理当局常常聘请外界的专家顾问进行指导，原因是"旁观者清"，他们常常能指出组织中存在的弊端，看到新的出路。但是这种请外来人员插手组织事务的做法也有一些不妥，因为外人不了解组织的历史、文化、现有工作方式及人事情况。20 世纪 90 年代最引人关注的企业人事变动之一，要数 IBM 为摆脱困境而更换董事长和首席执行官(CEO)。IBM 举措的惊人之处在于，请美国食品业巨头 NABISCO 公司的总裁 Gerstner 出任自己的董事长和首席执行官，他不仅是"外乡人"，而且也是该领域的"门外汉"！虽然事后证明 Gerstner 干得非常出色，但靠外界举荐 CEO 的做法并不总是成功的。此外，外界顾问提出的建议往往容易过于激烈，让人一时间难以接受。

组织发展的概念则可能比人们想象得更为广义，涵盖更广的范围，它既包括组织结构、制度上的变革，也涉及针对团体或个人的心理指导，目的在于使组织及其成员适应环境的变迁，改善组织的绩效和员工的福祉。

实践专栏　　什么是变革

通用汽车公司和福特汽车公司是美国两家主要的汽车制造商。两家公司曾耗资数百亿美元对公司进行整顿并引进机器人，希望以此能与进口汽车决一雌雄。在引进的技术中，最吸引人的是电脑控制设备操作和质量检验。显然，公司指望改变自身的技术现状，以便在竞争中求得生存。

3M 公司则把希望放在新产品的开发上。管理当局声称，要使公司四分之一的业绩来源于发展不到五年的新产品。如果真的总有新招数推出，产品更新换代的周期大大缩短，的确也是一条出路。

IBM 公司就没有这种运气了。这个"蓝色巨人"曾掌握着先进的技术，拥有一流的新产品，但 20 世纪末期在市场上却屡屡受挫，以致企业大事裁员，减小规模，组织萎缩，濒临危险边缘，只有变革才有出路，包括一改一向内部选拔 CEO 的内部劳动力市场政策。

然而，变革还远不限于以上方面。古德曼(P. S. Goodman)和科克(L. B. Kurke)在《组织变革》一书中写道："变革的含义渗透于所有组织行为的观念之中。试想，领导、激励、组织的外在环境、角色等，处处都有变革的影子。"

2. 对变革的反应

人们对变革的体验方式，是决定其反应的一个因素。其根源是个人经历和背景，以及工作环境本身。

变革对于组织生存与发展如此重要，人们是否都欢迎变革呢？答案是否定的。人们似乎对变革有抗拒心理，因为人们可能因此丧失熟悉感(追求熟悉感是人的一种天性，因为它意味着能把握环境，故伴随着安全感)，或是个人利益有所损失。

所有的变革都是有成本的。这些成本不仅是经济上的，也是心理上的和社会意义上的。由于变革中伴随着成本，变革的提议并不总是必要的——组织的目标总是收益大于成本。由于人们对变革的反应不同，并且有多种变化形式，对于变革将涉及的各方来说，往往并不存在肯定且清楚的、百分之百的利益。组织必须澄清变革的收益是否大于成本，以及组织和员工两方面的收益究竟是哪些，以免盲动。

二、对变革的抵制

对变革的抵制(resistance to change)包括任何旨在怀疑、拖延或者妨碍工作变革实施的员工的行为。抗拒变革的方式各种各样。抗拒可以是外显的或含蓄的，即时的或延迟的，言语的或行动上的。从实际效果来看，明显的、即时的抗拒比较容易处理，组织可以立即判明问题所在，采取措施。棘手的是那些隐含不露的或延迟的抗拒，这种潜在的抗拒很难捉摸、难以把握，反而延误采取对策以进行调整，结果使组织丧失士气和效率。

员工们之所以抵制变革，是因为变革危及他们的安全、社会交往、地位、竞争或者自尊心等各方面的需要。

以往研究和实践将员工抵制变革的类型概括为三类：逻辑的、理性的抵制，心理的、尤其是感情态度的抵制，社会的、群体的抵制。逻辑的、理性的抵制涉及重新学习时需要付出的额外努力，所需的调整时间、理性因素减少的可能性(比如变革需要太长的调整期，变革初期技术水平下降，变革的经济成本，变革的技术可行性有问题)。心理的抵制包括对未知心怀恐惧，对变革的承受力低，不满意管理层或其他变革执行者，对他人缺乏信任，安全需求，希望自己地位稳固(例如组织兼并收购时管理层将会减少，这将对一些组织成员的地位造成威胁)。社会的、群体的抵制则包括政治联盟，对立的群体价值观，地方主义，思想狭隘，隐藏的利益，保持当前友谊的愿望(例如高层变动导致整个中层与高层的关系发生变化，又如被收购的企业的员工感到地位降低)。

但是，需要明确，对变革的抵制并不一定都是坏事。抗拒反应是员工发泄内心不满与挫折的方式，并可以借此排解心理压力。同时，抗拒反应为管理者提供了反馈，使管理者能够及时了解变革的影响，采取措施，既消除员工的不满，使他们接受变革，也能弥补变革措施的不足。因此，抗拒可以充当变革的反馈与报警系统。

以往的研究与实践表明，对变革的抵制也有一些益处。员工对变革的抵制要求管理者能够给员工一些宣泄的时间和渠道。并且，这也是在告诉管理者变革的问题所在：员工对变革的抵制能够帮助管理者检查有关变革的设计和方法，减少了管理者的鲁莽决策；帮助确定变革可能造成麻烦的具体领域；管理者被激励去与员工就变革进行交流和沟通；为管理者提供员工对某一问题关注程度的信息；促使管理者能够为喷涌而出的员工情绪提供发泄的渠道；鼓励员工给予一项变革以更多的思考与讨论。

§2 成功地实施变革

1. 为变革寻求外部支持

有时，一些外部的因素促使组织采取变革。这有助于组织化解内部的抵制。常见的促使组织推进变革的外部因素包括：法律，技术发展(例如行业新的技术导致组织必须跟进发展)，竞争对手引进新的服务，来自客户、工会、社区及其他因素的压力和动态环境。

政府颁布的一些新的法律、规章或政策，往往是企业采取变革的外部因素。例如，政府可能对品质或标准提出新要求，汽车尾气排放必须符合一定的环保标准，企业污水排放必须达到一定的环保规格，上市公司在信息披露、人事变动、股权变更等方面必须遵守一系列规定，一些地方政府不断调整本地最低工资标准，等等，这些都要求企业做出相应的调整。

行业的技术发展也是组织变革的重要推动因素。例如，20世纪九十年代随着计算机的发展、普及，大量机构包括政府部门实行办公自动化、无纸办公，这就要求信息系统升级改造，并要求所有员工都掌握基本的电脑使用技术。又如，一些行业自动化程度不断提高，精化生产更多是由精密数控流水线完成的，因而对在岗员工势必提出更高的要求，没有一定文化教育水平的人只能被淘汰。

竞争对手的革新也是推动组织自身变革的外部动因。例如，智能手机技术一旦在市场上出现，如果相关企业不迅速跟进，就会面临被淘汰的风险。又如，电动汽车的电池技术在不断更新，如果竞争对手的电池性能大幅领先，不进行技术变革就可能会被市场淘汰。

来自客户、工会、社区的要求可能使变革变得更为细微和复杂。例如，市场上不同的客户有多样化的产品诉求，每种诉求可能都很少见，但积累在一起就是很大的客户群。海尔公司就是通过自身的技术变革使生产线能灵活满足不同客户的需求，生产出各式各样的产品，从而赢得了市场的青睐。这种生产模式本身要求员工有高度的客户取向、乐于求新、不断尝试多样化的心态。

2. 变革三阶段

在变革的初期，由于新技术尚未熟练运用，生产力往往会先呈下降趋势，变革非常脆弱，很容易受到变革阻碍者的抵制。处于变革初期阶段的组织要敢于坚持正确的变革，如果半途而废，往往不仅不能实现生产力大幅度的提升，还很有可能无法恢复到变革开始之前的生产力水平。有分析表明，在变革失败的案例中，有2/3是由于没有将变革坚持下去(图18-1)。

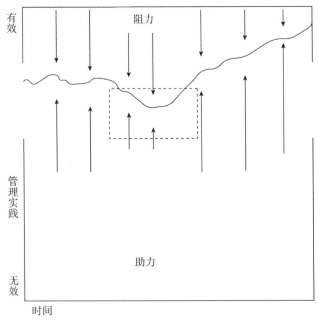

图18-1 变革过程模型

进行变革通常要遵循一定的程序，也就是推行变革的进程模式。一般来说，成功的变革要经过三个步骤：首先是对现状进行解冻(unfreezing)，抛弃旧的观点和做法，这是启动变革的序曲。然后是进行变革(changing)，即提出一项新的行动方案，学习、试验新的观点和做法，也就是变革的实质内容。最后是将变革的成果加以固化(refreezing)，把学习的内容付诸实践，在理智和情感上接受新做法，也就是使变革的效果固化下来。以上就是变革的"三部曲"。这就好比外科医生做手术，在正式开始手术前要先对病人进行麻醉，然后实施手术，手术后还要对伤口进行缝合，并为病人止痛。"三部曲"这种既有前奏又有尾声的变革进程模式，使得变革成为一个完整的"手术"。

解冻期主要的任务是要消除人们对变革的抗拒心理，使人们转为接受，从而为顺利进行变革创造必要的前提条件。因此，这一阶段是必不可少的。

为了消除抗拒心理，可以采取几种措施：其一，增加摆脱现状的驱动力。组织为了使员工支持变革，可以提供正面诱因，如增加薪水，提高福利，让人们看到变革的好处以平衡可能的损失，从而使人们接受变革。其二，减少阻碍摆脱现状的约束力。管理者可以听取员工的意见，了解他们的要求和愿望，针对员工提出的问题给予解释，并对员工进行安慰，以消除他们的疑虑和误解，鼓励员工积极参与到变革中。还可以把上述前引后推的方法结合运用，以打破变革前的僵局。

3. 为变革建立内部支持力量的建议

从组织内部寻找和建构变革的支持力量，对于成功驾驭变革是十分重要的。有人总结了以下几个方面的建议。

(1) 应用群体力量。群体是给员工带来强大压力使之参与变革的一个工具。如果多数人都支持变革，个别人往往也只能服从。不过，群体激发员工变革的能力部分取决于员工对群体的依附强度：群体对员工越有吸引力，它对成员的影响就越大；特别是，如果群体内较高地位的成员支持变革，影响就更大。所以说，平时有效的团队建设是推行变革的重要社会心理基础。相反，要注意变革破坏群体社会体系不能超过必要的限度。任何对群体构成威胁的变革都将面临抵制。

(2) 为变革注入理性。如果说抵制变革的原因之一是人们质疑变革的理性、逻辑，那么为变革注入理性就至关重要。例如，要向员工说明为什么要进行变革，有哪些必要的原因，有哪些重大的好处，以及相关的可行性。当然，高效领导者的个人魅力也会无形中增加变革理性的接纳度。研究表明，如果领导者具有较高的成功期望，变革就更有可能成功。领导者的期望往往转换成具体的管理行为；因为坚信变革会取得成效，管理者会努力实现这个信念，并相应地改变行为方式。这可以理解为领导者的自我确认效应在变革中的体现。

(3) 参与。通常人们不会反对他自己(参与)做出的一项决策。根据这一规律，在实施变革前，可以让那些有可能成为反对者的人参与决策的制定。如果这些参与者提出有意义的建议，那么他们对决策的参与不仅可以减少其抵触，还可以提高变革决策的质量。随着参与的增多,对变革的抵制将趋于减少。因为员工们没有理由抵制自己参与制定的决策。值得注意的是,参与需要及早进行,员工需要在变革发生以前就参与进来。

不过,这种做法比较耗费时间。而且有反对者的参与,同样也有可能使决策的质量下降,或者使决策偏离初衷。

(4) 共享回报。好的变革需要保证员工也能够享受到变革所带来的足够的回报。只有当员工能够共享回报时,变革才是有意义的,并且也不至于导致员工强烈地抵制。变革回报应该尽可能是直接而迅速的,不管是经济上的回报还是心理报酬,都很有效。

(5) 员工安全感。变革期间维护员工的安全感十分重要。如前所述,员工抵制变革的主要理由之一就是担心变革危及个人(利益)。维护员工安全的措施之一是,在进行变革时要保护好资深员工的权利、晋升机会以及其他利益。这是因为由于这些人在组织中占据着重要的地位,具有很大的影响力,当他们联合起来支持某件事情时,这件事往往就更有可能成功;而当他们联合反对时,一般就很难成功。

在变革时需要事先了解这次变革会得到哪些人的支持和反对。很多企业采取"新人新办法,老人老办法"的做法。另外,必要的承诺和申诉制度等做法,有助于员工在变革到来时感到安全。

(6) 沟通和教育。员工对变革的抗拒可能来自沟通不足,也许当他们充分了解变革的意义后,会放弃抗拒。基于这种假设,在变革开始之前以及变革进行过程中,变革者需要与员工进行充分沟通,使员工了解变革的必要性。可以采取的沟通方式有很多,比如一对一讨论或群体交流的方式,专门写信的方式,或者宣传简报的形式。如果对变革的抵触确实来自双方沟通的不足,那么这些方法的确可以起到作用。

即使变革只会影响工作单位中的少部分人,也需要在变革之前通知所有的人有关变革的消息,这是为了使员工感到安全,维护组织协调以及信息公正。预先告知可以给员工提供安全感,并且也为员工提供了发泄的机会。因为在最需要信息的时候,信息的流量不足就会导致困惑,进而产生抵触。所以在变革的过程中要尽力维护沟通与教育。

(7) 促使员工做好准备。帮助员工意识到变革的必要性,则变革就会更容易被接受。最有效的是让员工自己发现某些方面需要改进,这样有助于他们真正做好迎接变革的准备。

(8) 针对整个体系。管理者有必要从一个更为广阔、针对整体系统的角度来透视变革,以确定、理清、协调好包含在变革之中的复杂关系。

(9) 润滑与支持。可以通过各种支持性活动减少员工的抗拒。可以实施心理治疗、训练新技能、员工休假等消除他们的恐惧或焦虑,适应新情况。当然,这样做既会花费时间和金钱,也并不能保证有效,是一种以"恩惠"换取情感宣泄和理解的策略。

(10) 协商。如果抗拒只是来自少数有威信的员工,可以通过协商提供特殊报酬来换取他们的支持,比如住房补贴、晋级等。

(11) 操纵与吸收。操纵是指通过"粉饰"事实，使变革听起来更具魅力，掩盖变革的不利影响，使人们接受变革。吸收是操纵与参与这两种方法的综合，授予反对派领袖重要角色，使他们参与决策的制定并扮演重要角色，重视他们的建议，从而取得他们对变革的支持。这种做法可称作"化干戈为玉帛"，而且花费并不多。但这种方法也有风险，如果这些人觉得自己是在被操纵、利用，则代价反而会更大。

(12) 高压。这是指直接同抗拒者对抗，针锋相对，对其施加压力。

实践专栏　　沟通有利于变革实施

组织在实施变革前与员工进行充分沟通是必要的，也是有效的。对此，学术界通过现场研究(field study)给出了实证证明。

某家企业组织拟实施某项变革。在实施变革前，将志愿参与"研究"的员工分成两组，其中一组为实验组，这组员工事先被告知要实施的变革的细节，例如原因、目的、方法、流程、收益等，并组织大家对有关变革的方方面面进行充分讨论，鼓励大家畅所欲言，发表意见和建议。而另一组则为对照组，员工没有被告知有关变革的任何内容，只是组织大家了解公司近期的一些常规工作。

随后，企业开始实施变革。这时，对两组员工进行调查，结果发现，事先被告知变革内容并有机会进行沟通的实验组员工，对变革的接纳度、满意度明显要高，抵制程度明显要低。

值得注意的是，尽管实验组员工在事先的沟通中也提了不少意见和建议，但都没有被采纳，变革仍是按事先设计的方案实施。这意味着，即使对沟通中员工的意见和建议"听而不取"，也不会明显地妨碍变革的实施。也就是说，只要沟通就有效果。

从心理学理论来解释沟通的这种效应，至少有四个方面的主要原因。第一，事先沟通，员工被告知变革的信息，知情权得到保障，尊重感的需求得到满足。第二，事先沟通提供了情绪宣泄的渠道，不良感受提前得到了释放，可能的不理性情绪被排解。第三，事先的沟通使员工对变革有充分的认知，了解了变革的逻辑和理性。第四，事先沟通让员工对变革提前做好了准备，有了心理预期，就像打了预防针，一旦变革开始，他们已经"见惯不怪"了。

一旦变革得以实施，最后的成果必须固化下来，构成稳定的样态，也就是"再冻结"。要使已有的变化通过制度正式固定下来，使新措施稳定在新的平衡态上。这时，组织的规范化起着相当大的作用。

综上所述，可有以下这些管理变革的指导方针：只进行有用的、必要的变革；教育员工认识到变革是一个连续不断的过程，并且需要员工掌握新的技能；在渐变中变革，不采用突变式变革，即只要可能，变革应缓进；承认可能会存在对变革的抵制，运用适当的(积极的)策略去处理各个抵制来源；使员工融入变革过程的自始至终，以减少抵制；与员工共享变革的收益；把组织变革视作一个不断拓展的过程，特别注意解冻与巩固两个阶段；检查变革后遗留下来的问题，并对这些问题进行适当地处理。

4. 转换型领导与变革

转换型领导(transformational leaders)的作用是激发大胆的战略变革，为组织的未来描绘远景，激发员工励志发展。研究表明，转换型领导具有三种特征有利于变革的实施：

(1) 建立愿景。转换型领导能够根据企业的发展提出愿景，并通过与下属进行沟通传达愿景。

(2) 展示魅力。转换领导者的个人魅力使得他们有不同寻常的感染力，号召下属追随领导者进行变革。

(3) 激励学习。转换型领导有激励下属的热忱，善于让下属直面挑战、迎接变革。

实践专栏　　实施变革的策略

沙因(V. E. Schein)于1985年曾撰文提出实施变革的7项建议，也许有一定的参考价值：

- 营造一种变革不会带来威胁的氛围。
- 指出变革之后员工所能得到的益处。
- 通过公开讨论与回答各种问题，消除反对者的恐惧和疑虑。
- 争取各级管理人员的支持。
- 努力协调，并做必要的让步。
- 最初先以试验的名义进行，然后逐渐由暂时性转为永久性。
- 最初的变革幅度不要太大，实施的对象不要太多。

毫无疑问，变革要想成功，首先要营造一个支持性的环境；变革应当是使大多数人受益而不是受害，这一点必须充分向人们予以说明；变革要争取多数人的支持和参与，否则成功无望；如果变革引起过大的动荡，会招致强大的抵触，应注意循序渐进。最后，要懂得，变革不是一朝一夕的事。一方面，不要指望一蹴而就，大功顿成。另一方面，应重视一点一滴，细水长流，经常变革，不断变革。成功可以一点一点获取，失误却不可一点一点积累。

§3 组织发展的观念与目标

组织发展，正如前面所说，有其特殊的含义，并不等同于有计划的变革。变革可大可小，可针对技术、可针对产品、可针对某种制度、可针对组织结构等，并不是所有的变革都可贴上组织发展的标签。在西方企业界，组织发展的概念注重的是人文因素，至于权力、控制、冲突、压力等观念，被相对排斥。

概括地说，组织发展所蕴含的观念和针对的目标，有以下几个方面：

(1) 对人的尊重。个体被知觉为肯负责、有良知、能关心他人。因此，应该保持人的尊严，应以礼相待。

(2) 信任与支持。主张建立新型的有效能且健康的组织，它具有这样的特征：充满信任，脚踏实地，开放，支持。

(3) 权力平等。有效能的组织不强调层级分化的职权与控制。

(4) 公开对质。有问题不应该藏在背后或是压抑下去，而是应该公开出来，让员工们发表意见。

(5) 参与。变革使许多人都受到影响，因此实行变革应征得他们的赞同。变革涉及的人越多，就越要争取他们的参与，使变革成为全体人的事，而不仅仅是少数变革倡导者或管理者的事。

以这样的精神为指导基础，组织发展才能取得所期望的积极效果。沃里克(D. D. Warrick)曾撰文进行归纳，认为组织发展的效果应在于：改善组织的效能；促成良好的管理；使组织成员更多地对组织认同，更积极地参与组织的活动；改善工作团体内部及与其他团体之间的合作关系；使人更加了解组织本身的优势与缺点；改善沟通、解决问题、处理冲突的技巧；创造出一种鼓励创意与开放的工作氛围，提供个人成长机会，奖励健康的、负责任的工作行为；显著减少消极的工作行为；让组织成员了解组织必须发展才能适应不断变化的环境；吸引并留住优秀的人才。

§4 组织发展的咨询

前面提到，变革有三个进程。这是从宏观状态来说的。从具体实务上说，有 7 个具体的步骤：

(1) 导入(entry)。有些信号标志着组织中的某些地方或部门需要组织发展专家开展工作。比如，某些同样性质的问题一再出现，管理者的激励手段、提高绩效的措施一再失效；员工士气低落，但却找不到明显的原因等等。当然，如果管理者在某个问题上一筹莫展，但又必须解决，以免影响员工，也可以请组织发展专家插手。在现代企业界的许多大公司里，乃至政府的各种机构和公益机构中，都聘有组织发展专家提供专门服务，有的则成立独立的组织发展部门。

(2) 定约(contracting)。明确组织发展顾问应做、同意做且能够做什么工作或提供什么服务，制定基本原则，说明互相合作的方式、责任以及检查效果的方法。当然，这个约定并不是捆住人的手脚，也不可能过于细致，因为也许顾问还不清楚问题究竟出在什么地方。

(3) 诊断(diagnosis)。这时需要做两件事：搜集各方面信息，对信息进行整理、分析，并制定组织特性剖面图(profile of organizational characteristics)。这是由李克特(Rensis Likert)创立的著名的诊断工具。他发明这种图是为了诊断参与管理的价值观在领导、激励、沟通、决策、目标、控制六个方面的渗透程度。据此可将组织划分为四种类型：独裁、剥削式管理；仁慈的权威式管理；协议式管理；参与式管理。

(4) 反馈(feedback)。这时要把收集的信息及分析的结果向组织管理者汇报，并共同讨论、研究问题所在，彼此达成共识。

(5) 设计变革(planning change)。这时，根据已经诊断的问题，设计出可能的变革方案、对策。可能的干预措施有很多。在个体层次上有工作再设计、训练、改变态度及个体决策的技术等；在团体层次上有团体建设、咨询、各种改善团体决策及处理冲突的技术等；在组织系统层次上有结构再设计、改善人力资源政策与制度、团际发展及改变管理文化的技术等。采取何种方法，决策权在管理者手中。

(6) 干预(intervention)。具体执行干预措施。这是务实的行动阶段。组织发展顾问与管理人员一道工作，促成计划。

(7) 评估(evaluation)。评估的任务在于了解组织发展的措施是否有效，是否成功地消除了诊断出的问题。没有这个最后步骤的工作，组织发展的干预就不能算是完整的。

§5 组织发展的技术

一、结构技术

结构技术(structural techniques)是指有计划地变革组织的结构——改变其复杂性、规范性和集权度——的技术，它是影响工作内容和员工关系的技术。比如，减少垂直分化度；合并职能部门，使机构不那么臃肿；简化规章；扩大员工自主性等等。也可以对工作进行再设计，使工作变得更具挑战性、趣味性；采取新的、有效的激励方法鼓舞员工士气，提高效率；开发人力资源，进行各种技能培训，改善技术条件；更新组织文化，树立新的典范，推行新的制度和奖励方法等等。

二、人文技术

人文技术(human process techniques)是指通过沟通、决策、问题解决手段，改变组织成员的态度和行为。其中有几种常用的方法：

1. 敏感性训练

敏感性训练(sensitivity training)又有许多别称：实验室训练、T团体、交友团体等。虽然名称不同，但都是指通过非结构性的团体交互作用方式来改善行为。团体成员集合在一个自由而开放的环境下，由一位专家作为顾问，讨论他们自己及其交互作用。团体只注重相互作用的过程，而不是讨论的结果，因为目的在于使团体成员通过观察和参与有所领悟，了解自己，了解自己如何看待别人以及别人如何看待自己，了解人与人之间如何相互作用，并借此表达自己的思想、观念、态度。在这个过程中，人们可以了解人的本性，学到人际关系的技巧，提高接受个体差异、应付人际冲突的能力。

2. 反馈调查

反馈调查(survey feedback)是一种专门的调查工具，用来评定员工的态度，了解员工们认识上的差异。通常是以问卷形式进行，可以针对个人，也可针对整个部门或组织。内容涉及决策方法，沟通的有效性，部门间的协调，对组织、工作、同事、上司的满意程度等。当问卷汇总并进行统计分析后，再把结果反馈给员工，进行讨论，鼓励员工发表意见，但只是对事不对人，试图找出解决问题的办法。

3. 工作咨询

没有哪个组织的工作是十全十美的，管理者对此并不怀疑。但问题是，怎样才能提高工作绩效呢？对此他们常常一筹莫展。工作咨询(process consultation)就是通过顾问辅导，了解工作程序的各个步骤，有的放矢地采取措施。工作咨询同敏感性训练有相似之处，都认为人际问题的解决是提高绩效的关键之一，都强调参与。不过，工作咨询更有导向的意图。需要注意的是，顾问只是起咨询辅导的作用，使管理者提高洞察力，但并不直接负责解决问题。管理者最终负责，可以把握方向，同时也学到技能。

4. 团队建设

组织是一群人集合在一起为了共同的目标而共同工作的群体，它的绩效取决于所有人的努力与合作，因此，团队建设(team building)是很重要的。良好的团队建设可以加强团体成员的交互作用，提高相互信任和接纳的程度，提高成员士气，提高凝聚力，增强成员对组织的认同，促进团体绩效。

团队建设既可以针对工作，也可以针对员工的业余生活，双管齐下则效果更好。举例来说，针对工作的方法通常包括目标设定、发展成员之间的人际关系、角色分析、团队工作程序分析几个步骤。先由大家确定团体的目标，列出各个子目标及其优先顺序，在目标及优先顺序上达成共识。接着，各个成员说明自己在目标达成中所扮演的角色，划定各自责任，使每个人明确自己的个人努力与团队绩效之间的关系，加强对团体目标的认同。最后，大家在共同的目标下商讨作业细节，确定工作程序。这种方法可以使全体员工对工作高度投入，增强责任感，从而提高绩效。

5. 团际发展

团际发展(intergroup development)旨在化解和改变工作团体之间的态度、刻板印象、知觉，以改善相互关系。工作团体之间常常存在摩擦、冲突，这会破坏组织效能，因此这也是组织发展的重要课题。一种流行的方法是，由冲突的两个团体分别讨论，列出它们各自对自己的知觉，对对方的知觉和不满，提出要求，然后相互交换，找出分歧和导致分歧的原因与性质。接着，由双方派出代表共同协商，找出解决问题、弥合差异、改善关系的方法。

§6　组织发展的成效评估

对组织发展的成效的评估，实际上就是评定采用的各种方法或技术所取得的效果。有关敏感性训练的研究指出，这种方法能有效地影响行为，但行为上的改变不一定促进绩效，要视具体运用而定。而且这种方法可能会给成员在心理上带来副作用，造成一定伤害。关键是能否在技术上有足够的把握，确保训练在轻松的氛围中进行。

反馈调查法对参与者态度上的改变，得到了研究的证实。采用这种技术后，员工对工作和上级的满意程度都有所上升，对组织活动的参与意识也有所增加。不过这种问卷调查加讨论的方法，并不能保证长久的行为改变，除非采取后续的改进措施和行动。

工作咨询的效果得到了研究的肯定。一项调查表明，这种方法的有效率高于三分之二。

有人回顾了56项应用事例，发现团队建设的成效很令人鼓舞，有90%的应用取得了积极的结果。这个数字对于组织管理技术方面的性能评定来说，几乎是个"天文数字"了。不过，这方面的成效似乎主要反映在员工态度的改变上。有人认为，这一技术同工作绩效间的关系，还应进一步研究考证。

团际发展技术的应用也有普遍性的收效。研究表明，有83%的应用取得了积极的结果，但也有11%的应用有不良的作用。同样需要注意的是，应用的成效主要也是表现在态度改变上的。至于是否同个体行为和组织绩效有显著关系，还需更多的实证。

综合来看，并没有哪个技术是完美无缺的。实际上，在组织管理方面，要想找到一种万灵药，几乎是空想。比较有效的做法，应当是综合各种可能的技术，考察具体的现实情况，对症下药，综合治理。此外，需要注意的是，许多技术对人的态度和知觉的改变是有效的。这也是组织发展的主要特色。当你的目的在于改变员工的态度、认识时，这些技术是你可以利用的资源。但如果要追求行为长久的改变和组织绩效的提高，则还需综合运用其他方法，如激励、工作再设计、改善领导风格、改善沟通和决策等，切忌"孤注一掷"。

【本章知识要点】

工作变革：指工作环境中发生的任何变化。"变革"可以是任何的变化或改变。变革措施指有计划地采取的行动，以促使事物或情形有所变化。充当变革的催化剂并负责处理变革事务的人，被称作变革者、变革代理人或变革执行人。

组织发展：指采取系统化的干预方法来促成变革。它既包括组织结构、制度上的变革，也涉及针对团体或个人的心理指导，目的在于使组织及其成员适应环境的变迁，提高组织的绩效和员工的福利。

对变革的抵制：包括任何旨在怀疑、拖延或者妨碍工作变革实施的员工行为。

成功的变革：成功的变革要经过三个步骤。首先是对现状进行解冻，抛弃旧的观点和做法；然后是进行变革，即提出一项新的行动方案，学习、试验新的观点和做法；最后是将变革的成果加以固化，把学习的内容付诸实践，在理智和情感上接受新做法。

组织发展的结构技术：指有计划地变革组织的结构——改变其复杂性、规范性和集权度——的技术，它是影响工作内容和员工关系的技术。

组织发展的人文技术：指通过沟通、决策、问题解决手段改变组织成员的态度和行为。常用的方法包括：敏感性训练、反馈调查、工作咨询、团队建设、团际发展。

【思考题】

1. 什么是工作变革？有哪些特征？如何为变革聚集支持？
2. 什么是组织发展？与变革有什么不同？组织发展的常用技术有哪些？

19 组织政治与参与管理

> 恭则不侮，宽则得众，信则人任焉，敏则有功，惠则足以使人。
>
> ——《论语·阳货篇第十七》
>
> 曲则全，枉则直，洼则盈，敝则新，少则得，多则惑。
>
> ——《道德经》

【内容概要】

介绍权力的定义和类型。
了解和应用组织政治。
阐述授权的定义及条件。
学习参与管理技术。

组织中人与人之间，包括同级之间、上下级之间、团队之间，总发生着相互影响；一些人可以对另一些人的行为和心态产生影响，进而影响组织中的过程和结果。这种影响的过程，可以解读为"权力"的作用。而探讨这种权力的获得、维系、提升、转移及相关作用，则是组织行为和组织政治要考虑的。

§1 权 力

一、权力的含义

权力(power)从本质上讲是一种影响他人和事件的能力。它是领导者一贯使用的手法,是领导者扩大自己影响力的途径。但就权力的定义本身而言,它并不一定是领导者的特权;任何人,只要其拥有影响他人、事物、环境或某一进程的能力或地位,就拥有某种权力。

权力与权威有所不同,权威是更高层的管理层所授予的,是权力的一个来源;而权力主要是领导者依靠自己的个性、所从事的活动和工作的环境取得的。权威并不是权力的唯一来源,即使没有任何职务和头衔,也可以拥有权力。权威也不一定带来权力,有的人虽有一官半职,却没有任何影响力,就有可能没有实际权力,这就是俗语常说的"被架空了"的情形。

二、权力的类型

权力的来源很广泛,基于此,研究者区分出了不同类型的权力。有研究将权力分为以下几类:

(1) 个人权力,又叫参考性权力、领袖魅力权力或者人格权力。这种权力来自领导者本人,例如领导的特点、吸引力或者具有他人不具备的资源等。例如,一个很有个人魅力、善于演说、富有鼓舞性的领导者,往往会很有感召力,得到众人的追捧、拥戴,其影响力就大。

(2) 法定权力,又称职务权力、官方权力,来自更高层的权威的行政授予。这种权力源于社会文化,并且在不同文化情境下存在着差异。例如,经上级任命而担任部门经理,管理整个部门的工作;或者担任某个计划的负责人,负责管理与该计划有关的所有人和事。这种因管理职责而带来的影响力(控制力)就是法定权力。

(3) 专家性权力,又叫知识权威,来自专业化学习。因对某种复杂情况的了解而产生,取决于教育、培训和经验。以三峡大坝为例,当年毛泽东主席有词句"高峡出平湖"讲述了三峡建水坝的理念。但究竟能不能建坝、怎么建坝,则是要依靠专家的知识权威。这个领域的知识权威经历了从无到有的过程。三峡大坝的论证用了 40 年,从组织建造三峡,动用国力、科学技术等到最后创造工程建设的奇迹,在对复杂情境问题的了解和解决中逐渐发展出了行业的权威。

(4) 奖赏性权力，指对别人重视的项目加以控制和管理尤其是奖励的能力或机会。例如，如果某人有给他人加薪(或减薪)、推荐某人升职或调换工作，甚至分配有利工作的机会或资源，他就拥有奖赏性权力。这些奖赏并不限于物质上的。

(5) 强制性权力，即惩罚他人的能力。强制性权力导致畏惧，在产生短期影响方面具有强大的力量。但对承受者来说，在总体上或者长远的角度可能产生的是消极影响。奖赏性权力和强制性权力看似是一对，但它们并不必然同时存在。例如，有的人只有奖赏的权力(例如车间主管表扬下属)，但并无权开除他人；有的人可以处罚他人(例如开罚单的警察)，但并不一定有奖赏他人的权力。

三、组织政治

组织政治(organizational politics)是指为加强、维护、提升个人的影响和自身利益而设计的有意行为。这些行为有助于个体升职，说服高层管理者采纳有关扩大个人责任和资源的建议，或使个人更加引人注目。

一项对400多名管理者的调查深入了解了他们对组织政治的看法。结果表明，管理者在很大程度上赞同组织中政治的普遍存在，也认为组织政治是必要的、正常的。实际上，为了成功，管理者必须懂政治。而且，管理层次越高，组织政治也变得越重要。在应当影响员工时，管理者必须要有能力施加影响。因为，正如前面有关领导力的章节所阐述的，领导力本身就是关于影响力的。领导者不能是孤家寡人，必须通过运用权力对组织和员工产生影响，从而达成组织目标。当然，当组织政治运用不恰当时，会降低组织效率。例如，有的管理者滥用权力，超越行政体制赋予他的职权行事，甚至借此谋一己之私利，或采用不正当手段扩张自己的影响力，都是不正当的，既破坏了组织政治的良性运作，也会损害组织利益、公正和绩效。

关于如何提升自己的权力，艾伦·科恩（Allan Cohen）的《没有权威的影响》(*Influence Without Authority*) 一书给管理者提出了如下建议：要通过交换获得影响力。具体的做法是：①将另一方作为潜在的同盟者来对待，对自己的目标进行详细地说明，同时了解另一方的需求、利益和目标。②将你所拥有的资源列清单，以确认你所能提供的有价值的东西，同时评价目前你与另一方的关系，决定你要得到些什么，以及你能为对方提供些什么。③进行实际的交换，使双方都获益。在这个过程中要持续地重复"给予与索取"这一方法，并依赖互惠原则才能奏效。例如，某部门经理希望自己部门的规划在高层管理会议上能通过，该经理可以联合另一个部门，了解对方的需要之后，通过相互支持达成各自的目标。

实践专栏　　如何影响委员会的决策

一家企业的管理层正在考虑是否将某一"肥差"业务从一个部门转到另一个部门。最后,管理层决定举行由全体高层管理人员参加的会议,确定这项有争议的业务应归属哪个部门。

在会议前,想得到该业务的部门经理准备了一份翔实有说服力的报告,分发给各个部门的经理。而有可能失去该业务的部门经理则登门拜访各个部门的经理,嘘寒问暖,沟通以往的情况,修复以往的人际关系。

两个星期以后,最高管理层开会研讨此事,最终的投票结果不言而喻:该业务仍留在原部门。

这个事例生动反映了"晓之以理,动之以情"的法则。想要得到该业务的部门经理,动用理性的大笔,希望通过白纸黑字的说理来影响高层经理们。但问题在于,那些公务繁忙的高层经理们有理由看这个报告吗?或者虽然有理由,但有时间看这么长的报告吗?他们在多大程度上会被这个报告打动?提交报告的经理无法确定这些问题。相反,可能失去该业务的部门经理则是采用当面沟通、说明缘由、联络感情、寻求谅解和支持的策略,时间不长,但似乎"情真意切",结果有效地产生了影响力。

学术专栏　　为获取政治权力而运用的策略

有研究总结归纳了各种可以增加权力的策略。

社会交换:在一项交易中,如果工厂管理者支持总工程师的某一项目,总工程师就能帮他获准购买新的机器。根据社会交换理论,人们会帮助那些曾经帮助过他的人。

联盟:信息系统部门经理和公司财务副总裁共同拟定采购新的计算机系统的建议书。有他人的支持,建议书的影响力和被通过的可能性更大。

高层权威的认同:总裁的私人助理代其制定小的决策,并对其他下属"发号施令"。

信息的控制:研究开发部门经理控制营销部门经理所需的有关新产品的信息。又如总裁秘书有信息截流的机会。

选择性的服务:采购部门的经理为更合作的同事提供更快捷的服务。又如,仓库管理员可以选择性地给某一领货人优先分发稀缺货物。越是组织中地位低的人,一旦有了权力,往往会充分发挥他的权力。此外,部门经理在规章制度之外往往有一部分权力,是否运用这部分权力取决于人情。

权力和地位的象征：新的当权者将办公室面积扩大了一倍，进行奢侈的装潢，并聘用了一名私人助理。这些可见的视觉特征往往反映了权力。

权力游戏：经理 A 与副总裁商定将经理 B 所在部门的部分业务和人员转移到自己的部门。

社会交往：通过加入各类俱乐部，如网球俱乐部或行业协会等机构，扩大人脉关系，从而使自己掌握更多的信息、资源，进而获得更多的话语权和影响力。俗语说"多个朋友多条路"，也就是所谓的关系资本或社会资本(social capital)能发挥很大作用。这个概念已经得到了普遍认可。

四、组织政治如何影响民意

了解民意是推行组织政治、获得影响力的一种重要途径。因为了解民意，才能更好地影响民意。然而，进行民意调查时，有一些策略可以影响受访者的回答(表 19-1)，进而影响所谓"民意调查"的结果。例如，如果用具体问题的回答作为线索，则能够影响对笼统问题的回答。例如，研究发现，如果先问受访者去年的收入有多高或是否有所增加，之后再问其幸福感有多高，这两个结果会有显著的正相关，由此就能得到收入越高、幸福感越高的结论。但如果先问一个笼统的问题(如对组织管理是否满意)，之后问一个具体的问题(如去年是否涨了工资)，则两个问题的回答之间没有显著相关，或相关度大大降低。这种现象称为"聚焦错觉"(focusing illusion)。

表 19-1 研究揭示的政治策略

策略	描述
压力策略	运用命令、威胁或恐吓使对方赞同一个要求或支持一个提议
向上呼吁	说服对方使其相信一个提议是更高的管理层支持的，或让高层协助自己获得对方对一个提议的准许
交换策略	明确表示或暗示对方使其了解如果赞同一个要求或支持一个提议将得到实际的利益，或者提醒对方如果他这样做将再次获得过去曾得到过的利益
联合策略	寻求他人的帮助以说服对方做某事，或者将他人的支持作为说服对方做某事的依据
迎合策略	在请对方做某事之前让其处于好的情绪中，或对施加影响者有赞许的看法
理性说服	采用逻辑性的争论或事实证据来说服对方
鼓动性呼吁	提出一个情绪化的要求或建议以激起对方的热情，即通过阐述自己的价值观和理想或者增加自己能够完成这个任务的信心来影响对方
磋商会策略	努力参加决策或计划如何实施一个政策、策略或变革的过程

收入和员工幸福感的相关研究发现，员工的资产特别少或者特别多的时候，收入的多少

与幸福感的相关不显著。只是在中等收入时，随着收入的上升，幸福感增高。可以猜测在挣钱多的时候，安排时间的方式与以往不同，大量时间都用在工作上，没有时间去花钱、放松，因此这时财富虽然很多，但并不会使人感到很幸福。

从这个例子我们可以看到，员工满意度的调查很有可能受到组织操纵。这意味着，民意调查的结果可能是不真实的，或者完全有可能是被扭曲的或相反的。由此，我们可以看到组织政治不良运作所带来的后果。

§2 授 权

如前所述，权力并不必然和职衔挂钩；有职衔的人在职场里不一定很有影响力，而一些没有一官半职的人却可能在工作团队中很有影响力。这种情况在20世纪中后期随着职场工作文明的发展，呈现出两种有代表性的形态：授权和参与。一方面，管理者释放一部分权力给下属，让下属部分地自己管理自己，也就是授权；另一方面，下属"接受"一部分权力，介入到直接控制对自己的工作和工作结果有影响的因素的过程中来，也就是参与。

一、授权的定义

授权(empowerment)是通过与员工共享相关信息，并让其控制影响工作绩效的因素，来给员工提供更多的自主权的过程。

现代工作，无论是在制造业、服务业，还是在高科技领域，一线工作涉及的内容要么太琐碎，要么太细节化，要么相当简单，管理者无须事必躬亲过问所有细节，而是可以交由员工自行处理。即使遇到一些稍显棘手的事务，一线员工如果了解实际情况且积累有丰富的经验，也大有可能靠自己解决问题，而无须依赖上级。这也就把管理者从事无巨细的工作中解脱出来，可以集中精力专注于更重要的一些事务。由此来看，通过授权，无论是员工还是管理者，都获得了成长或发展的机会，都是受益者。但就上述分析而言，授权显然是有前提条件的。

二、授权的前提条件

授权需要组织有一定的制度上的、管理上的支持氛围以及程序上的准备。在大多数传统的工作组织中，总有一些员工认为，他们依赖于上级和团队，自己的努力对绩效几乎没什么影响，这是低自我效能感的体现。如果员工不认为自己有经验、有能力处理工作中的各种事务，当把权力授予他们，他们会觉得"无所适从""不知所措"，形成尴尬的局面：一方面他们不会运用得来的权力，另一方面他们也不乐于去运用那些权力，没有行使权力的自觉。

职场中的这种低自我效能感常常源于以下几种情境：

(1) 组织发生的重大变革超越了员工的控制，员工缺乏安全感。例如，组织进行兼并收购，机构重组。这时组织处于高度不确定的情况，员工更是觉得自身难保。尤其是，员工对这种类型的变革往往缺乏知识，更缺乏参与其中的能力。这时，他们更可能觉得自己是任人宰割的羔羊，而不是组织变革的主人。显然，若要推行授权管理，必须考虑到具体管理事务与员工的相关性，特别是要让员工精通本职工作，积累丰富的经验。即使在重大变革时，也要主动向员工征询意见和建议，使员工有分担责任的觉悟和自我效能感。

(2) 上级管理者的专断的领导风格。一些传统组织中的管理者一向居高临下，"一手包办"，组织中的所有事务都是管理层说了算，无一例外。在这种情况下，员工不会觉得自己能有什么作为，也就因此 "无所作为"，长此以往便会养成懒惰、依赖和无奈的心态。

(3) 报酬系统不能鼓励竞争、革新。员工是否乐于接受授权，一定程度上受组织奖励制度和员工心态的影响。如果组织不提倡"合理化建议"，对于提出好建议的员工不加鼓励，人们会失去积极"参政议政"的热情。或者，有的员工会认为，自己参与工作职责以外的合理化建议活动，是分外的事，如果没有相应的奖励，等于白干，不划算。显然，持这种心态的员工对"被授权"抱以外源性动机：组织授权员工参与管理，必须支付物质报酬，否则"就亏了"。他们参与管理的动机不在管理过程本身(高层次需求)，而在于获得实际的物质利益(低层次需求)。

(4) 工作缺少变化、自主权或角色透明度，员工认为做了决定也没有用。如果工作中一向缺少变化，员工会养成按常规行事的惰性，不会思考积极进取、精益求精。而这时，如果员工一向没有工作自主性，在工作中不能自由决定任何事情，甚至对于什么时候将要干什么、怎么干都缺乏清晰度，则员工更有可能懒得思考如何主动地做好自己的工作。显然，在这种情况下，对员工授权是很难成功的。

因此，要想在组织中实施全新的授权管理，就必须改造上述导致员工低自我效能的状态。相应的做法包括但不限于：

- 帮助员工精通工作。员工必须首先能胜任自己的工作，在工作中积累丰富的经验，能够在上级放权的情况下独立自主地解决问题、完成任务。这是对员工能力的培养。
- 教育员工对工作实施控制并承担责任。要教给员工如何自己尝试去设置、实施工作，并乐于为自己的行为负责。这是对员工的自主性、自觉性的培养。
- 提供角色榜样。要为员工提供成功的榜样。榜样的力量是无穷的。员工一旦看到工作群体中有成功的样例，就更可能去效仿并相信自己也能成功。
- 提供强化。对于做得对、做得好的员工，提供强有力的奖励，强化他们的积极努力。这有利于固化积极行为，使员工形成新的良好习惯。
- 提供必要的支持。在授权状态下，员工自主从事工作难免会遇到各种各样的困难。这时要提供及时的、必要的指导，而不是袖手旁观。但在提供支持时，不是简单地"手把手地教"，而是鼓励员工大胆尝试自己的想法，形成一种努力思考、尝试改进的新常态。这有利于培养员工的主动性和首创性。

通过上述一系列运作，组织解除了员工的"无权力状态"，使得员工觉得自己有能力、有责任、有信心、有方法去面对新的工作氛围和被授权的要求。逐渐地，他们的能力得到加强，更乐于追求工作的高层次动机，赋予工作更高的价值内涵和意义，在经验和才干的主动运用中不断收获自我肯定(自我效能)，并最终达成更好的绩效。这时，授权的作用才能真正地体现出来。

§3 参 与

组织管理者实施授权管理，也就是放权，则必然要求员工接管权力，也就是参与(到管理中来)。有人将这两个过程看作是一对管理过程：当它们同时得到良好运用时，更有可能成功；如果只是单向实施，例如只强调授权管理或只侧重参与管理，效果都会大打折扣。

一、参与的定义

参与管理(participation management)就是让下属实际上分享上级的决策权。在具体运用上，参与管理有多种形式，如共同设定目标、集体解决问题、直接参与工作决策、参与咨询委员会、参与政策制定小组、参与新员工的甄选等。

参与是在群体条件下，通过促成个体的脑力和感情的投入，使得他们能够为组织目标的实现做出贡献并分担责任。

从过程上讲，参与式管理主张与员工磋商，引导员工共同研究问题，进行决策，作为团队成员一起工作。管理者既不是包揽一切的独裁者，也不是放弃管理职责的自由放任者，而是与员工共同承担责任。

从本质上讲，现代管理不能只管员工的手，而是需要他们全身心投入，带着智慧(大脑)和情感(对工作的兴趣、对组织的热爱之心)来从事工作。参与意味着脑力和感情的投入，而不仅仅是身体的活动。参与是一个人的整体自我的投入,而不单纯是其技能的投入。参与是自我的投入,而不仅仅是任务的投入。

> **实践专栏**　　参与管理的成功实例
>
> - 某电子公司设在美国俄亥俄州的灯泡厂里,工作人员不仅执行许多任务,还担负着很多原先属于管理人员的职责。当工厂产品滞销时,这些人员会首先决定减产。若还不行,就把自己的一部分人员暂时解雇。
> - 东方航空公司曾实行这样的计划:允许作业人员对直接影响他们工作的决策有更多的发言权。在实施这项决定之后,仅仅机械技工的生产力就大有提高,价值合计达 5000 万美元。
> - 美国一家保险公司(USAA)的业务员每星期开一次检讨会,讨论如何提高工作质量和生产效率,管理人员倾听他们的意见,并对他们提出的许多意见予以采纳。
> - 海底捞连锁火锅餐厅在扩展初期,授予员工们免单的权力,在和顾客互动中,能够给顾客带来更愉快的服务体验,让海底捞的口碑直线上升。
>
> 这些实例表明,员工参与(管理)有全方位的收效:员工满意度、积极性、能力得到提高;组织运营效益得到提高;顾客满意度得到提升。

参与管理曾一度被认为是提高士气与生产效率的灵丹妙药。有人甚至认为,出于道德的理由,必须实行参与管理。不过,参与管理也不是放之任何组织、工作群体而皆准的法则。而且,若采用这种管理,必须有足够的参与时间,员工参与的事务必须和他们自身的利益有关,组织文化必须支持员工的参与,员工本身还必须具有参与的能力(智力、知识、技术、修养与沟通能力)。

管理者与员工分享权力的理由何在?其一,当工作变得十分复杂时,管理人员无法了解员工所有的情况和各个工作细节,若允许员工们参与决策,可以让了解更多情况的人有所贡献。其二,现代的工作任务相互依赖程度很高,有必要倾听其他部门的意见,而且彼此协商之后做出的决定,各方都能致力推行。其三,参与决策可以使参与者对所做的决定有认同感,有利于决策的执行。其四,参与决策可以提供工作的内在奖赏,使工作显得更有趣、更有意义。由于这些特点,参与管理尤其受到年轻一代和高学历员工的青睐。

值得一提的是,许多研究探讨了参与管理和绩效之间的关系,结论是参与管理对提高员工生产效率、士气与工作满意感,只有中等程度的影响力。

实践专栏　　施乐公司的参与管理

施乐公司是著名的设备制造商，因最先发明复印机并以公司名称标榜"施乐就是复印机"为荣。

然而，20世纪末，施乐公司在纽约的一家制造厂遭遇严重亏损。经反复研究，最高管理层得出结论，唯一的选择是将部分元件的生产转包出去，从而降低成本。但这将使原来从事这些生产的员工失业。

为了避免这180名员工失业，一群员工自发组成工作团队，开始为节约成本收集各类合理化建议。经过6个月的努力和多方位分析，该团队建议实施一系列广泛的变革，这些变革预计每年可节约成本370万美元。如果按180人计算，人均可节约20 555美元，远高于当时普通工人的年平均工资！这些建议被管理层与工会所接受，避免了解雇员工，使工厂又开始盈利。

二、参与为什么会流行

参与往往有利于提升工作绩效和工作满意度，特别是在变革导入阶段。通过给予组织低层员工更多的责任，加速了建议被接纳的进程，促进了组织目标的实现。参与还满足了员工的高层次需要，例如它满足了员工对工作意义和工作圆满完成的需要，满足了员工寻求自身在组织中的重要感、运用自身才智的机会、尽力实现更高目标的机会。通过提高教育水平，赋予工人创造性地解决工作问题的独特能力。由此可以看到，实施参与管理对于员工的全面成长有诸多好处。因此，参与管理被认为是当今职场管理的必然。显然，那些参与程度过低的工作，最终将导致员工身心受到损害。组织需要员工在参与的过程中提升自我，劳动力在劳动力市场上得以升值，竞争力提高。

就组织绩效而言，参与管理的好处也是多方面的。一般来说，参与会带来更高的产量和更佳的质量。这是因为员工参与往往会促进其工作动机，员工感到他们被接受的程度在增加，更乐于把自己参与制定的工作做好。不仅如此，员工的自尊、工作满意度、与管理层的合作有所改善，减少了冲突和压力，组织目标得到更有力的承诺，员工能更好地接受变革。此外，参与管理通常会降低离职率和缺勤率，因为员工感到有了更好的工作场所，在工作中更加积极。最后，参与管理使组织内部建立了更好地沟通，信息共享使员工提出高质量的建议，促成双赢。

三、关于权力的观点

既然授权管理和参与管理有如此多的好处,为什么有些组织的管理者不愿意实施授权呢?显然,授权管理至今仍不是非常普遍的现象。出现这一现象的原因之一在于管理者关于权力的观念:静态、不可变的,还是动态、可增值的。如果一位管理者认为权力是个固定值,他就会把持权力,不愿意授权;他可能觉得自己的权力还不够用,怎么能再分一些给下属呢?然而,如果认为权力是动态的、可增值的,结果就大不相同了。根据动态的观点,权力需要通过运作来增加、维持和提升。例如,当项目得到更好的发展时,整个团队在组织中的价值升高,团队管理者相应的威望、影响力也会升高,权力也就更大。相反,持固化观点的管理者的权力会被蚕食,因为员工感受不到授权和尊重时,不再会追随、听命于管理者,甚至会跳槽。

四、参与的先决条件

和授权管理一样,实施参与管理也是有先决条件的。有人指出,至少下列因素应该在决定是否实施参与管理前加以考虑:

(1) 必须要有充裕的时间实行参与。应确保有充裕的时间供员工思考、采集、交流各种意见和建议。参与管理应以不干扰现有工作的合理安排为前提。

(2) 潜在收益应该大于成本。参与管理应使组织值得为此付出时间和实施成本。参与管理不能导致"喧宾夺主",背离达成组织目标的初衷。

(3) 参与的主题必须与员工有关,能引起员工的兴趣。与员工利益休戚相关的主题最能促发参与的热情。

(4) 参与者应当具备参与的能力,如才智和技术知识等。

(5) 参与者必须能互相沟通,如能讲对方的语言,以便交换意见。

(6) 无论哪一方都不应感到参与使自己的职位受到威胁。参与的目的是双赢,而不是引发新的对立与冲突。

(7) 参与只能发生在群体的工作范围内。对组织来说,不同的问题由不同的人来参与讨论或决策。要遵守有关规则。还要考虑自然环境和个人局限性。不存在完全的自由。不是任何时候、任何事情都需要所有人来参与。

五、影响参与的因素

参与管理能否成功,还取决于一些权变因素的影响,包括环境、组织、组织领导、执行的任务的性质,在员工身上有所体现。

相对而言，在一个大变革的时代，充满了不断创新、变革的氛围，员工应对变革的能力较强，则比较容易实施参与管理。一个一向尊重员工、倡导开放式沟通、推行授权式领导风格的组织，更容易使参与管理取得成功。针对一些知识密集型、高创造力的岗位，工作的非结构化程度很高，很大程度上依赖于员工的自觉和首创性，则参与管理更可能成为大家普遍接受的共识。

值得注意的是，员工对于参与的需求有个体差异。有些员工很渴望参与，而另一些员工则对于群体性社会活动十分退缩，这是个人性格、动机特征造成的。相应的，组织中经常会出现参与不足(under-participation)和参与过度(over-participation)两种现象。如果组织所提供的参与机会显著少于员工对参与的需要水平，就会导致参与不足，员工会体验到不满，并呼吁更多的参与机会，希望自己的参与需求得到满足。相反，如果组织所提供的参与机会显著多于员工对参与的需要水平，就会导致参与过度。员工这时会设法回避参与，远离群体活动，甚至抱怨这些参与活动干扰了自己的个人工作甚至生活。

从某种角度上讲，组织提供的参与机会应该与员工对参与需要的程度相匹配。如果企业特别需要员工参与，应该在选拔时招聘参与度较高的员工；而不需要员工参与的企业，在招聘时应避免聘用参与度较高的员工。但从另一个角度上讲，如果参与是今天工作社会的必然趋势，那么组织应该尽可能多地提供参与机会。前提是，要首先培养全社会职工的参与意识和相应的参与能力，使人们为参与管理做好准备。

六、实施参与管理的方法

1. 参与方案

参与管理由来已久。从梅奥倡导"人群关系理论"和相应的"参与管理"开始，历史上陆续出现多种参与管理的具体实践模式(图 19-1)。其中，最早提出的"斯坎伦计划"就是当时的一种参与管理模式，也叫"协商管理"。具体而言，当就某个具体问题出现劳资纠纷时，资方会邀请员工代表一起协商，听取员工的想法和意见，然后拿出一个令双方都接纳的解决方法。这在 20 世纪初已经是很了不起的事了，因为这是资方第一次正式听取员工的意见。

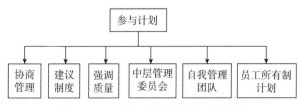

图 19-1　历史上各类参与管理的方案

随后发展出"建议制度",可以说它是"厂长信箱""校长信箱""政府信箱"的先驱。这个方案在制度上肯定了员工建议的权利,规定了员工进行合理化建议的方式。此后的"全面质量管理小组"(total quality management circle)是一种更紧密地联系管理层和一线员工的、合作决策的形式,它由相关的经理人、工程师、一线员工等组成,是一个相对固定的团队,为了提高产品质量共同工作,想方设法提升生产品质。之所以一线员工被纳入这个团队,是因为他们对一线生产情况最了解,也最熟悉一线的工作,富有经验。

"中层管理委员会"是一个特殊的历史产物。20世纪中晚期以前,人们的信条是"高层决策,中层执行"。在那个时代,中层管理者并没有什么决策权。直到著名学者、诺贝尔经济学奖得主西蒙指出"管理就是决策",人们才逐渐改变了对各级管理者的职能的认知。中层管理者无疑是管理的中坚力量,他们在组织管理系统中承上启下,执行着大量管理事务,对于管理富有经验,当然也就对如何改进管理享有发言权。

"自我管理团队"的出现则是20世纪末。随着人本管理和魅力型领导的推行,一些工作团队采纳了自我管理的形式,从做什么、何时做、怎么做,到如何评价做得好坏等,均由团队自己来决定和实施。至于"员工所有制计划",则是从资本结构上确定了员工参与管理的基本权利,因为这时员工自身也是企业的所有者,参与管理责无旁贷。

从上述各种参与管理方法或模式的发展也可以看出参与管理与民主管理的区别。前者是泛指管理层在一定程度上邀请被管理者参与到管理中来,它可能包含多种形式;而民主管理主要是指员工自己管理自己,其代表形式是"自我管理团队"。

2. 管理者的新角色

随着人本管理和自我管理的逐渐流行,管理者开始放弃他们传统的裁判和评论家的角色,而将自己看作员工的合作者。他们仍需要为其工作单位指明方向,帮助设置具有挑战性的目标,监管资源。但其新角色需要他们将自己看作一系列人力和技术资源的"管家"。这种管家范式将管理者的工作重心从方向的指引和控制,转向一种"公仆型领导"。其任务是:帮助他人实现相关目标,并开发他们的技术和能力。

【本章知识小结】

个人权力:指由于领导自身的特点及其拥有的独特资源所带来的权力。
法定权力:指由权威赋予的权力,具有文化差异性。
专家性权力:指由于掌握专业文化知识,对某种复杂情况具有深入了解而具有的话语权。
奖赏性权力:指能够对项目进行管控,并且对他人进行关键性的物质和精神奖赏的能力。
强制性权力:指能够惩罚他人所带来的能力,通常伴随着畏惧,在短期内有明显效果。

组织政治：组织内部各种对个人影响和利益相关的有意行为，随着管理层级的升高，重要性不断凸显。

授权：将权力通过与员工分享相关信息、增强其对工作绩效影响因素的控制的方式下放给员工，使员工拥有更多的自主权的过程。

参与式管理：与领导授权相对应，员工通过掌握相关信息以及绩效相关因素的控制而拥有相应的管理中的决策权，参与到管理过程中。

斯坎伦计划：最早的一种参与管理模式，也叫"协商管理"。当就某个具体问题出现劳资纠纷时，资方会邀请员工代表一起协商，听取员工的想法和意见，然后拿出一个令双方都接纳的解决方法。

【思考题】

1. 什么是权力？为什么组织中的很多人热衷于权力？
2. 什么是授权？有哪些先决条件？
3. 哪些行业和/或岗位更容易推行参与管理？为什么？如何证明你的猜想？

20

回顾与展望

> 惠而不费，劳而不怨，欲而不贪，泰而不骄，威而不猛。
>
> ——《论语·尧曰篇第二十》

【内容概要】

回顾管理心理学的内容。
总结管理心理学的特点和应用。
概述管理心理学未来发展趋势。

§1 管理心理学回顾

正如本书在一开始提到的，现代组织包括两个系统，其中的社会-心理系统涉及组织中有关人的部分，因此需要应用心理管理。现代组织管理逐步抛弃了以往传统的以人去适应物的管理观念，取而代之的是越来越重视人在组织中的作用，重视以人为中心，将社会-心理系统与技术系统有机地结合起来服务于组织。管理心理学关注个体心理、群体心理、领导心理与组织心理，试图通过对不同层面的心理与行为进行描述、解释、预测、控制和改善，来达成管理的最终目的，实现组织和员工的双赢。

独立的个体在组织中的行为倾向以及表现出来的具体的行为，除了受人口统计学因素(性别、年龄、学历等)影响外，还会受到心理因素的影响，包括个体的知觉、人格、态度、动机等方面。人们通过知觉的过程对接收到的信息赋予一定的意义，并对信息做出解释。这一过程同时受到知觉者、知觉对象以及知觉情景三种因素的影响，这也就是为什么即使面对同一事物，不同的人也会有不同的解释。而且，由于知觉偏差的存在，人们的知觉可能发生一定程度的歪曲，无法真实地反映客观事实。

受遗传和环境两方面共同影响而形成的人格同样影响着个体，不同人格特征和人格类型的个体会表现出不同的思维方式与行为模式，因此对员工的人格进行考量，有助于更准确地对员工的行为进行解释和预测，进而有针对性地实施管理策略，节约管理成本。研究和实践都表明，当员工和组织在人格特征上相匹配时，工作效益最好。

态度相对于价值观来说稳定性较低，它涉及个体对具体事物的认知、感情、信念，会受具体的情境影响而变化。与工作有关的态度和员工的行为之间往往有着重要的联系，例如工作满意度、组织忠诚度、变革承诺等。员工态度的改变往往传递着重要的信号，例如离职意愿。因此，重视员工的工作态度对管理有着重要意义。

另外，人们之所以加入某一个组织、从事某一职业，以及在工作中的所作所为是因为他们存在某种动机，期望某些需要得到满足。员工的工作动机是管理中不可忽视的部分。对于组织及其管理者而言，工作动机关系到在管理过程中应使用何种激励手段才能有效地激励员工，使其看到自身需要与组织要达成的目标之间的关系，从而为了自身需要的满足和组织目标的达成而努力。

由于人所具有的社会属性，人们除了独立地活动外，还不可避免地需要与他人进行互动，而在这样的互动中便产生了群体，将具有某种共性的松散的个体联系起来。组织中的个体存在于不同的群体之中，这些群体可能是正式的群体，也可能是非正式的群体。不同类型的群体都有其存在的意义。人们在不同类型的群体中通过与他人建立相互关系来满足另外一些需要，达成某些只依靠个人力量无法达成的目标。由于管理理念和工作观念的转变，现代组织中出现了很多围绕某一核心目标而组建的团队，团队中的人通过沟通来实现信息的传递和流通，通过共同的努力来实现核心目标。这些团队作为子系统对整个组织的效能产生深刻的影响。如何使组织团队高效运转？如何根据团队所处的生命周期的不同阶段来进行差异化管理？如何正确地认识并解决团队中可能出现的或已出现的问题？这些都是管理心理学在群体层面上应该探究、解决的问题。

领导者不同于管理者，两者的侧重点有所不同。传统意义上，管理更强调任务，而领导更注重人。但现代领导理论强调将传统的领导与管理的职能合二为一。对于任何一个组织而言，领导的作用是显而易见的：好的领导能够保证组织的有序性，影响和支持组织中的其他人，使他们能够被激励，并在工作中充满热情。不论是正式任命的领导者还是非正式任命的领导者，他们是否拥有影响力在领导过程中至关重要，只有当追随者愿意服从领导者的指挥时，领导对于组织的作用才能显现。早期研究领导的心理学家认为领导者具有某些与生俱来的特质使其区别于其他人，这些特质可以成为区分领导者和非领导者的标准。但是，随着社会的发展，人们逐渐认识到：即使是普通人，也可以通过努力改变命运成为领导者。这一观念的转变使研究者开始关注领导者具体的行为表现，从行为角度来了解领导的本质，并希望通过对关键行为进行训练培养出合格的领导者。而当行为理论的发展和应用并不尽如人意时，人们开始注意到情境在领导过程中的作用，并提出了权变理论，主张根据具体的情境来决定领导方式。每种理论的出现都伴随着特定的时代背景，都具有合理性。在实际应用中，应当注意：领导方式的选择应该是综合考虑工作、人、情境多方面因素的结果。

管理心理学关注组织文化、组织结构、组织与员工行为互动以及组织变革和发展等组织层面的因素，其最终目的是为了阐明这些组织层面的因素会对组织绩效以及员工的工作态度、工作行为产生什么样的影响。组织在选择结构设计的时候应该结合组织战略、规模、所处环境、技术、控制进行考虑。不同的组织结构各有其优缺点，只有选择适当的组织结构，并依据组织结构将员工放在组织中的不同位置才能使组织正常且高效地运转。为了实现组织绩效，组织会制定政策要求，这便涉及组织对个体影响的合法性。组织与其员工因合法性问题产生矛盾和冲突的事例屡见不鲜，多是由于双方对组织合法影响的边界界定不同。员工行为类型和行为与工作相关的程度，可以作为两个关键的维度来对员工行为是否应该受到组织约束进行评价。此外，组织发展还要设法减缓工作冲突与压力，减少职业倦怠，维系职业健康。

现代组织所处的环境要求组织拥有随时进行自我调整的能力以迎接各种挑战。变革与发展即是组织在激励竞争环境中的生存之道。成功的变革将为组织注入新的活力，带来更多的收益。但变革并不是一帆风顺的，关键之一在于并非所有人对组织的变革都会持积极的态度，特别是在人们的利益会因此而受损时，变革可能遭到抵制，花费不必要的成本。如何顺利地实施变革，实现发展？什么样的变革能称之为成功的变革？管理者如何恰当地运用权力、通过授权和参与而有效地实施管理和变革？这些都是组织及其管理者所关心的问题，也是管理心理学所探讨的问题。

§2 管理心理学的特点与应用

管理心理学是一门从微观角度出发、注重理论的学科，它运用心理学的原理和相关研究方法来研究管理过程中的人的心理。认知理论、行为主义理论和社会认知理论共同搭建起了本门学科的理论框架。它期望通过组织中与人有关的因素来回答和解释会对组织绩效产生影响的组织管理相关的问题，为组织及其管理者提供管理思路和可供借鉴的策略方案，也帮助组织中的个体对自身有更清晰的了解。管理心理学针对人的特性所强调的四大观点，即人力资源观点、权变观点、结果取向观点和系统观点，也是这门学科区别于其他学科的特色之一。它所主张的将组织视为一个完整的系统，将人作为组织核心资源、尊重个体差异、同时考虑短期和长期的利益、以发展的眼光看待问题，均是围绕"人"这一核心要素出发，符合学科的要义。

如今，组织的运作发生了巨大的改变，相应地，管理也需要随之调整。现代组织管理越来越重视人对组织的影响，这与管理心理学的主张相契合。因此，管理心理学相关知识理论也被越来越多地应用于指导实践。人员招聘、员工培训与激励、薪酬分配、工作设计、团队合作、领导方式的选择、职业健康等方面，都大量涉及管理心理学的内容。例如，在为了某个职位甄选人才时，利用相关测评了解候选人的能力、人格、态度特征，并根据职位特点选出与该职位匹配的人员；了解不同员工的工作动机，通过不同的方法手段满足员工差异化的需要以达到激励员工的目的；为提高员工绩效而进行工作设计，使员工的工作兼顾技术性和社会性；关注员工工作压力，普及压力相关知识，培训员工正确地对待工作压力，学习压力应对策略。

尽管管理心理学的知识理论对实践具有指导意义且被广泛应用在管理实践中，但读者应谨记：迄今并没有任何一个理论普遍适用于任一情况。理论好比建房时搭建出来的框架结构，而房屋的内饰和外观如何，则取决于设计。在实践中，应对组织实际存在的管理问题进行具体分析，再结合理论知识选择合适的策略，避免增加不必要的成本。尤其值得注意的是，每种理论都难免有局限性，何况各种理论都还在不断发展。如果在实践中能将各种不同理论有机地整合在一起并加以运用，则是最好不过的了。

§3 管理心理学、组织行为学的未来展望

近代社会新生产关系的出现导致了一系列新的管理问题，也催生了一系列管理模式。20世纪初，以泰勒为代表的古典的科学管理运动主张严格对劳动的每一个要素做出规定以提高生产效率，他们将人看成"经济人"，忽略人的情感，近乎把工人当作机器的一部分。这种管理思想顺应当时早期机器化大生产时代的背景，在提高劳动生产力上成效显著。科学管理所提倡的一些方法也一直沿用至今，但它忽视了管理过程中人的心理因素，也因此饱受诟病。后来，持续了九年的"霍桑实验"证明，人是"社会人"而非"经济人"：工人工作并非单纯为了追求自身经济利益的最大化，更重要的是希望通过与同事的关系满足社会需要。霍桑实验的结果使管理实践者开始注意到心理因素对工人的影响，但由此发展出的"人群关系理论"和"参与管理"模式，实际上并没有从本质上改变企业内部的人际关系格局。到了20世纪50年代后期，人本主义心理学派重要奠基人之一马斯洛提出的著名的"需要层次理论"，

对工业管理影响巨大，并在其提出的"自我实现的人"假设的基础上出现了与 X 理论对应的 Y 理论。该理论强调重视人内在精神层面的需要，并启示管理应当将员工个人目标与组织目标结合，为员工的自我实现提供条件，从而使他们能够更好地为组织工作。"复杂人"假设的出现是管理思想发展的又一大进步，它提出了"权变"的观点，即管理是灵活的，应根据具体情况的不同采取不同的管理措施。这种辩证的观点极大地启发了管理实践，但仍然存在有失偏颇的地方。

过去的一个世纪，人性假设以及相应的管理理论的发展按照时间脉络清晰地反映了西方管理思想的发展和进步。根据这些管理思想与管理实践的发展，有学者总结了如下组织行为管理的综合趋势：由封闭的组织逐渐转向更加开放和富有人性化的组织；由注重物质取向逐渐向注重人性取向过渡；由集权向更加宽泛的权力分布发展；由强调人的外在动机向更加注重内在激励转变；以更加积极的态度来对待员工，把人视为组织中重要的资本；在关注组织需要的同时，更加考虑员工的需要，寻求两者间的平衡；在强调组织纪律的同时，改变原有的对员工进行强制约束的观念，纪律日益归入自律的范畴；管理者角色也从以往的严厉的权威，转型为领袖与团队支持者。

至今，管理心理学和组织行为学的理论体系仍在建设中，很多理论还存在着许多分歧，尚待完善，因此，在实际应用过程中应多加注意。另外，由于组织内外部环境均处于不断变化中，实践者切不可急功近利。运用管理心理学治理组织，就好似练内功，假以时日，才能逐渐见效。如果只考虑眼前利益，追求立竿见影的效果，有时会导致管理者钟情于最新时尚，忙于治理表面症状而忽视潜在的根本问题，或分散他们在企业内的努力，将得不偿失。

值得一提的是，管理心理学正日益获得组织和管理者的重视，而学界也在更加努力地发展这一学科。例如，在个体水平，员工人格的探讨持续得到关注。近来有关研究突出强调"自我决定理论"(self-determination theory)的运用；个体"主动行为"(proactive behavior)也备受关注。在员工态度方面，"工作敬业度"(job engagement)已成为近年在业界普及的考察内容。在动机方面，"自我调节理论"(self-regulation theory)受到重视，强调个体的自我调整。"调节焦点"(regulatory focus)观点也很流行，认为员工有两种动机取向，一是"促进取向"(promotion focus)，注重抓住机会、不断提升自己；一是"防御取向"(prevention focus)，侧重防范风险，避免可能的损失。

在群体水平，"团队建设"(team building)、团队合作技能是当今职场和研究的热门话题，一些新的分析方法和技术，如"社会网络"(social network)应运而生。团队水平的决策、"团队效能"(team potency)日益受到关注。在领导水平，领导-成员(下属)交换(leader-member exchange)在 20 世纪极为流行，"社会交换理论"(social exchange theory)、"社会互惠理论"(social reciprocal theory)得到广泛接纳和应用。

在组织水平,变革管理中的人性化仍持续得到关注,"组织创新"(organization innovation)成为新的热点。"组织发展"(organizational development)已成为共识,但具体的实施方法、技术仍在探索。组织越来越关注员工职业健康(包括生理和心理的健康),如何减轻工作压力和"职业倦怠"(job burnout)、矫正工作-生活的不平衡、遏制"职场不文明行为"(workplace incivility)成为近来的焦点,因为根据"资源保存理论"(resource reservation theory),上述现象都会耗损员工的资源,进而破坏工作绩效。打造新的社会-技术系统,改善人的工作体验,给员工赋能,使员工与组织一道共同发展、成长,实现双赢是当今职场新的导向。

在研究方法方面,除了越来越重视实验法,一些新的手段也越来越受到青睐,例如日记追踪法(diary tracing)、大数据分析(big data analysis)、机器学习(machine learning)、在线测查(online survey)。互联网和智能手机使一些新的、便捷的数据采集手段成为可能,但同时也带来涉及员工隐私等研究和职场伦理问题。

管理心理学与组织行为学具有推进工作社会文明的巨大潜能,它在人类社会发展中已经取得并仍将继续取得巨大进展。它通过为人们创建出更好的工作气氛和环境,帮助人们在科学、健康或教育方面取得突破性成就,解放人们的创造性潜能,帮助解决各类社会问题,促成社会进步,这远远超过了任何一个组织的使命范围。

实践专栏　　新冠病毒肺炎疫情考验企业管理理念

2020 年新冠病毒肺炎疫情的全球大爆发,对企业管理是个大考。由于现代组织是个社会-技术系统,企业在应对疫情时,不仅要做经济、技术上的考量,还必须做社会心理方面的功课。组织发展尤其强调人文取向,强调员工关怀,由此才能真正使人力成为一种资源,并支撑企业的长期可持续性发展。很多企业在疫情应对中所采取的各种措施,很好地体现了这一理念和主张。例如,有的企业采取居家办公、电子通勤的工作模式,利用音频视频会议系统进行远程会议或沟通,还配发口罩、消毒用品,帮助员工安度难关。这些措施体现了人文关怀、保护员工健康、平衡家庭-工作需求。类似的措施还有:实施弹性工作制(员工自选上班时段),错峰上班(不同部门、团队的员工错开上下班时间,减少工作空间的人群密度),为上班员工提供专业供应商提供的免费安全工作餐,工作场所每日定时消毒,工位之间保持足够距离,为上下班的员工提供临时专用班车以避免暴露在复杂的公交人流中。还有的组织很珍惜现有的人力资源,和员工协商在不复工期间发放工资的 80%或底薪而不是裁员,以避免人员流失。有的企业利用这个时间窗加强员工培训,为未来发展提前做好知识和能力储备。这些措施都体现了当代人本取向的管理心理学主张。可以说，很多企业在疫情大考中交上了不错的管理答卷，也是整个工作社会文明进步的标志。

【本章知识要点】

现代组织的两个系统包括社会-心理系统和技术系统(简称"社会-技术系统")。现代组织管理重视以人为中心，将社会-心理系统与技术系统有机地结合起来服务于组织。

管理心理学是一门从微观角度出发的、注重理论的学科，它运用心理学的原理和相关研究方法来研究管理过程中的人的心理。

管理心理学关注个体心理、群体心理、领导心理与组织心理，试图通过对不同层面的心理与行为进行描述、解释、预测、控制和改善，来达成管理的最终目的——双赢。

管理心理学相关知识理论被越来越多地应用于指导实践。但每种理论都难免有局限性，且各种理论都还在不断发展。在实践中，应对组织实际存在的管理问题进行具体分析，再结合理论知识选择合适的策略，避免增加不必要的成本。

组织行为管理的综合趋势是越来越向着人文化、开放性、自律性发展。

【思考题】

1. 如何看待管理心理学的历史沿革？
2. 管理心理学有哪些新的研究方法？
3. 管理心理学当前和未来的发展趋势是什么？

附录

领导力的 4C 学说：
整合古今中外建构与应用的中国理论

一、领导理论的历史与现状

回顾一下，究竟什么是"领导"？领导的内涵、意义、方法到底是什么？简单地说，领导，无论是从中文的"领""导"来看，还是从英文单词"lead""leading"来看，都有引领、指导的意思。据此，经典的领导的定义是：让下属"愿意"努力并通过下属完成组织目标的过程。从本质上说，让下属心悦诚服地"愿意"努力，领导者就要发挥独特的影响力。换言之，领导其实就是一个"影响"的过程。领导力就是影响力。

然而，怎样才能获得和实施这种领导力，却经历了近百年的探索和争论。这说明了领导力的复杂性。

探究领导力，历来有三大流派。其一，学术派(也称"学院派")；其二，咨询派；其三，实践派。

(一) 领导力的学术派

领导力的学术派侧重开展科学、系统的研究，特色是强调可重复的实证。

学术派的系统的领导理论始于特质理论，主张领导者拥有某些与生俱来的超人品质。然而，特质理论关于领导者究竟应具备哪些素质，众说纷纭，甚至每个人每一次的调研结果都可能不一样(见附表1)，遭遇无法重复的科学困境，以及无法解释为何毫无家族传承的"普通人"也能成为成功的领导者。

附表 1　各类特质论的领导力要素

Stogdill (1948)	Mann (1956)	Stogdill (1974)	Lord, De Vader, Alliger(1986)	Kirkpatrick, Locke(1991)
智力	智力	成就	智力	驱动力
机敏	果敢判断	坚定	果敢	动机
洞察力	统御	洞察力	统御	正直
责任	外向	主动性		自信
主动性	恒心	自信		认知能力
坚定		责任		任务知识
自信		合作		
社交性		容忍		
		影响力		
		社交性		

随后的领导风格理论基于行为主义心理学的思想指出，领导者发挥作用就是实施两类行为：管好工作，管好员工。由此诞生了一系列行为理论(主要包括俄亥俄模型、密歇根模型、领导方格图等)。行为主义领导力理论的主要困境之一是：行为风格可以多达 81 种，领导者是否能在不同的行为风格之间自如切换？如果不能，那就还是回到了特质论；如果能，那领导者几乎就是万能的"神"，或似孙悟空显圣。

行为主义领导理论也引发了后续的情景理论和权变理论，乃至路径-目标理论——它们的主要特色都是在以往的行为理论上添加各类边界条件(包括来自员工的特征和职场的特征)。但困境是，附加的边界条件越多，越难梳理出有多少领导者类型，以及如何与不同类型的下属匹配。

此后的领导理论的发展并没有走出这个怪圈，20 世纪末的"魅力领导理论"被批评为又回到了"特质论"的原点。

(二) 领导力的咨询派

领导力的咨询派主要是以一些管理咨询公司为代表，他们并不看重科学实证，而是强调实用，因此咨询派的领导力"理论"往往注重光鲜的包装和通俗易懂的阐述，特色是简洁诱人，有一定实操性。

咨询派如何建构领导力理论模型？一个普遍的思路是先在各类企业内部调研，再根据自己的偏好和理解进行梳理和归纳，列出若干条领导力的特质、要素或行动策略。例如，Robert Hargrove 于 2000 年出版的《E-领导：互联经济时代的领导革新》(*E-Leader: Reinventing Leadership in a Connected Economy*)提出"7 个改变"；Patrick L. Townsend 和 Joan E. Gebhardt

于 1999 年出版的《五星级领导》(Five-Star Leadership: The Art and Strategy of Creating Leaders at Every Level)提出"领导的 11 条定律";John C. Maxwell 于 2007 年出版了《领导的 21 个关键》(The 21 Irrefutable Laws of Leadership: Follow them and People Will Follow You);D. A. Benton 于 1999 年出版的《如何像 CEO 一样思考》(How to Think Like a CEO: The 22 Vital Traits You Need to be the Person at the Top)提出了"22 个领导策略";而 Warren Blank 于 2001 年出版了《108 种天生领导者的技能》(The 108 Skills of Natural Born Leaders),多到数不过来。

关键是,咨询派的领导力学说人为性很大。例如,《五星级领导》里的 11 条定律,将领导与爱做对比,倡导以"爱"的方式实施领导。这个类比很"可爱"。但问题在于,"爱"并不是领导的全部。所以,这类领导力的观点,仍类似"盲人摸象",每个人(每本书)只涉及了一部分,缺乏有规律的整合。

再如,《中国式管理的 36 个关键与 49 个细节》一书,把中国式管理单独提出来加以总结,很有意义;能提供中国管理智慧,是一大贡献。但仔细看看,36 个关键、49 个细节,显得很随意,有不少重复的地方,像是在凑数(中国人偏爱某些数字)。那么,请问,是否还有"72 变"和"81 个诀窍"?

概括来说,咨询派的缺陷是理论基础不足,概念混淆,自相矛盾;有很大的随意性,众说纷纭,无法印证,结果无法重复。时下流行的九型人格就是一个典型(见附图1),其中谬误不少,例如:

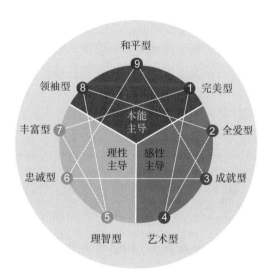

附图 1　所谓的"九型人格结构"

- 把人格类型分为"理性主导""感性主导""本能主导",这种分类本身就不恰当。比如,"感性"是"本能"还是"后天的"?
- "成就型"如果从目标分析来看应该属于"理性主导"范畴,而不是"感性主导"范畴。
- "忠诚型"涉及情感,应该属于"感性主导"范畴,而不是"理性主导"范畴。
- "成就型"从结果属性上看和"完美型"有很大重叠。
- "领袖型"被划归为"本能主导"范畴,这正是研究者在过去近一百年里所批判的。
- "和平"是价值观,却被归为"本能"。如果人有本能的和平天性,世界早就太平了!

(三) 领导力的实践派

领导力的实践派主要是一些知名管理者所做的个人经验的总结、提炼,特色是生动、现实感强。一些成功的企业家、经理人著书立说,以自传或叙事体讲述领导力的故事,例如杰克·韦尔奇、路易斯·郭士纳、比尔·盖茨、史蒂夫·乔布斯、王石等人。人们会看到,每个成功的领导者都有着复杂的经历,曲曲折折,坎坎坷坷;每个人都走出了一条成功的路。可问题是,每条路都不一样,只"属于"那个时代的那个特定的人。

所以,领导力实践派的缺陷是不可复制。而且,个人特色越生动、越鲜明,就越不具典型性,越无法效仿。每一个故事都很动听,但你却很难成为故事里的主人公。因此,故事永远只能是故事。关键是,能否由各色各样的故事中提炼出来科学原理和规律。

现在,我们概括一下各门流派关于领导力的主张和特色。
- 学院派:我证明了什么,就是什么。
- 咨询派:我认为是什么,就是什么。
- 实践派:我做了些什么,就是什么。

二、领导力的理论整合:4C 领导力

破解"领导力究竟是什么"这个谜题的关键是贯通三大流派,整合所有已知理论,并结合实际,贴近实操,梳理简洁、实用的实践指南,抽象出领导力的关键要素和方法。我们认为,最重要的是,一个好的领导力理论,应能凝练高度概括的简易结构,又能衍生出无穷的变化,涵盖各种多样性。

实现这一目的的核心手段是降维。

我们主张，提炼、建构领导力的理论，应符合以下几个重要原则：

- 简洁明了。说多了，记不住，也做不到。
- 理论支撑。要有理论依据，不能想当然。
- 结构清晰。既有利于理解、把握，又能不断拓展、延伸。
- 易于操作。应用性要强，领导力理论是拿来用的，而不是摆设。

符合以上原则的领导力理论可能是什么样的？我们不妨先以钻石的品质为例打个比方。钻石的品质，由 4C 来体现和表达，属性越好，钻石的品质就越高：

- 克拉数(carat)，即质量，越大越稀有。
- 色彩(color)，一般是纯净、无色最好，但也可以是某种特别的颜色，例如粉钻、蓝钻。
- 清晰度(clear)，即没有杂质、瑕疵。
- 切割(cut)，即精美的设计和切割打磨，使钻石能很好地折射光亮，放出异彩。

同理，我们构想：领导者的领导力品质，以及领导力的方法，也有 4 个 C，也可以高度凝练、概括为 4 个 C，每个 C 又可以有多个"小 c"切面。

（一）第一个 C：好奇心

领导力 4C 理论的第一个 C 是"好奇心"(curiosity)，即领导的智慧要素，记为 C^1，其内涵如下：

- 创造力(creativity)：面对无限的未知，永远持以拥抱的心态，不断探索、创新。
- 变革取向(change-orientation)：在变革中求发展，永不满足现状。

好奇心的核心是：不确定担当(certainlessness-taking)。把不确定性作为欣赏的主题和思维的锻炼。只有这样，才能不断激发创造力，促进变革，以应对不确定性。

我们来看看"好奇心"这个 C 的典型事例。

若干年前，马化腾、李彦宏、马云等人在一次论坛上谈论对"云计算"的认知和判断。当时谁都看不清云计算是什么及其前景如何。马化腾觉得云计算就像科幻电影《阿凡达》，遥不可及，不予考虑；李彦宏觉得还是经典的"人工智能"靠谱，不看好云计算；马云则觉得既然看不清，就摸索摸索吧，于是有了"阿里云"。面对未知的好奇，是驱使不同寻常的成功的领导心理的力量。

同理，马斯克对太空的好奇，催生了他的火星"移民"计划。

(二) 第二个 C：勇气

领导力 4C 理论的第二个 C 是"勇气"(courage)，即领导的情绪要素，记为 C^2，其内涵如下：

- 信心饱满(confidence)：不相信自己的人，无法说服和引领他人走向成功。
- 乐于挑战(challenge-taking)：高目标导向的人，才能有大成功。

勇气的核心是：偏好危机(crisis-preference)，或者说是敢于冒风险：以豪迈和激情面对危机，视其为捍卫尊严和荣誉的机会。只有这样，才能敢于面对挑战，乐于面对挑战。对于有勇气的人而言，"信心"从来都不是问题。

我们来看看"勇气"这个 C 的典型事例。

淮海战役，解放军 55 万人对装备精良的国民党军 80 万人！一锅夹生饭，也要吃下去。这种不符合传统理论中战略大决战的军事常规的打法，需要极大的勇气，绝非常人可及。

"壹号土猪"，毕业于名牌大学的高材生，哪怕颠覆自己的"人设"，也要尝试一条没人敢想象的路。这真的需要脱胎换骨的勇气。

比尔·盖茨当年硬要让微软的 Windows(当时被译为"视窗")操作系统收费销售，认为软件是有价的，必须让市场接受，这在当时软件通常是免费的时代，是"颠覆常识"的决定，要冒被市场拒绝的极大风险，十分难能可贵。

(三) 第三个 C：关怀

领导力 4C 理论的第三个 C 是"关怀"(consideration)，即领导的社交要素，记为 C^3，其内涵是：

- 关心他人(care)：照顾他人的观点和情绪，推己及人。
- 支持合作(cooperation)：整合各种资源、促成凝聚和能量升级。

关怀的核心是：协调资源(coordination)：以人为本，为人(下属)提供人力、物力、财力、心力(心理)各方面的支持；只有这样，"关怀"才能落地，使个体和团队发挥最大潜能。

我们来看看"关怀"这个 C 的典型事例：

我国一家企业的总经理，致富时不忘员工，时常强调，分绩效奖金要员工先分、我后分，员工多分、我少分，员工好了，企业才能好。体现了企业对员工的人文关怀。

亚马逊在新冠肺炎疫情期间，将部分闲置的办公空间改造为"住宅"免费提供给有需要的人，是一种行善积德。

(四) 第四个 C：尽责性

领导力 4C 理论的第四个 C 是"尽责性"(conscientiousness)，即领导的人格要素，记为 C^4，其内涵是：
- 深思(cautiousness)：对自己的思考和决策负责。
- 持之以恒(consistency)：对决策坚持不懈。

尽责性的核心是：可以信赖、可依靠的(countability)：言必行，行必果，不让自己和他人失望。向内监视，自我改造。简单来说，尽责的人做事靠谱，总是会慎思而后行，而一旦付诸行动则绝不轻易言弃。

我们来看看"尽责性"这个 C 的典型事例：

沃伦·巴菲特为什么能赢得千百投资人的青睐和信任，影响着众人，令其始终追随他？其中一个重要的原因，他始终奉行一个信条：赚钱很重要；但比赚钱更重要的，是对投资人的责任。

新希望集团董事长刘永好在企业致富后不忘扶贫，联名动员国内多位民营企业家发起倡议，一起到中国西部贫困地区投资办厂，培养人才，助力脱贫，体现了社会责任。

要强调的是，每一个 C，称为要素，既是一种品质，也是一种方法。

领导者的 4C 水平越高，领导力就越强，影响力也就越大，领导的效果越好。当然，在现实中，也许我们很难达到 4C 同时很高的水平，也允许有不同的 4C 组合，但领导者需要在 4C 的各个方面不断打磨自己。

三、领导力 4C 的对应颜色及其内涵

我们可以形象地赋予领导力的四个 C 特殊的颜色，体现其不同属性：

(1) 好奇心(curiosity)，是绿色的。代表领导者的智慧(理性)要素。绿色能体现出好奇、创意、新鲜、活力、清新、有生命力、不断创生的、有创造力的、变化取向的。体现了领导的智慧力量。

(2) 勇气(courage)，是红色的。代表领导的情绪(情感)要素。红色能表现出激情、力量、果敢、奋然、不惧、一往直前、不羞怯、不焦躁。体现了领导的情感力量。

(3) 关怀(consideration)，是橙色的。代表领导者的人际(社交)要素。橙色是温暖的、亲近的、接纳的、爱惜的、通达的、体谅的、宽和的、仁慈的。体现了领导的人际力量。

(4) 尽责性(conscientiousness)，是蓝色的。代表领导者的人格要素。蓝色反映了有责任心的、持之以恒的、可靠的、正直的、讲德行的。体现了领导的人格力量。

每个C都有丰富的内涵，能促发一系列方法或行动，去展现该要素的特点。概括起来就是：

领导力=智慧力量+情感力量+人格力量+人际(社会)力量

而这些方面的总和，也反映了领导者的魅力和感召力，以及可能的效果。

四、领导力的4C结构理论

(一) 心理特征的科学描述体系

一个学科，要想成为一门科学，需要有其合理的方法论和概念体系，从而实现对其所研究的对象的恰当的描述、分析和表达，形成科学的范式(paradigm)。例如，化学有元素周期表，可以表达物质世界的所有元素，并体现它们之间的关系。这样，化学家就可以对大千世界的所有物质现象在元素水平上加以表达，可以写出各类物质的分子式。又如，生物学对生命现象有一个分类体系：界、门、纲、目、科、属、种。这样，任何一个生物物种都可以在这个体系中表达出来，如狮子是动物界、脊索动物门、哺乳纲、食肉目、猫科、豹属、狮种。

同样，心理学也有一个概念树体系，将纷繁复杂的心理现象进行分类，这样就可以对任意一种心理现象或要素进行表达、描述、分析。我们把这个概念树体系概括为一个表(附表2，其实就是我对任意一本《心理学概论》的目录做的总结)。从附表2中可见，心理现象可分为心智过程、人格过程、人际过程。每个过程又可进行二次分解，例如心智过程又分为知(认识世界)、情(感受世界)、意(改造世界)。知、情、意又可以进行三次分解，例如"知"包括感觉、知觉、注意、意识、记忆、言语、思维；"情"包括喜、怒、哀、惧、惊、厌；"意"包括各类动机。而所有这些过程又可以再分解，例如记忆包括瞬时记忆、短时记忆、长时记忆；思维包括横向思维、纵向思维。

进一步，每个人都有知、情、意这三个过程，而每个人在这三个过程中反映出的个人特性，就是人格过程。例如，有的人想事爱钻牛角尖，这是人格中的思维特点；有的人懦弱，这是人格中的情绪特点；有的人有毅力，这是人格中的意志特点。当所有这些过程分解到不可再分的最后一层，我们就可以按程度把一个人的所有心理特征定性、定量地表达出来。例如：智慧$_3$忠诚$_5$意志$_5$乐群$_4$尽责$_5$宜人$_4$……这是不是很像一个分子式？其中，下角标的数值1至5，代表用5分制衡量的某个心理特征(类似化学元素)的程度。大家可以看到,用这种方法可以把心理学同化学类比,这为我们分析心理现象提供了极大的方便性和科学性。

附表 2　人的心理特质分类

心智过程 (mental process)			人格过程 (personality process)		人际过程 interpersonal process
知	情	意	个性特征	个性倾向	
感知	情绪	动机	气质	兴趣	人际行为
注意	情感	需求	能力	态度	团队行为
意识		意志力	性格	价值观	道德
学习					文化
记忆					
言语					
思维					

(二) 领导力 4C 的二维平面结构

借鉴我们所说的心理特征的科学描述体系,我们同样可以对纷繁复杂的领导力特征进行概括。首先我们来看领导力的 4 个 C。

我们提出的领导力的 4 个 C,不是离散的,而是有内在逻辑关系的,可以概括地表达在一个框架结构上(见附图 2)。

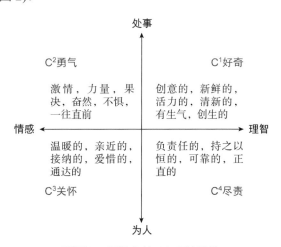

附图 2　领导力的 4C 理论结构

一方面,领导者既要处事,又要为人,也就是既要管工作,又要管下属,这就是"为人-处事"维度。领导者要做的不外乎这两类工作,别无其他。另一方面,领导者为人处事的方法又可以分为两种:用情(情感)、说理(理智或理性)。这就是"情感-理智"维度。想想看,为人处事的方法,除了用情、讲理,再也没有第三种方法了。这样,我们就可以用"情感-理智""为人-处事"这两个维度表达领导力的特征,而且所有领导力的特征都跑不出这两个维度,无一例外。这就实现了理论建构的完备性。

于是,我们可以用"情感-理智""为人-处事"这两个维度共同构成领导力的平面结构,共有四个象限。而我们前面所说的 4 个 C,就恰好分布在这四个不同的象限里,分别作为每个象限内涵的典型代表。注意:这里只是说"典型代表",代表了这个象限里所有可能的领导力特征,而每个象限其实是可以有很多特征。具体而言,这四个象限是:理智地处事(例如"好奇"),理智地为人(例如"尽责"),情感地处事(例如"勇气"),情感地为人(例如"关怀")。

更进一步说,一方面,好奇心(curiosity)和勇气(courage),代表个人维度,体现了领导者的处事风格,代表"内修"程度,也反映了领导者的智慧和能力,决定了领导者的"处事"风格。另一方面,尽责心(conscientiousness)和关怀(consideration),体现了领导者的为人方式,代表了人的"外达"程度,反映了领导者对人对己的专注、珍惜程度,决定了领导者的"为人"风格。这样,这个 4C 结构也把领导力的特质和行为统一了起来。

我们通过降维把所有领导力特质(或称要素、行为、技能)概括到二维平面四个象限后,每个象限都可以涵盖或衍生出相关的领导力特质,例如:

- "有头脑的""有思想的""有智慧的",属于第一象限 C^1 "好奇"。
- "冒险""自信"属于第二象限 C^2 "勇气"。
- "豁达""宽容"属于第三象限 C^3 "关怀"。
- "诚信""靠谱"则属于第四象限 C^4 "尽责"。

如果某个象限里有很多特征,可以分别用 C^{1i}、C^{2j}、C^{3m}、C^{4n} 来表达。

不仅如此,请注意,我们画的坐标轴是双向的,即每个维度是双向的,四个象限不是互斥的关系,而是独立且可互相联系的。这样,不同象限的特征还可以组合,包括两两组合,三三组合,甚至四个象限(的特征)一起组合,衍生出更多的领导力复合特征。例如:

- "追求卓越""完美主义"可以是理性处事 C^1 与理性为人 C^4 的不同程度的组合。
- "幽默""魅力"可能是情感处事 C^2、情感为人 C^3 的不同程度的组合。

我们还可以用下标的方式,用 1~5 的分值表达每个特征的程度(1=多少有一点,5=极高)。例如,"韧性"可能是 5 分的责任加上 4 分的勇气,就可以表达为:$C_4^2 C_5^4$。

由此,我们就实现了一个理论目标:用一个简洁的构造,囊括所有的领导力特征,加以描述、表达,实现了大道至简、由简至繁的统一(见附图3)。而且,用一个统一的符号系统来表述各种领导力特征,简明易懂,方便易行。

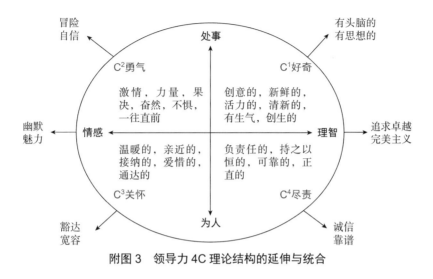

附图 3 领导力 4C 理论结构的延伸与统合

五、领导力 4C 理论的拓展及应用

(一) 对以往各学派的整合

有了领导力 4C 这个理论模型,我们就可以把当下各个学派、各种理论、各种观点整合进来。先分析一下学院派的各种主流理论。

第一,传统的特质论提出过一套又一套的领导力特质,其中的内容五花八门,但仔细甄别,不外乎都是涉及用情、用理去为人处事,无一例外。因此,都可以用 4C 理论结构中的某个 C 或某几个 C 的组合来表达。例如,斯托克蒂尔提到的"洞察力"就是 C^1(理性地处事);"主动性"就是 C^1C^2(同时用理性和情感处事,既有好奇心,又有勇气)。

第二,传统的行为主义领导理论主张的领导行为风格,其实就是两件事:管理工作——即"处事",管理员工——即"为人",和 4C 理论的为人-处事维度是完全重合的。

第三,各类领导力的权变理论、情景理论,不外乎是在领导风格理论基础之上附加了情境条件,只需要根据具体的条件相应地选择如何用情感和理智去为人、处事,就可以了。

第四,领导-成员交换关系理论认为领导和下属之间形成二元关系,其中角色内关系是指培养自己的"亲信",其实就是 4C 领导理论所说的"情感化为人",而角色外关系是一般的公事公办的工作关系,就是 4C 领导理论所说的"理性化为人",照章办事。

第五,针对转换型领导理论,就以巴斯(Bass)提出的领导的 4 个"I"来说:

- 理想化影响(idealized influence)主张领导扮演追随者的角色榜样;有极高道德伦理标准,提供愿景和使命感。这可以解释为以 C^4 为主,理性地为人。
- 精神化激励(inspirational motivation)强调向追随者阐述并激发清晰、可实现、鼓舞人的愿景,并促成团队精神和组织承诺。这可以表达为以 C^1 为主,理性处事。
- 智慧化刺激(intellectual stimulation)指出领导要激发创造力,挑战自我,尝试新途径解决问题。这主要涉及 C^1(理性地处事)和 C^2(勇敢地做事)。

个体化关怀(individual consideration)认为领导要倾听个体需要,提供支持性氛围;更多关注追随者的发展,较少关注特定的决策。扮演教练和顾问的角色,协助或指导推动自我实现。这其实就是 C^3(情感化地为人,以情动人)。

巴斯原来提出的领导的 4 个 I,是没有明确的结构的,但纳入我们的领导力 4C 理论之后,可以清晰看到其各个要素之间的结构关系。一个好的理论必须具备这种结构特征,能整合系统内的各个要素,否则就太过随意,无异于盲人摸象。

至于咨询派和实践派的各种领导力主张,可以参照以上做法,尤其是处理领导特质论的方法,将所主张的各类领导力特征、方法或技能,按照 4C 的结构"对号入座",用某个 C 或若干个 C 的组合来表达。例如,D. A. Benton 在《如何像 CEO 一样思考》一书里,提出了领导力(管理技能)的 22 个主张,其实都可以整合到领导力 4C 理论的二维四象限的平面里。比如,"自我安全感"主要就是不惧怕,属于 C^2(勇气);"控制自己的态度"属于"理性地为人"加上以积极"情绪""为人",可表达为 C^3C^4(责任和关怀);"关注细节"就是理性地处事,属于 C^1。

类似地,读者还可以用领导力 4C 理论去解读儒家、佛教、道家、法家有关领导与管理的思想,将其纳入 4C 的结构中去。由此,可以实现古今中外有关领导的思想、理论的统一整合。

(二) 领导力 4C 理论的不同组合类型

以上我们对领导力的各类特征进行了"降维",概括为 4 个 C 。现实中,领导者也是各形各色,也可以通过 4C 理论实现"降维",高度概括为几个主要类型。简言之,我们不仅要对纷繁的领导力特征进行降维归类,还要对各形各色的领导者进行降维归类。具体方法概述如下。

首先,我们确定,任何一个领导者所具备的领导力特征都可以用 4C 结构来表达。其次,我们知道，每一个人在 4 个 C 上具备的水平各不相同，表现出个体差异，也就呈现出各式各样的领导风格。那么，我们只要概括出 4C 不同水平的几类典型的组合，就可以对不同的领导者进行归类。

简言之，根据领导力的 4C 理论，按照"为人"的内修才情向量(才)和"处事"的外达德怀向量(德)，可以因水平高低不同而组合、体现出领导方式的四大类型，可以用二维平面将其类型分四大类表达出来(见附图 4)：

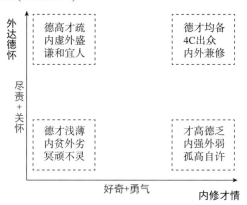

附图 4　领导者类型分类平面

(1) 德才均备型：4C 都很强，各方面都很出色，内修才情，外达德怀，内外兼修，属于"德才均备"型，是全能型领导者。

(2) 才高德乏型：好奇和勇气这两个 C 强，但尽责与关怀这两个 C 弱，则是"才高德乏"型，内强外虚，往往孤高自许。

(3) 德高才疏型：尽责与关怀这两个 C 强，而好奇和勇气这两个 C 弱，则是"德高才疏"型，内虚外盛，往往会谦和宜人。

(4) 德才浅薄型：如果 4C 都比较弱，既缺乏内修才情，又不擅长外达德怀，则是"德才浅薄"型，内贫外劣，好似"烂泥扶不上墙"，不适合做领导。

由此可见，用 4C 领导力理论分析出的四大类型的领导者，和常识及实践中看到的领导者类型是吻合的，这说明 4C 领导力理论有很好的实证效度。

总　　结

4C 领导力，从理论出发，以有序的结构为基础，搭建出整合学院派、咨询派、实践派的模型，能统合古今中外各类领导学思想和理论，并具有极大的可延展性和实用性。

更重要的是这种构建模型的方法论。据此，我们可以寻找相当合理、可行且广为接受的领导力要素和策略。当然，大家也可以建立自己的理论，4A 或 4B，只要理论上能自圆其说，实践上能有效应用。

爱因斯坦曾主张寻找和建构解释一切物质宇宙现象的理论(a theory for everything)。这虽然是个理想，但体现了科学的精神和理论的力量。治理领导力的科学理论，也当如此。